我所知道的新中国监狱工作

（第六辑）

中国监狱工作协会监狱史学专业委员会／编

上海社会科学院出版社
SHANGHAI ACADEMY OF SOCIAL SCIENCES PRESS

主　　编：吴　琦
副 主 编：卢德利
编　　辑：周美祥　叶春弟

前　言

从2009年至今,《我所知道的新中国监狱工作》系列丛书已走过了十一个年头。为抢救和挖掘新中国监狱的史料,监狱史学专业委员会在这项工作中驻足了十余载。

2020年初,监狱史学专业委员会确定"新中国监狱(劳改)工作的发展与变迁"为本年度理论研究主题,面向全国监狱系统征集文章。全国25个省、自治区、直辖市的监狱工作协(学)会、新疆生产建设兵团监狱工作协会、中央司法警官学院监狱分会共报送课题论文(征文)105篇,经监狱史学专业委员会评审和研究决定,共评出优秀课题论文(征文)63篇。2019年年底,监狱史学专业委员会在策划2020年度理论研究主题时,就计划征集的优秀理论研究成果汇编成《我所知道的新中国监狱工作》第六辑。这次,监狱史学专业委员会从优秀理论研究成果中选取30篇文章集成此书,也算是对计划的呼应。

《我所知道的新中国监狱工作》第六辑分为监狱(劳改)综合研究、布局调整与发展、狱政管理、刑罚执行、教育改造、队伍建设六个部分,36万字。这些文章有亲见、亲闻、亲历的纪实,有借助史料的考证,也有运用数据的分析,比较客观地反映了新中国监狱(劳改)工作的发展与变迁。

"历史是最好的教科书,也是最好的清醒剂。"通过挖掘、梳理新中国监狱(劳改)工作的历史,能让人们认识到新中国监狱(劳改)工作取得的不凡成绩,也让人们清醒地认识到发展的曲折。以史资政,以史励人,这也是出版本书的初衷。

在编辑过程中,监狱史学专业委员会秘书处与作者反复沟通,对文稿做了不少修改,付出了诸多努力。新冠病毒疫情期间,各省级监狱工作协(学)会不畏艰难,组织监狱史学理论研究活动,各位作者也在诸多不便的条件下进行理论研究,实属难能可贵,在此深致谢意!此书的出版得到了上海社会科学院出版社的大力支持,在此表示衷心的感谢!

上海市监狱学会会长

2020年12月

目　　录

监狱(劳改)综合研究

布局调整与发展

狱政管理

刑罚执行

教育改造

队伍建设

监狱(劳改)综合研究

新中国早期罪犯劳动改造的发展与变迁史研究

周立功　朱福正*

内容摘要　本文通过梳理新中国监狱(劳改)罪犯劳动改造制度的早期历史演变脉络,进而得出5个历史结论,即:劳动改造是新中国监狱工作的一大基本特色;劳动改造是新中国的一种基本行刑模式;劳动改造罪犯是新中国党的事业的一部分;劳动改造罪犯工作取得了世人瞩目的伟大成就;劳动改造罪犯工作也曾走过弯路、犯过错误,当引以为戒。因而,劳动改造罪犯工作在新时代不但要坚持而且要发扬光大,在现有的中国特色劳动改造罪犯模式的科学性、合理性和实效性的基础上展望未来,为建构新时代中国特色社会主义罪犯劳动改造法律制度体系提供智力支持和理论支撑。

关键词　监狱　劳动改造　中国特色　历史研究

对罪犯进行劳动改造是历史和实践的选择。劳动特别是生产劳动,是我国监狱改造罪犯的基本方法,作为传统改造罪犯三大手段之一的劳动改造,贯穿新中国监狱70余年的历史。

一、研究劳动改造发展与变迁史的方法和价值

以新中国监狱中的罪犯"劳动改造"为研究对象,本文将"劳动改造"概念界定为:特指刑罚执行机构(劳动改造机关)以劳动生产为载体的罪犯改造活动,也即传统改造罪犯三大手段——监管改造、教育改造、劳动改造所指向的"劳动改造"。当然,在叙述中难免与"大劳动改造"有所交叉和重叠。本文研究的新中国早期劳动改造罪犯的时间界限为1949年中华人民共和国成立至1966年"文化大革命"肇始,时间跨度为17年,鉴于历史的延续性适当追溯至中国共产

*　周立功,浙江省第四监狱政治处主任;朱福正,浙江省第四监狱四级高级警长。

党的早期劳动改造罪犯史。

本文采用文献查阅法、系统梳理法、历史演绎与历史归纳法等诸研究方法。研究价值有三：一是树“两观”，立“三认同”“四自信”，即引导人们树立正确的历史观、文化观，不断巩固各界尤其是业界对新中国劳动改造工作的制度认同、文化认同和特色认同，从而坚定道路自信、制度自信、文化自信和特色自信。二是在梳理历史中把握劳动改造发展规律。三是在梳理历史中吸取教训，在历史中汲取养分，在历史中明晰方向。

二、新中国劳动改造罪犯历史的源头探寻

早在 1927 年建立井冈山苏区政权时，就已经建立法院和劳动改造的制度，主张对多数的一般罪犯实行劳动改造，给以人道待遇。

1931 年，在江西瑞金的中华苏维埃政府建立劳动感化院，对罪犯实行感化教育与劳动改造相结合的方针，组织罪犯劳动。1932 年 8 月，司法人民委员部制定了《中华苏维埃共和国劳动感化院暂行章程》，这是革命根据地人民民主政权的第一部监狱法规。

1934 年 1 月，毛泽东在江西瑞金中华苏维埃第二次全国工农兵代表大会上的报告中明确指出：“苏维埃的监狱对于死刑以外的罪犯是采取感化主义，即用共产主义的精神与劳动纪律去教育犯人，改变犯人犯罪的本质。”①

1941 年 7 月，晋察冀边区将 1940 年成立的“感化院”改名为“自新学艺所”。

1941 年，林伯渠在陕甘宁边区政府工作报告中概括道：“至于犯人的生活，除他们的自由受到相当的限制外，他们同样地上课、生产、开检讨会、研究时事，并且有他们的自治组织。从劳动生产中，他们学到了技能，改善了生活，也锻炼了思想意识。经过一个时期的法院生活，许多犯人由罪犯变成了守法的公民。”同时指出：“在劳动与教育并重的原则下，整理与改良监狱工作。”

1942 年，《陕甘宁边区司法纪要》指出：“边区监所生产教育的目的是改正轻视劳动观念，锻炼思想意识，消除犯罪邪念，提高生产技能，获得谋生手段。”②

1946 年，太行区司法会议首次提出“劳动改造”概念，称赞其为“改造犯人

① 辛国恩等：《毛泽东改造罪犯理论研究》，人民出版社 2006 年版，第 23 页。
② 参见辛国恩等：《毛泽东改造罪犯理论研究》，人民出版社 2006 年版，第 26 页。

最有效的方法之一”。晋察冀边区法院提出“通过生产运动，以改造犯人”口号。至此，“劳动改造”用语开始通行。“劳动改造”概念的提出，为新中国成立后大规模劳动改造罪犯实践奠定了思想基础。

1947年12月，毛泽东在中央扩大会议上提出，对于反革命“只要是不积极破坏革命战争和土地改革的人都可以不杀，把他们当作劳动力保留下来”。1948年毛泽东再次强调：“地主和旧式富农……是社会的劳动力，是一种财富。……三千六百万人改造后是很大的一批劳动力，快等于一个小国家的人口了。”

最初正式阐述“劳动改造”思想的应是毛泽东于1949年6月30日发表的《论人民民主专政》一文：“对于反动阶级和反动派的人们，在他们的政权被推翻了以后，只要他们不造反，不破坏，不捣乱，也给土地，给工作，让他们活下去，让他们在劳动中改造自己，成为新人。他们如果不愿意劳动，人民的国家就要强迫他们劳动。”

三、新中国大规模劳动改造罪犯之发端与确立

（一）劳动改造思想的萌发

1949年朱德指出：“（苏联组织大批罪犯投入）修运河，修西伯利亚铁路，铁路修好了，人也变了，公民权也有了，我们中国恐怕要向苏联多少学一点。”

1949年9月29日通过的《中国人民政治协商会议共同纲领》第7条规定：“……但同时给以生活出路，并强迫他们在劳动中改造自己……”

1949年10月27日，朱德在第一次全国公安会议上的讲话中指出：“强迫劳动解决这些人是最好的方法，有这些方法也就不杀了不送了。”

1950年6月23日，毛泽东在中国人民政治协商会议第一届全国委员会第二次会议上的闭幕词中进一步阐述了人民民主专政。

1950年8月，朱德在治安行政会议的讲话中指出：“我们对犯法的人处理与国民党不同，我们抓起他们来，还叫他们做点事，搞生产，学技术，有聪明有才力的给他找职业，放出去也就很好生活了。这个办法就可以减少寄生虫，社会也就安定了。”①

---

① 参见辛国恩等：《毛泽东改造罪犯理论研究》，人民出版社2006年版，第141页。

1950年10月，刘少奇在中央决定组织罪犯劳动生产之前就指出："花点本钱也划得来，抢的吃、偷的吃还不都是老百姓的，并且具有破坏性，搞生产要花点本钱，国家也可以出一些钱。"

1951年4月20日毛泽东指出："让犯人劳动改造，其好处是在经济方面有利，在政治方面也有某一方面的利益，使我们对民族资产阶级和知识分子好说话。"

1951年4月30日，毛泽东特别批示："杀人不能太多，太多则丧失社会同情，也损失劳动力。……凡无血债或其他引起民愤的重大罪行……可判死刑，但缓期一年或二年执行，强迫他们劳动，以观后效。"

1951年5月8日，中共中央指出："中央已决定，……其余，一律采取判处死刑、缓期二年执行，在缓刑期内强制劳动、以观后效的政策。……这个政策又保存了大批的劳动力，利于国家的建设事业。"5月起，毛泽东和中央果断决定，采取谨慎收缩方针。5月11日刘少奇指出："应当杀的要判处死刑，但判处死刑以后可以不杀，缓刑两年强迫劳动，以观后效。"5月15日，在第三次全国公安工作会议（简称"三公会议"）决议中强调，对于犯有死罪的反革命分子，大部实行判处死刑、缓期二年执行，强迫劳动，以观后效的政策。

（二）劳动改造制度的确立

新中国成立初期，由1949年的监狱押犯人数6万猛增到1951年的87万。1951年5月15日，毛泽东在修改审定"三公会议"决议时提出著名的"三个为了"方针，指出："……此事极为艰巨，又极为紧急，必须用全力迅速地获得解决。""三公会议"通过了《关于组织全国犯人劳动改造问题的决议》，指出劳动改造是改造罪犯的主要手段，劳动改造罪犯的目的是"三个为了"。劳动改造遂成为新中国监狱（劳改）工作的重要方针和原则。"三公会议"提出劳动改造队犯人人数的分配和经费。1951年5月22日，中央批准第三次全国公安会议决定组织罪犯劳动改造。至1952年6月，全国投入劳动改造的罪犯已占在押犯总数的62%以上，开荒127万多亩，创建了56个"千人劳改农场"、160个百人以上初具规模的劳改工厂。

1952年6月23—30日，第一次全国劳改工作会议专门成立了为改造罪犯服务的"中央劳改生产管理委员会"。这次会议解决了劳改生产的集中问题，确定了劳改工作在一个相当长时期的奋斗方向。

1953年12月10—24日，第二次全国劳改工作会议讨论了《中华人民共和国劳动改造条例(草案)》等。会议认为，罪犯经过劳动改造和思想教育，一般能低头认罪，积极生产，其中有不少罪犯已被改造成为技术熟练的劳动者。

1954年8月26日，政务院通过的《中华人民共和国劳动改造条例》是新中国第一部较为系统、完整的监狱法规，标志着我国劳动改造罪犯工作自此进入法律化、制度化的全面发展时期；同时颁布施行的《劳动改造罪犯刑满释放及安置就业暂行处理办法》是新中国第一个出狱人保护法规。

1954年9月23日，周恩来指出："根据1953年年底的统计，已有80%以上的在押罪犯分别投入工农业生产。"

1956年4月25日，毛泽东在著名的《论十大关系》中指出："……杀了他们，一不能增加生产……能劳动改造的去劳动改造，不能劳动改造的就养一批。……对一切反革命分子，都应当给以生活出路，使他们有自新的机会。这样做，对人民事业，对国际影响，都有好处。"

1960年4月15—23日，第五次全国劳改工作会议指出，把大多数罪犯改造成为真正改恶从善、自食其力的劳动者是劳改工作的政治目的，劳动生产是改造他们的一种主要手段，物质生活的供给是劳动的必要条件，这三方面都不能忽视和偏废。

1960年10月22日毛泽东接见美国记者斯诺时说道："我们的监狱不是过去的监狱，我们的监狱其实是学校，也是工厂，或者是农场。"

1963年10月，毛泽东在天津与中共中央华北局、河北省和天津市负责人谈话时说到周处等人："周处除三害，人是可以觉悟的。陈平是贪污犯，汉高祖给他钱，他不记账。后来做了宰相，除吕保刘。可见人有错误是可以改的……能改的还可以使用。严重的调离工作也是必要的，还可以劳动改造。"

1963年11月15日，毛泽东接见阿尔巴尼亚总检察长阿拉尼特·切拉谈话时指出："……一般说是可以把人改造过来的。只有个别的人改造不过来……那我们只好把他长期养下去，把他关在监狱的工厂里工作……"

1964年1月，毛泽东在同阿尔及利亚代表团谈话时指出："光靠监狱解决不了问题，要靠人民群众来监视少数坏人……监狱里关很多人不好，主要劳动力坐牢就不能生产了。"

1964年7月6—18日，第六次全国劳改工作会议讨论了劳改工作的任务、在政治经济上以及对社会影响的意义，坚决贯彻执行劳改工作方针、开展社会主义教育运动，关于劳改机关的体制问题、关于刑满释放和留场就业问题、关于劳改企业的长远规划、关于劳改干部队伍问题等若干重大问题。

四、新中国劳动改造罪犯早期方针、政策及基本原则的变迁

（一）劳动改造罪犯基本方针的历史变迁

1. “三个为了”方针

1951 年 5 月，毛泽东亲自修改审定第三次全国公安工作会议决议，在决议中提出了著名的“三个为了”方针：“大批应判徒刑的犯人，是一个很大的劳动力，为了改造他们，为了解决监狱的困难，为了不让判处徒刑的反革命分子坐吃闲饭，必须立即着手组织劳动改造工作。”5 月 15 日，第三次全国公安会议通过《关于组织全国犯人劳动改造问题的决议》指出：“……必须根据惩办与改造相结合的原则，并适应全国各项建设的需要，立即着手制定通盘计划，组织劳动改造工作。凡有劳动条件的犯人，应一律强迫其参加。”

2. “两个结合”方针

1954 年《中华人民共和国劳动改造条例》第 4 条规定：“劳动改造机关对于一切反革命犯和其他刑事犯，所施行的劳动改造，应当贯彻惩罚管制与思想教育相结合，劳动生产与政治教育相结合的方针。”第 25 条规定：“劳动改造必须同政治思想教育相结合，使强迫劳动逐渐接近于自愿劳动，从而达到改造犯人为新人的目的。”

3. “改造第一，生产第二”方针

1956 年 5 月刘少奇指出：“劳改工作的方针，第一是改造，第二是生产。”

1956 年 7 月 13 日，罗瑞卿传达中央精神：劳改要搞好，方针是“第一是改造，第二是生产”。7 月 15 日，周恩来进一步阐明了劳改工作方针：“劳改的目的，是要把犯人改造为新人，政治教育是第一，使他觉悟，劳动是增强他的劳动观点，而不是从犯人身上生产出来的利润办更多的工厂，这还是第二。”

1956 年 12 月罗瑞卿在第八次全国公安会议中指出：“劳动改造的目的是为了尽可能把犯罪分子教育成为善良的劳动者。因此，既要生产，又要进行必要的充分的思想教育工作。生产也是为了改造，但不能妨碍改造。我们在这个工作中所追求的目的，主要是政治上的目的，而不是经济上的目的。”

1958 年 8 月，第九次全国公安会议通过了《关于劳改工作的决议》，首次提出“改造第一，生产第二”方针：“所谓‘改造第一，生产第二’，就是首先应当强调政治目的，而不应当不适当地强调经济上的利益。”

1959 年 6 月 9 日，罗瑞卿在中南政法片会上的讲话中指出：“‘改造第一，生产第二’这是讲生产是为了改造，并不是讲不要生产……”

1962 年 3 月 22 日，毛泽东在听取公安部负责人汇报时指出：“劳动改造罪犯，生产是手段，主要目的是改造，不要在经济上做许多文章。”

1962 年 4 月 28 日，刘少奇指出：“这几年不是改造第一，而是生产第一，搞奴隶劳动，越劳动越坏，对立情绪很厉害，生产也没有搞好。……劳改生产，国家不打主意，自己独立核算，不足的补贴一些，以改造为主。”

1964 年 4 月 12 日，毛泽东在审阅公安部党组的有关报告后批示：“你看确有此事吧！有些人只爱物不爱人，只重生产，不重改造。把犯人当劳役，只有压服不行。”①

1964 年 4 月 28 日，毛泽东强调：“究竟是人的改造为主，还是劳改生产为主，还是两者并重？是重人？重物？还是两者并重？有些同志就是只重物，不重人。其实，人的工作做好了，物也就有了。”

1964 年 8 月 11 日，中共中央指出：“劳改工作是改造人的工作……要做好这项工作，必须坚决执行……改造与生产相结合，改造第一、生产第二的方针。”

1964 年 8 月 12 日，毛泽东指出：“就是应当把人当人，反革命也是人嘛。我们的目的是把他们改造好，改造应当作为第一位。做好人的工作，使他们觉得有个奔头，能够愿意改造，生产当然也会好的。”

1964 年，党中央根据劳改工作实际中存在的忽视教育改造的倾向，制定了“改造与生产相结合，改造第一，生产第二”的劳改工作方针。“六劳会议”上正式提出了这一方针并被写入会议纪要。

1965 年 7 月 1 日，毛泽东作出批示：“改造要抓紧，不要在经济上做文章，不要想从劳改犯人身上搞多少钱，要抓改造，让他们能寄点钱回家嘛！”“第一是思想改造，第二是生产。”

1965 年 8 月 8 日，毛泽东在接见几内亚教育代表团、几内亚检察总长及夫

① 参见公安部十一局编：《劳改工作文件汇编》（第一册），1982 年，第 57 页。

人的谈话中再次指出："我们有些干部不懂得把改造人放在第一位，不要把劳动和生产放在第一位。不要赚犯人的钱。"①"……劳改工厂、劳改农场就不能以生产为第一，就要以政治改造为第一。"

1965 年 9 月，毛泽东在接见阿尔巴尼亚内务代表团时指出："劳改农场总的方向应该是改造他们，思想工作第一，工业、农业的收获多少，是否赚钱是第二位的。"

（二）劳动改造罪犯基本政策的历史变迁

1952 年《第一次全国劳改工作会议决议》中明确指出："劳改生产从政治上看，是属于改造罪犯成为新人的一项政策，从经济上看是属于国营经济性质的特殊企业。"

1956 年，第八次全国公安会议提出，对罪犯劳动改造执行"惩办与宽大相结合""阶级斗争与人道主义相结合"的劳动改造政策。

1959 年 9 月 14 日，毛泽东在党中央向全国人大常委会提出的关于特赦战犯的建议中说："党和人民政府对反革命分子和其他罪犯实行的惩办和宽大相结合、劳动改造和思想教育相结合的政策，已经获得伟大的成绩。"

（三）劳动改造罪犯基本原则的历史变迁

1. 强迫劳动原则

也称为劳动的强制性原则。1949 年《中国人民政治协商会议共同纲领》（简称《共同纲领》）规定："对于一般的反动分子、封建地主、官僚资本家……但同时给以生活出路，并强迫他们在劳动中改造自己，成为新人……"1950 年 8 月 12 日，董必武指出："监狱是惩罚还是教育机关？……在监狱中对犯人应该进行教育，但不光是教育而无惩罚……要又教又惩，给以教育，而又强迫劳动。"②1950 年 6 月 23 日，毛泽东指出："对敌人说来是用专政的方法……强迫他们服从人民政府的法律，强迫他们从事劳动并在劳动中改造他们成为新人。"1951 年 4 月 30 日，毛泽东特别批示："凡无血债或其他引起民愤的重大罪行，但有应杀之罪者……可判死刑，但缓期一年或二年执行，强迫他们劳动，以观后

① 参见公安部十一局编：《劳改工作文件汇编》（第一册），1982 年，第 64 页。

② 参见董必武：《董必武政治法律文集》，法律出版社 1986 年版，第 120 页。

效。"1951 年 5 月 15 日，第三次全国公安会议指出："凡有劳动条件的犯人，应一律强迫其参加。""对于所有从事劳动改造的犯人，应一律采用军事管制办法，强迫其劳动。任何犯人，应绝对服从，不得违抗。"1952 年 6 月 30 日"一劳会议"决议中指出："在强迫罪犯劳动生产中，必须同时进行严格管制和经常的教育工作，两者不得脱节。"1954 年《劳动改造条例》规定："监狱对犯人应当严格管制并严密警戒，在必要的时候可以单独监禁。在严格管制的原则下，并且分别犯人的不同情况，施行强迫的劳动和教育。"

2. 革命人道主义原则

1956 年 7 月 15 日，周恩来指出："我们对犯人……第一应该有人道主义；第二人道主义有一定的界限，不能超过法律范围。"1956 年 9 月 19 日董必武严厉指出："有些监所和劳动改造单位的管理人员，违反党的政策和国家的法律，违反革命人道主义的原则，虐待犯人的现象也是有的。这些都是严重的违法行为，必须彻底加以肃清。""革命人道主义原则还体现在安全生产和确保罪犯休息等诸方面。"

3. 为国家经济建设服务原则

1954 年《中华人民共和国劳动改造条例》第 30 条规定："劳动改造生产，应当为国家经济建设服务，应当列入国家生产建设总计划之内。"第 31、32、35、74 条作了进一步规定。1959 年 5 月 11 日，罗瑞卿在全国政法先进工作者代表大会上的讲话中说："把他们的双手调动起来，为建设社会主义服务。"

4. 化消极因素为积极因素原则

1956 年 4 月 25 日，毛泽东在《论十大关系》中指出："反革命是什么因素？是消极因素，破坏因素，是积极因素的反对力量……在我国的条件下，他们中间的大多数将来会有不同程度的转变。"1956 年 5 月 3 日周恩来指出："我们在打倒反革命、镇压反革命之后，还可以把反革命化无用为有用，变消极为积极。办法就是经过劳动改造。"1957 年 3 月 12 日，董必武指出："……劳动改造工作进一步取得了显著的成效……对于化消极因素为建设社会主义的积极因素，有着巨大的作用。"1959 年 9 月 14 日，毛泽东对于实行特赦的目的及其作用，作了很好的说明："采取这个措施，将更有利于化消极因素为积极因素……"

5. 生产服从改造原则

贯彻执行"改造第一，生产第二"的方针，要求劳改生产的经济利益必须服从改造罪犯的社会效益。1964 年 8 月 11 日，中共中央指出："劳改工作，要在劳动中实现，但必须以人的改造为主，不能以单纯完成生产任务为主，生产工作要服从于人的改造工作。”“都要贯彻执行党中央的劳改方针，注意纠正那种只分配生产任务，只管是否完成生产任务，只抓生产，不抓改造的错误。”

6. 改造与生产统一领导原则

1964 年 8 月 5 日，公安部党组向彭真同志并报中央的《公安部党组关于第六次全国劳改工作会议的情况报告》中指出：“要保证改造第一的方针完全落实，在劳改企业的体制上，必须继续实行改造与生产统一领导的原则……”

五、新中国劳动改造罪犯早期方式方法的变迁

（一）劳动改造的场所和形式

罪犯的劳动改造场所最初主要是劳动改造队，包括劳改农场和劳改工厂。1954 年罪犯的劳动改造场所是监狱和劳动改造管教队。

1951 年 5 月 15 日，第三次全国公安会议通过《关于组织全国犯人劳动改造问题的决议》，其中规定，劳动改造队，按其刑期长短，基本上应分为劳动大队等四种。1952 年“一劳会议”决定，劳改生产从事大规模的水利、筑路、垦荒、开矿和建筑等生产建设事业。

1954 年《劳动改造条例》规定：“犯人的劳动改造，对已判决的犯人应当按照犯罪性质和罪刑轻重，分设监狱、劳动改造管教队给以不同的监管。”“劳动改造管教队，应当组织犯人有计划地从事农业、工业、建设工程等生产，并且结合劳动生产，进行政治教育。”

（二）劳动改造的方法

1. 劳动奖惩法和劳动考核法

1951 年 5 月 15 日，《关于组织全国犯人劳动改造问题的决议》规定：“对参加劳动的犯人……应按其劳动和政治表现的好坏，给以恰当的和严明的精神和物质奖惩，并以减刑和加刑作为最高奖惩办法。”1954 年《劳动改造条例》规定：“对犯人应当实行立功赎罪、赏罚严明的奖惩制度。”第 68—73 条规定了对犯人奖惩的 6 种劳动改造情形、奖惩程序、特殊情形的处理。对罪犯的劳动改造主要采取考核奖惩法，考核的方法包括百分制考核法（计分考核法）、工时制考核

法、计件制考核法等。劳动考核所得分值作为刑事奖励的依据。

2. 技能培养法和生产竞赛法

1951 年 9 月中旬，罗瑞卿在第四次全国公安会议上指出："要把罪犯改造成为新人，就要一方面在政治上、思想上铲除他们反革命的立场、观点，另一方面在生产技能上也锻炼他们成为一个熟练的劳动者，使他们以一个罪犯身份进去，以一个熟练的劳动者出来。"

1954 年《中华人民共和国劳动改造条例》第 27 条规定："对犯人应当注意培养他们的生产技能和劳动习惯。对有技术的犯人，在劳动改造中，应当注意充分利用他们的技术。"罗瑞卿在《劳改条例草案说明》中强调："在劳动过程中对他们进行思想改造，同时对他们进行文化教育和生产技能的训练，积极地争取他们转变成为新人。""不把他们从思想上改变过来，不使他们养成劳动习惯并学到生产技能，就无法保证他们在刑满释放后不再继续犯罪……就无法使他们在新的社会中通过自己的劳动去谋得正当的生活出路。"

"六劳会议"决议纪要中指出："生产知识教育很重要。要根据犯人籍贯地区的不同生产特点，犯人本身的条件，进行为社会所需要的一种或多种生产技术教育。"

1954 年《劳动改造条例》规定："在犯人中可以进行生产竞赛，以提高生产效率和促进犯人劳动改造的积极性。"

（三）劳动改造的手段与目的论

"劳动改造罪犯，生产是手段，主要目的是改造"或"改造是目的，劳动生产是改造的手段"这一方法论始终贯穿新中国劳动改造罪犯 70 余年的刑罚实践。劳动改造的目的或目标是"改造犯人成为新人""改造成为自食其力的公民""把犯罪分子教育成为善良的劳动者""把大多数罪犯改造成为真正改恶从善、自食其力的劳动者""把绝大多数犯罪分子改造成为自食其力的新人"。

1949 年 6 月 30 日，毛泽东指出："对于反动阶级和反动派的人们……，只要他们不造反，不破坏，不捣乱，也给土地，给工作，让他们活下去，让他们在劳动中改造自己，成为新人。"

1949 年《共同纲领》规定："……但同时给以生活出路，并强迫他们在劳动中改造自己，成为新人，假如他们继续进行反革命活动，必须予以严厉的制裁。"

1950年6月23日，毛泽东指出："……强迫他们（敌人）服从人民政府的法律，强迫他们从事劳动并在劳动中改造他们成为新人。"

1954年《宪法》规定："……给以生活出路，使他们在劳动中改造成为自食其力的公民。"

1954年9月23日，周恩来指出："对普通反革命罪犯采取惩办和改造相结合的方针，让他们在劳动改造的过程中，有重新做人的机会。"

1954年《劳动改造条例》规定："为了惩罚一切反革命犯和其他刑事犯，并且强迫他们在劳动中改造自己，成为新人。""劳动改造必须同政治思想教育相结合，使强迫劳动逐渐接近于自愿劳动，从而达到改造犯人成为新人的目的。"

1956年12月，罗瑞卿在第八次全国公安会议中指出："劳动改造的目的是为了尽可能把犯罪分子教育成为善良的劳动者。……我们在这个工作中所追求的目的，主要是政治上的目的，而不是经济上的目的。"

1958年8月，第九次全国公安会议《关于劳改工作的决议》指出："所谓'改造第一，生产第二'，就是首先应当强调政治目的，而不应当不适当地强调经济上的利益。"

1959年9月28日，罗瑞卿指出："我们对反革命和其他罪犯实行劳动改造的政策……更重要的是为了彻底消灭反革命和其他犯罪的阶级根源和思想根源，使反革命在刑满之后不再回到犯罪的老路上去。"

1960年"五劳会议"指出，把大多数罪犯改造成为真正改恶从善、自食其力的劳动者是劳改工作的政治目的，劳动生产是改造他们的一种主要手段。

1964年8月5日，公安部党组向彭真同志并报中央的"六劳会议"情况报告中指出："……根据十多年的经验，要做好劳动改造工作，须明确，改造是目的，劳动生产是改造的手段。必须实行'四个第一'，概括地说就是：改造与生产相结合，改造第一；思想教育与军事管制相结合，思想教育第一；教育说服与强制压服相结合，教育说服第一；在教育说服中，抓活的思想第一。"

1964年8月11日中共中央指出："把绝大多数犯罪分子改造成为自食其力的新人，这是劳改工作的光荣任务。"

1964年8月12日，毛泽东指出："……我们的目的是把他们改造好，改造应当作为第一位。做好人的工作，使他们觉得有个奔头，能够愿意改造，生产当然也会好的。"

毛泽东改造罪犯思想中，把罪犯改造成为新人中所谓的"新人"是指经过行刑改造脱胎换骨，抛弃过去的意识和行为模式而代之以新的意识和行为模式。

六、基本结论与时代展望

基本结论：劳动改造是新中国的一种基本行刑模式；劳动改造是新中国监狱工作的一大基本特色；劳动改造罪犯是新中国党的事业的一部分；劳动改造罪犯工作取得了世人瞩目的伟大成就；劳动改造罪犯工作也曾走过弯路、犯过错误，当引以为戒。

对未来展望，笔者认为劳动改造罪犯工作在新时代不但要坚持而且要发扬光大。这个结论不仅来自刑罚正义的应然要求，还来自对新时代社会主义监狱工作应有的强大自信。惩罚和改造罪犯始终无法远离劳动生产这一人类生存的必需载体，即使进入了新时代，“监狱生产作为劳动改造的实现形式，不是可有可无，即使是‘皇粮’‘囚粮’全部到位，也必须长期坚持下去”①。我们坚信劳动改造应然之价值取向终将彻底回归，“改造与生产经营”这一对基本矛盾终将纾解、平衡，劳动改造项目的选择将越来越满足安全与个性化需求，罪犯在劳动改造过程中的获得感将越来越显著。

参考文献：

辛国恩等著：《毛泽东改造罪犯理论研究》，人民出版社 2006 年版。

王云海：《监狱行刑的法理》，中国人民大学出版社 2010 年版。

[美]安妮・阿普尔鲍姆：《古拉格：一部历史》，戴大洪译，新星出版社 2013 年版。

董必武：《董必武政治法律文集》，法律出版社 1986 年版。

费广和等：《犯罪与矫治》，群众出版社 2005 年版。

金鉴主编：《监狱学总论》，法律出版社 1997 年版。

王明迪：《鸿泥集》，法律出版社 2009 年版。

吴宗宪：《当代西方监狱学》，法律出版社 2005 年版。

[意]切莎雷・贝卡里亚：《论犯罪与刑罚》，黄风译，北京大学出版社 2008 年版。

国务院新闻办公室：《中国改造罪犯的状况》，法律出版社 1992 年版。

[挪威]托马斯・马蒂森：《受审判的监狱》，胡苑如译，北京大学出版社 2014 年版。

[法]米歇尔・福柯：《规训与惩罚》，刘北成、杨远婴译，生活・读书・新知三联书店 2012 年版。

王志亮：《中国监狱史》，中国政法大学出版社 2017 年版。

---

① 王明迪：《鸿泥集》，法律出版社 2009 年版，第 332 页。

从劳动改造文献探究其发展与变迁

——对近40年研究文献的回顾

李从来*

内容摘要 本文以"劳动改造"作为主题词和关键词，在中国知网(China National Knowledge Infrastructure, CNKI)中，检索1980—2019年的相关文献，并对文献的数量、研究者、研究内容以及研究方法进行量化分析，提出劳动改造应注重劳动与改造的统一协调性，需不断完善劳动改造制度，保障罪犯合法权益，在量化劳动改造指标的同时要加快劳动改造的社会化进程。

关键词 劳动改造 文献计量 监狱

劳动是人类最基本的实践活动，它既创造了人类本身，同时也推动了社会的发展。罪犯劳动是我国监狱早期对罪犯进行惩罚和改造的主要手段，目前我国监狱工作的方针是"惩罚与改造相结合，以改造人为宗旨"，罪犯的劳动改造彰显了政治教育、刑罚执行、教育矫治、生产经济等功能。罪犯在劳动中能直接产生经济效益，不仅可以改变其原有错误的认知，矫正罪犯好逸恶劳、不劳而获的恶习，还能提高罪犯对社会的认识。罪犯在劳动过程中可以体验到人生价值的存在，进而树立正确的人生观、价值观。

回顾劳动改造的历史发展，提炼劳动改造工作的先进经验，是科学改造罪犯、维护社会和谐稳定、实现总体国家安全观的需要。自我国劳动改造机关建立起，便有诸多专家学者在制度、可行性、方法路径等方面进行了探索，但大部分都是纯观点式的论述。随着国家对罪犯劳动改造方针政策的不断调整，研究者们对于劳动改造的研究方法不断深入、研究内容不断丰富，并取得了一些重要成果，有关这一方面的文献日益增多。本研究采用文献计量学分析的方法，阐述我国近40年劳动改造的发展与变迁，为劳动改造功能的进一步发挥提供依据。

---

* 李从来，广东省阳江监狱副监狱长。

一、研究方法

文献来源与检索方法：本研究以“劳动改造”分别作为主题词和关键词，在中国知识资源总库(CNKI)中检索1980—2019年的相关文献，然后通过查阅文献的题目和摘要确定是否符合纳入标准，再对这些符合标准的文献从“研究者”“研究方法”“研究内容”三方面进行数据统计和综合分析。

选取标准：(1)论述的主题是劳动改造；(2)“劳动改造”必须是监狱(劳改)领域中的含义；(3)在正式期刊上刊登的文章，发表时间为1980—2019年。

排除标准：(1)文章中的“劳动”并不是指监狱劳动改造罪犯的意思；(2)硕博士论文和会议摘要整编；(3)文献虽含有劳动改造主题，但大部分陈述其他方面的内容，并非劳动改造为主。

二、研究结果

将“劳动改造”作为主题词，检索出1 764篇文献；将其作为关键词，检索出6 060篇文献。按时间筛选后，剔除重复、不符合纳入标准的文献，最后将剩余的118篇作为研究样本。以年份为主线，通过统计文章的篇数和构成比，从研究者、研究内容和研究方法三个方面加以分析，具体分布详见表1—表3。

表1　劳动改造文献数量分布

研究时间	论文数	高校	研究所	监狱	其他
1980—1989年	23	\	\	\	\
1990—1999年	27	9	5	4	9
2000—2009年	29	13	2	12	2
2010—2019年	39	16	2	17	4
总　　数	118	38	9	33	15

注：1980—1989年文献无法查阅研究者。

从文献数量方面，劳动改造的文献逐年增多，近10年的文献数量最多，占33.1%；从2000年起，监狱警察对劳动改造的研究明显增多，与高校的研究数量相当。

表 2　劳动改造文献的研究内容分布

研究时间	功能目的	内容结构	新理念观点	制度政策	能力评估
1980—1989 年	3	4	3	13	0
1990—1999 年	2	3	6	16	0
2000—2009 年	8	6	3	12	0
2010—2019 年	14	8	3	11	3
总　　数	27	21	15	52	3

劳动改造的文献主要以对制度政策的论述为主，占总数的 44.1%；其次是功能目的，占总数的 22.9%，而对劳动改造内容及量化劳动能力评估的较少。

表 3　劳动改造文献的研究方法分布

研究时间	回溯总结	前瞻探索	两者关系	现状分析	方法路径	量化描述	观点论述
1980—1989 年	7	1	1	2	0	0	12
1990—1999 年	6	1	2	2	2	0	14
2000—2009 年	2	1	2	1	10	0	13
2010—2019 年	3	2	3	3	13	3	12
总　　数	18	5	8	8	25	3	51

从劳动改造文献的研究方法来看，研究方法数量依次为观点论述(42.3%)、方法路径(21.2%)、回溯总结(15.3%)。早期倾向于回溯总结型，而方法路径的研究则逐年增多，对理论观点论述类的论文没有太大变化。近 10 年来研究方法呈现向量化描述转变。

三、讨论与分析

(一) 劳动改造的研究内容分析

1. 劳动改造的概念：惩罚与改造的博弈

马克思和恩格斯的科学论断表明，是劳动创造了人类社会，人类社会是从劳动中产生并在劳动中得到发展的。①从文献综述来看，不少学者对劳动改造

① 杨仁忠、王志亮：《中国监狱新论》，中国人民公安大学出版社 1999 年版，第 297 页。

的观点进行阐述，呈现百家争鸣的局面，例如，劳动改造的概念是什么，劳动是目的还是手段，劳动改造的核心是刑罚还是教育，劳改法学是多学科性还是单学科性，等等。文献综述得知，2000 年以前的文献对劳动改造概念解读以“惩罚”为主，“惩罚”大于“改造”。例如，郑敏的从法律角度论述劳动改造的概念，其认为我国现行的罪犯劳动改造，是指监狱对在押的罪犯，通过组织不同形式的劳动，以对其思想进行改造，对其恶习进行矫正，并使在押罪犯可以在狱内学习生产技能的一种执法活动。①而从 2003 年党的十六届三中全会召开以来，研究者对劳动改造的概念逐步向“改造”倾斜，“改造”大于“惩罚”，劳动改造回归到着重于“人”的改造，强调的是矫正恶习、树立观念。例如，姜洪涛将劳动改造重新定义为：刑罚执行机关以组织罪犯劳动为手段，通过依法、严格、有序、文明、高效的劳动组织与管理，培养罪犯劳动素质，使其掌握劳动技能，改正不良恶习，树立正确的世界观、人生观、价值观，回归社会，成为守法的、对社会有贡献的人为目的的活动。②笔者认为，劳动改造是监狱以改造罪犯为目的，有计划地组织罪犯从事与社会相适应的生产劳动的职能活动。

2. 劳动改造的方针政策：始终以改造人为宗旨

新中国成立以来，劳动改造作为监狱工作的重要组成部分，取得了较大的成绩和可借鉴的历史经验。从监狱劳动改造历史来看，劳动改造的方针政策在不断发展中，最初是以惩罚战犯为主的劳役阶段，随着我国由计划经济体制向社会主义市场经济体制转型，方针政策发展为追求经济效益为目的营利性劳动改造，随后到以改造人为宗旨的矫正性劳动改造阶段。综述劳动改造政策及方针的变迁，先是新中国成立之初“三个为了”监狱工作方针确立，到了 1952 年第一次全国劳改工作会议提出的“政治改造与劳动改造相结合、惩罚与改造相结合”两个结合工作方针，1954 年《劳动改造条例》颁布，对罪犯劳动改造的方针和政策进行了规范，奠定了新中国劳动改造制度的基础。从“三个为了”到“两个结合”的转变反映了当时劳动改造的政治特点和经济形势。1964 年，第六次全国劳改工作会议提出了“改造与生产相结合，改造第一，生产第二”的劳改工作方针，扭转了监狱重生产、轻改造的偏向。随着 1994 年《监狱法》颁布，基本形成了具有中国特色的罪犯改造制度，劳动改造作为狱政管理、劳动改造和教

① 郑敏：《我国罪犯劳动改造制度的立法缺失及建议》，《巢湖学院学报》2012 年第 5 期。

② 姜洪涛：《对新时期劳动改造定位及功能作用的再认识》，《中国司法》2008 年第 2 期。

育改造三大核心改造手段之一,“惩罚与改造相结合、教育与劳动相结合”原则和“惩罚与改造相结合,以改造人为宗旨”的监狱工作方针正式确定,监狱劳动改造工作进入了一个新的历史发展时期。在2018年,司法部部长傅政华提出了“以政治改造为统领,统筹推进监管改造、教育改造、文化改造、劳动改造”的五大改造新格局,进一步丰富了改造罪犯的手段,劳动改造仍然作为改造罪犯的手段之一。综观劳动改造方针政策的变迁,多是以把罪犯改造成为新人为目的,改造手段以劳动改造与教育改造为主。

3. 劳动改造的目的:遵循着改造罪犯的主线

从历年文献的研究结果来看,每个时间阶段都有对劳动改造功能目的的论述,其中以近10年的研究居多。综述劳动改造的功能目的,大多研究者都集中在劳改改造的矫正、惩罚和经济属性上,而随着五大改造的提出,劳动改造还具有鲜明的政治属性。纵观历史,劳动作为惩罚罪犯的手段是改造罪犯的主要做法,监狱法明确规定“有劳动能力的罪犯,必须参加劳动”,这说明劳动改造是具有惩罚性的。究其原因,监狱通过强迫罪犯进行生产劳动,罪犯在劳动中会感受到刑罚的痛苦和威慑,进而痛改前非。

我国《监狱法》规定:“合理组织劳动,使其矫正恶习。”这表明改造罪犯是监狱劳动的首要目的,帮助罪犯在劳动改造中培养良好的劳动习惯,矫正好逸恶劳、贪图享乐恶习,让其在劳动过程中掌握劳动技能,为释放后的就业创造条件。从对某监狱狱内罪犯的静态数据分析得出大部分罪犯的罪名是盗窃和贩毒,究其原因,主要是好逸恶劳,缺少生计技能。劳动改造能让罪犯反思自己的过错,并能在生产劳动中学习掌握谋生技术,甚至经过培训成为熟练技工、技术员、技师等,有了一技之长,在出监后更有机会被社会上的企业聘用,从而顺利回归社会。

罪犯在劳动过程中会产生经济效益。从文献中可知,早期罪犯的劳动改造最主要是解决经济上的问题,因此,劳动改造既满足了改造罪犯的日常物质需要,又促进了经济的增长。有文献认为劳动改造应追求罪犯的经济属性和价值,罪犯生产劳动成果和质量是罪犯改造成果的衡量标准。

劳动改造的功能是综合的、相互协调的,但在实际执行当中却有矛盾。例如,监狱追求经济利益与监狱改造的矛盾、劳动改造与监管安全工作的矛盾。在论述经济和改造关系时,有研究认为劳动改造应注重改造罪犯的功能。新时期、新形势下劳动改造理念应从过去的重经济效益向突出对罪犯的改造功能转变,使劳动改造真正走上回归之路。[①]但也有研究认为劳动改造惩罚性的功能作用将被逐步弱化,劳动改造将由原来主要为了惩罚罪犯的需要,变为主要为了改造罪犯的需要。[②]罪犯劳动改造最初的功能是为了惩罚罪犯,具有刑罚性,但随着社会发展,劳动成为改造的手段,改造是劳动的目的,劳动的教育性凸显,旨在帮助罪犯掌握生活的技能,刑释后能够快速地融入社会,安心稳定生活,不再重新犯罪。

4. 劳动改造的构成要素:由简单性到多样化

从文献的综述来看,每个时期都有对劳动改造的构成要素进行分析,研究方法以论述为主。不可否认,劳动改造的内容体系是基础,其决定了劳动改造的功能和方向。例如,1950 年毛泽东在政治协商会议中提到要对反动阶级实行劳动改造,强迫他们服从人民政府的法律,强迫他们从事劳动并在劳动中改造他们成为新人。因此,早期强迫罪犯进行劳动改造决定了劳动改造的刑罚功能。经综述文献,劳动改造的要素主要有法律要素、经济要素、教育要素、政治要素和社会要素等。经济要素是每一个时期劳动改造自然衍生的内容,有劳动就会创造经济效益;法律要素具有法制性,带有强迫和惩罚功能,是监狱的一项执法活动;教育要素体现的是对罪犯进行教育矫治、改造成为社会守法公民的内容;社会要素是劳动改造的目标取向,劳动改造应与社会相适应,帮助罪犯顺利回归社会;政治要素是"五大改造"体系的具体内容,罪犯在劳动改造中要坚持正确的政治方向,要坚持以政治为统领。劳动改造早期的内容要素以法律要素、经济要素为主,后期呈多样化趋势,且逐步向教育要素、社会要素转变,并具有鲜明政治导向。另外,有研究表明监狱的劳动改造应包括道德规范的内容,认为管理机关及其工作人员对劳动改造人员(犯人)进行道德规范教育,且具有不可替代性和迫切性。[③]从近年文献得知,劳动改造的内容要素已由经济效益向更深层次的合理人权、薪酬保障、制度转型等方向转变。

(二) 劳动改造的研究方法分析

1. 回溯总结性研究:劳动改造理论的摇篮

从研究方法来看,1980—1999 年的回溯总结类研究居多,占回溯总结研究

---

① 傅正平、李建淼:《罪犯劳动改造机制的转型》,《河南司法警官职业学院学报》2014 年第 1 期。

② 谷世清、刘玲:《关于劳动改造定位思考》,《犯罪与改造研究》2010 年第 5 期。

③ 杨怀甫:《对劳动改造人员(犯人)道德规范教育若干问题的思考》,《广西政法管理干部学院学报》2008 年第 4 期。

的80%。在此类文献中，大部分是马克思、恩格斯劳动哲学、毛泽东劳动改造罪犯思想或罗瑞卿的劳动改造罪犯思想。以毛泽东为代表的老一辈无产阶级革命家，根据马克思列宁主义的国家学说和劳动改造罪犯的原理，结合中国的历史和国情，将劳动改造罪犯的一系列独创性经验作了理论概括，形成了完整的毛泽东劳动改造罪犯思想。而柯健则通过对罗瑞卿劳动改造罪犯思想与实践的研究，充实完善了我国的刑罚理论和罪犯改造制度，以及全面推进司法行政改革发展。①这部分研究大多是论述1949年以来罪犯改造的经验教训，以此来完善我国劳动改造制度和理论，为全面推进劳动改造改革发展提供理论支撑。例如，刘思妗的研究表明，监狱更应该把罪犯的劳动改造放在马克思主义理论视野下重新审视，应以马克思主义哲学原理中的实践观、社会交往观、价值观以及马克思主义的刑罚观为基础，进一步从本质上理解新形势下劳动改造在监狱工作中的地位和作用。②回溯总结性研究主要以政策和劳动思想解读为主，较少提出劳动改造中存在的问题，论述的结构相对简单，但这些研究是学者认识和探索劳动改造的主要阵地。

2. 前瞻性研究：劳动改造新模式的探新

从劳动改造文献的研究方法分布来看，不少学者对劳动改造开展了前瞻性探索，其中不乏提出了劳动改造的新路径和新方法，如分类劳动是新时期劳动改造的深化与发展、罪犯改造质量一元性思考、构建罪犯劳动改造新模式的研究与探索、构建准社会化生产模式等，对劳动改造的发展有积极的促进作用。还有研究者提出，构建劳动行为训练模式，培养劳动者应当具备的良好劳动行为习惯，最直接的体现是能够持续地，优质、高效、低耗、安全、文明地生产产品，培养这种行为习惯就应当建立严格的行为训练模式。③这种构建个别化劳动改造从理论上促进了劳动改造模式向精细化发展，使得劳动改造更具针对性和个别化。此外，有研究者提出劳动社会化的概念，劳动改造社会化可以满足监狱工作进一步提高罪犯改造质量的需要，在一定程度上消减监禁刑所固有的缺陷。④前瞻性研究弥补了劳动改造法律法规的不足，新的观点、概念、路径是促

---

① 柯健：《罗瑞卿劳动改造罪犯思想与实践的现实价值》，《犯罪与改造研究》2015年第8期。

② 刘思妗：《马克思主义理论视野下罪犯劳动改造地位和作用之省思》，《四川职业技术学院学报》2013年第1期。

③ 司法部燕城监狱课题组：《劳动改造功能定位与模式重构》，《犯罪与改造研究》2011年第S1期（增刊）。

④ 胡配军：《劳动改造社会化思辨》，《河南司法警官职业学院学报》2006年第3期。

进劳动改造全面、协调发展的理论基础。

3. 定量研究:劳动改造智能化的雏形

从文献分析得知,劳动改造大部分集中在对劳动改造制度理论的研究,而对于量化劳动改造的探索较少,仅占2.5%。准确地评价劳动改造绩效、量化罪犯劳动能力结构、构建科学的评价指标体系等是当前监狱劳动改造面临的难题,也是重要课题。劳动产出、劳动技能、劳动行为等指标,通常是由民警根据测量依据进行考核,并换算成得分,由此建立罪犯劳动改造绩效评价指标体系。①而湖北省江北监狱课题组则认为对罪犯劳动能力的评估可通过体力、心智和刑案三个方面因素进行综合评定,并由此可将罪犯劳动能力分为四个等级类型。②近年的研究表明,大数据和信息化的推广应用加快了社会发展的进程,劳动改造也应如此,需积极契合数据运用平台,打造智能应用云端,让数据多跑路,让智能多铺路,着力提高劳动改造的科学化水平。因此,对劳动改造进行量化的研究是科学改造罪犯的新课题,也是提高监狱管理水平的新途径。

四、劳动改造的启示

从表3劳动改造文献的研究方法分布来看,对方法路径的研究占了21.2%,前人的研究给劳动改造制度功能的完善和发展提供了路径支撑,既延续了劳动改造的地位,又传承了劳动改造的历史,进而完善中国监狱制度,以达到帮助罪犯顺利回归社会,成为合格“社会人”的目的。

(一)注重劳动与改造的统一协调性

文献中,有不少研究都对罪犯生产绩效和改造效果加以论述。当前,监狱在对罪犯进行改造时过多注重生产任务的完成情况,而忽视罪犯的改造效果。罪犯劳动和改造两者是辩证统一的,离开劳动的改造显得空洞虚无,一味追求劳动却会毫无目的。因此,劳动改造是统一协调的,劳动是手段,改造是目的,两者相辅相承。改造是抽象的概念,但可以通过劳动的外显行为来表达出来,在追求改造目的的同时,会产生劳动经济效益。简单来讲,罪犯生产完成情况

① 张如强、王兆证:《罪犯劳动改造绩效评价指标体系的构建》,《犯罪与改造研究》2014年第2期。

② 湖北省江北监狱课题组:《罪犯劳动能力科学评估问题研究》,《犯罪与改造研究》2013年第12期。

可以直观反映罪犯的改造状况。但改造罪犯不能单纯参考劳动产值，因为罪犯的言行具有隐蔽性，直接找罪犯了解信息会显得数据收集不真实，相比其他改造手段，劳动过程能直观地揭示罪犯的思想变化，将罪犯置身于正常的劳动中，监狱警察需要在罪犯劳动中洞察罪犯心理特征，透过罪犯外显的劳动状态挖掘罪犯内隐的信息，进而真实地掌握罪犯的思想和行为，并将此纳入罪犯日常改造档案中，使改造罪犯更具有针对性和实效性。

（二）紧扣时代特征，推进劳动改造制度建设

党的十九届四中全会对坚持和完善中国特色社会主义制度、推进国家治理体系和治理能力现代化作出重大部署。监狱治理作为国家治理体系的重要组成部分，应积极完善各项规范制度，强化治理能力，以适应新时代监狱工作发展的新要求、新目标。劳动改造作为改造罪犯的重要手段，需创新劳动改造的治理能力，适时调整不合时宜的规章制度，以顺应监狱治理体系和治理能力现代化的要求。

从文献综述来看，监狱关于劳动改造的规范制度并不多。因此，监狱可设立罪犯劳动改造各项制度，规范劳动改造工作管理，如细化劳动生产组织管理、劳动内容分配、劳动改造考核等，以解决罪犯劳动改造的形式、组织形式、劳动监督等问题。此外，还需要同步建立罪犯劳动改造奖惩制度，对罪犯劳动改造情况进行严格考核，只有依法规范对罪犯进行适时公正奖惩，发挥劳动改造的激励作用，才能让劳动改造的功能落到实处。

当然，在组织罪犯劳动改造的同时也需维护其合法权益。一是需完善罪犯劳动报酬制度，细化罪犯劳动报酬合法权益，引导罪犯使用劳动报酬满足自身狱内消费。二是要探索劳动工伤、医疗保险制度，加强劳动保护，对接狱内与狱外保险机制，尤其是劳动工伤制度，以减轻监狱负担，解除罪犯后顾之忧。三是要进一步探索“零顾送款”制度，鼓励罪犯通过劳动改造获取报酬，以解决自身狱内消费，甚至抵扣罚金或寄送回家，让劳动改造成为罪犯的自觉行为，而非单纯的惩罚性强制性措施，以提高罪犯劳动改造积极性，凸显改造成效。

（三）探索“人岗相适应”制度，凸显个性改造内容

从前期对监狱某一年刑释罪犯重新犯罪率进行追踪研究发现，罪犯释后重新犯罪占11％，犯罪类型以盗窃和贩毒为主；而以某监狱一年入监罪犯汇总数

据为统计样本，发现有92%的罪犯没有稳定的职业，其急功近利、不劳而获思想严重。可见，未掌握谋生技能，释后没有固定职业是罪犯重新走上犯罪道路的深层原因。反思监狱劳动改造现状，罪犯如果不能从事自己所擅长的工种，会加重其消极怠工的可能性，最终未能帮助罪犯掌握劳动技能，使得“改造”变得举步维艰。因此，监狱在岗位匹配方面，可探索劳动改造的“人岗相适应”制度，力求劳动强度要与罪犯个体能力相匹配，劳动绩效要与劳动处遇相适应，在安排劳动岗位时要充分评估罪犯的劳动能力结构，根据罪犯已有经验结构、人格特征、特长爱好等匹配与之相适应的岗位，科学、合理、公正地安排罪犯劳动，以提高劳动改造效能感和经济效益，从而保证罪犯出监后可以顺利回归社会，降低重新犯罪率，以维护社会稳定，这也是总体国家安全观的重要体现。

（四）量化劳动指标，提升改造科学水平

近年来，监狱对罪犯的考核倾向于生产产值，对于罪犯在劳动改造过程中呈现的内容却无法考评，例如罪犯的悔罪性、重新犯罪恶性等未能有较深入地评估，导致改造效果不明显，不能从根本、从深处改造罪犯，以致刑释后重新走上违法犯罪道路。从近10年的文献可知，对劳动改造量化考核评估的研究已有实质成效。监狱警察通过观察罪犯物化在产品中的量化数据来改造罪犯，将罪犯在改造过程中的悔罪感、道德感、劳动态度等通过数据参数显示出来，以真实客观地将罪犯的改造需求、改造效果呈现在劳动中，从而为有针对性地改造罪犯提供依据。量化的劳动改造指标包括罪犯的劳动态度、劳动纪律、劳动效率、任务完成等，做到指标化、定额化、具体化、数据化、测评化，让罪犯在监狱内养成良好的劳动习惯、掌握熟练的劳动技能、树立积极的价值取向，通过改造顺利地迁移到社会的正常工作就业中去。

（五）积极对接资源，加快劳动改造社会化进程

长期以来，受到监狱环境、劳动条件、劳动技术和网络通信等局限影响，罪犯在监狱内生产劳动容易与当前社会脱轨，监狱所掌握的劳动技能和劳动适应难以迁移到社会中。监狱在组织罪犯劳动改造时需要注重其社会化对接过程。社会化是一个人与社会互动的过程，而参加劳动是罪犯个人与社会联系的主要枢纽，是促进罪犯社会人格的完善、回归社会的最有效的措施。因此，一是监狱要加强与外界的联系，将生产商品、劳动技术、企业管理等多方面的社会信息引

进监狱，让狱内的劳动改造接近社会，真正达到改造社会化的目的。二是要模拟当前社会的生活场景，定期组织罪犯通过 VR、5G 等技术帮助其体验社会的生产生活，探索“罪犯模拟就业”场景，不断接受社会信息的传输，以保证罪犯通过对社会信息的摄入、分析、处理来接近社会化。三是将罪犯职业技术教育纳入当地教育体系中，依托社会职业培训机构在监狱办学，积极对接罪犯技能与社会就业急需的职业，形成就业出监化的思路，为罪犯释后回归社会铺好最后一公里。

（六）与时俱进，接入劳动改造信息化技术

在前瞻式的研究文献中，对劳动改造信息化技术的研究较少。当前劳动改造信息化水平低、技术产能低、罪犯劳动动态跟踪不到位、生产劳动环节管理不精细等因素是制约劳动改造质量的重要因素。这需要以智慧监狱建设为契机，将信息化技术引入劳动改造当中，整合各业务部门分散的信息系统和数据平台，以大数据和人工智能为支撑打造“智慧车间”，提高质量管理科学水平，实现劳动考核动态化、劳动工序自动化，不断推进劳动改造智能化建设，建立切合监狱实际的劳动改造智能化信息系统，以提高劳动改造的质量，同时还能释放更多的人力资源。有研究将 MES 技术（制造执行系统——数据采集和数据挖掘的生产现场计算机辅助管理技术）应用到劳动改造当中来，以实现生产统计、看板管理、质量管理、物料管理、设备管理、消除安全、生产日志、员工管理等模块的智能化。[①]因此，加快劳动改造信息化建设，接入劳动改造智能模块，探索区块链技术等，对形成智能数据共享治理大格局，实现劳动改造的动态化、在线化、实时化有积极推进作用，这将对劳动改造的发展有时代意义。

---

① 黎海霞、周文健：《智能化监狱劳动改造信息系统的研究与设计》，《软件工程》2017 年第 11 期。

论新中国监狱行刑理论发展

王志亮　文　芍*

内容摘要　伴随新中国的发展历程，我国监狱工作取得了重大成就，为维护社会治安、实现法律公正作出了不可替代的贡献，积累了丰富的经验，这都离不开毛泽东改造罪犯理论的正确指导。本文阐释了毛泽东改造罪犯理论的形成、内容及继承发展，以及新中国成立后监狱行刑的指导思想、发展变革，进而对新时代社会发展赋予监狱行刑罚理论新的历史使命与发展方向提出建议。

关键词　毛泽东改造罪犯理论　监狱　行刑理论

监狱工作70多年来取得了重大成就，其中以成功改造战犯最为世界瞩目，其原因就在于有正确的改造理论作指导。对该理论的研究始于20世纪八九十年代，公认的表述为“毛泽东改造罪犯理论”[①]。现在，监狱行刑的社会宏观环境发生了重大变化，微观工作对象发生了根本变化，毛泽东改造罪犯理论也需要向监狱行刑理论深化发展，监狱执行刑罚理论更应与时俱进。

一、毛泽东改造罪犯理论的形成

中国共产党夺取全国胜利建立新中国，党和国家的正确领导，人民民主专政国家，社会主义制度，为毛泽东改造罪犯理论的形成奠定了宏观体制基础。

（一）宏观政体

1. 党和国家的正确领导

在新中国建立前，以毛泽东为代表的党和国家领导人就把针对各类罪犯的劳动改造工作提上党和国家的重要议事日程，亲自为劳改工作做了具体指导。

---

* 王志亮，上海政法学院教授；文芍，湖南省雁南监狱，监狱工作协会秘书长。

① 辛国恩等：《毛泽东改造罪犯理论研究》，人民出版社2006年版，“序”第2页。

1949 年 6 月 30 日，毛泽东发表《论人民民主专政》，明确指出："对于反动阶级和反动派的人们，在他们的政权被推翻以后，只要他们不造反，不破坏，不捣乱，也给土地，给工作，让他们活下去，让他们在劳动中改造自己，成为新人。他们如果不愿意劳动，人民的国家就要强迫他们劳动。也对他们做宣传教育工作，并且做得很用心，很充分。"①该文的发表标志着人民民主专政理论的形成，为劳动改造制度奠定了坚实的政治理论基础。

1949 年 9 月 29 日，中国人民政治协商会议通过《共同纲领》，其第 7 条规定："对于一般的反动分子、封建地主、官僚资本家，在解除其武装、消灭其特殊势力后，仍须依法在必要时期内剥夺他们的政治权利，但同时给以生活出路，并强迫他们在劳动中改造自己，成为新人。"《共同纲领》对国家的政治框架和政治生活起到了临时宪法的作用，在新中国成立初期针对敌对阶级成员确定了国家的大政方针政策态度，为劳动改造制度奠定了根本大法依据。

2. 人民民主专政

新中国是工人阶级为领导的以工农联盟为基础的人民民主专政的国家，对外防御国外敌对势力的入侵与和平演变，对内防备应对处理形形色色的破坏活动，以保卫人民民主专政制度。要实现专政目的，必须凭借国家权力实施管理，一方面对直接危害社会治安的犯罪分子实行监禁，另一方面对他们实行强制性的改造，"强迫他们服从人民政府的法律，强迫他们从事劳动并在劳动中改造他们成为新人"②。人民民主专政为劳动改造制度奠定了政治制度基础，因为，个人无法同政权相抗衡，所以在强大的人民民主专政面前，一切被依法惩办的犯罪分子，除了缴械投降自觉接受改造之外，实际上也无其他选择，他们不得不改。毛泽东讲："我相信人是可以改造的，在一定条件下，在无产阶级专政的条件下，一般说是可以把人改造过来的。"③

（二）社会主义制度

1. 社会主义经济制度

社会主义实行公有制、按劳分配的经济制度。基于经济基础对上层建筑的

---

① 《毛泽东选集》(第 4 卷)，人民出版社 1991 年版，第 1475—1477 页。

② 毛泽东:《在中国人民政治协商会议第一届全国委员会第二次会议上的闭幕词》(1950 年 6 月 23 日)，《人民日报》1950 年 6 月 24 日。

③ 毛泽东:《接见阿尔巴尼亚总检察长阿拉尼特·切拉的谈话》(1963 年 11 月 15 日)，转引自中央劳改劳教管理干部学院专业教学部劳改法学概论教研室编:《劳改法学基础理论参考资料》(1986 年 6 月)，第 3 页。

根基作用，毛泽东指出："一切腐朽意识形态和上层建筑的其他不适用的部分，一天一天地土崩瓦解了。彻底扫除这些垃圾，仍然需要时间，这些东西崩溃之势已成，则是确定无疑的了。"①经济是基础，皮之不存，毛将焉附，"阶级是能够改造的，阶级基础消灭了以后，意识形态、思想方面是可以改造的"②。社会主义经济制度实行公有制、按劳分配，为劳动改造制度奠定了经济基础。

2. 社会主义与为人民服务

在社会主义社会，一切工作的目的是"为人民服务"，一切工作的基础是"全心全意依靠人民群众"，劳动改造工作的外部条件同样如此。"没有民主，没有群众发动起来，没有群众的监督，就不可能对反动分子和坏分子实行有效的专政，也不可能对他们进行有效的改造。"③因此，对于反动阶级和犯罪分子的改造，历来是依靠群众依靠党。正是由于广泛地依靠和动员了群众，就使"过去的剥削阶级完全陷落在劳动群众的汪洋大海中，他们不想变也得变"④。人民群众的支持，使改造罪犯获得了强有力的社会人力资源支持。

二、毛泽东改造罪犯理论的内容

毛泽东改造罪犯理论，是新中国第一代中央领导核心的集体智慧结晶，表现为毛泽东等领导人的理论著述、有关会议上的讲话、各种场合的谈话和各类报告文件的批示，以及中央有关文件和历次公安、劳改工作会议决议纪要，从改造基调到劳动改造的规制，到劳动改造的实践操作，一环紧扣一环，构成了合乎逻辑的科学理论体系，依次解决了改造基调是什么、劳动改造怎么规制、如何落实等问题。毛泽东改造罪犯理论，主要针对战犯、反革命犯和旧社会的刑事惯犯，指导了从 1949 年直至 20 世纪 80 年代初期的劳改工作。

（一）改造基调

1. 改造态度

改造态度以相信罪犯可以改造和罪犯改造机制为内容。毛泽东指出"许多

---

①④ 毛泽东：《介绍一个合作社》，《红旗》1958 年第 1 期。

② 毛泽东：《接见古巴青年代表团的讲话》（1961 年 4 月 1 日），转引自中央劳改劳教管理干部学院专业教学部劳改法学概论教研室编：《劳改法学基础理论参考资料》（1986 年 6 月），第 2 页。

③ 《毛泽东著作选读》（下册），人民出版社 1986 年版，第 824 页。

犯罪分子是可以改造好的，是能够改造好的”[①]，并以生动形象的比喻说道：“动物也可以教育嘛！牛可以教育它耕田，马可以教育它耕田打仗，为什么人不可以教育他有所进步呢？”[②]1965年，他在接见外国代表团时曾指出：“犯了罪的人也要教育，动物也可教育嘛！……为什么人不可以教育他有所进步呢？”[③]毛泽东根据马克思主义的哲学原理，提出了人可以改造的思想。

2. 改造目的

“劳动改造罪犯的工作是我们党和国家改造人、改造社会的伟大、光荣事业的一部分。”改造目的包括初级目的和终极目的，毛泽东改造罪犯理论从我国国情出发，站在解放全人类的高度，提出了改造罪犯的初级目的和最终目的，符合马列主义国家消灭观，体现了无产阶级的伟大气魄。改造初级目的是指劳动改造的最低目标，意指把反革命分子等改造成为新人；终极目的是指通过劳动改造要取得的最终目标，即实现共产主义。“所谓被改造的客观世界，其中包括了一切反对改造的人们，他们的被改造，须要通过强迫的阶段，然后才能进入自觉的阶段。世界到了全人类都自觉地改造自己和改造世界的时候，那就是世界的共产主义时代。”[④]改造罪犯是消灭剥削阶级及其残余的根本措施之一，阶级的经济基础消灭了以后，意识形态、思想方面是可以改造的。“改造罪犯也是改造世界，改造人类伟大工作的一部分。”[⑤]可见，实施劳动改造，就在于要消灭阶级，创造条件实现共产主义。

（二）劳动改造的规制

1. 劳动改造的刑制

劳动改造需要什么样的刑制，劳动改造的场所有何分类，是亟须解决的问题。1951年2月9日《惩治反革命条例》规定了死刑、无期徒刑、有期徒刑；1951年4月19日《妨害国家货币治罪暂行条例》规定了死刑、无期徒刑、有期

---

① 毛泽东：《接见斯诺的谈话》（1960年10月23日），转引自中央劳改劳教管理干部学院专业教学部劳改法学概论教研室编：《劳改法学基础理论参考资料》（1986年6月），第2页。

②③ 毛泽东：《接见几内亚代表团、几内亚检察总长及夫人的谈话》（1965年8月8日），转引自中央劳改劳教管理干部学院专业教学部劳改法学概论教研室编：《劳改法学基础理论参考资料》（1986年6月），第9页。

④ 毛泽东：《实践论》。

⑤ 毛泽东：《接见古巴青年代表团的谈话》（1961年4月1日），转引自中央劳改劳教管理干部学院专业教学部劳改法学概论教研室编：《劳改法学基础理论参考资料》（1986年6月），第2页。

徒刑、没收财产、剥夺政治权利、罚金。1952 年 4 月 21 日《惩治贪污条例》规定了死刑、无期徒刑、有期徒刑、劳役、管制、剥夺政治权利。可见，死刑、无期徒刑、有期徒刑、没收财产、剥夺政治权利、罚金为通用的刑罚，劳役、管制为创制的新刑罚。各地法院适用的主要刑罚大体相同，但也存在不统一的现象，“据1956 年最高人民法院根据 5500 余个刑事判决的统计，援用的刑罚名称就有132 个之多”①。

1951 年 4 月 30 日，毛泽东指出：“杀人不能太多，太多则丧失社会同情，也损失劳动力。其原则是凡是有血债或其他重大罪行不杀不能平民愤者，应坚决杀掉，以平民愤而利生产。凡无血债或其他引起民愤的重大罪行，但有应杀之罪者，例如有些特务或间谍分子，有些教育界及经济界中的反革命等，可判死刑，但缓期限一年或二年执行，强迫他们劳动，以观后效。如他们在劳动中能改造，则第二步可改判无期徒刑，第三步可改判有期徒刑。（凡判徒刑一年以上者，一般都应组织他们劳动，不能吃闲饭）这样，主动权抓在我们手里，尔后要怎样办都可以。”②这是毛泽东对刑罚体系所作的较早政策指示，这个政策性的刑罚体系包括死刑、无期徒刑和有期徒刑，为劳动改造的刑制框定了刑罚种类，适合劳动改造的刑罚包括死缓、无期徒刑和有期徒刑，当时死缓期限为一年或二年。

1951 年 5 月 10—15 日，全国第三次公安会议召开，毛泽东亲自修改审定会议决议，明确指出，劳动改造是改造罪犯的主要手段，劳动改造罪犯的目的是“三个为了”，以政策形式确定了死刑缓期二年的执行方式，将死缓犯纳入强迫劳动改造的范围。1951 年 6 月，江西省委就镇反工作的总结部署在给中央的一个报告中指出：“死刑缓期、无期徒刑、十年以上徒刑的犯人，均须进行室内劳动，不得置于室外。”毛泽东批示：“此条请各地斟酌办理，如有良好管理，有些这类犯人亦可置于室外。”③根据犯人的实际情况，毛泽东以政策形式把劳动改造的场所划分为室内与室外两种。毛泽东从中国的具体实际出发，对新中国的刑罚制度作了许多指示，为正确实施劳动改造框定刑制载体。

2. 劳动改造的机关建制

毛泽东等领导同志倡导的劳动改造的观念提升到了立法中，1954 年 8 月

① 高铭暄：《中华人民共和国刑法的孕育诞生和发展完善》，北京大学出版社 2012 年版，第 35 页。

② 《毛泽东文集》（第 6 卷），人民出版社 1999 年版，第 121 页。

③ 《建国以来毛泽东文稿》（第 2 册），中央文献出版社 1988 年版，第 377 页。

26 日，政务院颁布《劳动改造条例》，这是新中国第一部行刑规范，以法规形式正式规定了执行刑罚的行为规范，劳改机关的任务是为了惩罚一切反革命犯和其他刑事犯并且强迫他们在劳动中改造自己成为新人。劳动改造机关是人民民主专政的工具之一，是对一切反革命犯和其他刑事犯实施惩罚和改造的机关，包括看守所、监狱、劳动改造管教队、少年犯管教所，监狱管理场所内的囚犯劳动，劳改队管理场所外的囚犯劳动。

在没有出台刑法的情况下，毛泽东等党和国家领导人关于劳动改造的思想政策集中升华为《劳动改造条例》的有关规定。劳改机关执行的刑种包括死刑缓期二年执行、无期徒刑和有期徒刑，其中死刑缓期二年执行是我国司法实践的独创，其作用在于既没有放松对重大反革命分子和其他犯罪分子的严厉打击，也没有放弃对他们进行改造的一线希望。劳改机关对囚犯进行惩罚和改造，设置了促进其改造的减刑、假释制度。此外，公安部门还管辖战犯管理所，全国有北京功德林战犯管理所、辽宁抚顺战犯管理所、山东济南战犯管理所、山西太原战犯管理所等 5 个战犯管理机构。战犯管理所监管改造国民党的高级战犯，主要通过组织他们学习、劳动、思想汇报、外出参观等方式进行改造。针对这些高级战犯，采取了特赦的方式。新中国成立后，从 1959—1975 年对经过教育改造改恶从善的犯罪分子共实施了 7 次特赦。

（三）劳动改造的实施操作

1. 劳动改造方针

劳动改造方针是指导劳改工作的方向和目标，即“改造第一，生产第二”①。把劳动作为改造犯人手段之一，由此产生了劳改经济问题，要求劳改生产的经济利益必须服从改造罪犯的社会效益。新中国成立初就专门成立了为改造罪犯服务的“中央劳改生产管理委员会”。在劳改方针的指导下，劳改工作始终保持着正确的方向。

2. 劳动改造原则

劳动改造原则是劳改机关为完成劳动改造任务奉行的具体准则，包括惩罚管制与思想改造相结合、劳动生产与政治文化技术教育相结合、严格管理与教

---

① 1956 年初，刘少奇对罗瑞卿向中央政治局汇报参加鹰夏铁路建设的劳改队和湖北四湖排水劳改队的情况时的指示。

育感化挽救相结合以及人道主义。惩罚管制是对犯罪人的谴责和制裁，思想改造在于消除犯罪思想；文化教育在于提高犯人的认识能力；技术教育在于促进劳改经济发展和罪犯刑释时掌握正当谋生手段。对人道主义的论述最多，1956年毛泽东首次提出“要阶级斗争与人道主义相结合”；同年7月召开的“三长会议”上，周恩来专门讲了“法办与人道主义问题”；同年9月党的八大政治报告中强调“应当在他们服刑期间给以完全的人道主义待遇”。虽然对人道主义的具体表述不尽一致，但基本精神是一致的，贯穿于劳动改造的全过程，保证满足犯人的基本生存需求，尊重人格，促其悔改，使犯人切身感受党和国家的挽救，从而增强改造的信心和决心。

3. 劳动改造手段

劳动改造手段是劳改机关在执行刑罚过程中为改造罪犯而采取的基本手段，包括狱政管理、教育、感化、劳动四项基本手段。毛泽东曾指出：“要改造他们，用适当的方法改造他们，使他们成为新人。”狱政管理是劳改机关依法行刑过程中进行的行刑管理活动，包括计划、组织、协调、监管、控制等，通过执行各种监管制度，剥夺或限制犯人人身自由，打击违纪违法行为，保卫劳改场所的安全，强制犯人服从管教、遵守各种行为规范。教育改造指劳改机关在依法行刑中对犯人进行有目的、有系统的教育改造活动，以转变犯罪思想，矫正行为恶习，包括文化教育、法制教育、政治思想教育和技术教育。通过各种教育改造活动，使犯人认罪伏法，接受改造，树立法制观念，提高道德修养，做社会的合格公民。感化指善意规劝，创造气氛，以情感之，让犯人感受到党和国家及全社会的挽救，消除犯人的后顾之忧，促进自我改造，发挥感化的感召、传递、塑造功能。

三、毛泽东改造罪犯理论的继承发展

当今，社会政治经济法治等形势发生了深刻变化，行刑对象发生了根本变化，监狱行刑理论必须继承发展毛泽东改造罪犯理论。

（一）继承发展具有现实基础

1. 宏观体制改革开放

伴随新中国成立的70多年，人民政权得以巩固发展，社会主义建设得以全面开展。进入改革开放及社会主义市场经济建设时期以来，伴随经济高速发展、社会迅速转型，犯罪形势日趋严峻，犯罪发案率、被判决犯罪服刑人数、监狱服刑囚犯人数都呈现不断上升的趋势。新时期社会发展形势对监狱工作发展提出了各种挑战，为了适应新时期应对和治理犯罪的需要，应立足我国的具体国情和监狱行刑实践，继承并发展毛泽东改造罪犯理论，将其升华为当代的监狱行刑理论来指导监狱行刑实践。

2. 微观对象刑法规制

在1981年8月18日—9月9日，公安部召开的第八次全国劳改工作会议深刻认识到，我国已经进入了一个新的历史时期，劳改对象的情况和过去比较发生了很大变化，工人、农民、知识分子、干部等劳动人民家庭出身的多，年纪轻的多，刑期短的多。1982年6月底，劳改机关全部宽大释放了在押的原国民党县团以下人员，标志着劳动改造反动阶级、改造反动阶级成员历史使命的完成，从此劳改机关关押的囚犯发生了根本变化。过去，劳动改造对象包括国民党的党政军特人员、反革命犯和旧社会刑事惯犯三种人。随着法治建设的发展，1994年《监狱法》颁布实施将劳动改造机关改称为监狱，《刑法》《刑事诉讼法》《监狱法》等构成了刑事法体系，统一规制犯罪与刑罚及其变更制度。现在，监狱行刑对象基本上是清一色出生在新中国、成长在红旗下的犯罪服刑人，因而监狱行刑理论应与时俱进。

（二）监狱行刑理论应有的内容

1. 监狱行刑宗旨

监狱行刑宗旨是监狱行刑的本质和目的。监狱行刑本质是监狱行刑本身所固有的、决定行刑性质和发展的根本属性，具体是指针对已决犯罪人的法定自卫。监狱行刑本质表明，只能以《刑法》规定的刑罚作为国家的自卫措施；只能启动于法院判处犯罪和刑罚的判决生效之后，永远不能先于犯罪而启动；只能“惩恶护善”，针对已决犯罪服刑公民，绝对不能针对守法公民。

监狱行刑罚目的是监狱执行刑罚在主观上想要达到的客观结果，其内容就是主观愿望与客观结果的有机统一，即监狱行刑目的内容是能够实现的，如果实现不了就不是愿望，而是妄想，也就不能成为刑罚目的内容。监狱行刑目的，并非行刑惩罚得越严越好，也非行刑惩罚得越轻越好，需要有非常明确的追求标准，这就是以公正为监狱行刑目的追求。因此，监狱行刑目的内容是对犯罪服刑人的公正处遇，即以公正为目的追求，这不仅是应该并且也是能够实现的。

2. 监狱行刑惩罚

监狱行刑惩罚是指监狱落实刑罚惩罚的职能作用，依据《刑法》规定而被法院判处的刑罚，针对犯罪服刑人进行刑罚惩罚，就是要剥夺或限制犯罪服刑人的某种利益。行刑惩罚的用意在于瞻前顾后，立足于犯罪人某种权益的现今剥夺限制，追诉其前犯罪行为，警戒其将来行为。监狱行刑罚惩罚就在于发挥剥夺或限制犯罪服刑人权益的法定效力：一是剥夺或限制国家生活权利；二是剥夺或限制社会生活权利；三是剥夺或限制家庭生活权利；四是剥夺或限制个人生活权利自由。

3. 监狱行刑改造

监狱行刑改造，在刑罚执行的有效期间内，以犯罪服刑人为主体之一，以其主观罪过心理为内容，不仅具有可能性而且还有必然性。改造罪犯的可能性是指监狱行刑改造使之由违法犯罪转向遵纪守法的发展趋势；改造罪犯的必然性是指监狱行刑改造使之成为遵纪守法公民具有不可避免和必须追求的趋势。从哲学角度来看，物质世界的一切都处于永不停息的运动过程之中，就像普通的守法公民一样，犯人的思想、行为、生活方式在社会实践中也处于变化发展过程之中，除了少数难以改造的以外，绝大多数罪犯经过惩罚改造是可以转变好的。从人学角度看，人没有天生就犯罪的，人之初无所谓善恶，恶是在后天的社会环境里形成的。从心理学角度看，犯罪行为受犯罪人主观罪过心理支配，而犯罪人的主观罪过心理不是固定不变的，而是随着客观条件的变化能够改变的。

四、关于监狱行刑实践的思考

（一）宏观体制重视

1. 党和国家最高层的重视

新中国成立以来，从 20 世纪 50—80 年代初期共召开了八次全国劳改工作会议，尤其是从第一次一第六次全国劳改工作会议，毛泽东、刘少奇、朱德、周恩来等党和国家领导人亲自讲话、作批示。在中央领导的亲自关注下，一致认为劳改工作是国家的一项重要工作，由于中央领导非常了解劳改工作的实际情况，因而出现的问题和工作难题都能够得到政策指导和制度性解决。

当今，全国监狱工作会议规格较低，最高也就停留在司法部层面，达不到国务院的高度，更达不到国家的顶层高度。从监狱工作来讲，监狱行刑工作绝对不是只应由监狱层面、司法部层面关注的事项。从国家主权的层面来看，国家主权包括对内和对外两个方面。对内方面在法律上就是刑事管辖权；刑事管辖权的最后一个环节便是刑罚执行权，而监狱是行使刑罚执行权的主体之一。从社会治理的层面来看，社会治理的主体是国家，国家对社会的治理是通过授权不同的国家机关并由各种不同种类的机关完成的，监狱则是国家治理社会的国家行政机关之一。从社会治安的层面来看，处理和应对犯罪的程序及机关中，监狱是最后一个环节，即对犯罪被判处死缓、终身监禁、无期徒刑和三年以上有期徒刑服刑人执行刑罚。从以上方面来看，监狱行刑工作应该是国家中央层面关注的事项，而不是地方层面或一个部门关注的事项。

2. 社会改造论

从第一次到第八次全国劳改工作会议的历次会议纪要均由中办和国办批转全国各单位，从而使劳改工作得到了全国各行各业的了解和支持协助，即“社会改造论”。犯罪是社会的问题，犯罪的实施主体涉及全社会各行各业的人，犯罪的生成因素其中就包括社会因素，治理犯罪是全社会的责任。

诚然，监狱承担着执行刑罚惩罚改造服刑人的职责，具体来讲，对犯罪服刑人执行刑罚惩罚是监狱的职责，而改造犯罪服刑人则是全社会的责任，尤其是犯罪服刑人自己的责任。毛泽东指出：“光靠监狱解决不了问题，要靠人民群众来监视少数坏人，主要不是靠法院判决和监狱关人，要靠人民群众的多数来监视、教育、训练、改造少数坏人。监狱里关很多人不好，主要劳动力坐牢就不能生产了。”①

（二）监狱行刑理论

1. 人的可变性既可变好也可变坏

犯罪人是可以改造的，但这并不意味着监狱服刑人释放回归社会后就绝对没有再犯罪的。那么，该如何理解、认识和看待监狱行刑结果这个问题呢？从根源来看，罪犯可以改造是与不可以改造相反相成的，在罪犯可以改造的同时也意味着不可改造。在实践中，罪犯个体的改造有反复、罪犯群体中有的顽固

① 1964 年 1 月 28 日，毛泽东接见阿尔及利亚民族解放阵线代表和法律工作者代表团的谈话。

不化就是铁证。因为，人是可以变化的，人的变化有两种倾向趋势，第一种是向坏的方向变化，第二种是向好的方向变化，即改造过来或称改造好。人的这两个变化方向，从个体的角度解释了服刑人从监狱释放回归社会有的重新犯罪而有的遵纪守法的个体原因，这也说明了“绝大多数犯人是可以改造过来的”。在实践中监狱刑满释放的人，既不可能全部再次犯罪，也不可能全部不再次犯罪，但总有一部分人由于受种种因素影响而再次犯罪。

2. 监狱行刑结果只及于刑期

不能因刑满释放人再犯罪就否认监狱的行刑效果，即使刑满释放人全部再犯罪也不应否认监狱的行刑效果，因为监狱执行刑罚是有时效的且刑罚效力只及于刑期。针对刑满释放人再犯罪的问题，毛泽东指出：“只有个别的人改造不过来，那也不要紧，刑期满了放回去，有破坏活动就再捉回来。”①监狱行刑效果立足于行刑效力只及于刑期的观点最为合理，刑满释放回归社会后，这些人就终结了与监狱的行刑惩罚改造法律关系，监狱不能再控制约束他们了，他们也无需再服从监狱的制度安排了。社会不发生犯罪现象是绝对不可能的，监狱行刑功效绝对不是万能的，但没有监狱是万万不能的，监狱绝对不能以一己之力解决人犯罪的社会问题。监狱执行刑罚惩罚犯罪人是监狱的法定职责，改造犯罪服刑人则是全社会的任务，人是否改造好最终取决于他本人。监狱刑满释放人，绝对不可能全都重新犯罪，绝对不可能一个也不重新犯罪。

（三）监狱行刑社会化

1. 行刑思想发展

随着教育刑论替代报应刑论，罪犯复归与恢复性司法理念的兴起，监狱不再是专事惩罚不问犯罪人前途与未来的机关，监狱的事业是与促进罪犯改造与回归社会密切相关的，是以促进罪犯改造与回归社会的效果为评价依据的。监狱行刑制度设计的价值取向由单纯“惩罚”向“惩罚”与“教育”“矫正”“改造”并重，再向注重“矫正”“改造”过渡。监狱改造效能的下降意味监狱必须进行自我调整，以提高改造效能，否则会为社会所不接受，而监狱提高效能的途径只能是促进行刑社会化。监狱行刑社会化，主要是整体的行刑社会化的行刑过程社会

---

① 毛泽东：《接见阿尔巴尼亚总检察长阿拉尼特·切拉的谈话》(1963 年 11 月 15 日)，转引自中央劳改劳教管理干部学院专业教学部劳改法学概论教研室编：《劳改法学基础理论参考资料》(1986 年 6 月)，第 3 页。

化，包括行刑社会化发生在刑罚执行过程中；反对传统的“封闭式监狱管理模式”将罪犯完全隔离起来的做法，强调罪犯与社会外界的交流和联系；行刑社会化最终的目标是促使犯罪人能够顺利回归社会，成为守法的社会公民；以社会正常的信念、观念为标准来衡量犯罪人，将这些观念灌输给罪犯，使之能够接受；等等。

2. 行刑社会化模式

监内在押犯行刑社会化——开放待遇、开放式待遇或开放式处遇。强调社会基础处遇，它包括社会对罪犯改造的基本措施、制度、机构、体制等方面的尝试。一是让罪犯“走出去”与社会接触。让罪犯“走出去”主要由开放式处遇制度完成，这主要适用于轻微犯罪人和累进处遇制中的表现好的犯罪人，以及临近出狱的犯罪人，如累进处遇制度、归假制度、工作释放制、学习释放制、周末拘禁制。二是让监狱外的社会力量“走进来”，与罪犯进行沟通与交流。让社会力量“走进来”，如社会资源、亲情帮教，可以适用于绝大多数的犯罪人，包括重刑犯人和那些危险性高的犯罪人。三是出狱人社会保护。出狱人社会保护是指国家和社会为了帮助出狱人顺利适应社会生活、避免重新犯罪所采取的保护性活动，如社区矫正等，着眼于罪犯权利保护，即出狱后的前途，考虑他们如何适应回归社会，顺利生活。作为监狱行刑，应在释放前期通过在搭建回归社会桥梁中做好重新犯罪评估和职业技能培训招聘等积极措施，不断助力罪犯顺利回归社会。

参考文献：

辛国恩等：《毛泽东改造罪犯理论研究》，人民出版社 2006 年版。
《毛泽东著作选读》(下册)，人民出版社 1986 年版。
高铭暄：《中华人民共和国刑法的孕育诞生和发展完善》，北京大学出版社 2012 年版。
《建国以来毛泽东文稿》(第 2 册)，中央文献出版社 1988 年版。
黄瑶、张明哲：《罗瑞卿传》，当代出版社 1996 年版。

《中华人民共和国劳动改造条例》和《苏联劳动改造法典》比较研究

浙江省监狱管理局办公室　叶　彪*

内容摘要　1954年8月26日，政务院第222次会议通过的《中华人民共和国劳动改造条例》作为新中国第一部劳动改造法规，在很大程度上借鉴了1933年出台的《苏联劳动改造法典》的主要精神和内容，并结合新中国劳动改造工作实际进行了本土化，填补了新中国劳动改造工作法律规范的空白，在1994年《监狱法》颁布实施前的40年中发挥了重要的作用。本文试图通过分析《中华人民共和国劳动改造条例》和《苏联劳动改造法典》的主要异同点，进一步揭示新中国成立初期劳动改造工作的时代特征，对完善与拓展中国劳动改造工作的历史全貌进行有益的探索。

关键字　改造条例　改造法典　比较研究

一、《中华人民共和国劳动改造条例》出台的背景

1950年初，中苏签订《中苏友好同盟互助条约》后，为巩固革命胜利成果、恢复和发展国民经济，中国先后同各社会主义阵营国家签订了政治、军事、经济、科技、文化及其他各种专项协定和议定书达110多种①。在劳动改造法规的制定和执行上，新中国也不可避免地"以俄为师"。在《中华人民共和国劳动改造条例》制定公布之前，公安部、最高人民检察署、司法部已陆续制定出台了一系列有关监狱（看守所）、劳动改造机关的条例、规定、通知、指示、批复等文件，如《为统一监狱、看守所、劳动改造队之名称并纠正对犯人不正确称呼及废除犯人之所谓组织的指示》（1951年）、《管制反革命分子暂行办法》（1952年）、《关于检查监所和劳改队的几个问题的通知》（1953年）、《中华人民共和国逮

* 叶彪，浙江省监狱管理局三级主任科员。

① 吴成玲：《新中国建立初期"一边倒"外交政策再认识》，《科技信息（学术研究）》2008年第23期。

捕、拘留条例》(1954 年)、《劳动改造罪犯刑满释放及安置就业暂行处理办法》(1954 年)等,用于指导全国劳动改造工作开展。20 世纪 50 年代初期,苏联专家马卡列夫、法捷扬诺夫、普高夫根等人就长期在公安部劳改局指导新中国的劳动改造工作。[①]但是各地在具体的管理上仍然存在着不规范、不统一的问题,亟待出台一部全国统一、规范完备的劳动改造工作法规。根据具有临时宪法性质的《中国人民政治协商会议共同纲领》第 7 条"中华人民共和国必须镇压一切反革命活动,严厉惩罚一切勾结帝国主义、背叛祖国、反对人民民主事业的国民党反革命战争罪犯和其他怙恶不悛的反革命首要分子。对于一般的反动分子、封建地主、官僚资本家,在解除其武装、消灭其特殊势力后,仍须依法在必要时期内剥夺他们的政治权利,但同时给以生活出路,并强迫他们在劳动中改造自己,成为新人。假如他们继续进行反革命活动,必须予以严厉的制裁"的精神,为"以条理化并用法律的形式把它固定下来"。[②]1950 年春,中央人民政府法制委员会(简称法委会)开始着手起草《劳改条例(草案)》,除召开座谈会,派员赴东北、华北考察监狱以外,还在北京清河劳改农场和天津市监狱进行试点,邀请苏联专家介绍改造罪犯和监狱工作的经验,并提出指导意见。法委会翻译室还专门组织人员赶译了从 1917 年十月革命到新经济政策实施时期苏联关于犯人改造和监狱政策的小册子。[③]在各方的积极努力下,历经 35 稿、历时四年半,《中华人民共和国劳动改造条例》最终颁布实施,标志着新中国劳改工作走上了依法执行刑罚、改造罪犯的轨道,这是新中国劳改工作史上的一座里程碑。

关于《中华人民共和国劳动改造条例》与苏联改造制度的关系,时任政务院政治法律委员会副主任罗瑞卿在报告中直言不讳:"中华人民共和国劳动改造条例,很久以前就着手起草,在起草过程中,得到了苏联法律专家的协助并进行过多次的讨论和修改。"他还说:"在目前情况下有些看守所还要看管和改造一些判处徒刑二年以下的罪犯……所以我们把看守所也包括在劳动改造机关之内,这是完全合乎人民民主法制的精神的。苏联的劳动改造法典的规定,也是如此。"这一解释也证明了《苏联劳动改造法典》对《中华人民共和国劳动改造条例》的制订起到了重要的参考作用。也正因为此,1955 年 2 月,最高人民检察院办公厅编印下发了《监所、劳动改造机关监督工作参考资料》,内容除了包括

① 中国监狱工作协会编:《新中国监狱工作五十年》,法律出版社 2019 年版,第 57 页。
② 引自罗瑞卿 1954 年 8 月 26 日在政务院第二百二十二次政务会议上的报告。
③ 中国监狱工作协会编:《新中国监狱工作五十年》,法律出版社 2019 年版,第 82 页。

《中华人民共和国劳动改造条例》在内的国家各部门出台的相关文件，更包括了《俄罗斯苏维埃联邦社会主义共和国劳动改造法典》《苏联劳动改造营条例》，以及苏联、德意志民主共和国、保加利亚人民共和国、波兰人民共和国、蒙古人民共和国的检察署条例（法）等，作为全国各级人民检察院对劳改工作进行指导监督的重要参考依据。

二、《中华人民共和国劳动改造条例》和《苏联劳动改造法典》的异同和主要特点

《中华人民共和国劳动改造条例》分为总则、劳动改造机关、劳动改造和教育改造、劳动改造生产、管理犯人制度、监督管理委员会、奖惩、经费、附则共 9 章 77 条。《苏联劳动改造法典》全称为《俄罗斯苏维埃联邦社会主义共和国劳动改造法典》，于 1933 年 8 月 1 日经全俄中央执行委员会及人民委员会决议通过，除总则以外共 7 章 143 条，分别为不剥夺自由的劳动改造工作、剥夺自由、与劳动改造并科的流放、监督委员会、假释及工作日的扣除、劳动改造机关管理局、劳动改造机关的经费及其开支与结算报告的程序等。尽管《中华人民共和国劳动改造条例》大量借鉴了《苏联劳动改造法典》，并且是在苏联专家的帮助下修订完成的，但在标准化规范化上仍无法与后者相提并论。当然，这也与当时新中国刚刚建立，百废待兴，一切新的制度规范还在摸索中完善有关。将两者逐条分析比较，可以发现一些显著的差异。

（一）机构设置

虽然《中华人民共和国劳动改造条例》（简称《劳动改造条例》）的制订大量吸取了《苏联劳动改造法典》的精神和主要内容，但由于苏联和中国政治体制的差异，两国在劳动改造机构的设置上也存在较大差异。

1. 管理机关

《苏联劳动改造法典》第六章规定，劳动改造机关的总指导及管理，由苏俄司法人民委员部劳动改造机关总管理局负责，各自治共和国、边区（省）、自治省的劳动改造机关，均由该区域劳动改造机关管理局负责。而《劳动改造条例》总则第 6 条规定，劳动改造机关受人民公安机关的领导，受各级人民检察署的监督，在有关司法业务上受各级人民法院的指导。

2. 监督机关

《苏联劳动改造法典》和《劳动改造条例》都设置了专门的劳动改造监督机构，前者是监督委员会，后者是监督管理委员会，名称近乎相同，且都是设置在偏远地区或押犯规模较大的劳动改造机关，但职能大相径庭。苏联的监督委员会成员由人民审判员、劳动改造机关首长及助理、地方工农检查机关代表及社会团体代表、与劳动改造机关生产联系密切的经济组织代表组成，独立行使服刑人员假释、工作日扣除、休假审批，以及向有关机关提出变更服刑形式、撤销附加刑和强制处分、调整服刑场所等建议，并负责向上级部门报告劳动改造机关存在歪曲刑事政策、不正当行为等问题，且"被剥夺自由人之公众组织的代表"也可参加监督委员会的工作并享有发言权。中国的监督管理委员会由省人民公安机关、人民法院和劳动改造管教队负责人组成，负责监督、检查和指导劳动改造管教队对于犯人的劳动、教育工作、管理方法和奖惩制度的执行，定期向省人民公安机关、人民法院、人民检察署报告和请示工作。

（二）非监禁刑

除流放外，《劳动改造条例》和《苏联劳动改造法典》的最大不同点就是非监禁刑，也就是《苏联劳动改造法典》中的第二章"不剥夺自由的劳动改造工作"，其实质就是不剥夺自由的"劳动教养"。而《劳动改造条例》中所规定的刑罚只有监禁刑，并不存在"不剥夺自由的劳动改造工作"。

1. 对象与职能

《苏联劳动改造法典》中的送往劳动改造工作、不剥夺自由的人主要包括被法院判决的、行政机关裁定的以及监督委员会依假释程序裁定的三类，其劳动改造场所，既可以是被执行对象的原工作地点，也可以是专设机构区劳动改造所和市劳动改造所。①此外，只有劳动改造区属于剥夺自由的劳动改造工作，区（市）劳动改造所则只是登记被改造人、分配工作、组织生产的机构，所执行的对象并没有被剥夺自由，也不需要接受政治思想教育。

2. 惩罚性较弱

根据《苏联劳动改造法典》（简称《法典》）第 9 条，"判处劳动改造工作六个

---

① 区劳动改造所设在区的中心城市，市劳动改造所设在与区划分而成为一个独立行政区域单位的城市。

月以下者，通常在其原工作地点执行”，而对于被判处6个月以上者，“有经常工作之人”，“或在其原工作地点执行，或送往参加劳动改造机关所组织的工作”，至于集体农庄的庄员，则“无论期限长短均在其所参加的集体农庄内执行”，只有无工作的流民即“在法院宣告判决或主管机关宣告裁定时无经常工作之人”才会送往参加劳动改造机关所组织的生产活动。由此可见，“不剥夺自由的劳动改造工作”的惩罚特性并不明显，而其真正的惩罚性主要体现在劳动报酬方面，即对工资进行扣留，“但至多不得超过其总额的百分之二十五”。《法典》第16条还明确规定了不被剥夺自由的被执行劳动改造者和被剥夺自由者的待遇区别，也就是不适用的限制条款，包括：迁移于现住地区以外，支配工作以外的时间、接见、送物、通信等限制；居住在农业区以内应遵守该区现行的内部规则；经济上如有可能应将其安置在另一处所，使与被剥夺自由的处所分开。也就是说，相较于被剥夺自由者，这些不被剥夺自由的劳动改造者的生活相对仍属于正常状态。

3. 以利用其劳动力为目的

苏联的区（市）劳动改造所并不组织开展思想政治教育，其职能性质在《法典》第11条中已明确，即：“劳动改造所应：（一）组织群众工作和生产企业，以便利用被判处劳动改造人的劳力……”这揭示了苏联劳动改造工作的宗旨就是利用其劳动力，这既与《劳动改造条例》中“贯彻惩罚管制与思想改造相结合、劳动生产与政治教育相结合”①的方针大相径庭，也不像劳动教养一样既有劳动改造又有教育改造内容，这也是其惩罚属性不明显的佐证。

（三）监禁刑

根据《劳动改造条例》规定，中国的劳动改造机关一共有四种，分别是看守所（羁押未决犯，另外判处徒刑在二年以下、不便送往劳动改造管教队执行的罪犯，可以交由看守所监管）、监狱（主要监管不适宜在监外劳动的已判决死刑缓期执行、无期徒刑的反革命犯和其他重要刑事犯）、劳动改造管教队（监管已判决的适宜在监外劳动的反革命犯和其他刑事犯）、少年犯管教所（管教13周岁以上未满18周岁的少年犯），其中，监狱与劳动改造管教队并无本质区别，只是劳动改造形式不同。相比较而言，苏联的监禁刑执行场所大同小异，主要分为受侦查人的隔离所、转置站、劳动改造区、对剥夺自由之人采用的医疗性质机

① 《劳动改造条例》第4条。

关、对未成年人剥夺自由的机关五类。其相互之间的异同主要体现在：

1. 服刑机构设置

虽然《劳动改造条例》借鉴了《法典》，在监禁刑场所设置上也基本照搬苏联模式，但由于实际生产力和经济水平差异的原因，只设置了看守所、监狱、劳动改造管教队和少年犯管教所。此外，“劳动改造机关应当按照本单位的大小设置医务所、医院等医疗机构，并委托县立医院代为医疗”①。而《法典》对“剥夺自由的场所”分类相对更细致，共有五个大类：隔离所主要用于关押在法院判决或其他权力机关决定以前的受侦查或受审判之人；转置站用于安置在侦查时被剥夺自由之人，避免与被判刑人杂居；劳动改造区分为工厂的、农业的、群众的及惩罚的四种类型；医疗卫生机关及医务鉴定机关则类似于我国现行的监狱中心医院模式；收容未成年人的机关则属于特殊类型的工厂、学习学校。

2. 收押

《法典》关于收押的部分相对简单，第 44 条规定了收押的人员范围，第 45 条规定了收押的法律文书，第 46 条规定“被剥夺自由的妇女得携带四岁以下的子女”且服刑机构“必须组织托儿所”，第 47 条规定男和女、未成年和成人分押，第 48 条规定“剥夺自由的房舍必须干燥、光亮并很宽敞”且“虽超过额度一人也不能收容”。而《劳动改造条例》却较为详尽，除规定了不许收押的人员范围（有精神病或者患有急性、恶性传染病的；有严重疾病在关押中可能发生生命危险的；分娩未满 6 个月或怀孕的三类人员）以外，还明确规定了收押时的检查、登记、超期、重审等工作流程。

3. 教育与改造

《法典》在教育上较多地体现了“犯人自治”的特点，如第 65 条规定，可以让社会危害性较小的服刑人员发挥其独立性与创造性，并合理利用其知识与技能，“处理经济行政、账簿文牍、政治教育及技术性质的工作”；第 66 条规定，政治教育工作由被剥夺自由人组成的被剥夺自由人文化委员会负责。该文化委员会在被剥夺自由人大会上选出，下分群众生产股、群众文化股、卫生生活股及编辑出版股。群众生产股负责组织突击运动、社会主义劳动竞赛，群众文化股负责领导学校、电影、图书馆、戏院、体育活动等设施，但条款中并无具体的学习内容的相关规定。而《劳动改造条例》则充分体现了“惩罚管制与思想改造相结合、劳动生产与政治教育相结合”的方针，主要注重于服刑人员劳动改造和教育

① 《劳动改造条例》第 53 条。

改造的具体形式,如通过集体上课、个别谈话、指定学习文件、组织讨论等进行认罪守法教育、政治时事教育、劳动生产教育和文化教育,并“应当注意充分利用他们的技术”①,但却无“犯人自治”的相关条款。

4. 奖惩

《法典》分别制订了奖励办法和惩戒办法,其奖励的具体形式有表扬、接见便利、改善伙食、金钱或物资奖励、短期休假甚至长达 3 个月的假期,其惩戒的主要手段包括申斥、警告、记过,赔偿损失,限制或剥夺接见权、物品受领权、钱款支配权,取消工作日折抵刑期,改用惩罚劳动改造区制度,移往更严厉的服刑场所或更遥远的地区等,但并没有界定适用奖惩手段的具体情况。相比之下,《劳动改造条例》中的表扬、物资奖励、记功、减刑或者假释等奖励手段和警告、记过或者禁闭等惩罚手段相对较少,但是关于适用奖惩手段的具体情况则规定得较为详细。此外,《苏联劳动改造法典》第 80 条特别规定,“一切惩戒处分,必须作成处分书”并听取被剥夺自由人本人的说明后方可实施。

5. 警戒

《苏联劳动改造法典》与《劳动改造条例》都有关于服刑场所警戒管理的相关规定,但前者具有后者没有的“擅离及脱逃”条款。《法典》第 91 条规定:“被剥夺自由之人如无正当理由而迟不销假或出差迟归,在晚点名后不超过二十四小时者视同擅离,超过二十四小时者视同脱逃。”而《劳动改造条例》只规定了对服刑人员脱逃时可使用武器②以及报请当地法院判处刑罚③,却无关于如何界定服刑人员脱逃行为的明确规定。

(四) 服刑人员权利保护

《劳动改造条例》全篇没有出现过“权利”两字,其第五章“管理犯人制度”共有 6 节 27 条,但基本都是粗线条,涉及的条款只有劳动、休息、睡眠和会见的时间,并无任何关于服刑人员基本权利保护的条款。相较而言,《法典》中虽然也没有专门的章节规定罪犯合法权益,但是第三节“剥夺自由场所的内部管理规则”涉及的许多具体管理规定不仅细致,而且从字面上理解更趋宽松,其中多次出现了“自由”“权利”“享有”“不受限制”“准许”“利益”等词语,实质就是对服刑人员合法权益的制度性规定,在一定程度上体现了对人权的尊重和保护。

---

①②③ 《劳动改造条例》第 27 条,第 47 条,第 71 条。

1. 休息的权利

《法典》第 74 条规定,"被剥夺自由人的劳动条件,依苏俄劳动法典的一般规则规定之",即与社会上的要求一致。其第 49 条还规定,在农业、工厂及群众工作的劳动改造区内,"各监房从早晨点名时起至晚间点名时止均应敞开",而且被剥夺自由之人在相对应的服刑场所内,"可以自由支配其工作及政治教育课以外的空闲时间"。第 51 条规定,被收容人在场所规定的时间内,"每日至少享有一小时以上的散步时间"。同样,《劳动改造条例》第 52 条专门规定了服刑人员每日的劳动时间、睡眠时间和学习时间,以及"不参加劳动的犯人,每日有一小时至两小时的室外活动。犯人的休息日,一般定为每半月一次,少年犯每周一次"。

2. 会见及物品使用的权利

《法典》第 52—54 条规定,被剥夺自由之人享有定时接见外人的权利,按照不同类型的服刑场所,分别为 6 天、10 天、15 天一次,接见时间为半小时以上一小时以内,原则上不超过 3 人;第 55 条规定,服刑场所的首长于特殊场合,"为被剥夺自由人的利益,而不受接见规则的限制";第 56 条规定,除侦查机关特别规定的,允许使用"非一般通用的本民族语言";第 57、58 条规定,物品及烟卷、火柴等"大众需用品"需转交服刑人员并可在规定的时间段使用,金钱需计入其个人账户;第 59 条规定,"被剥夺自由之人不受限制与他人通信";第 60 条规定,"准许被剥夺自由之人在监房中保有其日用必须物品"。而《劳动改造条例》关于接见和通信的条款就显得非常单薄,且次数、时长都较短,而关于服刑人员可以保留的物品方面则完全没有规定。

3. 取得劳动报酬的权利

《法典》第 62 条规定,"工资的百分之七十五归被剥夺自由人支配,其余的工资则于被剥夺自由之人开释时交付其本人"。其还特别规定,"在特殊场合,以及为奖励起见,得将全部工资交付被剥夺自由人支配"。而《劳动改造条例》没有任何对于服刑人员劳动报酬的规定,但在第 28、68 条分别规定,"在犯人中可以进行生产竞赛,以提高生产效率和促进犯人劳动改造的积极性",以及"积极劳动,能完成或者超额完成生产任务的",可给予以表扬、物资奖励、记功、减刑或者假释等奖励。

(五) 劳动生产

《劳动改造条例》与《法典》一脉相承,劳动改造作为刑罚执行的重要内容,在两部法规中均得到了集中的体现。相较而言,《法典》更详尽地体现了对人这一生产基本要素的高度重视,以及把服刑人作为生产力进行组织生产的高度计划性,而《劳动改造条例》除了加以借鉴以外,也结合中国国情制定了创新性的条款。

1. 就近服刑原则

《法典》第 9 条明确规定,对不剥夺自由的被判刑人,须以其职业状态确定其劳动改造的场所,即:"有正常工作者,被判处劳动改造六个月以下的,通常在其原工作地点(单位)执行;六个月以上的,依法院判决或在原工作地点(单位)执行或送往参加劳动改造机关所组织的工作。集体农庄庄员无论期限长短均在其所在的集体农庄内执行,遇有法院判决在集体农庄以外执行的,劳动改造机关应当'酌量'送往参加劳动改造工作。被判决时没有固定工作的,应送往参加劳动改造机关所组织的工作。"第 14 条规定,根据被判刑人的劳动能力是否丧失 50%来决定是否要提请执行其他刑罚方式。第 15 条规定,按刑期时间长短决定工作范围,即:"不在原经常工作地点执行劳动改造工作的受刑人,未满一个月的在原居住地带或其附近十公里以内;一个月以上至三个月的在区的辖境以内;三个月以上至六个月的在边区(省)自治共和国或自治省的辖境以内;六个月以上的在边区(省)自治共和国或自治省的辖境以内,如有必要时并得在其辖境以外执行。"第 16 条规定,根据专业分工"劳动人民被判处不剥夺自由的劳动改造工作者得送往农业区作季节性的工作"。上述条款的目的都是最大化利用被判刑人的劳动力,避免在舟车劳顿中造成劳动力资源的无谓"损耗"。这也是《劳动改造条例》中所没有的独特条款。

2. 自带劳动工具

《法典》第 17 条要求"参加劳动改造工作之人",必须自带劳动工具如马匹、车辆、工具等,更体现了苏联对劳动力剥削的彻底。此外,《法典》与《劳动改造条例》都把服刑人员破坏生产工具作为必须惩戒的行为。《法典》第 27 条还规定,"执行劳动改造之人,对于发生工具或材料破损的懈怠行为,应负物质赔偿责任",这些都充分体现了生产力在劳动改造工作中的重要地位。

3. 不劳动是犯罪

《法典》与《劳动改造条例》都有把不参加劳动生产视为严重违规乃至犯罪的条款,如:《法典》第 27 条规定:"犯罪人如系故意损坏设备、工具、材料等等物品者,应负刑事责任。"而《劳动改造条例》第 69 条规定,"不爱惜和损坏生产工具的""在劳动中懒惰怠工的",可给以警告、记过或者禁闭等惩罚;第 71 条规定,"破坏建设工程或者重要公物的"或"公开抗拒劳动,屡教不改的",应当根据情节轻重由劳动改造机关报请当地人民法院依法判处。

4. 留场就业

留场就业是《劳动改造条例》的独有条款，其第 62 条规定："凡是犯人在刑期满了临释放的时候，自愿留队就业，或者无家可归无业可就、或者在地广人稀地区可能就地安置的，劳动改造机关就应当组织他们劳动就业，其办法另行规定。"这里提到的另行规定即政务院于同一天颁布的《劳动改造罪犯刑满释放及安置就业暂行处理办法》，其核心内容即"多留少放"，实质也是为了解除服刑人刑满后谋生的顾虑、减少国家解决失业问题的困难、避免刑满人员找不到生活出路而重新犯罪，"既满足了刑满后要求留队工作的犯人的迫切要求，而且完全符合国家和人民的利益"①。但在《法典》里并没有相同或类似的条款，是为中国劳动改造制度的一项创新。

三、结论

从文字上看，《法典》体现了生产绝对优先的原则，重劳动轻改造，惩罚色彩较淡，涉及服刑人权益保护的内容较多。《劳动改造条例》在条文上有所简化，未采纳苏联专家将"劳改队"改为"劳动改造营"、把"强迫劳动"改为"义务劳动"等建议②，在本土化方面仍然坚持从中国的国情出发，更加注重思想改造和文化技术教育，且后者在实际执行当中仍然沿用了《法典》的部分内容如因公外出、回家探亲、犯人自治、允许抽烟等，既体现了新中国劳动改造工作实践中的灵活性，也从另一个侧面揭示了条款在实际操作性上略显不足、有待完善。尽管如此，在新中国初创这一特殊时期的历史条件背景下，《劳动改造条例》的制定颁布，已经是一个划时代的举措，其不仅明确了劳改机关的性质和任务、工作方针、领导和监督体制，同时也制定了监管改造各项制度，还全面系统规范了劳改机关的执法行为，为新中国劳动改造工作和监狱事业的发展奠定了坚实基础，实现了"使劳动改造罪犯工作进行得更好、更正确和更有成绩"的目的。③而《法典》里众多未被《劳动改造条例》采纳吸收的元素如人权保护、劳动报酬等，后来都在 1994 年颁布实施的《监狱法》中得到了体现，这也从侧面印证了法律制度的完善往往跟随着社会经济的发展同向而行。

---

①③ 引自罗瑞卿 1954 年 8 月 26 日在政务院第二百二十二次政务会议上的报告。

② 中国监狱工作协会编：《新中国监狱工作五十年》，法律出版社 2019 年版，第 59 页。

监狱法学在青海地区的司法实践

邱平祥*

内容提要 2019年年底，《中华人民共和国监狱法（征求意见稿）》（下称《新监狱法》）经过专家学者长期艰苦努力，终于初步成文，印发各地继续征求意见，标志着中国特色社会主义刑事执行法律体系向着科学化、专业化、专门化方向迈出了坚实的一步。本文试结合监狱法学在青海地区70年的司法实践，以监狱法学在青海地区的司法实践为视角，就创新民族地区法治建设、推动监狱法学研究上台阶提出对策建议。

关键词 监狱法学 司法实践 民族地区 法治建设

青海监狱法学实践始于1951年。70年来，监狱法学工作者紧紧围绕构建中国特色社会主义监狱管理体系，积极探索创新民族地区社会治理与法治建设的方法途径，为中国社会主义监狱法律体系的形成和创新发展积累了大量的司法实践素材。特别是进入21世纪之后，监狱法学工作者紧紧围绕依法治国方略，紧密结合监狱工作实际，牢牢抓住监狱法学理论研究的重点和难点，奋发有为地开展了大量监狱法学理论研究和实践活动，为中国特色社会主义法律体系的形成作出了应有的贡献。

一、青海监狱法学实践概述

据《青海省志・劳动改造志》记载："1951—1994年的44年中，青海省押犯构成情况和监管改造手段分为两个重要时期。从中华人民共和国建立初期到上世纪70年代末，主要服刑改造对象为历史反革命犯和危害社会的其他刑事犯，以外省调入犯占大多数，监管改造手段主要体现阶级斗争观点，突出世界观的改造和政治态度的转变。上世纪80年代以后，国家以经济建设为中心，主要

---

* 邱平祥，青海省监狱工作协会副秘书长。

服刑对象为青年刑事犯，监管改造手段主要体现教化育人思想，突出人生观的教育和恶习矫正、道德养成。”1994年《监狱法》颁布实施，标志着青海监狱法学进入了新的历史时期，这一阶段，监狱法制建设不断完善，各级监狱法学会、监狱工作协会雨后春笋般建立起来，青海监狱法学研究历经了风风雨雨的考验，奠定了深厚的法学历史底蕴。

（一）20世纪60年代以前：创建发展阶段

监狱工作初创时期，监狱和监狱法学还没有理论上的法治可言，党的路线、方针、政策甚至主要领导的讲话成了当时监狱法学主要的研究依据，这种情况一直延续到1954年9月7日政务院公布实施了《中华人民共和国劳动改造条例》。1956年刘少奇代表党中央提出的“改造第一，生产第二”的监狱工作新方针，在1964年召开的第六次全国劳改工作会议上被正式写入会议纪要。这条方针，将教育人、改造人确立为监狱法学实践宗旨，先后共使用了30年，成为新中国成立后所制定的方针中使用时间最长的一个。

这一时期青海监狱关押的大部分罪犯是蒋介石集团中的党、政、军、警、特、宪人员，现行反革命犯和刑事犯，反革命罪犯最高时期占到押犯比例的70%以上。与此相对应，监狱法学实践成果主要在政治层面上，广大监狱工作者始终坚持党对监狱工作的绝对领导，坚决彻底地贯彻执行毛泽东改造罪犯思想、党和国家在各个历史时期的路线、方针、政策，借鉴苏联和中国共产党历史上的有益经验，将一大批历史反革命犯改造成为社会主义新人，创造了中国乃至世界监狱史上的伟大奇迹。

作为监狱法学实践的重要平台，1956年劳改局成立后，专设教育处，编辑《青海新生报》，专门负责对罪犯的政治教育、文化教育和技术教育。其主要任务是：检查指导教育改造工作，探索总结改造罪犯经验，掌握各类犯罪分子的不同特点和思想改造规律，研究罪犯的思想变化，制定、实施教育改造计划，并组织有针对性的专项教育；根据形势发展变化，编写专题教材和教育提纲，提供基层管教干警使用。

纵观青海监狱法学实践历程，1951年5月全国第三次公安会议提出的“三个为了”（为了改造他们，为了解决监狱的困难，为了不让判处徒刑的反革命分子坐吃闲饭）的方针基本上确定了青海监狱法学实践的重点和方向，即：一要为改造罪犯服务；二要为监狱管理服务；三要为社会经济发展服务。在青海监狱

70 年发展历史上，虽然不同的历史阶段中三个方面的研究侧重有所调整，但总体上没有脱离这三个方面的主要研究内容。

（二）20 世纪 80 年代以前：停滞和调整阶段

党的十一届三中全会以前，青海监狱法学的实践总体上受“左”的思想影响较大，“文化大革命”期间达到极点。

1957 年后，在“左”的指导思想影响下，青海劳改工作逐渐背离了正确的方针政策，把罪犯、刑满就业人员和劳教人员都当成专政对象看待。“文化大革命”期间，劳改工作受“以阶级斗争为纲”的极“左”思想影响，方针政策被扭曲，许多监狱法学有效的转化成果都受到批判，青海省劳改系统在执行生活标准和刑满留放政策上“宁左勿右”，甚至直接将教育处、科均取消，其业务并入改造处、科（组），带来了不良后果。

这一时期，监狱法学实践基本没有什么理论成果，也没有什么规范可操作的规章制度出台。

（三）1994 年以前：法治和完善阶段

党的十一届三中全会以后，全国范围内的监狱工作开始拨乱反正。1979 年 7 月，《刑法》《刑事诉讼法》颁布实施，1981 年 9 月“八劳”会议重申了“正确贯彻执行改造第一、生产第二工作方针”，1982 年 2 月公安部颁发《监狱、劳改队管教细则》《对罪犯教育改造三年规划》《犯人生活卫生管理办法》，统一制定犯人守则八条，进一步强调依法治监，依法办事，对罪犯实行依法、严格、文明、科学管理。与之相适应，20 世纪 80 年代初，青海监狱恢复管教处、科，为了适应教育改造工作需要，押犯较多的单位，把狱政、教育工作机构分开，单独设立教育科。从 1985 年开始，根据把劳改场所办成改造人、造就人的特殊学校的新要求，青海省将特殊学校的名称统一定为“育新学校”，到 1988 年，11 座监狱、劳改支队的育新学校及 19 所分校（含少管所育新学校）全部建成，正规开课。教育的方法逐渐趋向正规化、系统化、多样化。

1990 年 11 月 6 日，司法部 11 号部长令发布《监管改造环境规范》《罪犯改造行为规范》，两个规范的施行，使全省监管场所面貌有了新的变化。1993 年，青海省劳改局制定《验收细则》，全省 11 座监狱、劳改支队全部达到规范标准，有力促进了罪犯矫正恶习和养成良好行为，罪犯违纪率下降 50%以上，监管改造秩序达到历史最好时期。1994 年 12 月 29 日，第八届全国人民代表大会常务委员会第十一次会议通过《中华人民共和国监狱法》，中华人民共和国第 35 号主席令公布施行。《监狱法》的公布实施，使刑罚执行进入了一个新的历史发展阶段，是新中国监狱工作法制建设的里程碑，标志着监狱法学实践从主要依靠劳动改造政策推动工作，走上严格依法治监的历史性转变，监管改造工作法律化、制度化、规范化有了显著提高。

这一历史时期，监狱法学实践也以“十五”为转折点，从主要适应负担沉重的“监狱办社会”历史责任，转向致力于社会管理创新意义上的法学实践。1985 年 7 月成立了作为中国法学会分支机构的青海法学会劳改法学研究会。到 1993 年 5 月，中国法学会升格为全国性一级社团。

（四）1994 年至今：科学发展阶段

《监狱法》颁布实施后，劳改系统名称统一变更为监狱，进一步完善了我国的刑事法律体系，刑罚执行工作全面进入法治轨道，监狱法学在青海地区的司法实践正式进入法制化时代。根据“惩罚与改造相结合，以改造人为宗旨”的监狱工作方针，全省监狱系统深入推进依法治监，充分运用法治教育、思想改造、文化教育、心理矫治、职业技能培训等现代管理手段，把罪犯改造成为遵守法律、自食其力的新人，从而维护国家安全、社会稳定，保障人民权利；在不断深化监狱体制改革、逐步完善保障体制的过程中，构建起“公正、廉洁、文明高效”的新型监狱体制，并积极融入社会主义市场经济体制，大力发展经济，创造物质财富，减轻国家负担，成为社会主义市场经济建设的重要组成部分。

2017 年 5 月，司法部党组决定将深化监狱体制改革纳入司法行政体制改革任务，要求从底线安全观向治本安全观转变，切实提高教育改造质量。2018 年 6 月，又提出了“坚守安全底线，践行改造宗旨”的监狱工作总体思路，要求以政治改造为统领，统筹推进“五大改造”。司法部党组战略部署，对于进一步巩固监狱体制改革几十年来的工作成果，理顺管理体制，回归监管改造主责主业，推动监狱治理体系治理能力现代化具有重大的理论意义和实践意义。

党的十九大胜利召开，随着全面建成小康社会、全面深化改革、全面依法治国、全面从严治党战略的稳步推进，监狱体制改革再次成为司法体制改革路径中的重要指标。

1995 年以来的监狱法学实践，经历了国家实施改革开放政策、全面推进经济体制改革的攻坚阶段，改革举措逐步深化、改革成效逐步凸显。这一时期的监狱法学工作，也是监狱系统贯彻《监狱法》、实施依法治监的关键阶段，监狱工作法制化进程突飞猛进。在这一历史背景下的青海监狱法学研究工作，历经了由极度被动到通过改革发展步入健康发展轨道的艰难历程。

1995 年 8 月，青海劳改学会更名为青海监狱学会；2010 年 5 月，青海监狱学会正式更名为青海监狱工作协会；2019 年，又适应社团组织去行政化工作要求，工作协会经过改革，正式更名为青海省监狱法学研究会，成为全省监狱实际工作者、理论工作者和社会各界有志于监狱学科理论研究的人士以及有关社会组织自愿结成的行业性、非营利性社会组织，会员人数达到 2 000 人。目前，"两会一刊"（青海监狱工作协会、青海省监狱法学研究会、《青海监狱》）模式成为青海省法学理论研究的重要载体和推动力量，为进一步推进监狱法学在青海地区的司法实践，提升监狱法学研究质量奠定了坚实的组织基础、群众基础和思想基础。

二、青海监狱法学实践的主要成果

青海监狱法学实践的历史贡献可以概括为：在承担改造罪犯主业的同时，开垦了荒原，发展了经济，稳定了边疆。随着形势的发展，按照中央确定的"多留少放"的原则，多次承担了就地安置刑满释放人员的重任，高峰时期，青海监狱系统的干部职工及押犯人数占同期青海省总人口的 1/8，押犯占同期全国押犯总数的 1/4。改革开放初期，为支持社会面的经济体制改革，监狱自行承担消化了大量"办社会"造成的困难，致使历史包袱越背越重，通过自我革新、布局调整、深化改革等，终于走出困境，实现了监狱职能归位。同时，充分利用青海监狱系统的特点和规律，积极探索，为法律法规的健全完善提供了实践经验，不仅完善了青海监狱工作制度，也为修订新的《监狱法》提供了丰富的立法素材。

（一）在政治层面上，以党的领导为根本，坚决贯彻执行党和国家在各个历史时期的路线、方针、政策

20 世纪五六十年代，青海的经济文化十分落后，生产力极其低下。监狱农场的选址都是遵循"不与民争利"的原则，在那些荒无人烟的原始草原或戈壁滩上建立的。1974—1979 年根据全国人大常委会的有关决定，青海监狱清理、释

放、宽转、安置了所有在青海关押的国民党县(团)以上和县(团)以下历史反革命罪犯。改革开放后监狱法学实践逐步跟随形势转入依法治监、创新发展的新时期。在这样的时代背景下,广大法学工作者和监狱民警、职工一道,扎根高原,艰苦创业,吃苦耐劳,甘于奉献,用忠诚和信念维护了新生共和国的稳定,完成了党和人民交给的光荣使命。进入 21 世纪后,继承和发扬老一辈监狱工作者的优秀品质,在改造罪犯、发展经济的长期实践中,凸显了"特别能吃苦、特别能忍耐、特别能战斗、特别能团结、特别能奉献"的青藏高原精神,形成了"忠于党的事业、艰苦奋斗、吃苦耐劳、顽强拼搏、善打硬仗"的优良作风和奉献精神,成为激励和鞭策后来监狱工作者发扬传统、传承事业的正能量。

这些成绩的取得,得益于政治建警的优势资源,更得益于历史上党和国家领导人的亲切关怀、鞭策激励和有力支持。20 世纪 50 年代,共和国两位开国元帅彭德怀和陈毅,两位开国上将王震和张爱萍以及时任国务院副总理习仲勋先后视察青海监狱,习近平总书记就监狱工作多次作出重要指示。特别是青海监狱在特困时期,胡锦涛总书记两次对青海监狱困境状况作出批示,要求司法部帮助解决青海监狱存在的困难。这些关怀支持,使广大民警职工树立了不畏艰险、战胜困难的勇气和力量,确保了青海监狱法学实践沿着党指引的政治路线顺利前进。

(二)社会层面上,以法治建设为导向,不断提高教育改造质量,降低了重新犯罪率,为维护社会稳定做出了积极贡献

开创初期,几乎每个监狱都在办工厂、办医院、办学校、办公益事业……,监狱"办社会"为监狱法学社会治理实践提供了取之不尽的经验素材。据资料记载,青海省的监狱系统曾拥有子弟中小学 100 余所,在校学生 1.9 万余人。

70 年来,通过农场的开发建设移交等,青海监狱工作规模发生了几次大的变化,不仅改善了当地生产生活环境,也带动了地方经济的发展,提高了当地人民生活水平。历史上,由于国家政策调整、人员变化、生产规模收缩等原因,监狱系统经历了四次重大的调整,每次调整都无偿向社会转移了大批优势资源,促进了地方经济发展。一是 60 年代初期进行了第一次收缩调整,撤销了一些青年农场和位于边远牧区的农场。二是 70 年代初期的军管时期,进行了第二次调整压缩。这两次调整,都是交出了资产,留下了人员。三是 80 年代中后期进行了第三次调整压缩,根据当时一批农场多年未押犯的实际,省委省政府决

定向地方交出一部分农场。第四次调整是21世纪初，监狱系统从14个押犯单位调整为6个押犯单位，为完善监狱分押、分管、分教的要求，经司法部批准，又新增加2座监狱，新规划的高戒备监狱——长宁监狱即将投入运行。届时，青海监狱实际上是9座监狱。

进入21世纪后，在完成布局调整、深化监狱体制改革的基础上，按照司法部提出的要求，全力以赴确保监管场所安全和社会稳定，努力夯实维护安全稳定的思想基础、制度基础和能力基础，监狱管理水平、教育改造水平都有明显的提高。

（三）在经济层面上，以法治经济为统领，发挥引导示范作用，为青海省经济的发展作出了历史性的贡献

第一个五年计划时期，青海省监狱系统曾建立了79个农场和29个工厂、24个牧场，农业耕地面积占全省国营农场总面积的98%，工业产值占全省工业总产值的52%。在20世纪60—80年代的20余年时间里，监狱系统每年向国家交售的“爱国粮”，占全省统购粮的1/5—1/4。经济总量占青海省的1/3，结合监狱系统人员、社会资源等，时任省委书记张国声曾讲过一句话：“劳改生产三分天下有其一。”随着青海监狱工作体制机制的不断推进和深化，特别是经过了历史上比较大的四次机构调整，青海监狱工作经济模式逐步由“大而穷”向“小而精”转变，监狱职能逐渐归位，监狱经济日渐壮大，国有资产不断增值，基本适应了社会经济发展要求。

青海监狱工作的实践，把先进技术和生产方式带到了青海，推动了青海工业、农业、建筑、交通等行业的发展。监狱法学工作者通过70年的司法实践，向世人展示了中国共产党改造旧中国的决心和力量，为奠定青海经济社会发展的坚实基础和促进民族团结进步作出了重要贡献。

三、青海监狱法学实践的特点

70年来，在党和政府的正确领导和大力支持下，特别是在广大监狱民警、职工的不懈努力下，经过几代人的艰苦奋斗，充分发扬“五个特别精神”“柴达木精神”“塘格木精神”，青海监狱工作在曲折中前进，创造了辉煌，逐步形成了一条既能适应社会经济发展，又能充分体现青海地方特色的现代化文明监狱建设

道路。监狱法学工作者认真贯彻落实科学发展观，以社会主义法治理念为主线，以确保监狱安全稳定为首要任务，以降低刑释人员犯罪率为首要标准，以解决历史和现实问题为重点，全面推动监狱体制改革，积极拓展工作思路，促进监狱工作又好又快发展，监管改造、监狱经济、队伍建设等工作迈上了新的台阶，取得了丰硕的法学理论成果。

总结起来，其发展脉络呈现出以下几个基本特点：

第一，刑罚执行基本思想始终存在威慑刑和教育刑的博弈。

威慑刑主张主要是受“左”的阶级斗争思想影响较重，甚至在一段时期内主导了监狱工作理念，将反革命犯、刑事犯甚至已经刑满释放的人员一律视为专政对象进行无情打击。在党的十一届三中全会后，特别是进入21世纪，教育刑思想最终确立了主导地位，刑事执行的指导思想也从实现特殊预防转变为再社会化，确保国家总体安全。

第二，刑罚执行主体有一支政治素质高，责任感、事业心强的干部队伍。

从枪林弹雨、硝烟弥漫战场下来的军转干部，占到干部总数的将近一半，成为青海监狱系统的主力军，如局中心医院是由志愿军512医院整建制转业组建的；监狱基层党委成立前一直沿用军队党的机构设置，这种状况到1956年才改变。从另一角度观察，截至2005年，监狱系统仍有干休所5个，离退休人员12 000余人（最多曾达到14 000余人），1985年时，各干休所管理的2 000多名离休干部，占当时全青海省离休干部的1/5。

第三，监狱法学实践队伍人才济济，具有一定的知名度。

青海监狱系统除主力军军转干部外，还有诸多知识青年，其中不少是名牌高校生，他们有知识、有技术，与军转干部形成互补。在全国监狱系统有影响力的王明迪、李均仁局长和兰德普巡视员，都曾在青海监狱系统基层工作和生活过，在他们走上全国监狱系统领导岗位后，曾将青海监狱工作经验指导过全国监狱工作。

第四，青海监狱法学研究始终处于开放状态，不断引进先进的思想和理念。

早在20世纪六七十年代，青海监狱系统就曾对犯属探监的诸多人性化措施进行过尝试，大规模的特赦、清理释放、就业安置等一直在进行着。《监狱法》颁布实施后，监狱的法学实践更是飞速发展，特别是在“五大改造”的指导下，在世界各国先进的刑事执行思想影响下，青海监狱法学实践保持了较好的发展趋势。

同时也要看到，青海监狱法学实践与监狱保障运行一样，面临着资金不足、编制不足和罪犯改造质量不甚理想的困扰，这对监狱法学的研究和成果的转化产生了一定程度的不利影响。

四、进一步加强青海监狱法学实践的体会

（一）制定完善刑事执行法律

法律是治国之重器，良法是善治之前提。从现行的刑事执行立法看，我国关于刑事执行的法律规范散见于刑法、刑事诉讼法和监狱法等法律以及一些司法解释、行政法规中，刑罚的执行也分别由法院、公安机关、监狱机关、社区矫正机构等执行。可以说，几乎全部的刑事执行关系都要靠一部《监狱法》来调整，而且条文不多、原则性过强、权责不明、不便于操作，要将这种刑事执行法律诉求和必然趋势转化为现实，就目前而言，及时完善《监狱法》，使其同作为实体法的《刑法》和作为程序法的《刑事诉讼法》相互协调一致，健全刑事执行法律，还需要法学工作者进行大量的理论探索和艰巨的实践摸索。

（二）提升监狱法律地位

实际操作中，监狱法的立法地位、立法技术、法律内涵等方面位阶都相对较低。刑罚的制刑、求刑、量刑、行刑，应该是四位一体，相互配合、相互制约，在法律上具有平等的地位，只有按照刑事一体化的要求，建立统一的刑罚执行体系，“推动刑罚执行权力的合理化配置，从立法上解决刑事执行权力由公安、法院、监狱等多元主体行使而‘碎片化’的法治不完善的问题”①，在实现法律地位对等的基础之上，规范各环节的权利义务，达到相互制约的要求，才能提高刑罚的效能。

（三）全力打造法治监狱

监狱法学实践的载体是监狱，只有不断健全执法制度和执法责任制，加强执法保障，切实做到严格公正文明执法，全面提升执法公信力，法学研究才能具

---

① 姜金兵：《统一刑罚执行体制视野下完善监狱刑罚执行体系的思考》，《中国司法》2015 年第 9 期。

有不竭的生命源泉。目前,正在组织实施的监狱治理能力治理体系现代化建设,实际上牵住了监狱体制改革的牛鼻子,关键的焦点是要强化法治思维,牢固树立法治理念,不断提升法律素养和法治能力,以理论上的科学性保证行动上的坚定,以思想上的清醒保证执法上的规范,运用法治手段,弘扬法治精神,做到依法用权、依法办事、依法决策。

(四)建设过硬民警队伍

习近平总书记提出的"政治过硬、业务过硬、责任过硬、纪律过硬、作风过硬"的"五个过硬"要求是建设忠于党、忠于国家、忠于人民、忠于法律的监狱人民警察队伍的根本标准。要坚持问题导向,聚焦监狱民警队伍建设工作中存在的突出问题和隐患,找准制约监狱工作发展的瓶颈问题,合理调整警察配备比例,解决基层民警职数少、压力大的问题;要深化改革,内部挖潜,按照大部制改革的思路,积极探索监狱管理体制改革,进一步压缩机关编制,提高一线民警配置比例。

(五)善于借鉴各方实践经验

"刑罚执行工作法治化演进的现实形势和科学化发展的客观规律都迫切需要全面完善社会支持系统,强化刑罚执行的社会化保障。"①要积极开拓渠道,利用各种形式、手段搜集各国刑事法律文本、监狱规范性法律文件以及一些单行或分散的有关监狱工作的制度性规定,开阔立法视野。要积极协同国内院校、研究机构等,收集整理我国历史上和新中国刑事立法资料,开展刑事立法比较研究,确保我国刑事执行法律立法质量。同时,要适应党的十九大后全面推进依法治国方略的要求,特别是习近平新时代中国特色社会主义思想的论述和全社会全方位开放的格局,打破长期形成的封闭和半封闭状态,向社会敞开大门,向世界敞开大门,广泛吸收社会成员特别是刑事执行法律工作者参与监狱法学研究,接受社会监督,最大程度地提高行刑效率。

---

① 姜金兵:《统一刑罚执行体制视野下完善监狱刑罚执行体系的思考》,《中国司法》2015年第9期。

关于深化监狱体制改革的调查思考

郭 俊*

内容摘要 2008年按照“全额保障，监企分开，收支分开，规范运行”的监狱体制改革目标，对传统“监企社合一”的监狱体制进行了改革，监狱工作迈入了一个新的阶段。新的监狱体制的建立，使监狱管理职能、监狱布局调整等方面发生了根本性的变化。同时，在发展过程中因新变化、新任务、新要求等带来一系列新的问题，诸如监企分开不彻底、经费保障不足等，这些直接影响着监狱工作的发展，必须进一步理顺新体制下监狱工作发展之间的各类关系，加大监狱体制改革的力度，促进监狱工作治理能力和治理体系现代化。

关键词 监狱 体制改革 调查

自2008年中国监狱全面实行监狱体制改革以来(简称“新体制”)，监狱工作按照“全额保障，监企分开，收支分开，规范运行”的监狱体制改革目标，进行了有益探索与实践，确保了改革目标的实现，推进了监狱和监狱企业的规范运行，使监狱工作发生了一系列的根本性变化。但是，随着社会的快速发展和新时代对监狱工作提出的新任务、新要求、新使命，监狱工作也遇到了一些新的问题。面对这些新的问题，必须用科学的态度、科学的方法，采取针对性的措施，进一步深化监狱体制改革。

一、新体制下监狱工作的发展变化

(一) 监狱管理职能呈现根本性的变化

监狱体制改革前，我国监狱一直实行“监企社合一”的运行机制。监狱职能的多元化，不仅导致监狱职能严重错位，影响了监狱刑罚执行功能的正常行使，

* 郭俊，湖北省沙洋监狱管理局教育改造处副处长。

而且还淡化了监狱对罪犯惩罚和改造的职能。监狱体制改革后，监狱与企业、社会的分开，使监狱职能由多元化向单一化转变，监狱职能回到了惩罚与改造职能的原点上。监狱职能的单一化，不仅使监狱工作得到了准确的定位，更加体现了“惩罚与改造相结合，以改造人为宗旨”的监狱工作方针，而且进一步强化了“惩罚与改造”的监狱工作职能，使监狱工作从包办社会职能、监狱企业职能中解脱出来，把精力集中到抓民警公正执法、抓监狱安全稳定、抓改造质量提高上。监狱职能的变化，使监狱民警执法进一步规范、高效，监管秩序持续稳定，全国大部分监狱实现了罪犯无脱逃，非正常死亡、狱内案件明显下降，教育改造质量稳步提高，刑释人员重新犯罪率有了大幅下降。

（二）监狱经费保障呈现根本性的变化

监狱体制改革前，由于沿袭“监企社合一”的监狱体制，不仅要办监狱，而且要办社会、办企业。监狱生产的收入是监狱经费的重要来源，也是各项经费支出的唯一渠道，以致大部分监狱入不敷出、债台高筑，民警工资得不到保障，罪犯生活费、医疗费也靠在外赊账维系，更谈不上监狱与企业的发展。体制改革后，实行监企分开、财务分开，按照各自规则办事。监狱经费实行全额保障，民警工资进入国家公务员管理系列，罪犯改造经费、罪犯生活费、狱政设施经费、罪犯劳动必需的生产设施和生产经费，以及其他专项经费支出按规定的标准纳入财政预算，由国家财政予以全额保障。按照财政部确定的基本支出、项目支出预算管理和相关的财务会计制度要求，明确经费支出项目与范围，对基本支出核定经费支出标准，保证监狱的经费支出。监狱企业在实行资产重组、结构调整、债务化解的基础上，改组为监狱国有独资公司的子公司或分公司，其主要任务是为监狱改造罪犯提供劳动岗位，为改造罪犯服务，不同于以营利为目的社会企业。

（三）监狱布局调整呈现根本性的变化

监狱体制改革前，全国共有 700 多所监狱，诸多监狱地处交通不便的偏远地区，自然环境艰苦，基础设施落后，有些地方还频繁受到洪水、地震和泥石流等自然灾害的威胁。此外，当地卫生、生活和文化环境也较差。一些远离城市的监狱，为了生产生活的需要，不得不开办医院、学校，自己投资建设供暖、供电等设施，形成沉重负担，影响监狱安全稳定和改造质量提高；社会帮教、家属会见等困难；人才难引进、留不住，影响队伍稳定；等等。体制改革后，中央和地方政府重视对监狱布局调整的投入，将偏远地区的监狱迁移到中心城市附近和交通干线附近，形成了布局合理、结构优化、功能齐全、运行规范、保障有力的新的监狱分布格局。布局调整后的监狱面貌焕然一新，执法环境和条件得到很大改善，促进了监狱物防技防能力的提高，促进了从严治警、从优待警，确保了监狱的安全稳定。

（四）监狱设施建设呈现根本性的变化

监狱体制改革前，由于大部分监狱地处偏远地区，交通不便、自然环境条件差，监狱经费得不到保障，因而监狱设施落后、条件较差，如围墙、电网达不到标准，监舍陈旧、功能室缺乏，更谈不上物防、技防设施。体制改革后，国家财政每年为政法系统拨款15亿元左右，其中有7亿多投入监狱建设。国家平均每年在一个犯人身上投入的资金约3 000元（2010年统计数）。国家对监狱设施的投入，使监狱设施焕然一新，具备了高科技的监控指挥系统、教育改造系统、门禁管理、围墙管理、禁闭管理系统、无纸化的办公系统等，以及公寓式的监舍楼和功能齐全的教学楼、生活楼，等等。

（五）监狱生产性质呈现根本性的变化

监狱体制改革前，在监企社合一的体制下，监狱企业存在着补充监狱各项经费的负担、历史债务负担、人员和办社会的负担。为了生存，解决监狱运转经费问题，不得不把大量的时间和精力用在监狱企业的经营方面，因而在监狱生产性质上自然转向以生产经营、追求经济效益为主的现实目标，结果弱化了监狱的改造职能，导致罪犯超时、超体力劳动。体制改革后，实行监企分开、财务分开，监狱企业的生产性质主要是为改造罪犯提供劳动岗位和生产手段的特殊企业，是改造罪犯工作的重要组成部分。监狱生产性质的准确定位，促进了监狱企业的产品结构调整，罪犯从高危行业、高污染行业、大墙外的农业劳动逐步退出，罪犯超时、超体力劳动得到有效控制，罪犯休息日、劳动报酬、劳动保护、工伤保险等得到保障。同时，也强化了监狱对罪犯的改造职能。

（六）监狱工作要求呈现根本性的变化

监狱体制改革后，党和国家对监狱工作的要求越来越高。具体体现在：一是工作目标刚性化，即：围绕监狱工作目标，实行一票否决、零脱逃、零事故要求。同时，结合“五大改造”的要求，不断降低重新犯罪率，努力向社会回送守法公民。二是工作程序规范化，即实行日常管理工作流程制度化，三大现场直接管理格式化，民警一日工作规范程序化，使每名基层民警依法、科学、严格、文明、规范地履行职责，管理罪犯。三是工作环节精细化，即细化安全工作标准和流程，抓住安全管理的每一个细节，把安全防范的责任、制度、措施落实到各个工作环节之中，使管理工作做到深、细、实。四是工作要求责任化，即严格责任追究，对发生和影响监狱安全稳定突出问题的监狱，严格追究单位主要领导、分管领导、直接责任人的责任，触犯《刑法》的，依法追究刑事责任。

（七）监狱工作责任呈现出根本性的变化

随着监狱工作标准、要求的提高，特别是各级领导、社会对监狱工作的高度关注，使监狱的工作责任明显增强。具体表现为：一是监管安全责任。监狱体制改革后，监狱民警的工资、装备、监管设施、罪犯生活费、教育改造费等纳入国家财政保障范围，特别是监狱布局的调整、信息化建设的投入明显增加。2008年，国家对监狱系统的监管安全投入达到了20亿元。国家对监狱投入这么大，其目的就是要确保监狱的安全稳定，增强做好监管工作的责任感。二是维护社会稳定责任。2018年在全国监狱工作会议上，中央领导同志提出了坚守安全底线，践行改造宗旨，坚持以政治改造为统领，统筹推进“五大改造”，大力提升改造质量，不断降低重新犯罪率，努力向社会回送守法公民的总的思路和要求。这既是回应社会对监狱改造质量的期望，同时也是构建平安社会、法治社会服务国家经济平稳较快发展的必然要求。三是执法责任追究。随着新闻媒体、检察院对监狱工作的介入，加大了监管工作的监督力度，特别是民警执法的监督力度，这就要求我们在监管工作执法上做到秉公执法，强化法治思维、法治方式，依法依章依纪办事，严格履行岗位职责，做到到岗到位、尽职尽责，否则将受到行政责任、刑事责任追究。四是社会调解、赔偿责任。随着罪犯的维权意识和罪犯亲属法制意识的增强，监管工作面临诸多的调解、赔偿纠纷，如罪犯自杀等。

（八）监狱工作风险呈现根本性的变化

在新体制的监狱工作要求、工作责任的大背景下，特别是近年来押犯结构的重大变化,监狱工作面临多重风险:一是安全风险。随着长刑犯、顽危犯、病犯、家庭变故犯、恶习犯、暴力犯、涉黑涉恶犯、惯累犯的增多,物防、技防的相对滞后,监管安全的风险性日渐显露。二是质量风险。由于关押的罪犯具有刑期长、犯罪恶习深、法制意识淡薄、道德沦丧,因而在改造上表现出九大特征,即抗拒、逆反、危险、消极、享乐、纠合、两面、欺诈和顽固等,这些特征决定了罪犯的改造难度和改造质量提高的风险性。三是人身风险。随着依法、严格、规范管理的增强,罪犯对监狱的严格管理感到不适应,表现出异常的逆反心理,不服民警的管教,除采取打架宣泄、装病抗劳等违纪方式进行软对抗外,有的公然进行硬对抗,如公开顶撞民警、殴打辱骂民警和诬告陷害民警。这种硬对抗方式,构成了民警人身安全的威胁。四是执法风险。由于押犯结构的变化,罪犯难改性强,监管安全风险系数高,减刑、假释、暂予监外执行更加依法严格规范,执法责任追究力度大,因而使基层民警感到工作压力大,担心出现执法过错责任,受到责任追究。

(九)监狱管理手段呈现根本性的变化

体制改革前,监狱管理手段主要是以人防为主,依据监狱民警长期积累的工作经验实施管理。体制改革后,随着监狱工作法制化、科学化、社会化的推进,特别是信息化建设的引进与投入,使监狱管理手段由过去靠人防为主转变成为人防、物防、技防三位一体的管理手段,特别是国家对监狱信息化建设的投入,云计算、物联网、大数据、人工智能等信息技术与监狱工作的深度融合,促进了监狱管理手段向科学化方向转变。全国大部分监狱实现了监控全覆盖和局域网并网。信息化建设的实施,使监狱管理手段发生了质的飞跃,体现了监狱工作的发展与进步。

(十)罪犯人权保障呈现根本性的变化

我国监狱对罪犯人权保障一直是十分重视的。特别是监狱体制改革后,执法监督和过错责任追究力度的加大,进一步增强了对罪犯的人权保障,不论是罪犯的生存权、人身权、通信会见权、合法财产权,还是罪犯的劳动权、受教育权、获得物质帮助权、休息权、科研文化活动权等方面,都得到了充分的保障。罪犯的居住环境、医疗、生活、劳动、教育条件等,与体制改革前相比又有了长足的发展与进步。

二、新体制下监狱工作发展存在的问题

（一）监狱与企业之间的问题

目前对监狱和监狱企业在生产环节如何分开，监企双方如何划分生产环节上的管理责任界限，采取什么样的运行模式，尚未统一，导致监企之间在劳动改造管理上的责任分工不明确。在新体制下监企之间的矛盾更加尖锐复杂。一是双方在监管改造、劳动改造管理和生产管理上的责权利关系不统一，形成新的体制障碍；二是监狱企业要向监狱支付罪犯劳动补偿费、劳动低报酬和民警医药费、工作餐等，监狱要向监狱企业支付民警工资、办公经费和三类岗位人员经费；三是监狱企业提供的生产劳动项目不适应罪犯劳动改造和学习技能的需要。

（二）经费保障与动态增长之间的问题

新体制下监狱经费实行全额保障，目前各地执行的是财政部、司法部《监狱基本支出经费标准》，只能维持监狱的基本运转，离当前市场经济的发展、经费的动态增长还存在相当大的缺口，如基础设施费、生活费、医疗费等。这些经费的缺口，除靠争取上级政策支持外，主要靠监狱企业自身发展。企业要发展就必然要追求经济效益，这就与新体制下监狱企业的定位产生了新的矛盾冲突。

（三）监管教育改造与劳动改造之间的问题

监企分开后，监狱职能得到了增强，但由于监狱经费的不足和监狱企业自身要发展，劳动改造不可能仅仅是习艺劳动，必须以盈利为主、追求经济效益。这样，就必须延长罪犯劳动时间，承接不适合罪犯劳动需要的生产项目。罪犯劳动时间的满负荷、劳动量的加大以及不利于身心健康、不安全生产项目的引进，必然带来监管、生产上的不安全因素。同时，由于要发展，因而形成了教育改造与劳动改造之间争时间、争人员的问题。

（四）监狱政策超前与滞后之间的问题

监狱体制改革后，党和国家对监狱工作提出了一系列要求，制定了一些相

应的硬性政策，如安全底线、改造质量、刑罚执行、监狱分级分类政策等。这些政策，对监狱工作整体水平的提高具有促进作用。但监狱工作现实与这些政策的要求还存在诸多不相适应的问题，如监狱经费不足、民警警力缺编等。这些实际问题与监狱政策的超前性形成了一定反差。

（五）监狱工作继承与创新之间的问题

监狱工作的创新是监狱工作发展的必然趋势，这是不争的事实。但在创新面前，绝不能忽略过去监狱工作中的一些好传统、好经验、好做法。为什么一些监狱民警在新形势下出现监狱工作方法上的危机，关键是没有正确处理好继承与创新的问题。

（六）监狱工作责任风险与民警身心之间的问题

随着监狱工作责任风险的加大，特别是从严治警、从严管理要求的提高，监狱民警的工作责任感、政治风险意识得到了增强，同时也使监狱民警的工作压力、心理负担加重，产生多重心理障碍，担心发生监管、生产、执法、食品等安全事故，担心受到过错责任追究。

（七）民警执法与社会监督之间的问题

社会参与监狱执法监督，有利于提升民警的执法水平，但同时也给监狱形象带来了负面影响。特别是在信息化的今天，只要民警执法稍有疏忽，就会被社会的各类媒体炒得沸沸扬扬，使监狱工作处于两难境地和被动局面。

（八）监狱企业生产与市场变化之间的问题

从理论上讲，手工承揽加工可以规避监狱企业主导产品风险、防止企业债务发生、利于监狱安全稳定，但在实践中，手工承揽加工产品也与市场变化紧密联系。2008 年世界金融危机和 2020 年新冠肺炎疫情的发生，使不少从事手工承揽加工的监狱企业受到冲击，导致监狱企业接不到生产项目，罪犯无事可做，经济效益受损。

（九）监狱执法工作与罪犯及亲属维权之间的问题

随着社会主义法制建设的日臻完善，促进了监狱执法工作向依法治监的方向转变。但由于政策措施以及监狱民警执法素质上的差距，出现罪犯及其亲属控告与上访，甚至导致监狱与罪犯及其亲属产生赔偿责任纠纷，如罪犯因病正常死亡处置难、病犯监管医疗难、罪犯释放难等。

（十）监狱工作现实目标与长远目标之间的问题

提高改造质量、降低刑释人员重新犯罪率，是监狱工作的长远目标，需要监狱民警坚持不懈的努力，也需要建立提高改造质量的长效机制。但由于监狱现实问题较多，特别是监狱安全稳定、经济发展的压力较大，以及对长远工作目标认识上的差距，不得不面对现实，重视现实工作目标，忽略长远工作目标的规划与发展。

三、新体制下监狱工作发展的建议

（一）进一步理顺监狱与企业之间的关系，不断深化监狱体制的改革

监狱体制改革的重点、难点问题是监企分开、收支分开，特别是监企分开。监企是否分开关系到《指导意见》中所明确的改革基本方向和基本原则的落实。必须在坚持改革基本方向和监狱企业准确定位的基础上，紧密结合监狱工作实际，抓住体制改革的本质性、方向性问题，认真分析和解决好发展中的问题，确保体制改革达到预期目的。统筹推进监狱分级分类管理，加快推进高度戒备监狱建设，积极稳妥开展低度戒备监狱试点工作，研究制定监狱分级分类建设和管理标准，打造平安监狱。加快实现与部、厅、局指挥中心互联互通，全面推进智能监控视频对接、智能应急指挥、物联网、人脸识别技术、业务数据汇聚、视频点名系统建设、减刑假释信息化办案平台建设，打造智慧监狱。推动依法扩大假释适用，会同检察院、法院，大幅提升可以假释罪犯的比例。同时，通过假释制度，把未执行完的刑期作为考验期，让他们接受社区矫正，逐步过渡、适应、融入社会，以实现改造宗旨。进一步理顺两者的关系，加快研究制定监狱企业规范管理的相关条例，即按照“特殊企业、特殊管理、特殊政策、特殊立法”的原则，明确和规范监狱企业的性质、职能任务、管理体制、人员管理、运行规划等问题。

（二）进一步理顺监狱经费保障与动态增长之间的关系，建立监狱经费保障动态增长机制

虽然体制改革后监狱经费得到了基本保障，但与监狱实际发生的费用有较大的差距，特别是在市场经济的条件下，资源价格的变化，进一步加重了监狱经费保障的负担。因此，需要进一步理顺监狱经费保障与动态增长之间的关系，建立监狱经费保障动态增长机制。一是加强监狱经费预算管理，保障经费基本标准足额到位。监狱经费不足部分，通过向财政申请追加预算解决。二是完善中央、地方事权与支出责任相匹配的监狱保障体制，建立监狱经费正常增长的财政保障机制，实施监企收支彻底分开。监狱经费支出不得列入企业费用，监狱企业也不得占用监狱经费。同时，加快实现监社分开，分离监狱承办的水利设施、道路、学校、医院等社会职能。三是建立监狱经费动态增长预算管理办法，通过法定形式解决好监狱经费因动态增长因素所造成经费缺口的问题。

（三）进一步理顺监管教育改造与劳动改造之间的关系，有效整合五大改造手段

政治改造、监管改造、教育改造、文化改造、劳动改造是监狱改造罪犯工作的五大手段。五者之间紧密联系、各有侧重，共同作用于罪犯改造质量的提高。首先，要强化政治改造与监管改造、教育改造、文化改造、劳动改造手段的融合，突显政治改造的统领地位和作用，确保监狱工作的政治方向不动摇。其次，要强化监管改造手段与劳动改造手段的融合，在确保安全的前提下组织罪犯劳动生产，促进监狱经济的发展。再次，要强化教育改造、文化改造手段与劳动改造手段的融合，坚持有利于提高改造质量的原则来组织罪犯劳动和落实提高改造质量的任务，做到科学选择生产劳动项目、科学合理地制定劳动定额，实行公正文明的劳动管理和劳动考核；开展弘扬劳动精神教育、社会主义核心价值观教育和中华传统文化教育，切实使劳动的过程成为改造罪犯成为新人的过程，减少生产劳动过程的随意性、盲目性和目标偏差。

（四）进一步理顺监狱工作继承与创新之间的关系，坚持在继承中不断创新发展

新中国的监狱工作在半个多世纪的实践中，积累了许多成功经验，形成了

自身的优良传统，诸如重法理情的结合，坚持以法制人、以理服人、以情感人；坚持“有的放矢、对症下药”的施教原则；重视个别教育，因人施教，强调一把钥匙开一把锁；坚持解决思想问题与解决实际问题相结合；强调身教与言教相结合，重在身教，把真理的力量与人格的力量结合起来；等等。这些传统都是被几十年实践反复证明为有效的基本经验，是普遍管用、长期管用、根本管用的，应当认真加以继承。在继承的基础上，应结合时代特征赋予新的内涵，探索新的实现形式，诸如深化分押分管分教制度、罪犯危险性评估制度、罪犯文化教育和职业技能培训社会化、罪犯医疗卫生保障制度社会化等，使之发扬光大，进一步推进监狱工作的改革与创新。

（五）进一步理顺新时期监狱工作责任要求与民警队伍建设之间的关系，增强民警的执法能力

积极推进监狱工作标准化建设，强化监狱民警工作执行力，推进监狱治理体系、治理能力现代化。对监狱各项工作实行标准化管理与考核，规范民警执法行为、规范工作流程、规范岗位职责，引导民警养成制度高于一切，一切按制度、流程、程序、规则办事的好习惯，对监狱工作的每个细节力求做到精益求精；建立提高改造质量专业化队伍建设的运行机制，完善监狱民警分类管理制度和考核机制；加大从优待警的力度，建立容错纠错机制、证据保全制度，优化民警工作环境，减轻民警工作压力，关心监狱民警的身心健康和政治生命；着力解决好当前民警中存在的执法不公、执法不廉、执法不作为、执法不文明和执法不规范等问题。要正确处理好监狱执法工作与社会监督、罪犯及其亲属维权之间的关系，有效防止损害监狱执法工作形象的事件发生。

（六）进一步理顺监狱工作现实目标与长远目标之间的关系，始终把提高改造质量放在第一位

2018年全国监狱工作会议，司法部提出：“坚守安全底线，践行改造宗旨，统筹推进以政治改造为统领的五大改造新格局与党的监狱工作方针高度一致，是监狱工作方针的具体体现。”当前，坚持监狱工作方针，贯彻落实《监狱法》，就是要进一步解决好存在的“重生产、轻改造”的问题，坚决克服“以管代教”“以劳代教”、片面追求经济效益的倾向；就是要从贯彻落实习近平总书记全面依法治国新理念新思想新战略，落实总体国家安全观，从中国特色监狱制度和履行新

时代的历史使命的高度充分认识监狱罪犯改造工作，切实把提高罪犯改造质量放在监狱工作的第一位，始终坚持以政治改造为统领，牢固树立监管改造基础地位，充分发挥教育改造治本作用，积极拓展文化改造的教化功能，切实推进劳动改造功能回归，以改造为目的组织罪犯劳动，矫正罪犯恶习，培养劳动技能，促进罪犯刑满释放后顺利回归社会。

（七）进一步理顺监狱企业生产与市场变化之间的关系，大力调整监狱企业产业产品结构，实行监狱企业产品政府采购

当前，监狱企业应大力推行“犯退工进”工程，将不适宜罪犯劳动改造需要、不符合监狱企业产业政策的自主产品企业以及需从市场竞争中退出的监狱企业全部改制为工人企业。要逐步从资源型产业、资金和技术密集型产业、产品更新速度快的高风险行业、污染环境和安全难保证的不适宜行业、产业发展规模要求较大和市场竞争激烈的产业中退出，尽快转向适合罪犯劳动改造的政府采购产品的生产，如办公桌椅、纸张印刷、制式服装、市政标识、汽车牌照、汽车维修等。监狱企业必须按照国家《政府采购法》的规定，选择符合监狱企业产业政策要求，适合罪犯劳动改造特点，且已列入当地政府采购产品目录中的产品组织生产，并积极与各省财政厅和政府采购管理机构进行沟通和协调，使政府机关依照法定的政府采购方式优先采购监狱企业生产的产品。要争取通过立法手段取得政府采购监狱企业产品的长期稳定的支持。

论监狱史学研究中史料的“存史”“资政”作用及搜集整理方法

邓云菊　于海涛*

内容摘要　监狱历史研究就是在广泛搜集、占有、鉴别史料的基础上，揭示监狱的历史真相，科学总结监狱的历史经验，以便充分发挥其对监狱历史科学的认识、借鉴和教育功能。史料包括文献史料、口述史料、实物史料。

关键词　史料搜集　研究　存史　资政

习近平总书记指出：“一切向前走，都不能忘记走过的路；走得再远、走到再光辉的未来，也不能忘记走过的过去，不能忘记为什么出发。”他强调，“不忘初心，方得始终”。回顾新中国监狱改造罪犯的成功发展道路，是为了“不忘初心，牢记使命”，是为了继承优良传统，弘扬前辈美德，增强广大监狱人民警察的自尊、自信、自强精神，确保中国特色的监狱工作在新时代继续改革发展，不断进步。

新中国监狱工作已走过了70余年的奋斗历程，一代又一代的监狱人民警察砥砺前行，薪火相传。回顾总结其成长、壮大的历史规律，探索监狱工作改革发展的道路，增强继续开拓前进的勇气和力量，具有重大的理论和实践意义。

历史资料，简称史料，指的是能够反映过去发生、存在过的所有事情的文字记载、口头叙述和一切物品。历史学的研究主要是通过史料进行的，作为历史学分支学科的监狱史学也不例外，搜集到丰富可信的史料是展开监狱历史研究的第一步。监狱历史研究就是在广泛搜集、占有、鉴别史料的基础上，揭示监狱的历史真相，科学总结监狱发展的历史经验，以便充分发挥对监狱历史科学的认识、借鉴和教育功能。

我们在监狱历史研究中经常接触并且可以利用的史料大致有三类：文献史料（如档案、图书、信件、文件等）、口述史料（如离退休民警对亲身经历事件的口

* 邓云菊，吉林省监狱工作协会秘书长；于海涛，吉林省监狱工作协会编辑。

头回忆等)、实物史料(如老旧警械具、生产工具、遗迹、监狱遗址等),三者应根据监狱历史研究实际情况灵活穿插运用,相互补充,相互完善。

本文通过阐述监狱历史研究中常接触到的这三类史料的搜集和整理方法,希望对接触并热爱监狱历史工作的同志有所帮助。其中尤以档案为重。

一、档案在监狱历史研究中的重要作用

档案是我国古代作为编史修志的重要材料,在当今依然是史学研究中较为珍贵的、应优先使用的资料。可谓,档案能够“补史之缺,参史之错,详史之略,续史之无”。

监狱历史档案是我国历史文化遗产中的一个重要组成部分,作为一种历史记录,它具有广泛性、罕见性和可靠性的特点,具有可靠的凭证价值和广泛的情报价值。历史档案的内容丰富且详细具体,能反映历史事件的原始状态,还能比较好地反映问题的前因后果和蕴含之意。

我国监狱历史档案大体分成两类:官方档案(包括各地地方政府、公安厅、司法厅、基层监狱档案室档案)与民间档案。目前档案馆馆藏的主要是官方档案,民间档案不足,而这部分档案有着官方档案所不可替代的作用。官档和民档,本来都是人们在当时社会活动中形成的各种联系交往以至矛盾冲突的产物,都是从不同的重要侧面对当时社会生活的反映和记录,它们本来就是相辅相成,可以互相补充和订正的。民间档案较集中而具体地反映各时期各地区监狱复杂的关系,极具地方色彩。因此,监狱史学工作者应花力气搜集民间档案,尤其在利用官方文书的同时,应充分重视照片、信札等民间档案的史料价值。

对历史的认识,实质上就是在档案的海洋中,拨开迷雾,探寻历史真相。从档案的形成过程看,它并非事后追忆往事,或者为了现实的某种需要而故意制造出来的,而是从当时直接使用的文件转化而来的。在形成某一文件时,该文作者往往很难意识到,此文件转化为档案后,能够对后人或后世产生哪些积极的或消极的作用。因而,这些文件客观地、真实地记录了当时的情况。

笔者 2003 年前后撰写《吉林省监狱史话》一书时,曾经翻阅了大量吉林省公安厅、司法厅馆藏档案,先后整理撰写了《长春监狱旧狱回眸》《吉林监狱旧狱寻踪》《延吉监狱旧狱掠影》《四方坨子——曾经的往事并不如烟》《故纸堆中

“淘”出的第一个新中国成立以来未成年犯“艺术矫治”案例》等多篇史料丰富的文章。

档案具有重要的史料价值，档案是国家档案资源的重要组成部分，它具有档案所共有的一般属性和基本特征。

(1) 史料价值是档案固有的基本属性。档案的史料价值，简单地说就是档案对于研究历史、探寻历史本源所具有的实用性。我们知道，档案是历史客观形成并保存下来的，它具有记录方式的直接性和记录内容的真实性特征，档案中有能够满足人们作为凭证的历史事实材料，人们利用档案可以回溯历史，再现历史，所以档案是历史的记忆。由于档案客观、真实地记录历史，因而是令人信服的历史证据。档案具备很高的史料价值不容怀疑，是其他文献所不具备的，它是历史研究可靠的、可信的资料和依据，对历史研究有重要的作用和意义。档案的史料价值更具生机和活力。

(2) 档案管理的范畴不断扩大。尽管档案这个概念出现较晚，但档案历史学告诉我们，在古代未有档案概念之前，档案和档案工作是存在的，档案其实就是史家眼中的史料，它们同宗同源。随着社会科学的发展，各个学科的交融性、渗透性、互补性增强，档案学与历史学等学科在研究对象、方法和实现目标上更加交融交织，更加难以彻底划清界限。特别是随着人们档案意识的增强，符合档案本质属性的实体范围、对象范围及载体形式不断扩大，历史学者眼中的史料与档案学者眼中的档案交叉重叠部分不断扩大。历史学者眼中的文字史料、实物史料、口述史料也逐渐进入了档案学者的视野，纳入档案管理的范畴。

(3) 在历史学家的眼里，档案是“历史的粮仓”。档案作为历史的原始记录，具有原始性和可靠性，决定了档案能够在社会的各项活动中，发挥凭证作用和参考作用。对于历史研究者而言，档案又是人类认识历史和研究历史的依据。

二、其他文献史料的搜集研究方法

文献，是指包含各种信息、记录各种知识的一切载体，如日记、信件、自传等私人文件和书籍、报刊、会议记录、各种统计资料、调查报告以及总结材料等机关单位文件。无论对哪种文献史料进行搜集和研究，其方法和过程都是相似的。一般而言，主要包括以下几个阶段：

（一）确定研究目的和问题

研究目的和问题不同，因而文献搜集、划定的范围必然不同，文献分析的重点也必然不同。所以，搜集和研究文献史料，首要工作就是确定自己的研究目的和问题，据此按图索骥，查找需要的文献开展研究。

（二）搜集文献

首先，要根据研究目的确定文献搜集和划定的范围（主要指内容范围和时间范围）。其次，与掌握有关文献的单位或个人取得联系，设计文献的搜集和划定大纲。

文献搜集的途径主要有三个：一是向拥有这些文献的个人索取；二是到特别的收藏地点，比如图书馆、资料室查找；三是利用互联网到相关网站或专门数据库获取。无论使用哪种方法，都要注意鉴别文献的真伪，深入考察文献的来源和可靠程度；同时要注意记录文献的来源，以保证引用文献的规范性，避免侵犯他人知识产权；还要在时间和经费允许的情况下，适当扩大文献搜集的范围，以保证能够搜集到较为完整和系统的文献。

（三）整理文献

史料整理就是为了使搜集到的大量散乱无序的原始史料系统化、条理化，从而为我们的研究带来便利。文献的整理要掌握三个原则：一是条理化，即整理后的文献要有一定的时序，不能是散乱和无规律可循的。二是系统化，即文献整理要有一定的逻辑，整理后的文献要有一定的相关关系，彼此之间成为一个有机整体。三是简明化，即保证整理之后的文献是最能够体现研究主旨的，而不能是“眉毛胡子一把抓”。

（四）解读文献

文献的解读一般包括两个阶段：第一阶段是泛读，即争取在较短的时间内能够简单了解整理好的文献的基本内容和特点。这样做一是可以确定这些文献对研究的价值和意义；二是可以分辨出哪些文献或文献的哪一部分的研究价值和意义最大，为以后的精读作好准备。第二阶段是精读，即理解性阅读。通过精读，要深入理解和掌握文献中对研究有价值和意义的内容，同时要作出正确而客观的评价。在这个阶段，既要把文献内容同自己的研究课题结合起来，同时还要有效鉴别文献的真伪和内容的可靠程度。

（五）分析文献

文献分析包括统计分析与理论分析。前者主要是定量分析，采用的主要方法是统计分析法、数理方法等。比如，研究监狱初期创业共有多少民警、押犯人数、占地面积等，就要用到统计分析的方法。后者主要是定性分析，包括逻辑分析、历史分析、比较分析、系统分析等。

上述过程并不是一种直线式的过程，而是根据研究的需要常常重复其中的某个过程。比如，在史料分析阶段觉得搜集的文献史料不够充分时，就需要重新搜集文献、整理文献和阅读文献。在这样一个不断重复的过程中，可以不断概括和明晰自己研究的问题，最终形成研究成果。

三、口述史料的搜集研究方法

在日常工作中，我们通常运用访谈法来搜集口述史料。所谓访谈法，就是访谈者通过口头交谈等方式向被访谈者了解情况、搜集史料以展开研究的方法。访谈的一般过程，大体上可以分为访谈前的准备、访谈中提出问题和听取回答、访谈后的史料整理与查证事实和再次访谈等几个环节。

（一）访谈前的准备

首先，要准备好访谈提纲，并且把访谈提纲具体化为各种访谈问题。同时，要努力学习与访谈内容有关的各种知识。在访谈过程中，如果访谈人员知识丰富，能作深入交谈，被访谈者回答问题的积极性就会越来越高。其次，选准访谈对象，要找那些最了解情况的人来回答最适合的问题，并尽可能地充分了解被访谈者，特别是其当前的思想情况和精神状态等。再次，要选好访谈的具体时间、地点和场合。一般来说，最佳访谈时间是被访者工作、家务不太繁忙，而且心情比较舒畅的时候。最后，做好其他必要的准备工作，比如访谈需要的摄像机、照相机、录音笔等，同时做好联系服务工作。

（二）进行访谈

它包括如下几个方面：

1. 接近访谈对象

常用的接近访谈对象的方式有以下几种：

（1）正面接近，开门见山，先作自我介绍，之后直接说明访谈的目的、意义和内容。

（2）求同接近，即在寻求与被访者的共同语言中接近对方。例如，战友、同乡、同学、共同的经历、共同的兴趣等，都可以成为最初交谈的话题。

（3）友好接近，即从人文关怀、帮助被访者入手来联络感情、建立信任。

（4）自然接近，即在某种共同的活动过程中（如一起开会、学习、乘车）接近对方。

2. 向被访谈者进行提问

（1）问题的种类。访谈过程中提出的问题可以分为两大类，即实质性问题和功能性问题。实质性问题是我们想要了解的实际内容，比如某一具体的史实等。功能性问题是指在访谈的过程中为了对访谈对象施加某种影响的问题。比如，觉得被访谈者有些紧张，就可以问些"你最近身体还好吧""听说你当年部队转业后在××劳改总队工作，还当过一段时间的领导，那儿后来您又回去过吗"之类的话题，以缓解受访者的紧张情绪。一个熟练的访谈者，不仅要善于运用恰当的方式提出各种实质性问题，而且要善于灵活运用各种功能性问题，促进访谈过程的顺利进行。

（2）提问的方式。一般来说，比较尖锐、复杂、敏感的问题应采取谨慎、迂回的方式提出；反之，则可以大胆、正面地提。对思想上顾虑重重、性格孤僻多疑或对情况不太熟悉、理解能力较差的被访谈者，应采取循循善诱、逐步推进的方式提出问题；反之，则可以单刀直入地连续提出问题。

（3）提问的话语尽量简短，并做到口语化、通俗化。

3. 听取回答

（1）要有正确的态度。对被访谈者的回答，如果不懂就请教，绝不可不懂装懂。要理解被访谈者的感情，并作出感情移入式的反应，力争做到与被访谈者喜怒哀乐皆共鸣。

（2）善于对被访谈者的回答作出恰当的反应。一般来说，在被访谈者认真回答问题而又答题对路或进行努力回忆、积极思考时，最好对被访谈者的回答不插话、不表态、不干预，保持沉默，专心地听。在涉及人名、地名、时间各种数据和重要观点时可采取重复一遍的办法作出反应；在受访者回答过长或过于零散时，访谈者要简要归纳并请被访谈者认可。对被访谈者的回答作出恰当的反应，是保证访谈过程正常进行的必要条件，也是有效倾听的必要条件。

4. 引导和追询

所谓引导，就是帮助被访谈者正确理解和回答问题。如果是被访谈者对问题理解不对，就要用对方听得懂的语言对问题进行解释和说明；如果是被访谈者思想有顾虑，就要摸清其顾虑所在，消除顾虑；如果是被访谈者的回答离题太远就要采取适当方式，有礼貌地把话题引向正轨；如果是中断的访谈重新开始，就应该简略回顾前面的情况，复述尚未回答的问题。所谓追询，是指当被访谈者的回答没有按照要求说明问题时，就要适当地追问，直接指出受访者回答不具体、不准确、不完善的地方，请对方补充回答，或者调换一种提法来追问相同的问题。当然，追询一定要适度，以不伤害被访者的感情为原则。

5. 重视访谈中的非语言信息

一个成熟的访谈者，既要善于控制自己的言语，也要善于控制自己的身体行为，以及面部表情，并恰当地运用自己的身体行为以及面部表情来调节和控制访谈的过程。

6. 结束访谈

一般来说，结束访谈应注意两个问题：适可而止和善始善终。适可而止是指访谈时间不能太长，一般以两个小时为宜。访谈活动必须在良好的气氛中进行，良好气氛一旦被破坏，应马上结束访谈。善始善终，是指对被访谈者表示感谢和友谊，为以后的调查做好铺垫。

（三）访谈之后的后期工作

访谈之后的工作主要包括两个方面：

1. 史料的整理与核实

（1）及时整理访谈记录，主要是看记录是否完整、准确，调查的情况是否真实可靠。

（2）进一步查证事实，对一些关键事实和重要数据进一步查证核实。

（3）作必要的补充调查，凡是访谈中遗漏的问题、搞错的事实，都要进行补充调查。

2. 考虑必要的补充访谈

有时访谈不能一次完成，需要进行第二次、第三次访谈。

通过访谈吉林省监狱管理局离退休领导王殿钧、马骏及吉林省劳改局第一任副局长辛一飞的儿子辛衡等人，笔者整理撰写了《王殿钧：在吉林省劳改（监狱）系统工作34年的风雨人生路》《黄生发：抗联老英雄一生永远的遗憾》《辛衡：我的父亲就是抗日英雄肖飞》《徐长富：从放猪娃成长起来的抗美援朝一级战斗英雄》等口述文章。

四、实物史料的搜集研究方法

一般来说，我们对实物史料进行搜集和研究，最常用的方法就是直接深入实物史料所在的相关现场之中，采用观察、访谈等方法搜集基本信息或原始史料，然后依靠研究者本人的理解和抽象概括，从第一手史料中得出相关结论。此种深入实地进行研究的方法，也叫田野调查法。比如我们进行的监狱遗址普查工作，就在相当程度上需要用到田野调查法来获取基础资料。田野调查法主要有以下过程。

（一）选择“实地”

所谓“实地”即根据研究目的而确定的研究对象。在监狱遗址普查这一课题中，相关“监狱遗址”就是我们所要选择的“实地”。“实地”的选择要符合两个原则：相关性和方便性。所谓相关性，是指要尽量选择与研究课题密切相关的现场；所谓方便性，是指在符合相关性的前提下，现场要易于进入和观察。

（二）进入现场

顺利进入现场是实地研究取得成功的关键。研究对象本身的特点不同，进入现场的方式也存在差别。有些课题可能需要研究者通过正式的组织途径进入现场，或者需要通过和那些在研究现场生活的群众相接触来进入现场。到了观察现场后，要设法消除当地群众的排斥心理，得到调查现场群众的支持和帮助。

（三）搜集和整理史料

在进入相关现场搜集史料的同时，也要做好史料的鉴别审查工作。对现场调查所获取的史料可采用如下几种方法进行核查：

(1) 根据已有的经验和常识进行判断,如果与经验常识相违背,就要对史料进行核实。

(2) 采用两个以上的人分别记录,以相互印证。

(3) 根据史料的内在逻辑进行核查,如果发现史料前后矛盾或违背事物的发展逻辑,就要找出问题所在,重新进行调查。

(4) 利用史料间的比较进行核查,如果史料是用多种方法搜集的,如既使用了观察法又使用了访谈法,可对同一事件的记录进行比较,以判断史料的可靠程度。

(5) 还要对搜集到的史料进行分类整理,以便于研究的需要。史料的分类整理要把握两个原则:一是完整性和系统化,做到史料类别有序、层次分明,能全面系统地反映研究对象的特征。二是主题明确,即对所搜集到的史料要力争用简明的语言突出问题,集中说明研究对象的客观实际情况。

(四) 撰写调查报告

田野调查的成果,最终体现为根据调查情况写成的调查报告。报告撰写应注意详尽介绍研究的方法和策略,研究场所的确定,史料的搜集(在现场花了多少时间、整个研究进行了多少时间、搜集史料的主要方式和辅助方式、如何作观察和访谈记录、如何审查观察记录和访谈记录等),史料的分析(如何整理和分类所搜集的史料),等等。需要指出的是,在进行某一监狱历史课题研究时,上面所讲的三种史料征集和研究的方法可能同时会用到,只不过其中的一种方法占主导,其他方法为辅助。不应将几种方法割裂开来使用,而要根据实际情况灵活穿插运用,相互补充、完善。

五、史料搜集整理工作对研究监狱工作发展的意义

(一) 对用档保持清醒态度

重视档案的史料价值,同时又对用档保持清醒的态度,即监狱史学研究者不能跟着档案转,既要重视又不轻信。具体而言:

(1) 历史档案有其阶级局限性,难以如实地反映历史真相,故要全面地看待历史档案,有分析有思考地对待历史档案,不要孤证立案。

(2) 档案只是众多史料中的一种，绝不可能代替其他图书文献以及社会调查成果等；档案和图书的关系，一般来说应优先使用档案，但并非绝对。

(3) 对待档案也应像对待其他史料一样，贵在审慎地鉴定和分析，贵在与其他史料相核对比勘，考虑其真实性成分，绝不能偏信偏用。不但要用档案来订正和补充图书文献的不足或不确，有时也要用图书文献来订正和补充档案的不足或不确。概而言之：用书不如用档，用档不忘用书；尽信档不如无档，尽信书不如无书；史档结合又相攻，混沌史实可分明。

(二) 史料是历史研究的基础和关键

(1) 史料是历史研究的前提条件。历史研究是一门十分注重实证的学科，大量搜集、运用史料特别是第一手史料是历史研究的必要前提和科学方法。

(2) 史料为历史研究提供了确切依据。历史研究需要可信的史料。近代，特别是新中国成立后，我国逐步建立了完整的档案工作体系，档案得以妥善保管，所有这些切实反映了历史发展的全过程，记录了活动的真实过程，因而成为后世研究历史的重要依据。

(3) 档案的主要应用是为历史研究提供史料，只有利用才是档案史料价值实现的有效途径。长期的工作实践证明，以工作查考和个人查证为目的档案利用，是为了解决某一问题的需求，其使用的仅是档案凭证价值，利用档案数量较少。社会对于档案的大批量需求主要体现在历史研究上。我们通常讲，保存档案的目的在于“存史”“资政”，为未来工作服务。实际上，其间隐含了一项重要的工作，那就是研究工作。历史经验不是简单的史料堆砌，档案也不会主动出来“资政”和服务，只有深入档案，从中触摸历史的印痕并对历史事实进行理性思考，才能得出科学结论，才能为现实及未来提供历史的借鉴。档案推进历史研究向更高层次迈进，历史研究的新成就无不与档案的问世有着密切关系。

(三) 监狱史料在推进监狱历史研究工作向更高水平、更高层次迈进过程中功不可没

(1) 监狱史料拓展了监狱历史研究的领域与视野。监狱史料不仅是监狱历史研究的基础和条件，而且还为监狱历史研究开拓了思路和眼界。监狱档案由于其很强的政治性、保密性等特点，它的公布与开放往往需要更长的时间。公布监狱部分档案不仅可以给历史研究的“问题”提供“材料”，而且还可以给历

史研究提供“问题”。人们还会从诸多史料中得到启发，开拓新的研究领域，探索新的问题。

（2）监狱史料在监狱历史研究中起着纠错和补漏的作用。历史是客观的，但历史研究却是主观行为，由于受到研究者立场、学术素养以及档案不足、不实等的影响，监狱历史研究的结果往往是片面的、不确定的甚至是错误的。而监狱档案的纠错补漏功能就是指在某一项具体的研究中，由于监狱档案与其他史料相比有更高的可信度，从而发现研究问题的误记讹传之处，或者由于新档案的出现，填补了监狱某一段历史的空白，拨开监狱历史发展的迷雾。

参考文献：

张学见：《试论民间史料在改革开放史研究中的意义和价值》，《光明日报》2019 年 4 月 3 日。

司法部监狱管理局编：《当代中国监狱概览(1949—1989)》，法律出版社 1999 年版。

中国监狱工作协会编：《新中国监狱工作五十年》，法律出版社 2019 年版。

李文才主编：《光辉的历程——吉林省监狱管理局建局五十周年纪念文集》，吉林人民出版社 2005 年版。

布局调整与发展

上海市西宁劳动改造管教支队发展历程研究

冯立章*

内容摘要 20世纪60年代,上海市公安局劳改局执行国家"三线建设"规划和公安部的要求,将上海市第一劳改队所属的机床厂和工具厂搬迁至青海省西宁市,成立了上海市西宁劳改支队,后将上海市西宁劳改支队整体移交给青海省管理。本文追溯了上海市西宁劳改支队搬迁、发展和移交青海的历程,将鲜为人知的历史事实重现出来,展示了时代大背景下新中国劳改工作的发展历程及其历史意义。

关键词 上海 西宁 监狱 历程

上海监狱档案部门搜集了700余枚"退休"印章,涉及单位撤销、更名、移交等方面原因而作废的印章,这些印章被作为印章档案保存下来。印章档案是国家机关、社会组织和个人在从事政治、经济、科学、文化、宗教等社会活动中形成的,是一种具有特殊载体形态,并在历史研究、档案考证、文物收藏和艺术鉴赏等方面有着特殊价值。①

数量众多的印章档案中,有一组档案特别引人注目,这就是一个远在数千里外的劳改单位移交的9枚印章,包括"青沪劳动机床厂""上海市地方国营劳动机床厂""上海市地方国营劳动工具二厂""上海市西宁劳动改造管教支队""上海市西宁劳动改造管教支队政治处""上海市地方国营西宁劳动机床厂""上海市地方国营西宁劳动工具厂""中国共产党上海市地方国营西宁劳动机床厂委员会""中国共产党上海市地方国营西宁劳动机床厂政治处"。9枚印章涉及6个单位名称,其相互之间有着何种渊源和联系?上海与西宁相距数千公里,怎么发生关系的,值得考证。

---

* 冯立章,上海市监狱管理局一级主任科员。

① 国家档案局:《印章档案整理规则》(DA/T 40-2008),2008年6月20日发布。

一、前身

查阅《上海监狱志》，其中记载："上海市西宁劳动改造管教支队（简称西宁劳改支队），1965 年 4 月建，位于青海省西宁市南山路，1969 年 12 月西宁劳改支队移交青海省劳改局管理。"①

查阅《当代中国监狱概览（1949—1989）》，其中记载："青海省西宁监狱（对外称青沪机床厂），设在西宁市城中区南山路。监狱原为上海第一劳改支队，创建于 1952 年（此处有误，应为：上海第一劳改队，创建于 1954 年），对外称上海劳动机床厂，隶属上海市劳改局，1965 年 7 月迁往青海以后，定名为上海市西宁劳动改造管教支队，1970 年移交青海省劳改局以后，编为省第一劳改支队，1995 年启用现名。"②

从以上史料中可以得出，西宁劳改支队发源于上海市第一劳动改造管教队。上海市第一劳动改造管教队（简称上海市第一劳改队），1954 年 1 月建立，其前身是上海市监狱（今提篮桥监狱）1952 年成立的"劳改机器厂"和"劳动板箱厂"。两厂分别于 1954 年 9 月和 12 月迁到五权路（后改为五星路、民星路）。1955 年 1 月，统一编为第一劳改队和第二劳改队。1958 年，第二劳改队并入第一劳改队，组成新的上海市第一劳改队，对外名称为上海市地方国营劳动机械厂，生产上分为手工具生产和机床生产。手工具生产上，该厂为中国第一个生产活络扳手的工厂，填补了国内扳手工具生产上的空白，结束了中国活络扳手长期依靠进口的历史，其产品的主要指标的质量超过了国外同类产品。机床生产上，该厂于 1954 年 12 月，专门建立机床制造车间，投入成批生产。在生产制造机床过程中，创造性地制造生产出当时机械行业中一流的机床设备。③

1982 年 9 月，上海市第一劳改队升格为上海第一劳动改造管教支队。1995 年 5 月更名为上海市五角场监狱。

---

① 麦林华主编：《上海监狱志》，上海社会科学院出版社 2003 年版，第 144 页。

② 司法部监狱管理局编：《当代中国监狱概览（1949—1989）》（地方卷·下），法律出版社 2000 年版，第 885—886 页。

③ 麦林华主编：《上海监狱志》，上海社会科学院出版社 2003 年版，第 497—499 页。

二、搬迁

在20世纪60年代的“三线建设”中，为支援内地工业的发展，上海市第一劳改队的命运发生了巨大转变，被一分为二。

（一）时代背景

20世纪60年代中期，中共中央作出了一项重大战略决策——“三线建设”，它是在当时国际局势日趋紧张的情况下，为加强战备，逐步改变我国生产力布局的一次由东向西转移的战略大调整，建设的重点在西南、西北，建起了1 100多个大中型工矿企业、科研单位和大专院校。“三线建设”要求在第一线的现有老企业，特别是工业集中的城市的老企业，要把能搬的企业或一个车间，特别是有关军工和机械工业的，能一分为二的，分一部分到三线、二线；能迁移的，也应有计划地有步骤地迁移。上海市第一劳改队的劳动机械厂就符合这个迁移条件。

（二）列入公安部搬迁项目

1965年4月25日，根据当时战备形势的需要，为了调整劳改工业的部局，由公安部提议，经国家计划委员会、基本建设委员会批准，下达了1965年4个搬迁项目。列入其中的有：北京新都机械厂全部迁往陕西富平县；将天津新生玛钢厂部分迁往宁夏平罗县；上海搬迁项目两个：一是将上海劳动钢管厂（今上海北新泾监狱）全部设备、干部、犯人（1 400人）迁往甘肃，年产无缝、焊接钢管3.2万吨（后无下文，实际未搬迁）；二是将上海劳动机床厂的全部设备、干部、犯人（800人）和上海劳动工具厂的部分设备、干部、犯人（800人），迁往青海省西宁市原新生通用机械厂和木工厂，迁出规模为年生产能力150台机床、100万件手工具。

（三）完成搬迁

1965年3—12月，上海市公安局劳改局贯彻执行中央关于加强战备、加快战略后方建设的指示，按照中央下达的搬迁项目，将上海市第一劳改队（企业名称上海市劳动机械厂）全部机床生产和部分工具生产的设备、人员迁到青海省西宁市，完成预期搬迁任务。具体开展以下工作：

1. 成立迁厂领导小组

1965年3月，上海市公安局劳改局成立了迁厂领导小组，并设办公室，负责日常迁厂工作。下设6个工作小组，包括技术设计组、计划组、供应组、财务组、管教组、行政组。工作组分两地工作，在上海方面工作主要是确定搬迁设备，摸清迁移人员情况；在青海方面工作主要是做好现场勘查，进行生产组织和设计。

2. 搬迁准备

搬迁前，上海市第一劳改队进行了大量的思想和组织工作。同时，通过青海省有关部门办理土地、房屋、固定资产的移交，粮副食品、生活用品的供应；解决武装警卫及新厂投产的有关问题；并商请青海省和公安厅、劳改局将住在通用机械厂的人员迁出。在青海省劳改局协助下整修厂房，在6月份修建了机床厂房与一部分生活用房，8月份完成工具厂房的修建。

3. 机床厂搬迁

第一期为全迁机床生产，从3月开始进行准备到7月底搬迁结束。6月26日开始拆装机床生产设备，7月2日、4日分两批运往西宁。运输共使用70个车皮，其中装运设备50个，犯人14名，干部和就业人员5名，生活用具和行李1件。7月20日，生产设备安装完毕，投入生产。本次随厂调往干部239人，干部家属23户77人；调走二类人员1 176人(其中犯人944人，刑满就业人员232人)。

4. 工具厂搬迁

第二期为分迁工具生产，从11月开始到12月搬迁完毕。采取分迁形式，即内迁一部分，留上海一部分。生产搬迁分三批进行：第一批搬迁后方车间；第二批装运模具、在制品和原材料；第三批搬迁前方车间。人员的迁移，因人数不多，且分批进行，为此采用乘坐客运列车办法，分三批进行：第一批移送150人(其中犯人100人、就业人员50人)；第二批移送就业人员130人；第三批移送犯人210人。

整个搬迁工作历时9个月，共计迁出成套机器设备343台，其中属于机床生产的197台、工具生产的146台；随厂内迁劳动力1 685人，包括工程技术人员，其中犯人1 257人、刑满留厂就业人员428人；配备干部和工作人员235人，携带家属38户，120余人。搬迁过程中，没有发生重大安全问题，并且做到了搬迁、生产两不误。

三、成立与初期发展

上海市西宁劳改支队由上海市第一劳改队划分而出，作为独立的单位，地处青海，隶属上海，形成了特殊的管理体制。

（一）上海市西宁劳改支队（青沪劳动机床厂）的成立

1965年6月，上海市公安局党委批复同意设立上海市西宁劳改支队和组织编制。明确西宁劳改支队建制属于上海，由上海市劳改局党委和当地地方党委双重领导，以地方为主；改造工作由青海省劳改局就地管理，有关生产经营、财务收支、利润上缴由上海管理。任命肖作霖担任代支队长、赵振良担任政委、周灿如担任副政委兼政治处主任。成立时下设1处1室7科，即政治处（内设组织宣教、教育改造、狱政管理三个科）、办公室、生产计划科、财务科、供销科、技术科、检验科、工具科、动力科。正科长级等于市公安局机关的副科长（低半级）。支队下属8个中队。全支队编制干部295名，技工、勤杂人员19名，共计314名。

1965年6月，上海市公安局劳改局请示市公安局党委，请求为上海市西宁青沪劳动机床厂刻党委章。1965年7月，上海市公安局党委批复同意建立上海市青沪劳动机床厂党委，并指定赵振良、周灿如、周胜、方汝卿、夏长树5人组成党委会；由赵振良担任党委书记，周灿如担任党委副书记。

（二）内设机构

1965年6月，上海市公安局党委批准同意西宁劳改支队下设8个中队。10月，市公安局同意西宁劳改支队增加2个中队，设立10个中队，因工具、动力科管理的三类人员较多，为有利于改造生产，增设第九、第十中队，并配备10个中队政治指导员。

1965年10月，市公安局政治部批复，同意西宁劳改支队调整科室，将教育改造科改为管教科，狱政管理科改为就业人员管理科；并改监房为十一中队。本次调整因教育改造科与狱政管理科的职能分工存在问题，工作中容易发生推诿扯皮，对刑满就业人员的管理教育工作不能集中统一，不利于对刑满就业人员教育改造工作。另外,监房没有独立成为一个单位,而划归狱政管理科,使狱政管理科人员花很大精力放在监房工作中,而削弱了狱内侦查等主要工作的开展。为此,西宁劳改支队提出:将教育改造科改为管教科,主要职责是专门管理教育犯人和狱内侦查工作;将狱政管理科改为就业人员管理科,主要职责是专门管理教育就业人员和厂内保卫工作;将监房独立作为一个单位,为第十一中队,直属队部领导,主要职责是负责机床、工具两个厂的大门和两个监房的警卫,以及两个监房内管理工作。1965 年 11 月,市公安局劳改处任命了西宁劳改支队所属 11 个中队中队长。

(三) 厂名更改

1965 年 11 月,上海市西宁青沪劳动机床厂提出更改厂名和公章问题的请示。因原厂仓促定名"青沪劳动机床厂""青沪劳动工具厂",并已刻制公章;经过使用反映较大,存在问题是:一是不能反映企业性质;二是属何地管辖含糊不清。为此,在一定程度上影响对外业务联系的开展。因此申请撤销原定的厂名和公章,拟定名为"上海市地方国营西宁劳动机床厂"和"上海市地方国营西宁劳动工具厂"。另外,为了便利处理与上海的业务联系,拟设立驻沪办事处,定名为"上海市地方国营西宁劳动机床厂驻沪办事处"。1966 年 1 月,上海市公安局劳改局作出批复,同意将"青沪劳动机床厂"改名为"上海市地方国营西宁劳动机床厂"和"上海市地方国营西宁劳动工具厂"。据此批复,同月,青沪劳动机床厂更名为"上海市地方国营西宁劳动机床厂"和"上海市地方国营西宁劳动工具厂",并自 1966 年 2 月起正式启用新印章。

在移交的印章中有一枚"上海市地方国营劳动工具二厂",尚未查到出处。仅有一份 1965 年 12 月,青沪劳动机床厂报送的《第三个五年计划期间初步规划(草案)》上,使用了"上海市地方国营劳动工具二厂"的名称和印章,但未见正式文件记载。推测为临时使用厂名,为了与留在上海的、仍存续的第一劳改队所属劳动工具厂区别开来而使用的。

(四) 发展

西宁劳改支队成立后至 1968 年,有管理干部 238 名,犯人和刑满留厂人员 1 890 人(其中犯人 952 人、刑满就业人员 938 人)。工厂有生产车间 18 幢,仓库 8 幢,办公室、宿舍、食堂等共有面积 29 590 平方米,各种生产设备 351 台,生产产品是机床、活络扳手和农机、机床配件，1968 年度产值达 1 500 万元。厂周围设有围墙、岗亭等警戒设施，并有当地驻军部队警戒。搬迁后 3 年中，上海共投资 377 万元。生产能力与迁厂时相比：年产机床 270 台，比原来增加 120 台；手工工具 155 万件，比原来增加 55 万件。1970 年工厂的生产能力达到机床 800 台，手工工具 300 万件。利润情况：1965 年因搬迁因素亏损 44 万元，1966 年利润为 81 万元，1967 年利润为 334 万元，1968 年利润为 366 万元。这个厂在西北地区同类型工厂中是规模较大的，生产的机床和活络扳手大部分直接支援西北地区的生产建设；生产的农机具，主要供应西北、西南、华北等地包括沈阳拖拉机厂的配套任务。因此，中央一机部、八机部对这个厂的生产发展较重视，并列入公安部、一机部、八机部批准的第三个五年规划扩建投资项目。

四、移交青海

西宁劳改支队成立后，管理体制的弊端日趋显现，为此必须移交属地管理。其移交遇到了很大阻力，经过先后两次移交，最终成功交给青海省管理。

（一）首次移交

1966 年 7 月 1 日，上海市公安局党组向上海市委报告将西宁劳改支队移交青海省领导事宜。报告中说明了移交的理由：一是领导体制不顺。西宁劳改支队成立后，行政领导关系仍隶属上海，由于路程较远，改造工作委托青海省公安厅劳改局代管，生产工作由上海负责安排。从几个月来的工作情况看，这种领导形式，两地领导在政治思想、干部管理和工作安排上都有一定困难，主要是改造与生产不能密切结合，不利于改造工作的开展。二是生产管理上存在诸多问题。发展规划上不易符合“三线”要求，安排短期生产掌握不住实际情况，物资由上海供应，运费较大，且有部分物资倒运，很不合理；若报请中央计划调拨，因批量小，次数频繁，给有关部门增加负担。为了解决这些问题，加强对西宁劳改支队的领导，提出把领导关系全部移交青海省，实行集中统一领导，以更有利于干部管理，加强改造工作和安排“三线”的生产建设。经与青海省公安厅协商，并向上海市计划委员会作了汇报请示，均表示同意移交。青海省公安厅建议双方共同成立工作组，具体办理交接事宜。

1966 年 7 月 9 日，中共上海市委同意将西宁劳改支队移交青海省领导。

1966年8月10日，公安部批复上海市公安局同意将西宁劳改支队移交青海省公安厅领导。9月27日，两地公安厅局派出工作组，会同厂方成立了领导小组，具体办理移交事宜。11月18日，上海市公安局劳改局工作组、青海省公安厅劳改局工作组向上海市公安局党组、青海省公安厅党组报送《关于西宁劳动机床厂、工具厂暂不移交的报告》。报告中阐述无法移交的原因：突出的问题是干部思想稳定不了，交接不下去，必须暂缓移交。此后，移交工作搁置下来，直至1968年年底才重启移交。

（二）再次移交

1968年12月17日，上海市公检法军管会向上海市革委会报送将西宁劳改支队划归青海省的请示报告。报告提出：解决领导关系问题，是当务之急。为了对该厂加强集中统一领导，加强对犯人、刑满留厂人员的改造和“三线”的生产建设，建议将该厂（包括人员、设备）移交给青海省，划属当地直接领导。

1969年1月，青海省革委会收到上海市革委会关于西宁劳改支队移交青海省领导的电报，青海省革委会作了研究，同意接收。6月，青海省革委会派省生产指挥部工业组副组长周玉洁、省劳改局军管会生产组组长杜福堂等4人到上海联系有关西宁劳改支队移交问题，与上海市劳改局军管组就有关移交问题初步交换了意见，达成一致。10月，上海市公检法军管会向市革委会报告了西宁劳改支队移交给青海的工作方案。11月，上海市革委会批复同意上海市公检法军管会的方案，设立以军管会名义的工作组，由劳改局军管组副组长王凤立等5人组成工作组赴青海进行交接工作。

11月24日，工作组向青海省公检法军管会主任、省军区副司令员曾征作了汇报，双方同意以公检法军管会名义联合组成交接工作组，省革委会生产指挥部也派员参加。11月25日，上海公检法军管会工作组、青海省革委会生产指挥部、青海省劳改系统军管会及西宁劳改支队军管组共同召开会议，组成了联合交接小组，上海市劳改局军管组王凤立担任组长，青海省劳改系统军管会张志教担任副组长，下设政治、改造、生产和财务4个小组。会上研究了交接的具体方案。

12月18日，青海省革委会副主任薛宏福、省军区副司令员曾征接见交接厂工作组、驻厂军管组等30余人，会议结合当时战备形势，阐述了交接厂的重要性。曾征强调说：“同志们提出的一些个人实际问题，青海包下来，移交后按党的政策妥善处置。”12 月 19 日，有关人员讨论研究了协议书初稿。12 月 25 日，由省劳改系统军管会召开交接工作组全体人员会议，讨论通过了《交接西宁劳动机床厂协议书》。

12 月 26 日，交接双方签署了《关于交接西宁劳动机床厂协议书》。协议内容如下：“一、现有干部、工人共计 241 人，连同档案交由青海领导；二、押犯 796 名、刑满就业人员 1 075 人，连同档案材料全部移交青海；三、1970 年起该厂生产、财务、基本建设等由青海负责管理。”至此，西宁劳改支队正式移交青海省劳改局领导。

五、西宁劳改支队的今生

上海市西宁劳动改造管教支队，于 1970 年移交青海省劳改局以后，编为青海省第一劳改支队，企业正式更名为“青海省劳动机床厂”，1981 年更名为“青海省青沪机床厂”。1994 年，青海省第一劳改支队更名为青海省西宁监狱。2000 年 5 月，在经济结构调整中，青沪机床厂改组为青海湖工具有限责任公司。2005 年 3 月，更名为青海湖实业有限责任公司。

青海省第一劳改支队的改造对象前期为上海随迁罪犯，进入 80 年代以后原有罪犯陆续刑满出监或宽大处理，关押改造对象为本省判处、入监的青年刑事犯和部分从农场抽调的外省籍青年刑事犯。押犯规模 1 300 名左右。

2001 年根据监狱布局调整决定，青海省原塘河、化隆、西宁三所监狱合并，组建新的西宁监狱。现青海省西宁监狱系青海省重型犯押犯监狱，也是全省第一所部级现代化文明监狱。

六、上海西宁劳改支队的历史意义

上海西宁劳改支队从成立到移交，历时四年。但从其成立以及移交后的发展历程看，其在新中国的监狱发展历史上具有一定的代表性，具有时代意义。

（一）融入“三线”建设，促进内地经济发展

青海省的“三线”建设是按照中央对西北地区的总体规划建设开展的。1964 年 12 月，中共中央西北局明确了西北地区“三线”建设总体安排，要求西

北在1964年后的若干年内建立起一个工业基地和一个与农业相适应的、比较完整的巩固可靠的战略后方。青海省“三线”建设具有军事地理优势和资源富有的有利条件，因此，青海省被选为“三线”建设的重点地区之一。但不利条件是工业基础、技术力量异常薄弱，并且地广人稀、人才配备严重不足。为了开展好“三线”建设，就需要从沿海地区调集设备和人力资源。①为此，从事机械生产的上海市第一劳改队（企业名称上海劳动机械厂，包括机床厂和工具厂）就被列入搬迁青海省项目，并实现了机床厂的全部搬迁和手工具厂的大部分搬迁，一并迁移了生产设备和管理、技术人才和劳动力，并且在搬迁后立即恢复生产。

经过多年的发展，由上海市地方国营西宁劳动机床厂和劳动工具厂更名的青海省青沪机床厂为青海经济发展起到重要作用。截至1989年，青沪机床厂累计完成工业总产值4.3亿元，是全省49个大中型企业之一。1992年，青沪机床厂被列为全国500家大型工业企业。手工工具由犯人生产，约占全厂生产总收入的70%，以活扳手为主体，还生产其他种类扳手及随车工具，共15大类350多种规格，活扳手曾多次在全省、全国获优质荣誉。生产的扳手原系上海原厂的“劳动牌”，移交青海省后改为“青海湖”牌和“松鼠牌”。数控机床制造在全国机床制造行业有较高的知名度。

20世纪中后期，青海监狱系统的工业，在全省具有举足轻重的地位，对本省经济建设起到了开路先锋作用。机床生产、手工具制造等6个行业在省内外占有相当大的市场份额，工业产值占全省的52%。西宁劳改支队所属的机床生产、手工具制造在青海的经济发展中起到了重要作用，这是“三线”建设的成果，也是监狱系统为地方经济建设作出的巨大贡献。

（二）维护社会安全稳定，促进青海省监狱事业发展

青海省根据全国第一次劳改工作会议关于“稳步地分时分批地向广大地广人稀地区转移”的精神，陆续从外省调入大量罪犯。与此相适应就需要配备大量干警队伍，因此一段时间内青海省的劳改干部形成了以外来干部为主的干警队伍结构。西宁劳改支队的建立，从上海随迁的干部中党员、团员占有半数以上，总体素质较高，随迁后，为支队的发展作出了贡献。西宁劳改支队从上海随迁罪犯中罪行较重，较难改造的人员较多，随迁后分担了上海的监管改造任务，

---

① 王娟：《青海省“三线”建设述评》，西北师范大学硕士学位论文，2013年。

对稳定上海社会治安起到了一定的作用。同时,西宁劳改支队对这些罪犯,通过劳动改造和教育改造,使大多数罪犯认罪悔罪,改恶从善,学得生产本领和技能,成为自食其力的劳动者和守法公民。20 世纪 70 年代末,随着罪犯陆续服刑期满,根据当时政策,安置了释放人员留队就业,其中相当一部分长期留在劳改单位,成为各项生产中的能手和技术力量。

20 世纪后半叶,大批罪犯调入青海进行改造,促成了青海省劳改事业的较大规模,成为全国罪犯关押改造的"蓄水池"。从总体看,青海省改造罪犯的重新违法犯罪率较低,改造质量较好,为巩固人民民主专政、维护社会治安、预防和减少犯罪、保卫社会主义革命和建设作出了积极贡献。西宁劳改支队的罪犯改造工作,维护了当时上海的社会稳定,同时也促进了青海省监狱事业的发展。

(三)干警无私奉献,诠释上海监狱系统"红烛"精神

20 世纪 50 年代初起,由于上海建设和支援外省市建设需要,数千名干警打起背包,离妻别子,离开繁华的都市,奔赴外地,带领罪犯、劳教人员,白手起家,艰苦创业,建立起苏北上海农场、白茅岭农场、闽北农场等,建成上海改造教育罪犯、劳教,接收安置游民、解教、刑满人员重要基地。这些干警、职工不为名,不为利,默默无闻地耕耘在改造、生产第一线,如同燃烧的红烛,照亮别人,燃尽自己。这种无私奉献的"红烛"精神,为党的事业,为振兴中华,为创建具有中国特色的劳改、劳教事业无私奉献,成为实现工作目标、战胜困难、争创一流工作的精神支柱和力量源泉,成为上海"两劳"系统干警、工人队伍的灵魂,成为上海"两劳"系统的传家宝。

西宁劳改支队的随迁干警是"红烛"精神的践行者。青海省位于我国西部内陆,地处青藏高原,高寒干旱,地广人稀,气候环境恶劣。随迁干警服从命令,克服家庭困难,有的甚至举家迁移到青海,他们做出的牺牲是巨大的,取得的成绩是辉煌的。他们作为早期监狱工作的开创者,在极其困难的条件下,艰苦创业,奠定了比较雄厚的物质基础和精神财富,为青海省的经济发展和监狱事业作出了历史性贡献。他们的精神值得上海和青海两地监狱系统铭记、传承和发扬。

广西监狱布局调整概况、原因及空间形态演变(1949—2019年)

蔡小松*

内容摘要 广西监狱布局调整(1949—2019年)大致可以分为四个阶段。初创阶段,广西建立了大量监狱(农场),其布局主导因素包括在押犯人数暴增,经济发展水平及地缘政治形势严峻;监狱空间形态以“块状”为主,呈现“枝叶”状分布及空间聚集。严重破坏阶段,广西各城市的劳改单位全部被撤销,其布局主导因素是左倾路线及经济停滞因素;监狱空间形态上,广西监狱(农场)单位大幅减少、向北收缩,远离城镇及出现较多监狱布局空白区域。恢复调整阶段,广西各地回收、新建、扩建了一批监狱,其布局主导因素是在押犯大幅增加、监狱生存发展的需要、经济重心南移;监狱空间形态上,监狱分布向“南”及“空间均衡”方向发展,监狱空间聚集状况未得到根本改变。全面推进阶段,监狱迁建、新建、监狱布局点调整,力度之大、步伐之快前所未有,布局调整的主导因素是“人”的因素的提升及广西经济重心南移因素;监狱空间形态上,从“聚集”到“相对均衡”,关押点从“分散”到“集中”。

关键词 广西 监狱 布局调整 空间形态

监狱布局是指一定时期内、特定区域里监狱的种类、数量、关押规模和地域分布与构成情况的总和。①而决定该特定区域里监狱种类、数量等的现实条件是在变动中的,当这种变动积累到一定程度,监狱就需要进行布局调整,以适应新的时代要求。本文回顾了广西近70年来的监狱布局调整,梳理归纳各个阶段布局调整内容、调整原因及空间形态演变。本文所涉及的监狱布局调整只指押犯监狱(主要指广西目前的18所监狱),不包括单设的监狱医院及其他监狱局附属单位。本文不列出当下各监狱具体位置。

---

* 蔡小松,广西壮族自治区警官学校公共课教研室副主任。

① 万益文、周倩:《我国监狱布局调整的由来、演进及发展趋势》,《中国司法》2008年第10期。

广西监狱布局调整(1949—2019 年)大致可以分为四个阶段:初创阶段(1949—1965 年)、严重破坏阶段(1966—1976 年)、恢复调整阶段(1977—2000 年)、全面推进阶段(2001—2019 年)。本文按照上述划分,对广西监狱布局调整的概况、原因及空间形态演变进行分析。

一、广西监狱布局调整的初创阶段(1949—1965 年)

(一) 调整概况

20 世纪 50 年代初期,中央提出了“三个为了”方针,即“为了改造这些犯人,为了解决监狱的困难,为了不让判处徒刑的犯人坐吃闲饭”。在此方针指引下,广西监狱组建和发展起来。这一阶段,我国借鉴苏联劳动改造工作的经验,创建了“县一级、专署一级、省市一级、大行政区一级、中央一级共五级办劳改的模式”①。1954 年,广西劳改生产经过三年的发展,罪犯生活实现自给。全区共建起农场 53 个,开垦耕地 19.8 万亩,另有工厂、矿山 75 座,建筑队 4 个,共计 217 个改造摊点。1961 年,根据公安部要求,撤销所有县办劳改场所,地市劳改场所全部收归自治区公安厅劳改局管理。该阶段,有大量劳改场所只是短暂设立存在,不在本文探讨范围。该阶段创立的一些劳改场所,孕育了广西当代监狱的雏形,如新生锡矿、露塘农场、廖平农场、中渡新生铁矿厂、雒容农场、新桥农场、百色农场、四塘农场等。

(二) 调整原因

1. 在押罪犯激增

新中国成立初期,经过镇压反革命运动和清匪反霸斗争,仅广西收押国民党战犯骨干分子和反动党团、政、匪、特骨干分子就达 10 万余人。该阶段,国内政治斗争形势错综复杂,经济形势也非常严峻,监狱拥挤和罪犯坐食闲饭问题成了亟待解决的大事。当时,监狱必须同时解决大量罪犯关押及其“吃饭”问题。广西旧有的监狱远不能满足关押需要,解决途径只能是新建大量监狱(农场)。

---

① 任希全:《论监狱布局调整的几个问题》,中国政法大学硕士学位论文,2010 年。

2. 主要经济形态为农业

新中国成立伊始，我国还是一个落后的农业国家，广西更是典型的农业省区。要解决大量罪犯“坐吃闲饭”问题，只能是立足广西实际，充分利用一些地区荒地较多的情况，建立大量以监狱农场为主体的监狱单位。而监狱农场要做到“不与民争地”，只能到远离城市的偏远地区。这是广西监狱初创时期布局偏远的原因之一。该阶段形成以农业为主、工矿业为辅的格局，经济稳步发展。

3. 地缘政治原因，监狱以“靠山、进洞、备战”作为选址原则

新中国初期，承受国际国内形势的压力，广西根据国家当时的备战需要，按照“靠山、进洞、备战”的选址原则进行布局调整，将南宁、柳州、玉林等城市的监狱撤并并迁入大山深处。

4. 社会安全原因

在经济科技水平低下的情况下，远离城镇、交通不便或利用山川地形，是一种维护监狱和社会安全的手段。这也是监狱布局多在偏远地区的一个原因。

综上，在这一阶段，决定监狱布局调整的主导因素是：在押犯人数暴增、经济发展水平及地缘政治形势严峻。

（三）空间形态

1. 监狱形态以农场为主，以“块状”形态为主

新中国建立初期，广西监狱形态以农场为主，只有两个单位依托矿产资源，成为工矿形态（其中一个还归属农场管理）。以农场为构成监狱单位的主体，一般面积较大，动辄数万亩土地的广大空间。鼎盛时期的广西监狱拥有超过77.5万亩土地。为了经营这些土地，在当时交通极为不便的情况下，只能设立大量的改造摊点和关押点。

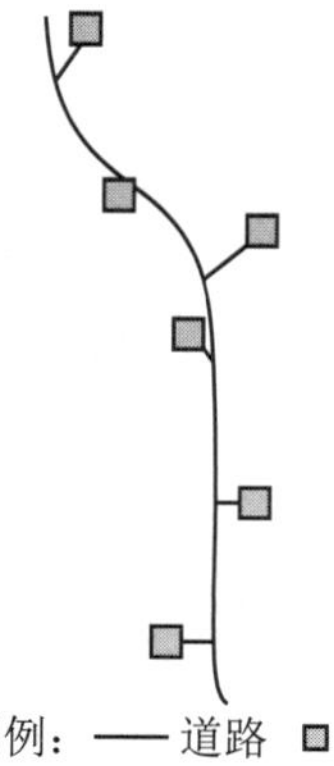

图1 “枝叶”状的监狱改造摊点（关押点）分布

2. 监狱（农场）改造摊点（关押点）众多，呈现“枝叶”状分布

1954年，全区共建起农场53个，另有工厂、矿山75座，建筑队4个，共计217个改造摊点。一般而言，改造摊点与关押点，体现为“面”和“点”关系，前者包含后者。这些改造摊点一般由公路连接，零散分布在广大的地域，呈现为“枝叶”状（见图1），各个改造摊点

(或关押点)是“叶”,“枝”是公路,连接着各个改造摊点(关押点)。这是监狱(农场)的典型空间形态。直到 21 世纪初,广西监狱农场很大程度上呈现这个特征。该空间形态自形成就一直处于动态调整演变中。

3. 广西监狱存在空间聚集现象

广西中部山地、盆地相间,盆地较为平整,农业基础条件较好,由于开发历史较短,尚有较大面积未开垦的荒地。又因为地缘政治原因,该区域离海上、陆上国家安全前沿有一定缓冲距离,符合国家安全的需要,故这一区域是当时广西监狱(农场)比较集中的区域。其中柳州地区曾聚集 6 所监狱(农场,较完整的 5 个),南宁 4 个(农场,较完整的 3 个)。

4. 监狱各项设施简陋

据查阅资料,当时的广西监狱设施是极其简陋的(特别是新建农场),其办公室、警察宿舍、监舍等大部分仅是简单搭建,广西监狱农场比较典型的就是用“干打垒”(土夯筑墙)筑墙方法建立办公设施、监舍等,透风漏雨是常态。监管安全专门设施等硬件非常缺乏。

二、广西监狱布局调整的严重破坏阶段(1966—1976 年)

(一) 调整概况

1968 年起,广西在城市的劳改单位全部被撤销,86%的劳改单位交由其他部门管理。1969 年 1 月以后,广西劳改系统位居城镇、铁路沿线的大部分单位除犯人以外的人、财、物都移交地方开办“五七”干校或相关工业和农垦等部门管理。这些被移交的劳改单位,只有一小部分监狱(农场)单位后来被收回。

(二) 调整原因

1. “左”倾路线影响

这一阶段,国内“左”的方针政策、政治运动给监狱事业带来严重冲击。监狱工作方针、政策,监狱工作取得的成绩被全面否定,管理体制受到破坏。1967 年,军队“支左”人员进驻广西劳改局,在劳改局设立军管小组,取代劳改局党政职能机构;监狱所属的工业企业、农场被大量挤占和被迫交出;监狱法规遭到践踏,监狱内正常的监管秩序遭到破坏。

2. 地缘政治(广西方向)形势依然紧张

这一阶段,我国恢复在联合国的合法席位,与美国等西方国家建立外交关系,地缘环境有所改善。但我国与苏联关系持续恶化,与越南摩擦不断、关系恶化。广西西南边境与越南接壤,这对广西监狱布局亦有影响。在邻近陆上边界的区域和南部近海区域,较少设置监狱(农场)。

3. 国内经济形势严峻

受到"文化大革命"极左路线的影响,这一阶段,我国经济发展迟缓,特别是城市经济停滞甚至衰败。在当时的政治经济环境下,监狱(农场)单位远离城镇或有更好的生存保障。20 世纪 50—70 年代,广西监狱主要组织罪犯进行垦荒种植、劈山开矿、挖窑烧砖等劳动改造。这些经济活动在艰难的年代维系了监狱系统的稳定。

综上,在这一阶段,决定监狱布局调整的主导因素是:国内政治("左"倾路线)及经济停滞因素。

(三)空间形态

1. 广西监狱(农场)单位大幅减少,向北收缩

有统计表明,1966—1976 年的 10 年,全国的劳改单位被撤销减少了 40%以上。广西较完整的监狱(农场)单位减少了 8 个,减少一半。一些地理位置优越和经济条件相对较好的监狱和土地交给了地方,监狱所辖范围缩小。从大的方向上看,广西监狱系统在向北收缩。

2. 监狱远离城镇,设施建设停滞

如前所述,早在初创阶段,就有部分城市劳改单位因为地缘政治原因迁往偏僻山区。在这一阶段,大量城镇、铁路沿线的劳改单位交给地方,监狱单位已基本不在城镇。这一过程带来了深远的影响,决定了其后几十年的监狱空间形态。广西监狱进一步"偏远化",几乎"农场"就是代名词了。这一阶段,"左"的政治运动、经济的停滞,导致监狱(农场)建设长期不足,设施落后。

3. 出现较多监狱布局空白区域

在"文化大革命"对监狱冲击最严峻的时期,南宁、北海、钦州、玉林、贵港(当时属于玉林地区)、来宾、梧州、崇左(当时属于南宁地区)、防城港等市,没有布局监狱(农场),按现在的地级市行政区划约占地级市总数的 64%。尤其是在首府南宁地区(包含崇左),没有一所完整监狱存在。

三、广西监狱布局调整的恢复调整阶段(1977—2000年)

(一)调整概况

经历“文化大革命”对监狱的严重破坏,广西监狱累积了许多问题。随着改革开放、市场经济体制的建立,大多数监狱面临经济困难。监狱布局中的“偏远化”是带来这些问题的重要原因。随着“严打”斗争的深入开展,押犯又一次剧增,监管场所关押容量的不足成为亟须解决的问题。这个阶段监狱布局调整,是希望解决监狱押犯容量不足及监狱经济困难问题。广西各地通过场所的回收、新建、扩建,恢复向边疆调犯及地市监狱的创办等有效途径解决了关押容量不足的问题。

在这一阶段,广西新建了罗城监狱、北海监狱、白龙监狱(市属)三所监狱。新洲锡矿让出矿山,搬迁回建项目定在贵港市,1995年1月,该单位更名为“广西壮族自治区贵港监狱”。女犯分批由龙口茶厂(柳州)迁回未成年犯管教所(南宁),1995年1月,更名为“广西壮族自治区女子监狱”。英山监狱、鹿州监狱、桂林等监狱经过一系列合并重组,正式使用现在名称(名称前带“广西壮族自治区”)。

(二)调整原因

1. 押犯大幅增加

20世纪80—90年代,广西监狱设施陈旧、监狱拥挤的问题未得到解决,关押的犯人常年居高不下,大大超出关押能力,特别是“严打”后,犯人急剧增加(如女子监狱,超押率超过40%),许多监狱犯人打地铺、睡通铺,由于广西天气炎热,对监管改造很不利。这一阶段,监狱罪犯结构、犯罪性质发生巨大的变化,罪犯的思想意识更加复杂化,严重危害社会稳定的暴力型罪犯明显增多,罪犯低龄化、暴力化趋势愈加突出,加上广西重刑犯监狱少,出现重刑犯监狱爆满的情况。广西监狱不稳定因素的增加,监管改造难度的增大,监狱布局调整是一个重要的解决方向。

2. 监狱生存发展的需要

新中国成立后直到21世纪初,监狱工作一切经费开支主要依靠监狱生产收入支付。在计划经济体制时期,监狱布局对监狱经济影响不大。随着我国逐步建立社会主义市场经济体制，监狱因为种种原因普遍遇到了经济困难。20 世纪 80—90 年代，广西监狱生产的主要项目除了传统的农业，还有造纸、柴油机生产、铸造、卫生洁具、水泥等，广西监狱农业主导种植业是甘蔗种植，还有茶叶、柑橘等，养殖业是广西监狱经济支柱之一。在市场经济条件下，生产必须与市场对接，这就要求有良好的区位和交通便利条件。而监狱多地处偏远，信息落后、交通不便，当时的广西监狱布局严重影响了监狱经济的发展。这是监狱进行布局调整的客观经济动因。

3. 地缘政治形势全面好转，经济重心南移

结束了中越战争之后，广西逐渐成为中国对东南亚开放的“桥头堡”，随着该方向地缘政治环境的好转，广西经济重心也在逐渐南移。随着广西地缘政治环境的改善，城市经济发展及人口的聚集，该区域对监狱的需求在持续增长，这也体现在了这一轮的监狱布局调整之中。

综上，在这一阶段，决定监狱布局调整的主导因素是：对监狱需求因素及监狱生存发展需要因素。

（三）空间形态

1. 监狱分布向“南”及“空间均衡”方向发展

这一阶段，布局调整发生迁移的监狱、跨市迁移的监狱单位，它们的方向上是向“南”，拉开了监狱向广西南方拓展的序幕。

这一阶段，在前一阶段监狱布局空白的北海、南宁、贵港分别布局了监狱。依然空白的地级市行政区域包括百色、崇左、钦州、来宾、玉林、梧州，约占地级市总数的 43%。监狱作为重要市政设施，在广西分布向平衡方向发展。

2. 监狱附属辅助设施渐多

广西许多监狱（农场）单位地处边远、监区分散，监狱办社会的问题难以避免，监狱办医院、办学校、办幼儿园、办工厂等，各种设施一应俱全，承担了刑罚执行职能之外大量的社会职能，包袱沉重，给监狱经济发展带来了较大的负面影响，极大地制约了监狱经济和监管改造工作的稳定。例如，原罗城监狱地处边远山区的贫困县境内，加上监区分散，监狱办社会的现状严重，从幼儿园到高中都办，甚至 1 个监区还得办 1 所小学。

3. 广西监狱聚集状况未得到根本改变

广西存在监狱“聚集带”，即桂中柳州一带，特别是鹿寨县附近聚集了 6 所监狱。其中，鹿寨县中渡镇、雒容镇各聚集2所监狱。

四、广西监狱布局调整的全面推进阶段(2001—2019年)

(一) 调整概况

2001年，广西18所监狱中有14所地处乡镇农村，共140个关押点，地点偏僻，交通不便，绝大多数罪犯从事室外劳作，监管安全隐患突出，监狱警察工作、生活条件和罪犯改造条件十分艰苦。2002年起，广西监狱大力推进布局调整工作。2004年8月，全国监狱体制改革扩大试点工作会议确定我区为监狱体制改革扩大试点的8个省区之一。按照“全额保障、监企分开、收支分开、规范运行”总体目标推进各项工作。至2018年，广西新建监狱1所，迁建监狱11所，改扩建监狱6所，撤销1所市属监狱。许多监狱开展关押点调整，逐步减少直至集中1个关押点。从20世纪50年代分散全区的217个改造摊点，变成现在18个监狱单位。2010年3月19日起，全区监狱在押罪犯全部收回室内劳动。同时，监狱布局在微观层面上也在调整中，主要体现在关押点的减少，建筑功能的合理化。

进入21世纪，随着布局调整和产业转移，全区监狱所有罪犯由室外劳动转向室内劳动，主要的生产活动为劳务加工。这一阶段，无论是大尺度上的监狱迁建、新建，还是监狱布局点调整，力度之大、步伐之快前所未有。

(二) 调整原因

1. 监狱安全的需求

(1) 恶劣自然条件影响监狱安全。例如，百色监狱原址地处高山地带，其房屋多建在半山腰，暴雨造成山洪暴发，毁坏监管、生产、生活设施；桂中监狱，原址地处鹿寨县有名的干旱区，虽然采用打井的方式，但直到20世纪末，仍未解决人畜饮水问题；中渡监狱原址地处鹿寨县有名偏僻的山区四十八弄，岩崩自然灾害频繁，经常有砸毁楼房、围墙情况，严重威胁干警职工、押犯的人身安全。

(2) 罪犯室外劳动影响监狱安全。广西大多数监狱的罪犯从事野外作业，这些监狱共有关押点众多，且大多远离狱部。点多线长、高度分散。这种现状增加管理难度和费用，同时，使十分紧张有限的警力更趋紧张。在 20 世纪 90 年代上半期，广西监狱系统几乎每年有数十名罪犯脱逃，罪犯室外劳动是重要原因。

（3）设施陈旧破败，改造难度大。广西大部分监狱劳动改造场所不符合监管要求，存在很大隐患。例如，柳城监狱有 4 个监区罪犯的劳动生产厂房在电网围墙之外，罪犯室内劳动工场低矮、设施简陋、防雨性能低下、劳动场地小，罪犯长期密集在“鸽子笼”式的环境中关押改造，情绪极不稳定，打架斗殴、行凶报复事件频发。部分罪犯从事室外劳动，监管难度极大，监管安全存在极大隐患。2001 年，全区岗楼 136 座，其中 40%建于 20 世纪 80 年代，建筑标准低，已经非常破旧。很多监狱设施建于 20 世纪 60 年代，极为陈旧简陋。监舍大部分为简易砖混结构，矮小潮湿、光线不足、布局杂乱、极不规范。由于众多关押点自成一体，各项设施缺一不可，使改造成本加大。

2. 监狱经济发展的需求

随着我国改革开放不断深入和发展，为了适应社会主义市场经济的需要，监狱工作除了刑罚执行职能，还需承担经济职能，以弥补监狱经费之不足。但随着我国社会经济结构的转型，监狱原有的经济布局结构已与社会发展不相适应，原有的一些生产劳动模式无法适应市场竞争，监狱布局调整势在必行。例如，广西一些监狱地处偏僻大石山区，远离城镇、交通不便，自然条件恶劣、基础设施薄弱、资源枯竭，已无发展后劲；中渡监狱，原址面临铁矿石枯竭，采矿生产无以为继，必须另寻他址，另辟新路。广西大部分监狱地处偏僻，关押点交通条件较差，信息极为不灵，难以吸引社会企业的投资或合作生产，影响监狱收入，使监狱缺乏经济的支撑。随着逐步建立国家财政保障体制以保障监狱改造罪犯所需经费，这极大地减缓了监狱从事生产的压力，改造罪犯的主业得到回归。

3. 国家统筹规划、协调推进

2001 年，国务院下发了《关于研究解决监狱困难有关问题的会议纪要》，将监狱布局调整的方式由各省份自发组织实施转变为由国家统筹规划，协调推进。2002 年年初，司法部正式启动监狱布局调整工作，提出了全国监狱布局调整的目标、要求和规划，通过布局调整使监狱布局科学、合理，关押总量满足需要，建设水平有新的提高。在调整过程中要实现“三个转向”，即：由偏远地区转向城市和交通沿线，由分散转向集中，罪犯劳动由室外转向室内。2002 年 12 月，建设部、国家计委批准发布了由司法部编制的《监狱建设标准》，为新建、扩建、改建监狱提供了依据。

4. “人”的因素在提升

（1）警察的权利被重视。随着罪犯的数量增长及成分的复杂化，教育改造难度进一步加大，必须建设一支高素质监狱人民警察队伍。而大部分监狱位置偏僻，使得监狱更加封闭。监狱工作不能为社会所了解和认同，得不到城市丰富教育资源的支援，自身所需人才也难以保证。监狱警察难以有机会参加较多的培训和学习，难以参加各种有益的社会活动，知识和观念滞后于时代，制约了警察队伍整体素质的提高，也导致监狱人才流失。要改变这种状况，必须改变监狱位置偏僻的问题。

（2）罪犯权利、改造效果被重视。罪犯的改造帮教不仅仅是监狱的事，也需要充分利用亲情帮教、社会资源等来参与罪犯教育改造过程。这就需要有良好的区位及交通条件，以便于罪犯亲属前来监狱探视，便于社会其他人员参与罪犯的帮教。据此，监狱只有布局在较大的城市（地级市）附近，才能获得这种交通等基础设施的便捷及分享本地帮教资源，只有较大城市才能支撑监狱存在发展所需的各种基础设施条件。

5. 广西经济重心继续南移

进入21世纪后，尤其是《广西北部湾经济区规划》实施以来，广西经济发展重心继续南移，北部湾经济区（6市）经济发展速度高于全区经济增长速度，2005—2018年，该经济区在全区的经济占比由三成增长到近五成。随着经济的高速发展，大量人口流入该区域，作为城市基础设施的监狱，对其需要也在较快提升中。

综上，在这一阶段，决定监狱布局调整的主导因素是“人”的因素的提升及广西经济重心南移因素。

（三）空间形态

这一阶段，布局调整发生迁移的监狱、跨市迁移的监狱单位，它们的方向上是继续向“南”拓展，如百色监狱南迁至钦州，桐林监狱迁梧州及新建南宁监狱。

在本市域内的监狱布局调整，主要方向是向县城、向市区方向靠近；在监狱内部，就是向条件更好的关押点转移、向更靠近城区的关押点靠近。

1. 监狱在宏观布局上从“聚集”到“相对均衡”

这一阶段，只有防城港、来宾、玉林、百色4个地级市没有布局监狱，占所有地级市行政单位的28.5%，在前一阶段的基础上，继续走向布局的“相对均衡”。在宏观上，这一阶段监狱布局的方向是继续“向南”。

2. 关押点从“多”到“少”，从“分散”到“集中”

这一阶段，广西监狱关押点分散的状况得到根本扭转。几十年来关押点“枝叶”状分布终于改变，逐渐建成集中关押的现代监狱形态。以××监狱为例，在布局调整之前的1998年有11个关押点，2001年有10个关押点(只有4个关押点有武警看押，图2中黑与灰的方框)。该监狱通过逐步扩建、合并关押点，在2005年左右，关押点减少为4个(有武警看押)，目前已实现所有罪犯集中于一个关押点关押。广西及国内许多监狱的布局调整都经历这样的空间形态变化。与集中关押监狱形态相适应，罪犯劳动从室外转向室内。

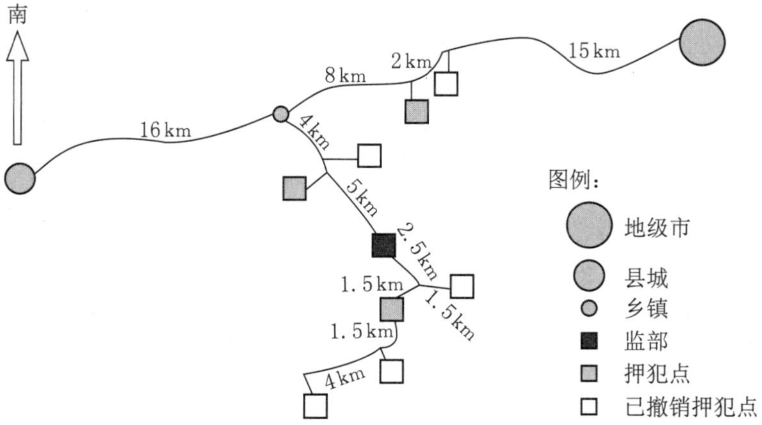

图2　××监狱2001—2005年各关押点分布图

3. 监狱附属辅助设施基本取消

随着监狱布局调整全面开展，广西监狱区位条件整体好转，普遍向城市靠近，有些监狱已经“进城”。监狱就近利用城市的基础设施，无需再办“小社会”。监狱过去开办的学校、医院等附属辅助设施基本取消。

五、布局调整中的监狱与城市关系

(一) 广西监狱与城市关系：监狱布局类型

监狱作为刑罚执行机关，其本身不能提供其所需要的所有资源。监狱需要充分利用城市市政设施。根据监狱与城市的关系，可以将监狱分为城市型、郊区型、乡野型[①]三种类型。大体上，监狱处在城市中心城区为城市型监狱，处在城市中心城区边缘或距离边缘较近处（＜5 km）为郊区型监狱，处在远离城市中心城区（≥5 km）为乡野型监狱。广西监狱布局调整中的监狱与城市关系，总体上说，监狱在主动（迁建、关押点调整）或被动（城市扩张）地向城市靠近，向较高级别城市靠近，有些监狱已经“进城”。笔者探讨当下广西监狱源流，归纳它们与城市的关系（见表1）：

表1　广西监狱布局类型(1949—2019)

选址类型	图示	数量（阶段1）	数量（阶段2）	数量（阶段3）	数量（阶段4）
乡野型	监狱 城市	13	8	14	2 ▲▲
郊区型	监狱 城市	3	0	4	13 ▲▲
城市型	监狱 城市	0	0	0	3 ▲

注：历史数据根据广西监狱局相关资料，当前数据采用卫星图数据(2019.12)。

▲：重刑犯监狱（共5所）

从表1看到，在不同的阶段，监狱布局类型是有很大区别的，乡野型曾经是主体的布局类型，监狱布局调整进行到第三阶段，乡野型布局占比减少，目前仅存2所这样的监狱。这主要是监狱布局调整的结果，也有部分监狱因为城市扩张的缘故，从乡野型或郊区型，转变成了“城市型”，甚至有个别监狱已经处在了城市比较中心的位置。广西监狱这70年的布局调整大的方向是在向城市靠近。这样的调整符合监狱中心任务要求，有利于监狱充分利用所处或邻近城市的基础设施和各种社会资源。

（二）广西监狱与城市关系：监狱与城市级别

笔者将广西区内城市分为三个等级：Ⅰ省会城市、Ⅱ地级市、Ⅲ县城。按照监狱所处位置情况划分：Ⅰ省会城市有近郊或城市型监狱3所（重刑犯监狱1所）；Ⅱ地级市有近郊或城市型监狱11所（重刑犯监狱3所）；Ⅲ县城有近郊或

① 参见吴家东：《当代美国监狱建筑研究》，清华大学硕士学位论文，2012年。

城市型监狱 5 所(重刑犯监狱 1 所)。

一般来说,不同等级城市可以提供监狱的配套服务能力是不同的,以罪犯的社会帮教为例,城市等级越高,能提供的师资等条件越好。笔者认为,广西大部分监狱与城市级别的关系是合适的,大部分监狱所处或邻近城市的社会帮教等资源是足够的,也基本能满足警察发展完善所需。但是,笔者认为,或许有个别监狱邻近的城市规模不大,难以满足前述改造罪犯和警察自我发展完善的需要。

就重刑犯监狱而言,笔者认为,其在押罪犯社会危害性大,应与城市有一定的空间缓冲距离,不应将其布局于城市中心城区。因为重刑犯监狱多数罪犯刑期较长,社会帮教社会接触的需要可能不如其他监狱,故也没有很大的必要建在中心城区。

福建监狱发展历程及工作启示
——以布局调整为视角

孙双华*

内容摘要 由于福建地处东南沿海，新中国成立初期属于对台、澎、金、马海防前线，改革开放又是沿海开放省份，在特殊的政治、历史及地理条件下，福建监狱坚持党的领导，服从大局，勇于开拓，凝练了福建监狱精神，开创了监狱工作新局面。本文以布局调整为视角记述福建监狱70年发展历程，从中提炼出福建监狱布局调整的特点，以期对新时期监狱工作提供可资借鉴的视角和经验。

关键词 福建 监狱 布局调整 特点 启示

新中国70年发生了翻天覆地的变化，谱写了几千年华夏文明最为灿烂辉煌的篇章。伴随新中国成立而诞生的福建监狱，与伟大祖国同步走过70年不平凡风雨历程。由于福建地处东南沿海，新中国成立初期属于对台、澎、金、马战争前线，改革开放又是沿海开放省份，特殊的政治、历史及地理条件客观上使福建监狱发展既烙上中国社会发展的时代印记，又独具福建地方特色。福建监狱布局调整正是监狱发展时代性和福建地域特征的集中体现，始终贯穿福建监狱创立、发展、曲折、奋进、改革的全过程，给福建监狱工作带来了深刻变化，也是福建监狱波澜壮阔发展历史的一个缩影。本文将以布局调整为视角记述福建监狱发展历程。因改革开放前后布局调整的原因及性质差异明显，笔者将以改革开放为时间节点进行分述。

一、福建监狱布局调整历史沿革

（一）改革开放前的内迁整合

1. 收旧创新，布局初成阶段

1949—1950年8月，为巩固新生政权、解决罪犯收押教育问题，全省在接

---

* 孙双华，福建省司法警察训练总队二级警长。

收国民党旧监狱、看守所的同时，成立了 6 个劳教处、30 个劳教所。1951 年 6 月，为响应第三次全国公安工作会议（简称“三公”会议）提出的“三个为了”方针，即“为了改造他们，为了解决监狱的困难，为了不让判处徒刑的反革命分子坐吃闲饭，必须立即着手组织劳动改造的工作”，召开全省第一次劳改工作会议，部署全面组建劳改场所工作。1952 年 7 月，设立省公安厅劳动改造管理处，省、地、县公安机关分别成立劳改队，全省共设立 450 个劳改生产单位。福建监狱布局初步形成。这时期的布局虽然点多面广、规模小、行业跨越大，但是在当时的政治经济条件下适应了巩固新生政权、恢复国民经济、不与民争利的要求，在解决罪犯坐吃闲饭及劳改经费困难上起到了积极作用。

2. 适应调整，战备转移阶段

1952 年 9 月，全国“四公”会议召开，部署解决劳改单位分散及重劳轻教问题。省委、省政府根据福建海防前线战备需要，确立了“三不办”方针，即沿海县市、交通沿线及国防要地不办劳改单位。于是，从 1953 年开始到 1963 年 10 年间，福建监狱根据“四公”会议精神和海防战备需要进行劳改单位调整、转移。1953 年撤销沿海 21 个市县劳改单位，将罪犯安插到内地农场以及充实建筑队伍、筑路队。1953 年，劳改单位从 450 个压缩至 235 个，随后逐年大规模压缩整合，至 1962 年递减为 36 个。劳改单位管理体制也从省、地、县三级管理，逐步改成省、地二级管理。1964 年，全省劳改单位人、财、物统一归省公安厅直接管理，增设永安、南平两个劳改分局，作为省公安厅劳改局派出机构。1965 年，出于战备考虑，撤销沿海 8 个劳改单位，将罪犯迁至山区，全省合并为 29 个劳改单位。至此，全省多数监狱、劳改队都集中在闽西北边远的荒无人烟的山区。为适应战备需要，监狱、劳改队还担负着疏散、转移罪犯的繁重任务。1950—1962 年全省共转移 3 万余名罪犯到新疆、江西、内蒙古、青海、江苏、陕西、黑龙江等 7 个省份改造，随调干部 1 000 多名；转移近 2 万名犯人及 600 多名干部到铁道兵（团）部队和林业系统，修筑鹰厦铁路和发展林业生产。

3. “文化大革命”受挫，恢复发展阶段

1966 年“文化大革命”开始，在“彻底砸烂公、检、法”的极左口号下，福建监狱劳改工作受到了严重冲击。1968 年 2 月，全省劳改系统实行军管。1969 年 9 月，由中国人民解放军福州军区和福建省革委会组建的福建生产建设兵团成立。之后，全省 28 个单位，除留省二监（建阳）、4 个单位交省军区外，其余全部纳入兵团建制。省劳改局同时被撤掉。兵团时期一些经济效益好的单位交给地方后再也没收回，其中包括德化新建瓷厂、仙游度峰糖厂等。1972 年 10 月，恢复福建劳改单位建制，成立省革命委员会劳改局。劳改局恢复后，陆续收回劳改单位。当时交出去 27 个单位仅收回 10 个，而且包括一监二监在内恢复组建的 12 个劳改单位，基本是地处闽西北山区的农业单位，劳改工业更是从零起步。面对这样的局面，全省马不停蹄地整顿、组织生产。农业生产以“学大寨”为指导思想，积极改造低产田，修水利设施，逐步增加农业机械；千方百计重建工业，陆续创办多个监狱企业。全省工农业产值从 1973 年重建后开始有了较大增长。

（二）改革开放后的顺向调整

1. 突破困境，自发探索阶段

“战略转移”及“文化大革命”影响，致使福建监狱、劳改队多处于偏僻的闽西北山区，既不利于罪犯改造，也造成民警子女就学就业难、民警队伍不稳定等问题，严重制约监狱工作发展。福建监狱自身发展的困境使得布局调整势在必行。党的十一届三中全会后，以阶级斗争为纲转移到以经济建设为中心上来，罪犯结构发生重大变化，海峡两岸长期尖锐的对峙气氛逐步缓和，福建成为沿海改革开放省份，这些因素给福建监狱布局调整带来了东风。为加快劳改经济改革步伐，1992 年福建省劳改局审时度势，冲破“三不办”框框，提出“两线一辐射”的思路，即拓展沿海一线，形成对外开放的格局；巩固铁路沿线，建设以资源开发为重点的劳动改造基地；辐射山区腹地，带动边远农场，促进全省劳改经济登上新台阶。1995 年又乘势而上，继续提出“三个转移，两个收缩”的布局调整规划，即边远山区向沿海地区转移，农业向工业转移，监外劳动向监内劳动转移；收缩不利于监管安全的关押点，收缩发展前景差、经济效益低的生产单位。随之进行的产业结构调整，由农业生产向工业生产转变，由室外劳动向室内劳动转移，带动了监狱经济的飞速发展，年生产总值不断增长。在此基础上的“安全工程”“安居工程”“形象工程”使得刑罚执行环境得到改善。福建监狱结束罪犯外宿外役历史，监管安全水平得以大幅提高。罪犯脱逃率得到了有效控制，1998 年底全省罪犯脱逃率为 0.47‰，2002 年、2004 年全系统实现罪犯零脱逃。

2. 统筹规划，协调推进阶段

2001 年国务院下发有关研究解决监狱困难有关问题的会议纪要，标志着监狱布局调整进入国家统筹规划、协调推进的全面启动阶段。福建监狱更是乘着东风，科学规划，逐步实行监狱由偏僻山区向沿海发达地区的“顺向”转移。十几年间，在沿海高速公路沿线，在“福厦漳泉”先后组建了榕城、福清、女子、泉州、莆田、厦门和漳州6个监狱；在福州市区成立了罪犯收押中心；集中收缩了榕城监狱；整建制地将位于福州郊县边远山区的闽侯监狱搬迁至福州市区的经济开发带，并更名为仓山监狱；完成建阳监狱、清流监狱、武夷山监狱收缩任务，实现了相对集中管理；撤销合并了地处闽北山区的宁化监狱、政和监狱，撤销了100多个零星分散的关押点、劳务点。至2004年年底，福建省17个押犯单位（监狱、未成年犯管教所、罪犯收押中心）地处福厦公路沿线经济发达地区的有11个，位于铁路沿线的有5个，“两线”关押人数占全省监狱押犯的95％以上。根据2007年司法部《关于进一步推进监狱布局调整工作的意见》要求和福建省政府批准的监狱布局调整实施方案，千方百计克服困难，全力推进布局调整，陆续新建、迁建宁德监狱、未管所、罪犯收押中心、女子监狱等，改扩建闽西、龙岩、莆田、厦门、永安、建阳、武夷山、清流等监狱，扩大了关押容量，改善了监管条件，促进了罪犯改造和民警队伍稳定，为监狱的长治久安打下了基础。

3. 巩固提升，全面建设阶段

中共十八大以来，以习近平同志为核心的党中央不忘初心、牢记使命，励精图治、革故鼎新，推动党和国家事业发生了历史性变革。监狱工作在贯彻国家总体安全观、维护社会大局中肩负重要职责。在党中央的高度重视下，监狱工作发生了历史性变革。2018年6月召开的全国监狱工作会议强调新时代监狱工作要践行改造宗旨，坚守安全底线，坚持“以政治改造为统领，统筹推进监管改造、教育改造、文化改造、劳动改造”的五大改造新格局。福建监狱“十三五”规划提出教育科学化、安全管理精细化、执法工作规范化、基层基础优先化、信息集成实战化、队伍建设正规化的“六化”发展目标。布局调整紧紧围绕司法部部署要求和监狱“六化”目标，进一步巩固提升，全面建设。根据押犯规模和特点，全面推进基础设施建设。2012年在闽南地区筹建洛江监狱和翔安监狱，并有序推进，计划在2019年年底完成两所监狱的土建工程；此外，积极筹备新建病犯监狱。按照“平台大统一、系统大集成、数据大集中、信息高共享、应用智能化”的建设目标，全面推进信息化建设。启动监狱管理综合业务平台和监狱警务人事管理系统两大综合信息管理系统建设，健全指挥情报中心。新时期，布局更加合理，功能性更加完善。由此，福建监狱监管安全态势保持良好，至2018年全系统连续9年实现“四无”安全目标，连续12年实现安全生产无事故。罪犯教育水平提升,“十二五”期间罪犯遵纪守法,改好率达95%以上。企业转型升级稳步实施,2017年全年加工业产值9.49亿元,同比增长20.35%,实现国有资产保值增值。

二、福建监狱布局调整的特点

(一)服从战备需要,勇于自我牺牲

20世纪五六十年代的战备转移,福建监狱用勇于担当、积极作为的实际行动生动地诠释了识大体、顾大局的政治意识。当时,反革命势力猖獗、两岸局势紧张,由于战备需要,劳改单位和犯人必须在短期内从福州等沿海城市转移至偏远的闽西北山区和江西内地,大批罪犯被调至内陆省份。在这样的情势下,福建监狱从上至下,服从命令、听指挥,离家舍业,积极投入战备转移。经过十几年发展,部分中小劳改农场遍布在沿海平原,发展态势良好。但在战备转移中,一些监狱不得不移交地方和部队,转移至闽西北山区。不少干部面对艰苦创业、已成一定规模的单位,撤走时虽饱含热泪,却能以大局为重,重新在荒山野岭中开辟新天地。随调干部同样服从大局需要和组织决定,不计个人得失,说走就走,日夜兼程,圆满完成任务。有些随调江西的干部,甚至因工作需要,牺牲小家,扎根当地。正是因为这种胸怀党和国家大局,勇于牺牲小我的精神,福建监狱为当时国家海防安全与稳定作出了自己的贡献。

(二)顺应时代发展,敢于开拓创新

党的十一届三中全会拨乱反正,福建监狱抓住机遇、立足改革发展,适时提出“两线一幅射”的发展战略和“三个转移,两个收缩”布局调整规划,充分体现了敢于开拓创新的魄力和智慧。布局调整的做法和效果得到司法部、福建省委、省政府的充分肯定。2001年11月,司法部原副部长张秀夫在视察福建监狱时,对监狱布局调整速度和成就给予充分肯定,对多方筹措资金尤其是向银行贷款建设现代化监狱的做法大加赞赏,称之“体现开拓创新精神”。同年,时任福建省省长的习近平在视察仓山监狱、女子监狱时,对福建监狱布局调整的举措也给予了高度肯定。福建监狱布局调整的有益探索,先于大多数省份进行,积累了诸多宝贵经验,在全国监狱工作会议上得到了推广,发挥了示范、实

验的作用。也正是这种直挂云帆济沧海、勇立潮头的开拓创新精神，奏响了福建监狱跨越式发展的乐章。

（三）坚定理想信念，凝炼福建监狱精神

布局调整的过程也是福建监狱精神形成、传承和发展的过程。福建监狱精神发源于新中国初期大规模开展劳改生产时期，以武夷山监狱"黄土精神"、仓山监狱"白沙精神"和清流监狱"新垦精神"为代表。1952 年皮发江等 17 名干部和一个排的兵力，押解 477 名罪犯，从福州乘船至南平后步行 10 天，前往毛主席称为"路隘林深苔滑"的清流，开垦出福建省第一个省属劳改农场，并以新垦命名。老一辈新垦人画地为牢，开荒种田，扎根创业。他们为了监狱事业，披星戴月、废寝忘食，有的甚至在积劳成疾之后仍战斗在工作岗位上。20 世纪 90 年代福建监狱将"新垦精神"概括为"从严治警、依法治监、自力更生、艰苦奋斗、无私奉献"，并在全系统发起学习"新垦精神"活动。新时期，又进一步将"新垦精神"内涵发展为"从严治警、艰苦奋斗、敬业奉献、开拓创新"十六字精神。从严治警是根本，艰苦奋斗是基石，敬业奉献是灵魂，开拓创新是源泉。面对新形势，福建监狱一如既往地坚定理想信念，秉承"新垦"精神。从农业劳作到茶叶生产再到服装加工的产业结构转型；从放羊式野外分散劳动到室内集中生产的转变；从落后的物防技防监管设施到逐步完善的现代化信息科技监管体系，无不体现着一代代福建监狱人对党和国家事业的无限忠诚、默默奉献精神以及与时俱进、开拓创新精神。

三、福建监狱布局调整的工作启示

（一）全面服从党和国家工作大局，是监狱工作必须坚持的首要政治原则

福建监狱工作的 70 年，是始终如一地在党的领导下围绕国家根本大局开展的。新中国成立初期，国家政权初建，国家建设百废待兴。福建监狱迅速创办劳改单位，大规模创建劳改农场，为巩固新生政权、维护社会稳定和支援国家建设作出积极贡献。20 世纪 60 年代初期，服从战备需要，转移至偏远山区，虽然是一种被动的布局调整，但恰恰体现了监狱工作无条件服从党和国家工作大

局的政治原则。“文化大革命”期间，福建监狱民警坚守岗位，恪尽职守，在特定时期始终以维护国家政权的稳定为第一要务。20 世纪 80 年代开始的向东南沿海顺向布局调整是顺应国家经济建设和改革开放的需要，是推行“三个象”“六个字”监狱工作方针的需要。改革开放 40 年中，福建监狱包括布局调整在内的各项工作，始终坚持贯彻落实国家大政方针，在国家不同的发展阶段探索不同的监管改造模式，取得了良好的经济效益和社会效益。坚持党的领导，紧紧围绕国家大局，履行好宪法和法律赋予的职责，是监狱工作过去、现在和今后必须遵循的一条政治原则。在中国特色社会主义进入新时代的历史背景下，要把习近平新时代中国特色社会主义思想和党的十九大精神作为指引监狱工作发展的行动指南，主动服务于国家经济社会发展的大局，将罪犯改造成守法公民，促进社会秩序稳定和经济发展。

（二）主动适应监狱发展需求，是监狱工作必须遵循的重要实践准则

福建监狱工作的 70 年，是主动适应监狱发展需求，推动监狱工作不断向前发展的 70 年。尤其是 20 世纪 90 年代初开始的自发性布局调整以及随之而进行的产业结构调整更是立足福建监狱自身发展需要，主动作为。1992 年冲破“三不办”框框，提出“两线一辐射”的思路，推动我省监狱工作登上新台阶。1995 年，确定“三个转移”“两个收缩”的战略思想，经过新一轮艰苦创业，监狱各项工作取得了显著成效。1998 年，召开产业结构调整会议，推动集中封闭管理和承揽加工业高速增长，监管安全水平不断提高。2008 年，福建省政府召开全省监狱布局调整和体制改革工作第一次联席会议，新一轮监狱布局调整和体制改革工作加快推进。2017 年，监狱局党委高瞻远瞩，发出了向“六化”进军的号召，引领监狱工作发展进入新时代。当前，在新的时代背景下，监狱工作发展面临新的课题，监管安全有新的更高要求，教育改造质量有新挑战。要以改造人为宗旨，打造法治监狱、平安监狱、智慧监狱，为教育改造提供动力支持和可靠保障。要贯彻落实司法部提出的“以政治改造为统领，统筹推进五大改造新格局”工作要求，以适应新形势下罪犯改造需要，提升改造质量。

（三）解放思想、改革创新，是监狱工作永葆生机的动力源泉

习近平总书记在庆祝中国共产党成立 95 周年大会上指出：“历史总是前进

的，历史从不等待一切犹豫者、观望者、懈怠者、软弱者。只有与历史同步伐、与时代共命运的人，才能赢得光明的未来。”福建监狱工作70年，是一部艰苦创业史，也是一部解放思想史、改革创新史。坚持解放思想、改革创新是监狱工作不断向前发展的动力源泉。站在新的历史起点上，解放思想、改革创新，依然是监狱工作不断向前的制胜法宝，必须坚持。要不断深化监狱工作改革创新，用新理念、新思路引领监管改造、经济发展、队伍建设，建立新机制，探索新路径，不断推动监狱工作向前发展。

（四）传承创业精神，是监狱工作永葆初心的价值引领

习近平总书记在庆祝改革开放40周年大会上强调，小到一个人、一个集体，大到一个政党、一个民族、一个国家，只要有信仰、信念、信心，就会愈挫愈奋、愈战愈勇，否则就会不战自败、不打自垮。具体到监狱工作也是如此。在“革命理想高于天”的初创时期，到“坚持发展才是硬道理”的改革岁月，再到“将改革进行到底”的新时代，一代代监狱工作者之所以能够不计个人得失、不畏艰难、前仆后继、勇往直前，如果没有强大的精神力量支撑是难以实现的。而这种精神力量必定是在扎扎实实的监狱工作中形成和发展的，是一代代监狱工作者共同缔造，并逐渐成为监狱系统共同的价值追求。福建监狱“新垦精神”，就是这样一种精神力量，形成和发展于监狱发展过程中，教育和鼓舞着一代代监狱人民警察。今天，我们回顾监狱工作取得的辉煌成就，更应当注重监狱创业精神的传承，使之成为新时期监狱工作的价值追求。

监狱农场“渐进式”经济结构调整成果分析

冯　刚　刘文臣*

内容摘要　自20世纪90年代中期开始，监狱农场改变了过去以农业为主的单一生产经营模式，积极调整和优化产业、产品结构，取得了阶段性成果。监狱农场经济结构调整具有“渐进式”特征，与国家经济改革进程紧密关联。本文对监狱农场经济结构调整取得成功的深层次原因和内在规律进行了探讨，对主流模式“三足鼎立式”进行了重点分析。

关键词　监狱农场　经济结构　渐进式　调整

自20世纪90年代中期开始，占全国监狱数量1/3强的监狱农场，在正确处理改革、发展和稳定三者关系的基础上，改变过去以农业为主的单一生产经营模式，积极调整和优化产业、产品结构，取得了阶段性成果，为监狱经济工作的发展注入了新的生机与活力。本文运用转型经济学有关理论，在经济改革大背景下全面梳理全国监狱农场经济结构调整情况，阐述监狱农场经济结构调整与中国经济改革的关系及渐进式经济结构调整取得成功的深层次原因及内在规律，对主流模式进行重点分析。

一、全国监狱农场经济结构调整历程回顾

（一）监狱农场经济发展历史脉络分析

将劳动生产应用于对罪犯的改造，是新中国监狱工作区别于一切旧的监狱和外国监狱的一大特色。中国的监狱经济工作是伴随着新中国监狱事业的发展，从无到有、由小变大、逐步建立和发展起来的，随着不同时期国家政策的不断调整以及当时的社会环境条件，经历了一个曲折的发展过程，既创造过辉煌

* 冯刚，山东省潍北监狱副政委；刘文臣，山东省潍北监狱一级警长。

的成就，也曾经历过低谷，现已渐趋稳定、步入良性发展的道路。发展过程大体可分为以下四个阶段。

1. 创建阶段

大体处于20世纪50年代。新中国成立之初，为了巩固新生政权，大量的反革命罪犯短时间内被集中、收容到劳动改造机关。遵照1951年中央第三次全国公安会议通过的《关于组织全国犯人劳动改造问题的决议》“为了改造这些犯人、为了解决监狱困难、为了不让判处徒刑的犯人坐吃闲饭”（简称三个“为了”）的精神，各地劳改机关在各级政府统一领导和有关部门配合下，大规模地组织犯人到偏远地区、矿山、海滩、江河沿岸和荒原，去从事垦荒种田、筑路、兴修水利、开矿、采石、晒盐等生产劳动，建立新的劳动改造场所。基于当时的指导思想和社会条件，建立劳改农场是工作的重点，处于优先发展地位。这一阶段实行的是“以收抵支，差额预算管理”国家投入为主的经费保障运行机制。在最高峰时，全国建有800多个劳改农场，土地面积3 500万亩，开发耕地1 000万亩，成绩仅次于军垦系统，各种场办工业也陆续发展起来。1954年，《劳动改造条例》公布实施。1956年，党中央提出“改造第一，生产第二”的劳改工作方针。劳动改造成为具有中国特色的改造罪犯的重要手段，“劳改队”“劳改农场”等概念开始深入人心。

2. 曲折发展时期

大体处于20世纪60—70年代。进入60年代，我国全面实行计划经济管理体制，随着监狱农场生产力的不断发展与提高，收入逐年增加，由国家投资转为盈利，每年上缴大量农副产品，成为国家重要的商品粮供应基地，为国民经济发展作出了巨大贡献。这一阶段实行的是“统收统支、全额预算管理”余额上缴的经费保障运行体制。到1965年，全国监狱农场占有土地面积3 800万亩，开发耕地1 200万亩。“文化大革命”期间，监狱工作受到严重干扰，一些农场被撤并或移交给地方，数目减少了一半多，土地面积降低到1 200万亩、耕地只有500万亩。但农业生产依旧是向前发展的，在农业机械化、农田水利建设和农副业全面发展等方面一直处于全国领先水平。对罪犯坚持组织劳动改造的方针基本没有间断。有些成就还载入史册，如青海香日德农场，曾于1979年创造春小麦单产2 026斤的世界纪录，现在仍是全国小麦单产最高纪录。

3. 艰难阶段

大体处于20世纪80—90年代中期，是监狱农场经济发展渐趋艰难时期。

党的十一届三中全会召开后，我国实行改革开放，进入体制转型和经济转轨期。1981 年，全国“八劳”会议召开，监狱工作各方面的改革相继展开。但监狱农场经济改革进程严重滞后，随着社会主义市场经济体制的逐步确立，监狱农场体制的弊端导致生产经营工作每况愈下，至 90 年代中期，经济形势一度变得十分严峻。这段时期实行的是“财务包干、节余留用，超支不补”的经费保障运行机制。

4. 调整阶段

大体从 20 世纪 90 年代中期以后，是监狱农场经济结构调整阶段。为摆脱经济困境，扭转和改变严峻的经济形势，自 20 世纪 90 年代中期开始，部分省份的监狱农场在正确处理改革、发展和稳定三者关系的基础上，先后进行了经济结构调整探索工作，通过积极调整和优化产业、产品结构，努力培育新的经济增长点，改变以农业为主的单一生产发展方式，成效明显，取得了阶段性成果，为监狱经济工作的发展注入了新的生机与活力。此时实行的是“全额管理，经费包干”逐步向“全额保障、监企分开、收支分开、规范运行”即“收支两条线”的经费保障运行机制。

（二）监狱农场经济在国家经济转轨期遇到前所未有的挑战

改革开放以后，监狱农场经济工作有了新的发展。在 80 年代商品短缺形势下，大都上马了低水平、短平快的“五小”项目，实行以农补工的政策，而农业上的投入严重不足，据统计，从 1980—1989 年，很少投资进行农业基础设施建设。由于体制僵化、信息不灵、资金缺乏、技术力量薄弱，产品不适应市场需求，监狱农场场办工业虽与社会企业并驾，但却不能做到齐驱；进入 90 年代后，相继破产倒闭，又时逢全国农产品出现结构性过剩的形势，农业比较效益下降，受自然灾害与市场双重影响，监狱农场经济开始走下坡路，再加上历史包袱沉重、背负办社会重担，绝大多数监狱农场入不敷出、出现亏损，在形势最严峻的时候，有的监狱农场连干警职工的工资都发不出，资不抵债，经济濒临崩溃。据司法部统计，1994 年，全国 190 多个监狱农场有 170 个出现亏损，盈利的占 10.27%，亏损的占 89.73%，如湖北省，监狱农场资产总额为 12.77 亿元，而负债总额为 10.14 亿元，少数监狱已经资不抵债。监狱疲于应付生产，较少关注罪犯改造，严重限制了监狱职能作用的发挥并阻碍了监狱事业的进一步发展。

（三）监狱农场经济结构调整的过程

面对严峻的经济形势，各地监狱农场都迈出了改革的步伐，相继出台措施，开始经济结构调整。因没有现成的经验可借鉴，调整既没有明确的方向和既定的目标，也没有统一的模式，都是摸着石头过河，有的农场试种各种经济作物，有的发展设施农业，有的扩大养殖业，有的发展种子产业，还有的集中力量上项目、发展工业，甚至还组织罪犯外出承揽工程输出劳务，五花八门，多种多样。有的成功了，也有的失败了，既有经验，也有教训，但都是宝贵的财富。其中，江苏、浙江、广东、福建、上海等地的监狱农场成为第一批吃螃蟹者，1994 年前后率先试着开展了狱内劳务加工业，与对外租赁土地、发展现代农业两项内容结合起来，探索出了一条新的发展模式。1998 年前后在山东、河南、天津、上海、北京、湖北、江西、安徽等地的监狱农场开始学习这一模式，随后在全国监狱农场得到大面积推广。

二、全国监狱农场经济结构调整阶段性成果总结与分析

（一）监狱农场经济结构调整所取得的成果

1. 经济效益连年大幅增长、经济步入良性发展轨道

据司法部统计，部分省份监狱农场开始了经济结构调整探索，取得明显效果，到 1998 年，全国监狱农场工农业总产值（1990 年不变价）50.25 亿元，比上年增长 9%，如广东、江苏、浙江、湖北等省均比上年增长 2 000 万元以上，全国监狱农场盈利的占 30.64%，亏损的占 69.36%，盈利 1 718 万元。2002 年，全国监狱农场工农业总产值（1990 年不变价）70.38 亿元，比上年增长 9.51%，全国监狱农场盈利的占 85.71%，亏损的占 14.29%。2006 年，全国监狱农场工农业总产值（1990 年不变价）104.73 亿元，比上年增长 10.18%，全国监狱农场全部实现盈利。其中，狱内劳务加工业增长幅度最大，以年均 40.24%的幅度增长，迅速壮大起来，已成为监狱农场经济新的而且是最重要的经济增长点。2007 年，全国监狱农场狱内劳务加工业人均年产值已突破 1 万元，浙江等省已接近 2 万元。监狱农场经济已步入平稳健康发展道路。

表 1　全国监狱农场三个年份统计报表

年　　份	1994	1998	2002	2006
工农业总产值(亿元)		50.25	70.38	104.73
盈利面(%)	10.27	30.64	85.71	100
亏损面(%)	89.73	69.36	14.9	0
同比增长率(%)		9	9.51	10.18

2. 促进了监管改造工作的法制化、文明化和现代化进程

监狱农场经济结构调整后，经济发展迅速，有力地促进监狱法制化、科学化、社会化(简称“三化”)工作：一是为监狱工作发展提供了充足的经费来源。《监狱法》规定，国家保障监狱改造罪犯所需经费，但到目前为止，还远未完全到位，监狱通过发展经济，提供了软硬件建设等监狱工作发展所需经费，而且今后还将在这方面发挥主渠道作用。二是逐步改变了重生产轻改造的局面。调整前，迫于经济压力，监狱工作重心实际是放在生产方面，监狱干警疲于应付生产，罪犯改造工作受到忽视，曾一度出现了罪犯改造质量下降的情况。调整后，监狱经济健康发展，重生产轻改造的情况得到转变。三是适应了不断提高的监管罪犯工作要求。从允许有罪犯脱逃率到零脱逃的工作目标、从现代化文明监狱建设到“三化”建设，监狱监管改造工作的要求不断提高。调整后，尤其是劳务加工业的蓬勃兴起，罪犯劳动现场由田间转为狱内，变松散管理为集中规范严密管理，罪犯逃脱概率大大降低，提高了监管安全系数，维持了监管秩序稳定。四是使罪犯真正学有一技之长，为其出狱后自谋生路创造了条件。

3. 监狱驻地小城镇化建设卓有成效、场容场貌焕然一新

由于历史的原因，监狱农场大多地处偏远，还肩负着办医院、学校、商场、住宅区等办社会的重任，驻地建设一直很落后。通过经济结构调整，监狱农场经济快速发展，收益提高，投入监狱农场小城镇化建设的资金大幅增加，小城镇化建设进程明显加快，极大地改善了干警职工的工作、生活环境，提高了生活、学习、休闲、娱乐水平。随着与外界交往的增多，加速了人员流动，促进了监狱农场服务业的快速发展，提升了招商引资的环境条件水平，给监狱农场经济注入了新的活力。调整后的这段时期成为监狱农场变化最大、发展最快的时期。

4. 带动和促进了当地经济的发展，形成了和谐共荣的景象

长期以来，监狱农场与地方虽比邻而居，但隶属于不同行政区划，彼此存在严重隔阂，关系疏远，各种矛盾纠纷时有发生。调整后，随着监狱农场与当地间经济与人口交往流动的增多，不仅促进和带动了当地经济的发展，而且与当地经济融为一体，有力地配合当地社会主义新农村建设，出现了和谐共荣的景象。同时，监狱的社会化进程明显加快，如湖北沙洋监狱农场、安徽白湖监狱农场、北京清河农场、内蒙古宝安沼监狱农场、吉林镇赉监狱农场等已发展成为当地的经济文化中心。

（二）监狱农场经济结构调整取得成功的原因

1. 坚持了解放思想

思想是行动的先导。监狱农场经济结构调整过程中，也遇到了相当大的阻力，受长期的计划经济体制影响，干警职工存有思维定势，求稳怕变，总认为劳改产品是傻大粗黑的代名词，做服装等狱内劳务加工是不切实际的；心中残存着前段时间追随社会大上场办工业的前车之鉴，害怕再出现失误；有人认为放弃农业生产搞加工是丢西瓜捡芝麻、不务正业。各农场通过外出学习，打破封闭状态，统一了思想，意识到不转变观念，监狱发展就无从谈起，监狱经济发展将是死路一条。如今看着罪犯制作的漂亮美观、做工精细的产品，面对取得的成绩，审视如今监狱农场经济发展水平、规模、速度、势头，回过头想想，当初也不敢想象能发展到现在的程度、水平和规模。监狱农场经济结构调整的过程是思想不断解放、观念不断更新的过程，是监狱现代化不断推进的过程。

2. 选择了适宜的渐进式调整路径

全国监狱农场经济结构调整基本都采取了渐进式路径，遵循逐步发展的战略，实现了经济结构调整与经济发展的同步进行，避免了因调整不当可能出现不稳定的局面，有力地促进了监狱工作的现代化进程。

3. 较好地利用了后发优势

改革开放初期，监狱农场的经济改革明显滞后，丧失了很多发展机遇，但也存在有利的方面，就是能较好地利用后发优势，能从容应对、冷静操作，清楚地看到监狱农场发展经济的比较优势和规模优势，比较容易地选择适宜的经济结构调整路径，减少了调整的盲目性，不必支付较高的改革和调整的代价和成本。1992 年邓小平“南方讲话”后，中国经济改革开放明显加快；1993 年，外资企业蜂拥进入中国，近水楼台先得月，广东、上海、福建、浙江、江苏等沿海开放省份率先承接产业转移；1994 年前后，这些省份的监狱农场纷纷开始调整产业结构，大力发展狱内劳务加工业，并迅速发展壮大；随后山东、湖北、湖南、江西、河南、北京、天津、云南等省份监狱农场通过向沿海开放省份学习也开始了调整；再以后，广大西部内陆省份监狱农场的经济结构调整也相继开始。

4. 充分发挥了自身的比较优势和规模优势

监狱农场进行经济结构调整遵循了比较优势和规模优势理论，将自身的比较优势和资源优势发挥得淋漓尽致。发展劳动力密集型产业和进行土地经营有得天独厚的条件，调整的内容基本都围绕这些优势大做文章并取得明显的效果。

（三）监狱农场经济结构调整“渐进式”特征分析

监狱农场经济结构调整与中国渐进式经济改革十分相似，具有明显的渐进式特征。

1. 调整始终是在国家监狱工作方针政策指引下进行的

1994 年，《监狱法》出台，明确规定“监狱实行惩罚与改造相结合、劳动与教育相结合的方针”“监狱根据改造罪犯的需要，组织罪犯从事生产劳动”“有劳动能力的罪犯，必须参加劳动”“国家保障监狱改造罪犯所需经费”，明确了监狱生产和劳动改造罪犯的法律地位，监狱发展生产、组织罪犯进行劳动改造，已经成为监狱执行刑罚的一个重要内容和一项重要的执法活动。之后，有关监狱经济工作的方针政策陆续出台：2001 年，国务院 61 号会谈纪要，做出了监狱布局调整的决定；2002 年，司法部作出监狱布局调整的规定，提出监狱生产的“狱外劳动向室内转移、分散劳动向集中转移、偏远地区向城镇交通沿线转移”（简称“三个转移”）和“五个有利于”（有利于监狱安全防范、有利于监管改造、有利于劳动改造、有利于生活保障、有利于监狱不再办社会）方针，推动了监狱农场的经济结构调整；从 2003 年开始，司法部提出并在全国监狱系统试行以“全额保障、监企分开、收支分开、规范运行”为目标的监狱体制改革，推动了监狱工作的整体进步和现代化进程。这些都为监狱农场经济结构调整指明了方向，起到了促进作用。

2. 充分发挥了监狱农场一级的主动性

监狱农场一级相对独立，有较大的人财物的自主权利，决策、生产、经营、管理的自主权，是经济结构调整的主体。一开始的调整就是监狱农场面临严峻的经济形势逼出来的，从高压下迸发出动力，置之死地而后生，类似发端于安徽小岗村的家庭联产承包责任制的情形。各地条件情况千差万别，具体的调整方式、步骤和措施都是在监狱一级制定、具体实施的。

3. 调整是量力而行的

监狱农场经济结构调整的主要内容是发展劳务加工业，在条件不具备的情况下，没有盲目地求大贪快，而是量力而行地发展。一开始没技术、无设备、缺少资金，先从技术含量低、不需多大资金投入的简单手工小项目开始，如糊纸盒、缝制足球、粘眼睫毛、编织等。当然，收入也十分低，人均日收入仅几元、十几元，劳动力的投入也是逐渐增多的。通过积累经验，靠自身积累的资金，逐渐滚动发展起来。入门后，开始投入资金，购置简单的机械设备，如缝纫机、机床、印刷、铸造机械设备等，逐步涉足附加值高的项目，如床品生产、编织袋加工、箱包、机械加工、电子元件加工、钻石加工等，并逐渐加大规模，以后购买高中端加工设备，延伸产业链条，提高产品附加值，如高档服装生产等，效益不断增加。

4. 调整是循序渐进的

监狱经济结构调整毕竟是一项庞杂的系统性工程，涉及方方面面，牵一发而动全身，难以毕其功于一役。因此先搞好顶层设计，统筹规划，整体推进，再稳步实施。先打破思维定势的束缚，解放了思想，然后不断加深认识，使干警职工对改革的适应能力和承受能力不断增强。调整过程中注意区位环境差异、地区间发展不平衡，不搞一刀切，由沿海逐步向内地推进，先实行试点，待取得经验后，再推广，调整过程中不断吸收经验，不断改进不断完善。具体到监狱农场，都是在不放弃主业的框架下进行的，罪犯逐步由野外劳动转为狱内劳务：先是取消零星劳动，然后减少夜间、加班劳动，再逐步减少野外劳动和规模，最后撤并、减少关押点。

（四）监狱农场经济结构调整的方式

由于所处的区位地域及调整时期不同，全国监狱农场经济结构调整存在三种方式，与全国监狱农场生产经营梯度分布格局相对应。一是自发式，如江苏、浙江、广东、福建、上海等沿海开放省份的监狱农场，就属于这种方式，在 90 年代中期开始了经济结构调整的探索。二是启发式，如山东、安徽、江西、湖北、河南、天津等中部省份的监狱农场受到沿海开放省份的监狱农场经济结构的启发，也进行了结构调整。三是引导式，广大中西部内陆省市的监狱农场，农业生产效益和结构尚可，发展狱内劳务加工业优势不明显，在司法部关于监狱体制改革、“三个调整”、“三化”建设、监狱布局调整等监狱工作方针政策的指引下，陆续进行了经济结构调整工作。

三、监狱农场经济结构调整主流模式——“三足鼎立”式

在监狱农场经济结构调整过程中出现了多种模式。在所有发展模式中，最为成功、应用最广泛，也最符合监狱农场实际的是“三足鼎立”式，是指以“做大做强狱内劳务加工业、发展现代农业、运营土地”这三项产业结构齐头并进的发展模式。

（一）“三足鼎立”式模型分析

由于各地实际情况千差万别，“三足鼎立”式产业在各监狱农场内经济中所占比重不同，各有所侧重。狱内劳务加工业，与监狱、与罪犯密不可分，是在其他类型监狱农场场办工业渐趋萎缩的情况下兴起的，包括室内工业和狱内劳务加工业，与社会企业联合，避开了监狱企业不占优势的产品开发与市场营销环节（称“两头在外”），充分利用监狱企业的有组织、有规模的劳动力资源，以来料加工为主；发展现代农业方面主要包括发展机械化农场、规模化养殖业、三产服务业等多种形式，该产业发展潜力巨大，但目前还远未得到深度挖掘；运营土地主要是规模化对外租赁土地。“三足鼎立”式发展模式改变了监狱农场以单纯种植业为主的生产经营模式，是多元经济结构发展模式，如图 1 所示：

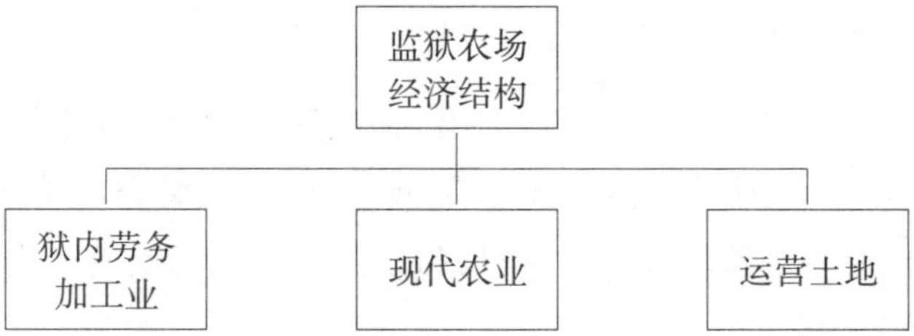

图 1　“三足鼎立”式模型

（二）“三足”间优势互补、互为依存的关系

监狱农场产业结构三大组成部分间互为犄角，三者间存在优势互补、互为

依存的关系，在监狱农场经济过程中此消彼长，起到不同的作用，共同稳固地支撑着监狱农场经济发展。在初始阶段，对外承包租赁土地，不承担各种风险，旱涝保收，为监狱发展提供资金，将罪犯劳动力转为发展劳务加工领域；减少了自种土地面积，便于精耕细作，改变了过去广种薄收、低效的生产方式，为发展现代农业尤其深入推进机械化生产提供契机；打破了监狱农场封闭状态，加速了与外界交往的流动，促进了监狱农场二三产业的发展繁荣，同时还带来先进的观念以及生产技术，促进了监狱农场农业的发展。发展劳务加工业，也为开展土地对外承包租赁和现代农业创造了条件，为实施“以工补农”、反哺农业提供资金。当对外租赁承包土地业开展一段时间后，因出现各种问题而收益开始降低时，可以逐渐压缩对外承包土地面积，扩大自种规模，大力发展现代农业。当狱内劳务加工业出现波动时，监狱经济也可迅速地转向发展现代农业。发展到一定阶段，现代农业发展壮大了，农产品的深加工发展起来后，狱内劳务加工业甚至可以以农产品加工为主。

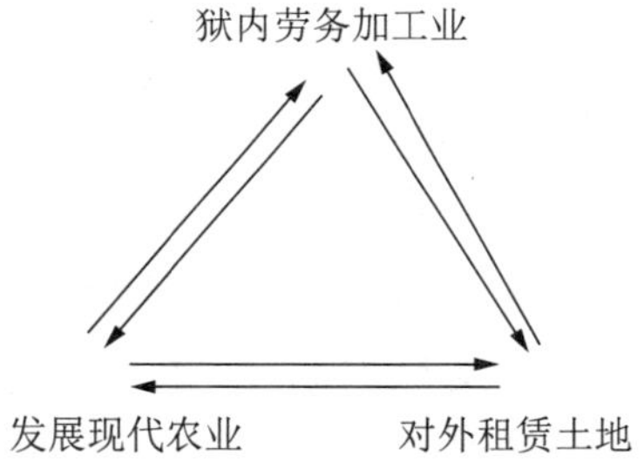

图 2 “三足”间优势互补、相互依存关系

（三）“三足鼎立”式成为主流模式的主要原因

“三足鼎立”式调整模式在成本（风险）收益方面的稳定与低风险性，表现出相当的优越性，将调整带来的风险降至最低，与监狱农场经济结构调整客观要求相契合，因而成为主流模式而备受推崇，是最具监狱特点的产业结构模式。

1. 效果立竿见影

单一的农业种植业结构，在各种极端性灾害天气频发的今天，很大程度上靠天吃饭，既受自然因素制约，同时还受国际市场、化石行业、养殖行业等市场的因素制约，效益低而不稳。调整后，将监狱农场的资源优势转变为经济优势，经济效益明显增加，各方面情况趋于好转。监狱农场的干警，尤其是工作在基层一线的干警职工，受农业生产特殊作业方式的制约，长年累月工作在野外田间，条件艰苦、环境恶劣，农忙季节经常加班加点，付出的劳动和艰辛，一般的国家机关工作人员难以想象；调整后，工作环境舒适且有规律，干警身心舒畅、心情愉悦，有人戏称“罪犯洗脚上田，干警农转非”。

2. 具有超稳定性

生态系统中，食物链结构越丰富、越复杂，生态系统越稳固；结构越单一，生态系统越脆弱、不稳固。同样道理，“三足鼎立”式是多元经济结构，“三足”间优势互补，抗御风险能力增强，在不同阶段发挥不同作用，共同促进监狱农场经济平稳快速发展，与监狱工作追求稳定的客观要求契合。

3. 化解了各种风险

对外承包租赁土地，转嫁了自然和经营风险，稳收租金，旱涝保收。自营土地面积减少，更便于、有时间精力做精农业，提高效率，一定程度改变了农业靠天吃饭的状况。发展“两头在外”的劳务加工业，退出了监狱企业相对薄弱的产品研发和营销环节，降低了经营风险。罪犯由野外转入室内，变松散管理控制为集中严格管理，降低了监管风险，监管安全得到有效保障，便于对罪犯实行规范化管理，适应了现代行刑理念，促进了监狱“三化”工作的实现，提高了罪犯改造质量。

4. 易操作、易推广

“三足鼎立”式模式简单，契合监狱农场实际，能较好地变资源优势为经济优势，体现监狱特色。一般经过两年摸索调整，第三年开始定位，确立切合自身特点的主业并迅速发展壮大，以两位数的增长速度飞速发展，7 年后进入平稳发展期。

（四）“三足鼎立”式引发产生的井喷现象及带来的“水涨船高”局面

“三足鼎立”式是监狱农场经济结构调整比较好的模式，引发产生了井喷现象。“三足鼎立”式给监狱农场经济结构调整带来的并不是“水落石出”的结果，而是形成了“水涨船高”的整体蓬勃发展的势头和局面。全国监狱农场经济结构调整大致有四次浪潮。

1. 第一次调整浪潮

在 1994 年前后，浙江、江苏、广东、上海、福建等沿海开放省份监狱农场开始经济结构调整。大背景是1992年邓小平“南方讲话”后，我国改革开放步伐明显加快，1993年外资企业蜂拥进入中国，沿海开放省份加工制造业先发展起来。

2. 第二次调整浪潮

在1998年以后，安徽、江西、山东、河南、湖南、湖北、云南、北京、天津等省市的监狱农场。大背景是1998年前后，“中国制造”浪潮的兴起和加工制造产业由沿海向内地的梯度转移。

3. 第三次调整浪潮

在2002年以后，全国大部分监狱农场。大背景是2002年中国加入世贸组织以及由此带来的纺织品出口蓬勃发展和农业产业结构调整和国家西部大开发战略的实施。

4. 第四次调整浪潮

在2006年前后，随着监狱布局调整工作的开展，全国监狱陆续开始从煤矿、矿山、机械等高危行业及高耗、低效、资源枯竭行业撤出，全国监狱大都将发展以“两头在外”(原料和销售)为主要特征的狱内劳务加工业作为监狱生产转型项目的首选，现已成为监狱劳动改造罪犯的主要手段。由监狱农场发轫开端的“渐进式”经济结构调整起到了“标杆”效应，为全国监狱系统经济结构调整积累了经验，提供了样板。

参考文献：

万宝瑞：《发展劳动密集型产业是现阶段农村发展和农民增收的战略选择》，《农业经济问题》2002年第11期。

司法部监狱管理局编：《当代中国监狱概览》，法律出版社1999年版。

杜雨等：《罪犯劳动改造学》，法律出版社2001年版。

王戎生等：《罪犯劳动改造概论》，法律出版社2002年版。

王曙光：《转轨经济的路径选择：渐进式变迁与激进主义》，《马克思主义与现实》2002年第6期。

马歇尔：《经济学原理》，朱攀峰译，北京出版社2007年版。

毛增余：《斯蒂格利茨与转轨经济学》，中国经济出版社2005年版。

新中国未成年犯管教所发展与变迁

吴玉进*

内容摘要　新中国未成年犯管教所是我国刑罚执行的特殊场所，历经了萌芽、初创、曲折发展和改革开放等阶段，逐渐形成了我国对未成年犯刑罚执行工作的特色，体现了国家对改造未成年犯的重视。在未成年犯管教所面临转型发展之际，回顾历史、启迪未来具有重要意义。

关键词　未成年犯管教所　发展　变迁

一、未成年犯管教所历史研究概况

（一）有关监狱史少有记载

查阅1986年《中国监狱史》①、1988年《中国监狱史料汇编》②、2002年《中国监狱史》③、2003年《中国监狱史》④、2004年《中国监狱史》⑤、2009年《中国监狱史》⑥、2015年《中国监狱史》⑦、2016年《中国监狱史》⑧、2017年《中国监狱史》⑨等著作均没有关于少管所的专门记载。1999年，《当代中国监狱概览（1949—1989）》⑩，仅记录了各地少管所历史。

---

* 吴玉进，贵州省未成年犯管教所四级警长。

① 薛梅卿主编：《中国监狱史》，群众出版社1986年版。

② 中华人民共和国司法部编：《中国监狱史料汇编》（上下册），群众出版社1988年版。

③ 王利荣主编：《中国监狱史》，法律出版社2002年版。

④ 李金华、毛晓燕主编：《中国监狱史》，金城出版社2003年版。

⑤ 张凤仙等编：《中国监狱史》，群众出版社2004年版。

⑥ 杨习梅主编：《中国监狱史》，中国民主法制出版社2009年版。

⑦ 万安中主编：《中国监狱史》，中国政法大学出版社2015年版。

⑧ 杨习梅：《中国监狱史》，法律出版社2016年版。

⑨ 王志亮：《中国监狱史》，中国政法大学出版社2017年版。

⑩ 司法部监狱管理局编：《当代中国监狱概览（1949—1989）》，法律出版社2000年版。

（二）历史研究较少

目前查到的主要有池世伦《新中国少管工作特色的形成及展望》①，对少管所的发展脉络进行了简要梳理；贾洛川《中国未成年违法犯罪人员矫正制度研究》②，用一章对未成年违法犯罪人员矫正制度的建立和发展进行介绍；李康熙《新中国未成年犯监管改造工作的发展与创新》③，对少管所的改造工作历史进行了整理；杨木高《中国未成年犯管教所发展史研究》④，全面对少管所的发展历史进行了研究；姚建龙《中国少年司法的历史、现状与未来》⑤，简略提到了少管所的名称变化。王霞、谢学枫《走向新岸——中国未成年犯管教所纪实》⑥，以文学作品形式记录了未成年犯改造工作现状，但遗憾不是历史研究。2018年，路琦、赵智鸿《中国未成年人法律制度研究》⑦，有章节梳理了1949年以来未成年人法律制度的现代发展，但遗憾不是专门关于未成年犯的相关制度。

（三）修志不够翔实

在孔夫子旧书网上，查到在售的有《陕西省未成年犯管教所所志1986—2006》《河南省焦作少年管教所志（1955—2001）》《江苏省少年管教所志1954—1985》《江西省少年管教所志1956—1990》《广东省未成年犯管教所志1955—2003》；售完的有《河南省郑州少年管教所志（1984—2001）》《安徽省未成年犯管教所志（1954—2014）》《江西省少年管教所志1991—2010》《黑龙江省未成年犯管教所志1985—2006》；在贵州省数字图书馆查到的有《四川省简阳少年管教所志》；通过查阅资料了解到有《江苏省第二少年犯管教所所志》《重少简史》。笔者收藏了《四川省成都少年管教所所志1978—1998》《福建省未成年犯管教所志1956—2012》，参与编写的《贵州省未成年犯管教所志（1956—2016）》。粗略统计仅15余部，可见不是每一家未管所都有志书。相对比较重视历史的是

---

① 王明迪、郭建安主编：《岁月铭记——新中国监狱工作50年（1949—1999）》，法律出版社2000年版。

② 贾洛川：《中国未成年违法犯罪人员矫正制度研究》，中国人民公安大学出版社2006年版。

③ 李康熙：《新中国未成年犯监管改造工作的发展与创新》，《预防青少年犯罪研究》2012年第4期。

④ 杨木高：《中国未成年犯管教所发展史研究》，《犯罪与改造研究》2012年第5期。

⑤ 姚建龙：《中国少年司法的历史、现状与未来》，《法律适用》2017年第19期。

⑥ 王霞、谢学枫：《走向新岸——中国未成年犯管教所纪实》，长虹出版公司2002年版。

⑦ 路琦、赵智鸿主编：《中国未成年人法律制度研究》，中国政法大学出版社2018年版。

江西未管所，两次编纂志书。《上海监狱志》等各省份的劳改（监狱）志书，有记录少管所历史，但相对简约，不够翔实。

综上来看，目前对于未成年犯管教所的历史挖掘，总体的情况是比较缺乏的，没有专门、翔实的记载，研究人员、成果极少，乃至各个地方均存在修志不及时等现象。

二、未成年犯管教所的历史发展

（一）新民主主义革命时期

在国民党政权统治时期，少年监的建置虽有规划但很少落实，只有山东、武昌两所。由于旧中国统治阶级对少年犯的管教及有关设施基本不入议程，管教宗旨和阶级本质不利于少年身心健康，所以其成效甚微。[①]

在新中国成立前，中国共产党在根据地的民主政权对劳动改造罪犯工作就十分重视。[②]对于少年罪犯也不例外，如：1934 年《中华苏维埃共和国惩治反革命条例》提出对儿童犯罪实行宽宥的原则，并规定未满 12 岁之行为，不为罪，但因其情节，得施以感化教育；14 岁以上 16 岁以下的未成年人犯罪减轻处罚；14 岁以下的幼年人犯罪送教育机构实行感化教育。[③]可见，这一时期就有对少年犯特别待遇的制度设计。

遗憾的是，那时的监狱制度基本上是“一揽子制”。这是由于过去根据地是处于战争的分割的环境中。基于当时客观条件的限制，不分反革命犯罪与普遍刑事犯罪、重罪犯与轻罪犯、成年犯与未成年犯、一般性的犯罪与精神性的犯罪、未决犯与既决犯、男犯与女犯，常常把这各种各样的犯人混押在一个监狱里。[④]

（二）新中国成立初期阶段（1949 年 10 月 1 日—1954 年 8 月 26 日）

随着中国人民革命事业的不断取得胜利，人民解放军组成军事管制委员会

---

① 薛梅卿、从金鹏主编：《天津监狱史》，天津人民出版社 1999 年版，第 128—129 页。

② 张凤仙等编：《中国监狱史》，群众出版社 2004 年版，第 272 页。

③ 吴鹏飞：《儿童权利一般理论研究》，中国政法大学出版社 2013 年版，第 103 页。

④ 中华人民共和国司法部编：《中国监狱史料汇编》（下册），群众出版社 1988 年版，第 351 页。

对新解放区进行接管，监狱便是接管的内容之一①。如，1949 年 1 月 15 日，国民党河北省第三监狱（设在天津）被天津市军管会接管。采取的改造措施之一："监狱依照党和政府的政策，再次宣布废止酷刑，销毁戒具；拆除犯人家属接见时的铁丝网，延长会见时间；实行分管分教，少年犯单独关押管理。"后在监外一处清静场所成立儿童教养院，采取学校式管理和军事化管理相结合的形式，实行以政治、文化教育为主，体育、文艺、社会参观等活动为辅的改造原则。②

总体上，新中国成立后，面对的国内形势十分严峻，新生的人民民主专政政权面临着政治、经济等方面的考验。当时劳动改造工作，主要是依靠政策对劳动改造工作中的各种社会关系进行调整。③查阅史料，并无对少年犯及场所管理的专门制度，仅有散见于有关劳改工作的文件中提及对少年犯的管理要求等，如：1951 年 10 月，公安部《关于处理反革命罪犯中女犯、少年犯及老年犯的指示》提出，对于 18 岁以下的少年罪犯，即便情节严重，罪当处死，也不能处死，可实行强迫教育，进行改造；④1953 年 8 月，公安部《关于劳改生产和狱政工作几个问题的请示报告》提出，监狱、看守所、少年犯管教所、劳改队的划分和监狱、看守所、少年犯管教所的生产问题；1953 年 10 月，公安部、司法部发布《关于今后处理老、病、残、女犯及少年犯仍应按中央公安部前所指示的各项规定执行的联合通知》。⑤

1954 年 8 月，罗瑞卿在《关于中华人民共和国劳动改造条例草案的说明》中说："另外还有一些少年罪犯，数量虽不多，但不能与成年罪犯监押一起，必须严格分开。因为在追究犯罪的责任上，对待少年罪犯一般地应不同于对待成年罪犯。对他们应是教养为主，在管教中把他们教养好。同时，少年罪犯是更容易通过教育的方法把他们改造成为好人的。而且，就少年罪犯的体力说，也不宜于从事较重的体力劳动。因此在一定的省、市，有设置少年犯管教所专门进行少年犯管教工作的必要。在管教工作中，着重对他们思想教育和基本的文化、技术教育，只辅之以适当的轻微的劳动锻炼，以使教育改造他们成为国家有

---

① 张凤仙等编：《中国监狱史》，群众出版社 2004 年版，第 241 页。

② 薛梅卿、从金鹏主编：《天津监狱史》，天津人民出版社 1999 年版，第 116—129 页。

③ 张凤仙等编：《中国监狱史》，群众出版社 2004 年版，第 240—273 页。

④ 中华人民共和国司法部编：《中华人民共和国司法行政历史文件汇编（1950—1985）》，法律出版社 1987 年版，第 64 页。

⑤ 王明迪、郭建安主编：《岁月铭记——新中国监狱工作 50 年（1949—1999）》，法律出版社 2000 年版，第 326—327 页。

用的人才。"[1]1952 年 4 月天津市监狱儿童教育院[2]和 1953 年 11 月上海市少年犯管教所的创立[3]，为全国各地建立少年犯管教所进行了先导探索，但全国性统一的创建格局并未形成。

（三）创立初期（1954 年 8 月 26 日—1957 年 1 月 11 日）

1. 成立依据

1954 年 9 月颁行的《劳动改造条例》（简称《条例》）中有对少年犯管教所的关押对象、教育方式、设置、人员配备等进行了规定。具体指出，少年犯管教所是关押 13 周岁以上未满 18 周岁的少年犯；教育要求为着重进行政治教育、道德教育和基本的文化与生产技术教育，在照顾生理发育的情况下从事轻微劳动；省、市根据需要可以设置，由省、市公安机关管辖。

《人民日报》发表《贯彻对于罪犯的劳动改造政策》的社论，指出：这个条例根据几年来劳动改造工作的经验，用法律形式规定了我们国家对于反革命犯和其他刑事犯实行强迫劳动改造的政策方针、劳动改造机关的组织形式和职权范围及其对于劳动改造犯人的管理原则。[4]《条例》的颁布实施，表明少管所的创立是来源于实践探索和劳改经验的积累，为全国建立少年犯管教所提供了遵循。

2. 成立和运行概况

随着《条例》颁布，山西、内蒙古、江苏、浙江、安徽、山东、重庆于当年成立了少年犯管教所，[5]加上之前的天津市监狱儿童教育院、上海市少年犯管教所，一共 9 所。由于存在名称不统一现象，1954 年 10 月，公安部《关于统一规定各劳改生产单位和监狱、看守所、少年犯管教所的名称的通知》规定："由于监狱、看守所、少年犯管教所担负着特殊的任务，对外对内应当一律称某某省、市人民政府监狱、看守所或少年犯管教所。"[6]

---

① 1954 年 8 月 26 日，政务院法律委员会副主任罗瑞卿，在政务院第二百二十二次政务会议的报告中作了《关于中华人民共和国劳动改造条例草案的说明》。

② 刘晓梅：《新中国天津少年犯管教所的创建》，《青少年犯罪研究》2009 年第 6 期。

③ 麦林华主编：《上海监狱志》，上海社会科学院出版社 2003 年版，第 409 页。

④ 王明迪、郭建安主编：《岁月铭记——新中国监狱工作 50 年（1949—1999）》，法律出版社 2000 年版，第 328 页。

⑤ 参见司法部监狱管理局编：《当代中国监狱概览（1949—1989）》，法律出版社 2000 年版。

⑥ 中华人民共和国司法部编：《中华人民共和国司法行政历史文件汇编（1950—1985）》，法律出版社 1987 年版，第 94—95 页。

截至1957年1月，全国已经有15个省份成立了少年犯管教所，且一般都比较经常地进行了思想教育、文化教育和生产技术的训练工作，取得了一定的成绩。但是，由于少年犯管教所是以省级为单位分散设置的，因此，人数少、教员缺、质量低，难以实施正规的教育训练工作。有些地方对少年犯的管理教育和成年犯人无区别，与成年犯关押在一起、一样劳动，不但不能有效改造犯罪的少年，而且还严重地影响了少年犯身心的正常发育。①

1957年1月，公安部、教育部行文，希望把犯罪少年教育改造成为国家后一代建设者，并要求对少年犯贯彻执行以教育改造为主，以轻微劳动为辅的方针，并拟集中筹建9个大的少年管教所，以便对少年犯实施正规的教育。②

截至1959年4月，经过新建和调整，全国12个少年犯管教所集中关押少年犯5 080名，还收容少年劳教人员2 172名。③1959年4月，公安部在湖北省少年犯管教所(简称少管所)召集吉林、天津等12个少管所工作汇报会(被称为全国第一次少管工作会议)。会后的《少年犯管教工作汇报会纪要》，要求各地少管所继续贯彻“以教育改造为主，轻微劳动为辅”的方针。④这次会议对少年犯管教所的发展起到了至关重要的作用，进一步明确了发展方向。

1960年4月，最高法院等《关于对少年儿童一般犯罪不予逮捕判刑的联合通知》指出：“一般少年儿童违法犯罪的人，不予逮捕判刑，采取收容教养的办法进行改造。”⑤顺应形势，1960年5月，公安部《关于调整全国现有少年犯管教所的通知》明确：“现有12个管教所保留外，其他各省、自治区亦应建立一个少年管教所，并将原‘少年犯管教所’改名为‘少年管教所’。”⑥在政策指导下，各地开始新建或者恢复重建了一批新的少年管教所，如河南省少管所(1960年6月)、山东省少管所(1961年)、福建省少管所(1962年)、甘肃省少管所(1962年12月)等。到1965年年底，全国共建立少年管教所24个，收押少年犯2 026人。⑦1965年5月，公安部、教育部《关于加强少年管教所工作的意见》对少管所的收容管教的对象、管教期限、教育改造内容、劳动生产、管理制度、释放安置以及管理体制和队伍建设等均提出了具体明确的要求。⑧

---

①② 中华人民共和国司法部编:《中华人民共和国司法行政历史文件汇编(1950—1985)》,法律出版社1987年版,第172页,第172—176页。

③⑦ 杨木高:《中国未成年犯管教所发展史研究》,《犯罪与改造研究》2012年第5期。

④⑤⑥⑧ 中华人民共和国司法部编:《中华人民共和国司法行政历史文件汇编(1950—1985)》,法律出版社1987年版,第219—224页,第225页,第227页,第278—281页。

这一时期《条例》的颁布，对少年犯管教所的建立提供了法律依据，公安部、司法部等出台的有关政策进一步促进了少管所的发展。少年犯的人权和教育，都得到保证和巩固。但从统计情况来看，虽然各省份相应地建立了少管所，但是频繁迁所、扩建，乃至被附属于某单位或者被代管的情况比较普遍，以及始建时单位级别较低没有自主发展权。有关政策调整较多，不利于少管所的稳步发展，且表现出重宏观调控，少业务、教育内容的具体指导。

经过实践摸索积累，这一时期，总体上对新中国少年犯管教制度进行了有力的探索，为少年犯管教所今后的发展奠定了坚实基础。

（四）曲折历程

1966 年"文化大革命"开始后，劳改工作遭到了严重破坏。覆巢之下安有完卵，少管所也无法逃脱此劫。主要表现在：一是少年犯管教所被军事管制；二是被撤销或者是名存实亡；三是少年犯得不到管教。

1. 被军事管制情况

自 1967 年 12 月，中共中央等《关于公安机关实行军管的决定》发布后，全国各地各级公安机关，包括监狱、劳改队、少管所一律实行军管①，如：1968 年 5 月，河南省少管所被军事管制；1969 年 9 月，福建省少管所被军事管制。据不完全统计，几乎全国各地的少年犯管教所均被军事管制。②

2. 被撤销情况

一波未平一波又起。1968 年 2 月，公安部《关于劳改单位的设置、新建、接收、移交、撤销不必再报公安部批准的通知》③发布后，少管所被砍掉，管理人员被下放劳动，如：贵州少管所干警被下放劳动，原来关押和收容的少年犯以及教养人员被清理出去，乃至 1971 年 3 月直接被撤销。④"1967 年 1 月，张春桥指使（上海）市公检法军管会：'有些犯人要放到群众中去监督，少教所犯人更要考虑这样做'上海《工人造反报》发表评论员文章，攻击少教所'制造犯罪分子'，从而

---

① 王明迪、郭建安主编：《岁月铭记——新中国监狱工作 50 年（1949—1999）》，法律出版社 2000 年版，第 338 页。

② 参见司法部监狱管理局编：《当代中国监狱概览（1949—1989）》，法律出版社 2000 年版。

③ 中华人民共和国司法部编：《中华人民共和国司法行政历史文件汇编（1950—1985）》，法律出版社 1987 年版，第 292 页。

④ 《贵州省未成年犯管教所志（1956—2016）》，第 26 页。

把 811 名少年犯全部放回社会。”[①]“1968 年，上海少管所撤销，在军天湖农场成立少年犯小队”；[②]在重庆，“1969 年 2 月少管所被迫停办，在所少年罪犯作外调或清放安置处理，60 名干部中，多数参加清队学习后由市公安局军管会安排临时工作”；[③]1969 年 11 月，福建省少年管教所被撤销。据统计 1966 年全国有 27 家少年犯管教所，“文化大革命”期间被撤销或者名存实亡的有 22 家。[④]

3. 恢复重建情况

1973 年夏天，全国各地根据中央的指示和第十六次全国公安会议精神，相继撤销了对各级公安机关（含监狱、劳改队、少管所）的军事管制。这是“文化大革命”后期，劳改工作得以复苏的信号。于是，被撤销的少管所又相继劫后重生，如：上海少管所 1972 年 9 月恢复重建；贵州少管所 1972 年 11 月恢复重建；山西少管所 1973 年在平遥重建；内蒙古少管所 1973 年恢复重建；江苏少管所 1973 年 3 月恢复重建；江西少管所 1973 年 7 月在高安县重建；山东少管所 1975 年 6 月在淄博重建；吉林少管所 1974 年 8 月重建；等等。据不完全统计，到 1976 年年底，全国少管所恢复到 25 所。[⑤]

1965 年是全国少年犯管教所历史上的分水岭，正当发展得如火如荼、根基扎牢之际便遭受到了突如其来的浩劫，不仅失去了自主管理权，甚至连家都守不住，至于少年犯的教育更是无从谈起。虽然“文化大革命”后期劫后重生，逐步得到恢复或者重建，但在资料严重流失、近乎一片荒芜中筹建，与当初的白手起家无异。

三、改革开放以来的历史变迁

1976 年粉碎“四人帮”后，直到 1978 年 12 月党的十一届三中全会召开前，由于没有把全党工作的重点转移到社会主义现代化建设上来，包括劳改工作在内的各项工作都处于徘徊不前的状态，只是从思想、组织、业务等方面进行一些拨乱反正和恢复整顿。虽然全国各地少管所逐步得到恢复，但是发展方向不明确，工作效果和局面打不开。

---

① 司法部监狱管理局编：《当代中国监狱概览（1949—1989）》，法律出版社 2000 年版，第 249 页。

② 麦林华主编：《上海监狱志》，上海社会科学院出版社 2003 年版，第 414 页。

③ 杨正民主编：《重庆少管所简史》，1994 年，第 31 页。

④⑤ 参见司法部监狱管理局编：《当代中国监狱概览（1949—1989）》，法律出版社 2000 年版。

（一）转折点

对于劳改（少管）工作的转折发展，要源于党的十一届三中全会后，广大劳改干警、从事社会科学研究的理论工作者等对劳改理论和实践进行了探讨摸索，如：在“八劳”会议前夕，1979 年《刑法》《刑事诉讼法》建立了我国未成年人司法制度的基本框架，主要包括确定刑事责任年龄、收容教养、不适用死刑立即执行等实体法律制度，以及讯问和审批不满 18 周岁的未成年人时可以通知被告人的法定代理人到场、强制辩护、不公开审理等程序性法律制度。可受制于当时特定的政治、社会等条件限制，这两部法律对未成年人司法制度的规定较为原则，实际效果被打折。①但是这两部法律第一次把未成年人的权利保护上升到了基本法层面，对未成年犯的权利保护和少年犯管教所的设立，在制度设计上产生了源头性影响；1979 年 6 月，中央宣传部等 8 家单位专门报告提请全党重视解决青少年违法犯罪问题，并着重提出“少管工作要加强领导，采取适应青少年特点的教育措施、管教方法、提高教育改造质量”；1981 年 5 月，彭真在五大城市治安座谈会上，首次提出“对未成年犯要实行‘教育、挽救、感化’方针，要像父母对待孩子、老师对待学生、医生对待病人那样，满腔热情，耐心细致地教育改造他们。”②正是在大量的理论和实践思考之下，为 1981 年 8 月召开的第八次全国劳改工作会议提炼出正确的指导方向奠定基础。从认识的辩证发展来看，人类对事物的了解是通过实践和总结不断提升的。所以“八劳”会议并非是凭空想象，而是理性认识劳改工作的升华，是少管工作的转折点。

（二）发展概况

1. 21 世纪 80 年代

关于“八劳”会议历史作用不再赘述，重点关注有关少年犯、少管所方面的影响。“八劳”会议在明确新时期加强劳改工作的若干措施中，提出：一是对犯人中出现的问题要作具体分析，不要把犯人的一切问题看成是阶级斗争的反映和反改造的行为，要相信绝大多数罪犯是可以改造成为新人的；二是尤其是对青少年罪犯，要像父母对待患了传染病的孩子、医生对待病人、老师对待犯了错

① 路琦、赵智鸿主编：《中国未成年人法律制度研究》，中国政法大学出版社 2018 年版，第 11 页。

② 王明迪、郭建安主编：《岁月铭记——新中国监狱工作 50 年（1949—1999）》，法律出版社 2000 年版，第 74 页。

误的学生那样；三是加强对罪犯的教育改造工作，提出把劳改场所办成改造罪犯的学校等具体措施，同时指明了改造方针是“改造第一，生产第二”。从小的方面到大的指导方向，都为百废待兴的少年犯管教所发展提供了重新起航的遵循原则。

随后，1982 年 1 月中共中央《关于加强政法工作的指示》指出：“劳改、劳教场所是教育改造违法犯罪分子的学校。它不是单纯的惩罚机关，也不是专搞生产的一般企业、事业单位。”1982 年 3 月，公安部《关于少年犯管教所收押、收容范围的通知》明确规定：少年犯管教所只收押由人民法院依法判处有期徒刑、无期徒刑和判处死刑缓期两年执行的年满 14 岁不满 18 岁的少年犯。1983 年 5 月，公安部、劳动人事部等《关于犯人刑满释放后落户和安置的联合通知》提出：“原系在学的学生，刑满释放后，凡符合学龄规定，现实表现好并经考试合格的，‘应当允许他们复学。”[①]以上文件精神，为少管所的大踏步跨越发展增加了动力。

1983 年开始的“严打”，造成全国少管所少年犯暴增但又不能混押，所以此后新建了部分少管所，如：新疆新建了伊犁少管所（1983 年）、河南新建了郑州少管所（1984 年 1 月）、湖南在长沙新建了省第二少管所（1984 年 4 月）、四川建立了简阳少管所（1984 年）、黑龙江新建哈尔滨少管所（1984 年 10 月）、江苏新建第二少年管所（1985 年）、海南新建少管所（1989 年 3 月）等。

1985 年，全国劳改场所举办特殊学校经验交流会，提出把全国大多数劳改场所办成特殊学校的工作目标；1985 年 11 月，第二次全国少年管教工作会议，总结交流了中共十一届三中全会以来少管工作的经验和成绩，研究讨论了如何适应新形势、新情况，改革和加强少管工作，把少管所真正办成挽救人、造就人的特殊学校；1986 年 1 月，《少年管教所暂行管理办法（试行）》以法规的形式对少管工作方针政策以及劳动、学习、队伍建设等问题作出规定；加上 1985 年 10 月，中共中央《关于进一步加强青少年教育，预防青少年违法犯罪的通知》引起全社会对解决青少年犯罪问题的重视，1985 年 11 月，联合国《联合国少年司法最低限度标准规则（北京规则）》等，使少管工作进入一个新的发展阶段。

据不完全统计，至少有 12 所少管所在 20 世纪 80 年代初期由科（大队）级

---

① 王明迪、郭建安主编：《岁月铭记——新中国监狱工作 50 年（1949—1999）》，法律出版社 2000 年版，第 343—345 页。

建制升格为支队(县团)级建制,可见实现了立足、发展到稳定的壮大历程。同时,还实现了从“收得下、管得住”,发展到创办“特殊学校”的跨越,约成立了25所特殊学校。

2. 20世纪90年代

1990年12月,《联合国预防少年犯罪准则(利雅得准则)》《联合国保护被剥夺自由少年规则》与我国教育改造违法犯罪少年的思想和手段有异曲同工之处。中国作为常任理事国,庄重承诺在规则上签字并履行义务。通过借鉴国外的有关做法,结合中国国情和实际,创造性地开展工作,做到人无我有,独树一帜,形成既区别于一般监狱,又不同于国外情况的独特少管工作特色。尤其是伴随改革开放的深入,少管工作步入了辉煌的春天和现代文明的轨道,如:1991年,开始在全国劳动改造机关对罪犯实施的分押、分管、分教重大改革举措,进一步明确了少年犯管教所的独特作用。

1991年《未成年人保护法》全面系统规定了未成年人的权利保护问题。值得一提的是,1986年《少年管教所暂行管理办法(试行)》提出的有关“三试”规定(指在法律、政策允许的范围内,按照一定的审批手续,有条件地安排少年犯回到单位、街道、农村、学校进行改造的形式,其间身份不变,表现好的可以减刑、假释或按期释放),在这一时期逐渐呼应并创新了对少年犯教育挽救措施。这在某种意义上促进了假释、社区矫正制度的探索。

1994年的《监狱法》专章规定未成年犯的改造场所、教育方式。1996年1月起少年管教所只收押少年犯(司法部决定将收容教养人员移至劳动教养场所)。1996年3月修订的《刑事诉讼法》增加规定“对未成年犯应该在未成年犯管教所执行刑罚”,并强调对未成年犯的分别关押、分别管理和分别教育。1999年《预防未成年人犯罪法》重申了对犯罪未成年人的方针、原则,并明确规定:对执行刑罚的未成年人与成年人应该分别关押、分别管理、分别教育;执行机关应加强对未成年犯的法制教育;对未成年犯进行职业技术教育;保证没有完成义务教育的未成年犯继续接受义务教育;等等。以上一脉相承制度的出台,对少管所职能、地位在法律上得到了明确,为形成未成年犯工作特色指明了方向。

这一时期,随着我国对外开放程度的不断加深,在监管改造工作中也开始借鉴国外的优秀成果,进行了许多有益探索,未成年犯改造工作理论研究也开始加强并在实践中予以实验,中国特色未成年犯管教所理论逐步发展成熟,并在1999年《未成年犯管教所管理规定》中得到集中体现,其中明确规定了未成年犯改造工作的性质、目标、方针、原则以及行刑手段、教育方式和运作机制，如：关于教育形式、方法、内容上的创新，关于心理矫治的规定，以及比照成年犯宽管处遇、轻度刑罚的规定等。

3. 进入 21 世纪后

承前启后的《未成年犯管教所管理规定》，使少管教所逐步走向了规范化、正规化发展道路。为统一名称，2003 年 3 月，司法部《关于将少年（犯）管教所统一更名为未成年犯管教所的通知》，要求将少年管教所或者少年犯管教所的名称统一更名为未成年犯管教所。

伴随着 21 世纪的号角，未成年犯管教所与时俱进地加入了监狱布局调整、监狱体制改革、监狱信息化建设、监狱工作科学化和监狱工作社会化等进程中。与此同时，“宽严相济”等刑事政策的提出，标志着我国刑事政策水平迈上了一个新台阶，为“教育、感化、挽救”的方针提供明确、有力的法制政策依据和保障。其中，2003 年 10 月，在上海召开的全国未成年犯管教工作座谈会，全面总结了全国第二次少管工作会议以来取得的成绩，在分析当时未成年犯管教工作存在问题的基础上，提出了创办未成年犯管教工作特色问题，要求各地未成年犯管教所开动脑筋，开拓创新，积极探索具有中国特色的未成年犯管教工作新特色，为提高未成年犯改造质量再创新佳绩。

进入伟大新时代，未成年犯管教所逐步形成了鲜明的工作特色：一是高度重视未成年犯的健康成长和权利保障；二是多层次全方位教育融合，矫正与重塑共进；三是适宜习艺活动助良好习惯养成；四是整合社会力量营造教育改造大格局等。

从无到有发展到今天的未成年犯管教所，呈现了国家对未成年人特别是未成年罪犯的国家关怀和儿童福利的现状。虽历经曲折，但得到了重视并恢复重建，哪怕是国家处在困顿中始终不忘迷途少年。随着改革开放的浪潮一路走来，又在建设中国特色社会主义法治体系和建设社会主义法治国家的历史进程中，继续为建设平安中国贡献力量。

青石峡记忆

李占君*

我国的监狱工作是在建立新政权,彻底接收改造国民党旧监狱的基础上,逐步建立和发展起来的,作为宁夏固原监狱前身的青石峡农场也和全国其他劳改农场一样,都曾经有过一个漫长而曲折的过程。

——题记

一、延续历史建制　固原始设监狱

据有关历史资料记载,固原的警察机构始建于清光绪十六年(1890),到光绪三十三年固原始设监狱。

另据《固原地区公安志》记载:“固原监狱居州署之坤方(西南方),围筑棘墙占地约1亩3分,内设狱神庙1座,禁卒房2间,内围墙1道,更房2间,囚房6间,厨房2间,禁卒8名,监禁罪囚多寡不一”,“到民国二十八年(1939),在县政府西侧重建监狱,面积约2亩,围墙高2丈,内修西房6间,另隔两间收押女犯,设看守所长及管狱员”。后来又对监狱内部设施进行修缮,增加了监舍,将未决犯和已决犯分开关押。

这是关于固原监狱最早的记载,但当时的运行模式是监所一体化。

二、接收改制监所　整合管理资源

1949年8月2日,固原宣告解放,成立临时军事管制委员会和固原县公安局,着手接管和改制旧监狱,设立看守所,继续沿用国民党时期监狱旧址和一体化模式,收押徒刑在2年以下、年龄在45岁以上的犯人,在监墙外北侧修建几间土木平房作为看守人员办公使用。

---

* 李占君,宁夏回族自治区固原监狱四级高级警长。

从1949年9月下旬开始，由临时军事管制委员会平凉管训队，负责对残留在社会上的国民党和三青团骨干、恶霸、反动会道门头子、军警宪特等人员进行全面登记、审查和集中管训。截至1951年，平凉管训队在固原共集中登记听训人员1 340人，通过集中听训、交待党的宽大政策，使其绝大部分能够自我反省、主动交代身份，坦白罪行，得到人民政府的宽大处理，对极少数罪大恶极的依法予以严惩。

到了1951年3月，全国监所由人民法院统一移交公安机关管辖，甘肃省公安厅增设劳改处，加强对全省劳改工作的领导。根据甘肃省平凉分区公安处的部署，1951年11月固原县公安局预审股以接收平凉管训队为基础，对原监狱、县法院临时关押机构进行整合后实行集中管理，是为宁夏固原监狱的前身。

三、探索改造模式　推进依法保障

固原县公安局对罪犯的管理和改造，最早可追溯到1950年年初，公安局管理员袁世奎提出组织犯人开办磨坊的建议，在监狱院内安装三合石磨，每天派出几名犯人轮流磨面，因国家没有统购统销政策限制，袁世奎就从集市上联系收购小麦和其他杂粮，经过加工后，除了内部需求外，还向县政府各机关单位供应，不仅犯人有活干，还可以通过劳动创造价值，就这样以三合石磨开启了固原劳动改造罪犯工作的先河。

与此同时，党中央、公安部和甘肃省出台了一系列关于组织罪犯劳动改造的政策，使罪犯劳动改造工作有章可循，有法可依。

一是1949年10月，《中国人民政治协商会议共同纲领》，确定“强迫犯人在劳动改造中改造自己，成为新人”的工作方针，为新中国开展劳动改造工作提供了法律依据。

二是1950年10月，公安部发布《关于加强监狱工作的指示》，对于新型监狱制度的建立和发展起到促进作用。

三是1951年5月，第三次全国公安工作会议作出《关于组织全国犯人劳动改造问题的决议》，要求立即着手组织犯人强制劳动，并实行军事化管理，开展大规模生产建设事业。

四是1951年6月，甘肃省公安厅成立囚犯劳动指导委员会，决定省、地、县三级同时组建劳改场所，组织罪犯投入劳动改造，以解决监舍拥挤和犯人坐吃囚粮的问题。

这些劳改政策和管理制度的出台，把固原县公安局罪犯劳动改造工作推向前沿，具体工作由预审股副股长程汉雄（1952 年 11 月任股长）、股员袁世奎和肖占太三人全权办理，于是固原的罪犯劳动改造工作得以有序开展。

四、突破惯性思维　创新劳改体制

1952 年以后，社会形势的发展使罪犯构成发生了新变化，尤其被固原县法院临时土改法庭审判后投入劳改的恶霸地主分子就有七八十人，犯人人数曾上升到 300 多人，而管教干部只有程汉雄、袁世奎和肖占太三人，他们既要做好审讯工作，又要处理日常事务，还要组织罪犯参加劳动创收。

基于各种因素，固原县公安局开始筹建劳改队，一方面可以解决犯人坐吃闲饭和住房拥挤的问题，一方面让犯人在劳动生产中改造成自食其力的守法公民，还可以支援国家生产建设，创造社会效益。

预审股股长程汉雄欣然领命，他提出“以校场为基地，开荒种田，烧制砖瓦，发展生产”的总体规划，得到了公安局领导的大力支持。

校场地处固原市区东南太白山西侧的清水河河谷，距离县城不足两公里，是明代的军营旧址，解放前曾是国民党驻军的临时飞机场，后来废弃荒芜，那里地势平坦、视野开阔，从南至北依次渐宽。

在校场中间地带有一处坐东向西土墙小院落，大约三分地，院内背靠东墙建有七孔土窑，都是用胡墼（较大的土坯）箍砌而成，正面安装木门木窗，周边有 300 多亩荒地就是已经废弃多年的临时飞机场。固原县公安局以此为中心组建劳改队，条件便利，位置优越，随即抽调程汉雄、鲁逢春、武建栋、陈秉玑、李秀莲 5 人组成固原县劳改队筹建小组，负责劳改队的筹建和搬迁工作，程汉雄担任队长，鲁逢春担任会计，武建栋担任管理员，李秀莲和陈秉玑负责组织犯人劳动。

经过简单维修和短暂的前期准备之后，1953 年 5 月份正式搬迁（第一次搬迁），在程汉雄的精心组织下，5 名管教干部带领 30 名犯人，赶着一辆载满全部家当的老牛车走出了固原南城门，直奔校场土墙小院落，彻底实现了与监所和法院的实质性分离。他们利用土筑围墙作监墙，胡墼箍窑作监舍，白天种地烧砖瓦，晚上睡觉打草铺，一日三餐吃粗粮，干部没有警服，犯人没有囚服，外出劳动没有警戒，但他们能够冒严寒、战酷暑，迎难而上，利用罪犯这个特殊的人力群体，创造出属于自己的一片天地，这就是解放后土生土长的固原县劳改队。

五、扎根红色热土　规范运行机制

（一）青石峡概貌

就地理位置而言，固原地处六盘山脚下，清水河沿岸，是西北边陲的重镇，古丝绸之路西段北道的必经之地。1935 年 10 月中国工农红军长征时翻越六盘山后途经固原最后到达陕北，曾在固原留下红色革命足迹。青石峡位于固原市区东南部太白山南麓，因地势而得名，距离固原市区大约 5 公里，周边土地贫瘠，人烟稀少。1949 年 8 月中国人民解放军穿越青石峡，攻占太白山，挺近固原城，因而青石峡便是名副其实的红色热土。

（二）农场建制与干部队伍

1953 年 11 月，成立甘肃省西海固回族自治区，1954 年 1 月西海固回族自治区公安处收编原固原县劳改队，共接收 145 名犯人，335 亩土地和 6 头耕牛，经甘肃省公安厅批准成立青石峡劳动改造管教大队，对外称甘肃省地方国营青石峡农场，为股级建制，隶属于西海固回族自治区公安处，配备 9 名管教干部，程汉雄担任首任场长（大队长），主要职能是关押和改造罪犯。

1954 年 6 月，甘肃省公安厅将劳改大队改编为劳改中队，程汉雄被任命为中队长兼党支部书记，中队下设 4 个分队，每个分队押犯按照 70 人计划，押犯总人数达到 280 多名，干部编制增加到 14 名，虽然有了警戒，只负责监所看押任务，外出劳动仍然由管教干部直接带领，以致出现了犯人大批逃跑的现象，直至后来武装警戒增加才得到扭转。

1955 年第一季度，场部机关驻地从校场搬迁到太白山南麓的青石峡峡谷（第二次搬迁），校场所有土地移交当地驻军和固原地区运输公司管理。

1956 年 4 月，公安处成立固原回族自治州劳改大队，为科级建制，场部机关设有秘书、管教、生产和财务 4 股（1963 年设生活卫生股），在行政管理上实行场部（大队）、中队二级管理模式，一般都是教导员兼任党支部书记，抓党建管队伍；场长兼任大队长，抓管教促生产，中队下设分队长、管教干事和生产管理员，转业军人韩桐风任大队长兼党支部书记，程汉雄、张鸿雁为副大队长，干部人数达到 25 人。1964 年 4 月，宁夏公安厅劳改局撤销大坝农场，原场长白怀世调固原青石峡任农场政委。至此，青石峡农场才算真正拥有一个健全完整的领导班子，为以后更好推进工作提供了组织保证。

（三）基础设施建设

青石峡农场的驻址选在青石峡峡谷的半山坡上，既低于太白山，又高于河道，从坡顶到谷底依次分为 4 个层级：第一层是武警训练操场；第二层是中队办公区和公安大队直属民警队营房；第三层是男女犯关押点；第四层是医务室、加工厂和车马店。砖瓦厂在关押点南北各有一处，场部在河湾对面山脚下，距离罪犯关押点 200 多米，无论带领罪犯出工干活还是到场部办事都很方便。

农场原设计押犯规模为 500 人，后来最多时超过 1 000 人，因而住宿问题十分突出，但那个年代，物质基础很差，条件十分艰苦，生活用水完全依靠犯人用木桶去挑河水，就连冬季也只能在窑洞门口悬挂草帘遮挡寒气，室内照明都是煤油灯，夜间巡逻全靠手电筒。1957 年年初农场才接通照明电源，领导外出到其他生产点检查工作要么步行，要么骑马，偶尔搭乘拖拉机或班车。管教干部和犯人除身份不同外，吃同样的饭、穿同样的衣服、住同样的窑洞，又成天在一起劳动，然而农场的全体干部不屈不挠，满腔热情，献身于党的劳改事业，能做到忠诚履职，无怨无悔。

（四）罪犯管理教育工作

1. 从法规制度建设看

中央政府于 1954 年 9 月颁布实施《劳动改造条例》、公安部 1956 年 11 月制定关于组建犯人积极分子委员会的意见，1962 年又印发《劳动改造管教队工作细则》，宁夏公安厅劳改局也制定《监规纪律》《犯人守则》和《犯人日准则》等监管制度，对劳改队的性质、任务、方针政策和犯人的日常行为等管理措施都做了明确规定，为劳改事业的奠基与发展发挥了重要作用。

2. 从教育方式和内容看

从 1956 年开始，青石峡农场坚决贯彻执行“惩罚管制与思想改造相结合、劳动生产与政治教育相结合”“阶级斗争与人道主义相结合”的方针政策，并遵照据党中央提出“向文化进军，向科学进军”的口号，同年 11 月成立“地方国营青石峡农场业务文化学校”，把罪犯编为扫盲、文化、理论三个班，其中以思想政治形势和社会主义改造教育为中心任务，以文化扫盲为基础，以《农民识字课本》为教材，采取边教育边生产与半劳动半学习相结合的方式进行。同时，组织犯人到人民公社、生产队和附近工厂参观社会主义建设成果，邀请社会各界人士到农场作报告，依靠和运用了广大人民群众进行思想政治教育，实现了预期目标。

（五）民警队看押执勤工作

早在1950年8月司法部、公安部下发《关于各级监狱、看守所武装戒护的决定》，新组建的固原县警卫队负责监所看押执勤任务，监所内部管理和罪犯劳动改造都由管教干部自己负责。

1951年8月以后，甘肃省公安厅、兰州军区公安部队联合制定执行看押工作若干规定“四十条”，强化了行政管制、武装看押与社会控制之间的联系协调，有力推动武装民警执勤工作常态化。

1953年6月，以陕甘宁边区联防司令部回民骑兵团三个连为基础，吸收固原县警卫队人员，组建中国人民解放军固原公安大队，隶属固原军分区，从此公安大队负责监所执勤任务。

到了1955年四五月间，青石峡农场生产规模逐渐扩大，押犯人数增多，公安大队就派驻直属中队武装民警到青石峡农场执行看押任务，住窑洞、睡床铺，生活简单，责任重大。

1957年1月，固原回族自治州公安处劳改大队与民警大队直属中队签订联合执勤计划，将三营、张易等生产点的外出劳动警戒纳入执勤范围，并派出两个小队的警力，分别到张易、三营等地警戒执勤，既强化了专政意识，又保证了劳改场所的安全。

1962年3月，公安处民警大队改为公安大队。1966年10月，固原军分区成立独立连，接替固原公安大队直属队负责黑城子农场的看押警戒任务，直到1969年11月农场撤销。

（六）执法监督工作

在劳改队组建之初就接受检察机关的执法监督，从1954年起人民检察院行使监所及劳动场所检察权，对执行法律、管理教育、卫生饮食等方面例行监督检查。1957年以后固原回族自治州人民检察院把监所劳改监督作为检察业务首要任务之一，检察院抽出人员，坚持每半年一次到青石峡农场监督检查工作，有利于纠正错误，落实政策，确保公正文明执法。“文化大革命”期间，固原革委会保卫处接管检察院工作，监所检察业务随即停止。

六、大力发展生产　支援地方建设

青石峡农场自1954年1月建场以来，经过多年的努力，较大规模地组织罪犯进行劳动改造，最多时犯人达到2 386名，占地面积23 000多亩，可耕地面积13 000多亩，先后发展为生产砖瓦、农田耕种、畜牧养殖等13个生产摊点、21个生产项目，其中比较大的有青石峡砖瓦厂、三营、张易、园子河、田洼、张化、臭水沟等农业生产点，新生服装厂、炭山杏儿沟煤矿，还有基建队和运输车队，等等。

（一）青石峡砖瓦厂

青石峡砖瓦厂为青石峡农场一中队，建于1954年，地处青石峡峡谷，主要烧制青条砖和青板瓦，是农场的支柱产业，内部划分为2个生产点共9个砖瓦窑，每年参加劳动改造的罪犯接近800人，年均利润在10万元以上，所有成品都按照固原县经济计划委员会的统一分配计划供应城市建设单位，1965年9月撤销。

（二）三营生产点

三营生产点为青石峡农场二中队，建于1955年，队部设在固原三营镇的鸭儿沟村，以农田耕种、畜牧养殖为主要项目，土地面积5 760多亩，主要分布在三营附近的鸦儿沟、戴店、团庄等地；畜牧养殖以张家山牧场为主，约有50多匹骡马、60多头牛、1 200多只羊、500多头生猪等。1969年11月撤销。

（三）张易生产点

张易生产点为青石峡农场三中队，建于1954年，以固原县张易乡的马场村为中心，属于半阴湿山区，以农田耕种、畜牧养殖为主要生产项目，土地面积为807亩，后来多次开荒增加到2 870亩。1965年11月撤销。

（四）园子河生产点

园子河生产点原是海原县劳改中队，在海原县西安乡，从1952年3月就开设粉坊、磨坊等，后来以园子河为中心耕种土地，1954年经西海固回族自治区人民政府批准，收编为青石峡农场的一个农业中队，共有劳改罪犯40名左右，种植各种粮食作物2 758亩。1957年12月撤销。

（五）田洼生产点

田洼生产点是青石峡农场的蔬菜基地，建于1954年，属原固原县南郊乡峡口村，距离农场场部不远，有2名干部负责，20多名犯人脱戒劳动，种植蔬菜100多亩。1965年9月撤销。

（六）张化生产点

张化生产点是青石峡农场的一个农业分队，在原固原县张化区（现属彭阳县新集乡），主要以开荒种地为主，组织犯人进行生产劳动，土地面积449亩，建于1954年年初。1955年春天撤销。

（七）臭水沟生产点

臭水沟生产点是青石峡农场的一个农业分队，在原固原县彭堡乡的臭水沟村附近，1956年以后经固原县政府批准，由青石峡农场派出1名干部，20多名犯人，耕种700亩土地。1957年2月撤销后，土地上交固原县财政科。

（八）新生服装厂

新生服装厂是青石峡农场的女犯改造分队，在固原县中山街与政府街交汇处，主要对外定做衣服，来料加工，1名干部管理，约40名女犯劳动改造。1962年7月撤回青石峡场部，1965年9月随场部搬到黑城。1969年11月撤销。

（九）炭山杏儿沟煤矿

炭山杏儿沟煤矿是青石峡农场的煤炭生产分队，在固原县炭山乡，建于1958年9月，由5名干部带领300多名犯人，在杏儿沟人工采矿挖煤，并在附近开荒种地2 000多亩，实现了工农业生产双丰收。1962年撤销。

（十）基建队

基建队是青石峡农场的一个劳务分队，组建时间比较早，主要负责农场内部的监墙、窑洞、房屋、砖瓦窑等基础设施建设，同时对外承揽劳务项目，一般都是早出晚归，干部 1—2 人，执勤武装民警和罪犯人数因工种需要随时增减。

（十一）运输车队

运输车队是青石峡农场自行组建的一个马车队，负责为砖瓦厂拉柴拉煤，为农业队拉粮送肥，还为固原商业部门运送物品。1957 年农场购进第一辆苏式嘎斯汽车，1963 年又购进一辆跃进汽车，发展到 1965 年已经成为拥有两辆汽车、3 台拖拉机、13 辆马车的运输队，为农场增加了相当可观的经济收入。

另外还有磨坊、粉坊、山货编织、亚麻厂、农具修配厂以及前后黄峁山等摊点和项目，有的收益甚微，有的组建不久就停止，直到 1965 年搬迁到黑城后因客观条件所限，逐渐压缩生产摊点和项目，经济发展趋于稳定。

七、坚定必胜信心　渡过艰难时光

对于青石峡农场来说，1958—1960 年是最为艰苦的三年，这一时期的主要工作可以概括为六个方面。

（一）开展整风运动

始于 1957 年 4 月，结束于 1958 年 8 月，在全场开展反对官僚主义、宗派主义和主观主义的整风运动，围绕理论学习、纪律教育和先进工作者三个方面，在干部队伍中实施公安人员“六项纪律”和“十项注意”教育，大力批判干部中间存在的“三风”“五气”和“右”倾保守思想，并落实精简干部政策，提高工作效率。

（二）宁夏回族自治区成立

1958 年 10 月，宁夏回族自治区成立，固原由甘肃改属宁夏，固原回族自治州改为固原专署，青石峡农场交由宁夏回族自治区公安厅直属领导，对外称宁夏回族自治区地方国营青石峡农场，行政名称为宁夏回族自治区公安厅独立第五劳改大队，单位建制、内设机构、劳动项目、押犯构成等均保持不变。1958 年

12 月，宁夏公安厅将青石峡农场下放到固原专署直接领导，对内称“固原专属公安处劳动改造工作管教队”，对外称“固原专属地方国营青石峡农场”，从 1959 年起对人事、生产、管教等工作均列入固原地方管理，但运行不到半年又恢复到原来的垂直领导。1962 年 2 月，宁夏公安厅将“独立第五劳改大队”改为“第九劳动改造管教队”，这也是宁夏南部山区唯一的一个劳改农场。

（三）推进工农业跃进

在“三面红旗”指引下，1959 年全国“大跃进”进入高潮，宁夏公安机关提出“苦战二年，实现劳改工作大跃进计划”，提出农业生产“三年过黄河，五年跨长江”的总目标，不仅大建土炉、大炼钢铁，也种植高产试验田，大办《跃进简报》。但是以高指标、浮夸风和“共产风”为主要标志的“左”倾错误给青石峡农场的生产经营和罪犯改造工作带来了严重的问题，加之 1958 年镇反运动扩大化，押犯数量剧增，住宿条件差，又降低粮食供应标准，造成患有“浮肿病”的犯人不断增多，而有的犯人判刑前本来就患有各种疾病，因而死亡率大幅度上升，致使青石峡农场的罪犯管理和劳动改造工作陷入极度困境。

（四）加强生活卫生工作

针对罪犯发病和死亡十分严重的现状，宁夏公安厅劳改局采取有效应对措施：

一是 1959 年 9 月设立青石峡农场医务室，从关马湖农场抽调两名医务人员，并联系自治区卫生厅为农场购买了一批急需药品，采取中西医结合，使重症病人得到及时救治。

二是落实中央公安部十一局关于抓好劳改单位生活的十项措施，从组织领导、替代食品、伙食管理、劳逸结合、抢救病号、防寒保暖、卫生保洁等方面做出了详细规定，落实病犯专人管理，遏止罪犯非正常死亡。

三是农场党支部提出“把犯人当作社会劳动力加以保护”的思路，领导深入基层，分工负责，做到与犯人同吃同劳动，研究解决矛盾问题；制定《生活卫生工作业务范围试行草案》，坚持进行室内消毒、晾晒铺草、重点治疗等办法，有针对性地开展工作。

四是采取“瓜菜代”措施，以增加野菜、调剂伙食、建立病犯灶等形式增加病犯营养，尤其是 1959 年 7 月以后种植的 300 多亩秋菜和 1960 年种植的 300 多亩洋芋喜获丰收，极大地缓解了罪犯的生活问题，农场的整体情况才有所好转。

（五）落实特赦政策

在1959年建国十周年之际，青石峡农场严格组织实施罪犯特赦工作，共对45名改造表现突出的罪犯予以特赦，并以此为契机展开政治攻势，取得显著效果。

（六）青石峡经验

青石峡农场在加强罪犯劳动改造过程中，大搞多种经营，达到连年盈利，形成了“以农业为主，发展多种经营”的青石峡经验，先后获得甘肃、宁夏的省级表彰奖励，1959年青石峡农场被评为全国先进单位，也是宁夏回族自治区成立后劳改系统的第一个全国先进单位，给宁夏的劳改工作树立了榜样。

八、思路决定出路　岁月见证沧桑

在1965年五六月间，宁夏公安厅劳改局作出撤销青石峡农场场部和张易中队两个点以及迁建场部的决定，驻址选在黑城乡的祁家堡子，那里曾是解放前的一座地主庄园，1936年红军西征时为红一军团的临时指挥部，也是固原北部地区的一片红色热土。1953年1月，固原县以祁家堡子为中心、以土改中没收的2 748亩土地为基础创办国营黑城农场；1964年，青石峡农场接收黑城农场成立了黑城中队。

根据劳改局的部署，1965年9月青石峡农场如期顺利完成搬迁任务（第三次搬迁），改名为“宁夏回族自治区地方国营黑城子农场”，行政名称又改回原来的“宁夏回族自治区公安厅独立第五劳改大队”，仍为科级建制，领导班子成员有白怀世（政委）、程汉雄（场长）、张鸿雁（副场长）、常学信（政治处主任）、曹子青（秘书股股长）5人组成，并对基层建制整合为两个押犯中队和一个机务队，以发展农业、畜牧业和砖瓦制作业为主，同年11月撤销张易、三营等片区6个生产摊点，随后将青石峡农场场部以及张易生产点全部、三营生产点部分土地移交西北林业建设兵团宁夏林业建设第三师作为国营林场经营。

1966年5月以后，随着“文化大革命”的冲击，黑城子农场也和其他单位一样未能幸免，在前所未有的运动中举步维艰。1967年11月，自治区“政法农场”宣布撤销，1968 年 1 月，宁夏回族自治区军事管制委员会对公安厅施行军事管制；5 月，自治区革委会保卫部劳改组取代劳改局，宁夏劳改农场之间造反派互相串联，到处“煽风点火”，进行“南征北战”，不久黑城子农场被本场造反派夺权，对政委、场长等几位主要领导进行轮流批斗，罪犯管理教育工作一度出现瘫痪。

1969 年 11 月，根据自治区保卫部劳改组撤销黑城子农场的决定，401 名男犯移送关马湖农场改造，18 名女犯移送自治区监狱改造，26 名留场就业人员遣送新生机械厂安置，并任命副场长张鸿雁主持全面工作，撤并单位干部、职工、家属等 50 多人就地集中搞“斗、批、改”，清理阶级队伍和整党，原农场驻地祁家堡子连同土地、房屋、树木等不动产全部移交固原行署管理。

无论时光年轮交替，无论单位名称变更，无论主管部门调整，场长程汉雄和他的战友们为了巩固革命成果、捍卫人民民主政权，为了维护社会治安、惩罚罪犯和打击犯罪，坚决贯彻执行党的路线方针政策，不畏艰险，团结奋斗，坚守红色热土 20 年。以三合石磨起家，从县政府到校场、从校场到青石峡、从青石峡到黑城子，一路走来，历经艰辛坎坷，负重拼搏，最后发展到拥有 100 多万元资产，在平凡中创造了奇迹。他们工作在农场、劳动在农场、生活在农场，改造了罪犯，搞活了生产，维护了固原地区的安全与稳定，为支援地方经济建设作出了应有的贡献。

首都罪犯劳改初创时期实践与理论成就及其意义

吴　刚　章亚平*

内容摘要　首都罪犯劳改工作初创于新中国成立前后，其实践和理论都取得了非常显著的成就。通过研究首都罪犯劳改在初创时期的工作，能为当前监狱工作的发展提供借鉴。

关键词　首都　劳改　实践　理论

首都罪犯劳改工作初创于中华人民共和国成立前后。初创时期首都罪犯劳改工作是公安工作的一部分。它的一个重要标志性事件，就是清河训练大队的成立。1948年12月，经过辽沈战役的硝烟，平津战役在即。东北野战军、华北野战军，相继解放北平近郊的长辛店、丰台和海淀并挥师直逼包围天津、北平城区。12月17日，为迎接北平的和平解放，做好党中央进驻北平香山的安全工作，北平市委、北平市公安局在保定同时成立。中社部副部长谭政文被任命为北平市公安局局长，冯基平被任命为北平市公安局政治侦察二处处长。12月31日，在香山，冯基平主持召开二处第一次会议，分析二处面临的形势和任务，明确在党中央、毛主席进驻北平前后，首要任务是维护北平的社会治安，保卫政治协商会议的召开和开国大典的隆重举行。除担负侦破反革命案件、粉碎敌人阴谋破坏、镇压罪大恶极的反革命分子外，另一个很重要的任务，就是对已掌握与自首的国民党特务分子进行集中管训。会议认为，这些人情况复杂，有些罪恶很深，如果散流在社会上，对北平很不安全。《冯基平传》指出，冯基平一进城，"便把建立管训机构列到了议事日程"。可以说，成立清河训练大队在香山二处会议上已经开始酝酿，北平和平解放后，清河训练大队随即成立。新中国成立后，冯基平又领导创建了新中国第一个劳改农场——清河农场。之后，接手彻底改造旧监狱。在毛泽东劳动改造工作思想指导下，首都罪犯劳动改造工

*　吴刚，北京市监狱管理局首席法律顾问；章亚平，北京市监狱一级高级警长。

作的初创实践与理论都取得了重大成就，首创了首都罪犯劳改工作“艰苦奋斗、自力更生、忠诚党的劳改事业”的初心与使命，践行了理论与实践相结合的实事求是的思想路线精神，对首都监狱(戒毒)工作具有深远的历史意义。

一、首都罪犯劳改初创时期的实践与成就

(一) 清河训练大队成立和劳改工作的初创与毛泽东《论人民民主专政》的发表

清河训练大队成立时隶属于市公安局二处。管训的对象，是二处掌握的秘密的和公开的国民党自首和被逮捕的军统、中统等特务；工作的主要职能是摸清和登记各类国民党特务，开展坦白检举与时事政治教育，执行劳动改造。清河训练大队的成立，有力地配合了新中国成立前后巩固新生政权、肃清敌特的斗争。

北平，长期是国民党在华北的统治中心。北平解放前夕，各种特务组织十分活跃。《冯基平传》指出：“原有八大系统：保密局、国防二厅、党通局、傅系、闫系、美国特务及特务控制的群众组织，再加上随着东北、华北其他地区先期解放，那些地区的不少特务也纷纷窜来北平。据当时我各情报组织了解的情况，共有 110 个特务单位，七八千名特务。”更危险更复杂的是“国民党保密局局长毛人凤、国防部二厅处长郑介民等特务头子，专程从南京飞来北平指导特务如何进行破坏活动和应变潜伏活动”。

1949 年 1 月 31 日，北平和平解放。国民党政权即将全面覆灭。北平的一些特务，怕受到严惩，便向共产党和新生政权投降自首。但是，这些自首的特务中相当多的人却是假投降、假自首，并伺机闹事。为了党中央的安全和新中国的成立以及政治协商会议的召开，有必要对这些暗藏的、公开的特务立即采取登记措施并对他们进行集中管训。中社部直属平津工作站站长、时任市公安局二处处长的冯基平，根据北平解放后的政治和社会治安形势及时请示李克农、谭政文，果断决定对已掌握的特务先促其进行秘密自首，指示二处工作队队长安林，敦促、说服藏匿在各处的特务秘密登记。冯基平又经请示，让梁文英在东四北大街设立总登记处，按照《北平市国民党特务人员申请悔过登记实施办法》，对大量分散在社会上的特务，责令其公开登记。从 3—6 月，共登记特务人员 3 533 名。

就在对特务进行登记的同时，1949 年 2 月 24 日，北平市公安局局长谭政文请示彭真：为“将较重要的特务即虽来自首而极不诚恳的特务集中训练以免他们继续在外捣鬼和免花很大力量去监视他们”，拟成立“清河训练大队”，对这些人进行“强迫性训练”。集训的方针是“弄清案情，区别主次，收集特务材料，配合搜捕、侦察工作”。彭真于当日批准，并指示：“在训练中要靠调查研究和思想瓦解解决问题。要善于利用自首分子和已悔过分子。要严禁肉刑和变相肉刑，防止逼供信倾向发生。严防造成恐怖空气。通过集训，使他们认清国民党是人民的敌人，共产党是人民的代表。国民党必败，而且已败；共产党必胜，而且已胜。进而确定自己的人生观。”2 月 25 日清河训练大队正式成立，即北平市人民政府公安局二处清河训练大队，安林任大队长兼政委，梁文英任审讯组组长。干部主要是北平市军管会公安局侦讯组第三工作队，其前身为冀察热辽中央分局社会部冀东情报站人员。3 月 5 日，谭政文又到队指示：“北平市人民政府公安局二处清河训练大队”改为“北平市人民政府公安局清河训练大队”，即俗称的“清河训练大队”。清河训练大队只存在一年。1950 年 2 月清河农场成立，清河训练大队随即撤销，其职能划归清河农场。

清河训练大队本质是为执行社会治安保卫工作服务。《冯基平传》记述这段工作的历史是：对特务的登记和管训，是“为了搞清他们的历史罪恶和组织情况，戳穿其中极少数人假自首的阴谋，并配合我侦察搜捕工作”，“通过对 1 635 名特务人员集中学习和管训”，开展坦白检举，“到 8 月份挖出各种特务线索材料 4 584 件，收缴 217 支枪，7 650 发子弹和电台 1 部”，有力配合了公安侦察破案工作。

清河训练大队在配合公安侦察破案的同时，及时组织被管训特务进行劳动改造。首都对罪犯的劳动改造工作就是从这里开始的。这些特务通过在清河训练大队的集训，特别是劳动改造，其中的绝大多数人，最终被改造成为社会主义新人；清河训练大队的干部和领导在对罪犯的劳改初始时期的实践和经验总结，为首都罪犯劳改工作在清河农场大规模展开奠定了坚强的政治和思想工作的基础。《冯基平传》指出：冯基平同志“一手抓侦破，一手抓劳改”。清河训练大队认真贯彻冯基平有关指示精神，在对特务开展坦白检举活动的同时，组织他们劳动。最初的劳动是种菜、手工卷烟、肥皂制造、印刷，规模大一点的是织袜生产，有 20 架织袜机，后来扩大到 28 架。1949 年 7 月 1 日，毛泽东《论人民民主专政》发表，提出劳动改造罪犯理论。清河训练大队当天即组织干部认真学习讨论，之后又多次组织全体干部学习讨论，并深入研究对管训人员扩大劳动改造问题。9月3日，安林向全体被管训人员宣布实行强迫劳动改造。10月20日，彭真指示：不要接收任何犯人及特务的个人投资。清河训练大队为扩大劳动改造规模，创造更多的劳动改造手段，积极筹建织袜中队。10月28日，织袜中队正式投产，对外定名为北京市清河袜厂，厂长刘春山，政治指导员吴兰亭。北京市清河袜厂后来发展为北京市监狱劳动改造罪犯的重要场所。

1949年12月，《清河训练大队九个月的总结报告》从情况概述、管训中特务分子的情况、管训工作、审讯处理工作、干部问题、最后的几句话六个方面总结了清河训练大队管训和劳动改造工作，指出劳动改造在管训国民党特务中的政治地位、改造作用、工作措施和方法步骤。针对被管训人员"不能接受"强迫劳动改造出现反改造问题，总结中指出："我们研究了当时（被管训人员反改造）的情况，决定坚决宣传（《论人民民主专政》阐述的）劳动改造方针，瓦解各种各样的反动思想与言论"；干部必须"认识劳动改造是最后消灭阶级敌人的最好办法，是肃特斗争的重要方面，因此，我们的敌人也最害怕最反对这种方法，而我们必须坚定不移地首先在理论思想上征服敌人，然后再强制他们从事劳动，这是（一个）不可避免的过程"；无论是干部，还是被管训人员，在劳动改造这个"不可避免的过程"中，都得经历一个从肤浅认识到深刻理解再到自觉执行的过程。总结指出："在开始提出劳动改造时，部分干部认识不足，（把劳动改造）看成简单的生产劳动与监狱管理问题，而未认识到：在我们掌握政权以后，（劳动改造，是）最后消灭敌人的斗争形式，（是）肃特工作与保证治安的有力办法，既是严肃的政治斗争，又是经济建设问题"；在劳动改造工作之初，对特务分子在这个问题上发生的波动，"开始估计不足，发生之后，又感到问题严重不好收拾，经过学习，在这个问题上的认识已经一致，而绝大部分干部决心在这个岗位上工作"；认识到对被管训人员只执行"首恶必办、胁从不问、立功受奖"的宽大政策"是不完全的，主要的是没有提出通过劳动改造最后消灭特务的方针，致使在前一个时期，存在着临时性的观点，而缺少长远打算，毛主席七一论文发表后，逐渐肯定了劳动改造的方针……加上劳动改造的方针才是完整的方针"。在被管训人员对劳动改造认识的提高上，总结指出："对特务来说，未明确提出劳动改造时，认为是住学校，住集中营或坐监狱，大部分特务自认有罪，过一定时期出去之后，再做打算，尚能忍耐，提出劳动改造之后，这些在反动政权最前线的刽子手们，觉得是终身劳役，无期徒刑永无翻身之日了，波动非常严重，造谣破坏，威胁捣乱，越狱自杀，种种卑劣的手段无所不为”；“克服这种情况，（需要做）艰苦工作，（对他们开展）尖锐的思想斗争”，“我们一方面宣传党的政策，宣传劳动翻天覆地的伟大性与他们（被管训人员）在新社会的前途，另一方面在内部组织实际劳动，使其在实践中克服某些恶毒的谣言和害怕劳动的思想”，“在客观发展有利条件下，特务分子的思想逐渐改变”，“大部分特务接受劳动改造”，“其中一部分逐渐觉悟，把前途寄托在劳动中”。总结最后指出：“劳动改造，是当我们全国胜利之后，消灭特务的重要方法，不但在我们的工作中指出了明确的方向，而且给特务分子指明了前途，因此，它在反特斗争中的力量是无可比拟的。当我们未提出劳动改造时，很多特务怀着各种鬼胎与幻想，有些是悲观失望，苦闷终日，提出劳动改造虽然一度引起激烈的反抗情绪，但经过教育之后，特务分子是能够逐渐接受的，打消了很多莫名其妙的思想，克服了某些人的悲观失望，觉得有路可走，对弄清问题方面，是有极大意义的。”《清河训练大队九个月的总结报告》比较系统深刻地总结了清河大队短短 9 个月的工作，更回答了劳动改造初创时期遇到的实践与理论问题，为毛泽东劳动改造罪犯思想理论的贯彻执行与落地、生根、结果起到了培土、浇水、捍卫的作用。在这方面的文件还包括 1952 年以前北京市公安局管训处的工作总结。

（二）新中国创建第一个劳改农场——清河农场与中央办公厅的回信

新中国第一个劳改农场是在冯基平直接领导下创建的。《冯基平传》完整地记述了他领导清河农场初创时期的艰难历程。1990 年 2 月 25 日，安林在清河农场建场 40 周年时无限感慨地回顾了创办新中国第一个劳改农场的艰苦历程，他说：“清河农场由创办到发展，一直得到上级领导的关怀和支持，特别是冯基平同志对我们这个劳改农场的创建，是尽了最大力量的，是长期领导我们的。”

1949 年 11 月 16 日，清河训练大队李一平与梁文英等人到河北省滨海地区宁河县考察劳改农场的创建。1950 年 2 月 24 日，新中国第一座劳改农场——清河农场诞生，场长兼政委安林，副政委李一平，副场长梁文英。为什么要建清河农场？《冯基平传》指出：在清河训练大队“清河织袜厂的实践中，冯基平更进一步体会到犯人的思想改造与劳动的关系。离开劳动，就无法实现对罪犯的思想改造”。“当时的清河管训大队被管训人员不断增多”，劳动改造发展受到限制，“亟须一个较大规模的劳改农场”。“不能把犯人集中在城区之内。从保卫首都社会治安、保卫党中央的任务出发，从改造犯人使其成为自食其力的劳动者的目的出发，他越来越感到建立劳改农场的迫切和必要性”，“冯基平办劳改农场的意见得到公安部长罗瑞卿的支持”。全国大规模组织罪犯劳改工作是在1951年肃反运动中。1951年5月，毛主席在第三次公安会议决议中指出：“大批应判刑的犯人，是一个很大的劳动力，为了改造他们，为了解决监狱的困难，为了不让判处徒刑的反革命分子坐吃闲饭，必须立即着手组织劳动改造工作……组织犯人劳动，从事大规模的水利、筑路、垦荒、开矿和造屋等生产建设事业。此事极为艰巨，又极为紧急，必须迅速地获得解决。”这是毛泽东在《论人民民主专政》发表以后，又一次有关劳动改造的重要论述，被全国劳改理论界概括为著名的“三个为了”。他阐明了组织劳改工作的亟须和宗旨。在全国大规模开展罪犯劳动改造之时，清河农场已经建立一年，而且取得改造与生产的丰硕成果。北京罪犯劳改的先行实践，为贯彻毛泽东“三个为了”积累了经验。《中国法学会原会长王仲芳访谈录》中记述了他的一段真实的经历和感受。王仲芳在访谈录中说：“在1950—1951年期间，我随罗部长到清河劳改农场，当时农场主要是种稻子，用稻草造纸。我记得1950年清河劳改农场的场长是李一平，这个人实干精神很强。监管人员的工作非常辛苦，但成效极为显著。罗部长亲自找犯人谈话，回去后向毛主席汇报。毛主席后来让作家曹禺去了一趟。曹禺很感动，写出了《朽木里长出了绿芽》的文章。我还记得这样的事，那个地方出螃蟹，晚上住在那儿，灯一亮，有的螃蟹竟自己爬到屋子里床底下。”从王仲芳访谈录中我们可以对清河农场初创时期取得的成功总结以下几条经验：第一，有一个在市委及冯基平坚强领导下，在毛泽东《论人民民主专政》劳动改造罪犯思想指导下，“实干精神很强”的领导班子。第二，发扬艰苦奋斗的“延安精神”。第三，具有谦虚谨慎、创新发展的工作精神。第四，具有感天动地、枯木逢春的改造精神。

清河农场罪犯改造劳动的特点是以高强度体力支出的农业劳动方式进行的。清河农场地处天津塘沽，创建时，这里是一片辽阔的盐碱荒滩。《冯基平传》有一段感人的描写：1949年年末的寒冬，“首批建场的开垦者在呼啸的北风中，面对着渤海湾这一望无垠的盐碱地，只见红蒿遍地，芦苇丛生，枯枝败叶在北风中瑟瑟抖动。他们搭起了简单的席棚，在冻土上挖出地灶，便开始了建场土地规划”。这段描写，真实地反映了当时的艰苦环境和艰苦斗争。

就在清河农场初创伊始，冯基平向安林、李一平、梁文英交代了建场的任务和安排，即："当年建场，当年出粮""一边盖简易房，一边进犯人"；"无论如何要在当年种上庄稼"，"不仅要抓好改造工作，还要把粮食生产搞上去"，绝"不能让这些犯人再向北京要粮食吃"。在建场任务明确以后，冯基平还与农场领导认真分析茶淀的土壤、水源、气候、种植的特点和面临的困难，认为"首先必须抓机械和水利这两件大事"，"在春播前开出荒地，引进水源，顺利进行春播"。但就在春播日益迫近的时候，一些被强制劳动的犯人出现了抵制劳动，抗拒改造，趁机散布不满情绪的情况，给农场的工作带来很大的困难。一个军统特务在给妻子的信中写道"……荒漠席棚，风雨不遮，一日三餐高粱米，终日不得一饱。名为管训，实则受难，晚间遍体疼痛，辗转不能成眠。精神肉体两受毒刑……"冯基平了解到这些情况后，在席棚地里召开干部会，他肯定了清河农场全体干部职工的工作，鼓励同志们发扬延安精神，他说"如果 5 月底之前完不成修渠任务，不要说扩大生产，就连当年开荒当年产粮的任务也成了一句空话。必须抓住当前的主要矛盾，坚持对犯人的思想改造，光犯难是不行的。要采取具体的有效措施，在强制的前提下，促进犯人对劳动认识的转变"。冯基平还进一步明确指出："一定要惩恶扬善，要严格管制那些敌视政府、对抗劳改、散布反动思想的犯人，打击他们抗拒劳动改造的嚣张气焰，与此同时，对犯人中出勤率高的，认真参加劳动、积极改造的，要予以大力表扬和奖励。必须恩威并重。同时根据实际情况，在强度大的劳动中，要抓好犯人的伙食，认真安排好犯人的生活。"根据冯基平的指示，清河农场迅速召开了一次重要的会议。会上，农场大力表扬了劳动改造好的人和事，对抗拒劳动改造的反改造分子，宣布成立"特别劳改队"，在武警看押下，实行强制劳动，定下劳动指标。大会同时宣布将改造态度好坏、出勤和劳动工效与服刑期长短挂钩。清河农场在这场改造与反改造的尖锐斗争中取得完全的胜利，完成了 5 400 亩的水稻插秧任务。清河农场经过艰苦奋斗，胜利地实现了当年建场当年收获的目标。《冯基平传》指出："清河农场从 1950 年 2 月至 1951 年 3 月，仅一年时间，便初具规模。至此，已建立新村八处，盖房 2 200 余间，修桥 13 座，挖渠 150 余万土方，设电力扬水站二处，全场装上点灯、电话"；"创办油印刊物《改造园地》；结合农场需要，办起了砖厂、碾米长、草袋厂；总计开荒 7 000 亩，收稻 260 万斤"，"附设了养鸡、养鸭、养猪、养牛、养兔等副业，为将来发展奠定了经济基础"。1951 年 6 月 29 日，在建党 30 周年之际，清河农场全体党员怀着无比激奋的心情，场长李一平等人通宵写了一封汇报信，经彭真转给了毛主席。信中汇报了清河农场全体党员“衷心地执行着您所规定的对反革命分子实行劳动改造的方针”所取得的成就，“在对反革命分子执行劳(动)改(造)方针的具体工作中，我们已开始有所体会”，并表示，清河农场全体党员“时刻记取您的教导：戒骄戒躁，谦虚谨慎，努力提高我们的政策、业务水平……一方面发展生产，增加国家财富；一方面进行管制教育，不断地从思想上歼灭敌人”。毛主席看了汇报信后特委托中共中央办公厅秘书处回信：“北京市委转北京市公安局管训处清河农场总支全体党员同志：六月二十九日致毛主席信及相片一套均已收到。清河农场对反革命分子的劳动改造已获得很大成绩，这是你们艰苦工作的结果。希望在已有的工作基础上继续努力。此致敬礼中共中央办公厅秘书处七月十日。”这段历史已成为全国罪犯劳改初创时期的佳话，永远铭记在干警心中。

(三) 彻底改造旧监狱与清河袜厂享誉全国的金双马牌袜子

在中国监狱学会监狱史学专业委员会编的《我所知道的新中国监狱工作》中，中国法学会原会长王仲芳访谈录和司法部劳改局原局长李均仁访谈录都谈到新中国成立初期监狱由法院移交给公安管理的情况。王仲芳说：监狱工作移交给公安管，是朱老总(朱德总司令)提出的，他说“法院是搞文的，管劳改，武装在公安手里，监狱工作宜交公安管”。李均仁说：“1950年，中央对法院管监狱发现一些问题。朱德曾说过，法院是搞文的，没有武装，这不行，劳改宜交给公安管。这时决定监狱移交公安管的原因大致有三点，一、当时接受的旧监狱看守所大都破破烂烂的；二、当时在法院工作的有些人员还是旧职人员，思想没转过来，没法管理新中国监狱；三、法院是搞文的，罪犯宜交公安管。公安管理监狱对罪犯有威慑作用，能管得住，管得好。”事实证明中央的决策是非常正确的。1950年6月1日，北京市人民政府命令将市人民法院所属监狱、看守所移交给市公安局；7月1日，北京市公安局接管了(位于右安门内的)北京市监狱。

北京市监狱成立于清末民初中国监狱改良时期，建成后，成为北洋政府和国民党反动政权的重要统治工具。北平解放后，北平市人民政府迅速接管了北京市监狱(当时是河北北平市监狱，新中国成立后定都北平，北平改为北京，河北北平市监狱改为北京市监狱)。毫无疑问，北京市监狱将成为新中国人民民主专政的重要工具，将履行人民民主专政惩罚与改造罪犯的职能。北京市公安局接管后，立即对旧北京市监狱进行了彻底的改造，首先，废除原北洋政府和国民党政府的一切法律制度和监狱的法规规章，变半殖民地半封建社会的监狱为新民主主义社会的监狱，执行人民民主专政的惩罚与改造、劳动与教育相结合的属于人民民主专政性质的劳改工作方针和政策。其次，改造旧监狱环境，打破旧监狱分房、杂居式监舍，扩大监舍囚窗面积，使囚室采光通风。监区建厕所。再次，将罪犯军事编队，实行分关、分管、分教。最后，组织罪犯劳动改造。北京市监狱罪犯改造劳动的特点是以机械化技术含量较高的工业劳动方式进行的。组织罪犯劳动改造是新中国监狱的本质特征。新中国成立初期，北京市监狱为罪犯提供了多种劳动改造的手段，其中清河训练大队撤销后清河袜厂改称北京市清河电机针织厂，刘向军任政治委员，于 1951 年 11 月并入北京市监狱。这个厂在 20 世纪五六十年代甚至 70 年代成为全国著名企业并创造了全国轻工业产品著名商标“金双马牌袜子”。

二、对罪犯实施劳动改造的理论与成就

对罪犯实施劳动改造工作初期，在毛主席《论人民民主专政》劳动改造罪犯思想指导下，总结劳动改造罪犯工作实践，在劳动改造罪犯工作理论创新上取得了重要成果。主要内容包括三个方面：一是劳动改造罪犯首先是要强制进行，有强有力的机构、干部和武装，“只有镇压捣乱分子，才能促使其他特务规规矩矩地生产”；二是劳动改造罪犯是一项宽大政策，正是这一理论判断实现了对罪犯由被强制行为转化为积极自觉地改造，由专政的被迫的消极因素转化为革命的人道主义的积极因素；三是劳动改造罪犯是“当我们全国胜利之后”，最后消灭“阶级敌人”的最好办法，是“肃特”斗争的重要方式（也被表述为是最后消灭阶级敌人的斗争形式或是对于反革命分子最后的歼灭战），“不但在我们的工作中指出了明确的方向，而且给特务分子指明了前途”。这一理论的判断，强调的重点就是通过劳动改造实现“最后（地）消灭”敌人，最后地消灭“剥削阶级”。正如《冯基平传》指出的：“劳动改造必须强迫进行，这是基本的”，在强迫劳动中“必须注意方式方法，要坚持耐心细致的思想工作”。在劳动改造中“促进犯人的思想改造，是十分艰巨的任务，根本的一条是要促使犯人内因起变化，这就要求在强制劳动中进行深入细致的教育、政策感召的工作”；“必须向犯人指出：劳动改造是人民政府对反革命罪犯的宽大措施，是对他们的拯救，是他们的唯一出路与前途。必须打破他们思想上的幻想与侥幸心理”。公安部部长罗瑞卿曾

深刻指出:“对罪犯强迫劳动是彻底消灭反革命的重要手段,也是彻底改造犯人成为新人的基本政策。这里也包含着极端重要的政治意义和经济意义,该犯人以一个罪犯的身份进来,以一个熟练的劳动者身份出去。因此,不但在生产上培养其劳动技能,并要对其进行思想工作,否则不能成为新人。”1951 年,罗瑞卿在第四次全国公安会议上所作的《关于为彻底肃清反革命的残余势力而斗争》的报告中,更从理论上深刻指出:“如果我们对于反革命分子只会侦察、破案、审讯,而不懂得去改造他们,那么,我们的工作只是做了一半,也许还不是很重要的一半。只有既懂得并善于打击反革命分子,又懂得并善于改造那些可能改造的反革命分子,才能彻底地消灭反革命破坏活动,也才利于最后彻底消灭反革命阶级。”《中国法学会原会长王仲芳访谈录》里王仲芳说:“这段话是我起草的。这段话起早时,我翻阅了大量的有关资料,主要是依据《列宁全集》第 33 卷第 256 页上的一段话,‘马克思主义要求考虑客观条件及其变化;应当根据这些条件具体的提出问题;现在根本的变化就在于俄罗斯苏维埃共和国已经建立,不管是对于我们或者从国际社会主义的观点来看,保存这个已经开始了社会主义革命的共和国是高于一切的’。这样一个完整的改造罪犯的思想和理论被坚定不移地树立起来,并被贯彻在首都劳改初创时期改造罪犯的全过程。”

1950 年,《北京市公安局管训处劳改工作总结报告》初步概括了这一理论的内容,指出:“我们的劳改处所,既是国家执法机关,又是国家生产机关,既要强迫又需积极,在工作中一方面以一定兵力严密警戒,用以强制,在生产上军事管理,命令行事,按单位分任务,实际上是强迫完成;另一方面则适时地号召动员,发动竞赛夺红旗,实行评比奖惩,抓监督检查,注意利用特务的知识和生产技能,贡献于人民,加强劳动观念的教育,借以发挥高度的劳动效率,因此特务在劳动中一直是紧张积极的。到 1951 年底,这一理论已完全发展成熟并用于指导改造工作实践。其中一个最具标志性、成果性的实践活动,即是在罪犯劳动过程中,开展以争创劳改积极分子为内容的罪犯改造评选活动。改造评选活动蓬勃开展并取得极大的成功,就是基于‘劳动改造罪犯是一项宽大政策’,‘必须向犯人指出:劳动改造是人民政府对反革命罪犯的宽大措施,是对他们的拯救,是他们的唯一出路与前途’的理论判断。它是劳动改造罪犯理论最核心的部分,它承接了‘强制’性,开启了‘最后消灭’的办法和方式,也是劳动改造能够长期成为三大改造手段之一的理论基础或成为与各种反对劳动改造思想和理论进行斗争的有力武器。”

三、初创时期对罪犯实施劳改工作的历史意义

（一）开创初心，传承使命

冯基平与创建清河农场干部、职工一起开创了首都监狱（戒毒）工作的初心。这种初心就是“艰苦奋斗、自力更生、忠诚党的劳改事业”的精神。时至今日，遵照习近平总书记“不忘初心，牢记使命”的要求，回顾重温了70年前的人和事，通过一系列当年的事实，论证首都对罪犯实施劳改的实践成就和理论创新，在新时代、新征程上，目的就是从前辈那儿汲取精神力量，传承他们的精神，再创属于今天的辉煌。

（二）践行理论与实践相结合的实事求是的思想路线

劳动改造是对人的改造。过去我们叫劳改农场、劳改工厂，肯定了它不是简单的生产单位；现在我们叫监狱（戒毒）。历史告诉我们，理论与实践相结合的实事求是的思想路线，将使我们的事业永远立于引领时代的潮头。

狱政管理

1950—2000年间的上海跨省调犯

徐家俊*

内容摘要 从内地调遣罪犯到边疆是国家部署的需要，既缓解城市的压力，也起到建设边疆的作用。本文从调遣罪犯的组织结构、送达地点、调遣标准等方面展开论述，并指出从内地调遣罪犯到边疆的意义和作用。

关键词 调犯 内地 跨省 边疆

1951年4月20日，毛泽东主席对中共西南局一个文件上中指出："将许多犯人判为无期徒刑，离开本县，由国家分批集中从事筑路、修河、垦荒、造屋等生产事业。……其好处是在经济方面有利，在政治方面也有某一方面的利益。"① 1952年6月召开的第一次全国劳改工作会议决议中也指出："劳改区域和生产对象要适当加以调整，即国防要地、大城市、重要工业区以及人口稠密、耕地不足的地区不宜发展大规模的劳改生产事业，而应有准备地稳步地分时分批地向地广人稀的西北新疆、华北绥蒙、东北北满、西南川南、西康、华东苏北滨海等地区转移集中。"

上海是中国最大的工商业大都市，带江襟海，处于海岸线的中点，但解放初期占地仅600多平方公里。②为适应形势和国家建设的需要，上海从1950年起，将大批犯人调往外地服刑(简称调犯)。调犯系上海监狱工作的一项重要任务，本文就1950—2000年间上海的调犯情况作一梳理。

一、调犯的组织机构

1949年5月27日上海全市解放获得新生，次日，提篮桥监狱被上海市军

---

* 徐家俊，上海市监狱管理局史志办原主任。

① 转引自王福金：《中国劳改工作简史》，警官教育出版社1993年版，第49—50页。

② 1958年原属江苏的松江、嘉定、崇明等十县划入上海，使上海的地域面积增加到6 300多平方公里。但是上海在全国四个直辖市中，地域面积仍然为最小的一个，重庆约8.2万平方公里、北京约1.7万平方公里、天津约1.2万平方公里。

管会派员接管，经过改造整顿后成为新生政权的刑罚执行机构。6月1日开始收押犯人，9月21日挂牌成立“上海市人民法院监狱”，年底押犯数就达到15 170人(含未决犯)。1951年全国范围内开展镇压反革命运动后，监狱押犯数量大，监舍拥挤，当年新收押人数为39 099人。①

为了改造犯人，为了不让他们坐吃闲饭，为了解决关押场所的困难，上海按照公安部的统筹安排，分批调押犯人去外地从事开荒、水利、筑路等劳动，让他们在劳动中改造思想。1950年4月及1951年3月，上海多批犯人调往陕西延安。当时调犯的火车到达陇海铁路的车站后，犯人要通过步行到达延安。调犯组织机构按军队编制，在行军中成立“行军总队部”，按总队、支队、大队、中队、小队、班，层层编定。总队有正副总队长、政委，总队部设文书、参谋、设营三个组及警卫部队；最基层旳班，每班10—12人。1951年3月，上海市公安局设立管训处，负责监所管理和调犯工作。办公地点设在江西中路180号，不久迁至长阳路147号。同年5月，监狱从法院建制改为公安建制后，上海市公安局成立了由上海市公安局邑庙分局分局长杜蔚然任副处长的市公安局管训处专管调犯工作，并配备专门班子。1952年8月，上海市公安局劳改处成立，管训处撤销，调犯工作归劳改处管教科负责。1959年9月初，劳改处设立专事调犯的遣送办公室，由提篮桥监狱副监狱长翟云龙负责。20世纪60年代初，随着社会治安情况的好转，上海监狱系统犯人收押人数大幅度下降，调犯相应减少，劳改处遣送办撤销，其调犯工作复归劳改处管教科负责，1964年12月，上海市公安局劳改处升格为上海市公安局劳改局，调犯工作由劳改局管教科牵头。

20世纪初期，调犯的随行干部由市公安局政治部从上海公安系统干警中统一调配。当调犯任务下达以后，市公安局政治部就向各分局、市局各处室抽调人员，确定名单，对他们举办短期集中学习教育，讲形势、谈政策，谈调犯的重要作用及意义，同时有局领导及接收地区的负责人作报告，讲述接收地区的概况及今后的发展远景。这些干部均迁出户口及供给关系，随调犯同时调往各地。他们从接到组织通知到告别家人，打好行装出发，一般一星期左右。当时不少领导干部率先带头，如上海解放后第一任提篮桥监狱典狱长武仲奇(后改名为武中奇)于1951年秋调任安徽治淮总队(劳改单位)副司令员兼参谋长，一同调去的还有监狱秘书科科长宁模、管教科科长盛稼夫和孙家富等人。随着大

① 麦林华主编:《上海监狱志》，上海社会科学院出版社2003年版，第39页。

批犯人调往外地，许多干警离开上海奔赴边疆内地累计约几千人，不少干部家属子女也一同前往，扎根外地。如1951年10月中旬至11月上旬，上海分4批调犯人4 000人去治淮总队，随调干警每批38人共计152名；12月又分4批调犯4 000名去皖北，随行配备干警193名一同前往；1955年7月1 200名犯人调往黑龙江，随调干部47名并携带家属子女一同前往；1958年上海调遣25 013名犯人、43 342名劳动教养人员去淮北，当年配备干部568名一起前往，其中一批有98位干警及298名家属子女随车同往。20世纪70年代起，大批量调犯的干警由过去的随车调往，改为把犯人送达目的地以后，干警则随专列（或另行乘车）返回上海。

1983年"严打"以后，监狱犯人激增，调犯又一次成为上海监狱系统的一项重要任务。每次大批量的调犯均由监狱管理局统一部署，成立调犯指挥部，由监狱管理局领导任总指挥，管教部门的领导等任副总指挥，并负责总体工作，监狱局政治部负责干部配备，后勤、财务等部门协助后勤保障等。调犯结束，执行调犯的干警返回原单位。

二、调犯送达地点、人数及特点

1950—2000年，半个世纪来，上海调犯送达地点几乎涵盖全国各省份，从时间上看，大体可分为三个阶段。

（一）第一阶段1950—1965年

这15年期间，上海的调犯去向，主要为延安地区、安徽为主的治淮工地、西北边疆地区和位于福建的鹰厦铁路工地。

延安，位于陕西北部，历史上该地处于"边陲之郡"和"五路襟喉"的特殊地位。20世纪上半叶，刘志丹、谢子长创立的陕北革命根据地，成为中央红军长途征战的落脚点。1935—1948年，是中共中央的所在地，解放斗争的总后方。解放初期，延安接收了北京、江苏、安徽、上海、浙江、广东等地的大批犯人。1950年4月25日，上海解放后第一次调犯228人就调往延安，1951年上海又多次向延安调犯，累计3 400多人。①

---

① 麦林华主编：《上海监狱志》，上海社会科学院出版社2003年版，第263页。

淮河发源于河南省桐柏山，流经河南、安徽、江苏三省，全长1 000多公里，流域面积达21万平方公里，历史上淮河经常发生水灾，长期来祸害不断。治淮系解放初期全国性的重要水利工程。1951年春天毛泽东发出了“一定要把淮河修好”的号召，随着大规模治淮的开展，20世纪50年代至60年代初期，安徽淮北地区的治淮工地是上海调犯的主要送达地点，所以从1951年10月开始，上海大批犯人调往淮北参加治淮，仅1951年第四季度就调犯11 000人，1952年和1953年分别为1 500人和552人，他们大多在津浦铁路的临淮关下车，步行或乘车到工地。从1950—1965年这15年中，上海集中向外调犯中，一半调往安徽参与治淮。如1954年有24 500多人、1955年有1万多，1957—1959年有2万多人，1960—1964年累计有1.4万多人。1954年上海2 000犯人调往河南，也是参加治淮。

西北边疆地区主要是新疆、青海、内蒙古、甘肃、黑龙江等地。

根据战备需要，1955年中央决定从江西鹰潭到福建厦门修筑一条鹰厦铁路，全长695公里。为加快工程进度，中央批准组织上海、福建、浙江两省一市3万多犯人投入筑路工程。上海调去的1.5万人编为两个大队，分属铁道兵10师、11师，即8510、8511部队领导，工地在福建省的光泽、邵武一带。

1950—1965年间，上海向外地调犯14.1万多人，约占1950—2000年调犯总数的86%；按人数统计，调犯数在8万以上的有安徽，1.6万人以上的有青海，1.5万人以上的有福建，6 000人以上的有新疆，5 000人以上的有黑龙江，3 800人以上的有江西，2 000人以上的有浙江、河南、陕西、山西，1 500人以上的有江苏，1 000人以上的有内蒙古，600人以上的有甘肃。①

（二）第二阶段1966—1976年

该阶段正值“文化大革命”时期，全国的劳改单位受到严重破坏，劳改单位是个重灾区，耕地损失60%，流动资产损失20亿元；1965年全国有劳改单位829个，加上其他事业单位共977个，至1971年只剩下485个，比1965年减少了492个。②上海向外省调犯数量明显减少，1966—1975年间，上海先后将1 136名犯人调往青海、江西、江苏等省。③1968—1971年、1976年无批量调犯

---

① 麦林华主编：《上海监狱志》，上海社会科学院出版社2003年版，第263页。

②③ 中国监狱工作协会编：《新中国监狱五十年》，法律出版社2019年版，第159—160页，第173页。

去外省。调去的约占1950—2010年调犯总数的0.07%。

（三）第三阶段1977—2000年

从1977年起，根据公安部的部署，上海启动向外地，特别是大西北地区大批量调犯。1977年上海首先向青海调犯1 500人，1978年向宁夏调犯1 000人，后来上海又向青海、新疆、江西等地批量调犯。1983年7月根据中央的统一部署，上海监狱、劳教系统整建制地从公安移交给司法系统。随着严厉打击刑事犯罪活动的开展，上海监狱系统犯人收押量激增，根据司法部的统筹安排，1983年9月16日上海首批通过专列向青海调犯800名，同年10月11日，上海又向青海调犯800名。媒体上曾公开报道，如1983年10月17日《上海法制报》曾刊发消息："本市又押送一批罪犯去西北劳改"。1983年11月、12月，上海分两批，每批800人向新疆调犯；1984年1月2日，《上海法制报》报道："本市又两批押送罪犯去西北。"以后上海先后分批集中向青海、新疆、辽宁、湖南、贵州等地调犯计17 000余人，其中调新疆12 000人，调青海2 400人。1977—2000年上海调犯约占1950—2000年间上海调犯总数的14%。①

总之1950—2000年，上海共向外省调犯16.4万人，以上人数不包括转送外地司法机关处理的人犯，及向上海市属苏北大丰的上海农场及皖南的白茅岭、军天湖农场(监狱)。其中有女犯2 000多人先后调往安徽、青海、江苏、新疆、贵州、江西、浙江等地。②不少犯人调往外地后，不仅改造思想，而且在劳改场所发挥了技术专长，刑满释放后留场(厂)就业，有的还作出了显著贡献。如潘某1958年调往黑龙江，刑满释放后曾被评为全国先进生产者；马某调往安徽，刑满释放后，努力工作于1958年评为安徽省先进工作者。

三、调犯对象

20世纪50年代初期，上海调押外地的犯人一般是无期徒刑，有期徒刑20年以下，有期徒刑余刑在2年以上，年龄18—50岁，身体强壮，无严重疾病和残疾者。有时根据工作需要，每批调犯对象略有不同，如1951年调往安徽治淮总队的1.1万人中，刑期均在2年以上，10年以下；20—45岁的约占86%，20岁

---

①② 麦林华主编：《上海监狱志》，上海社会科学院出版社2003年版，第263页，第462—463页。

以下的占2%强、46—55岁的占11%强。1954年，上海调犯对象系有期徒刑余刑一般在1年以上、15年以下，年龄18—50岁，身体强壮，无严重疾病和残疾者。被调送的犯人每10人编为一个小组、十个小组为一个中队，小组(队)、中队的犯人按刑期长短、年龄大小、文化程度不同等混合编成，对同案犯、同学、同乡等则分散编组。每小组设定一个生活、学习组长。

20世纪50年代调犯对象绝大多数为判处无期徒刑、有期徒刑的反革命犯、一般刑事犯，对老弱病残犯、外国籍犯等均不调往外地。1952年，也有少数未决犯调安徽参加治淮劳动。调犯中绝大多数为成年男犯，但1956年也有500名18周岁以下的男性少年犯调往山西。被调往外地的犯人中，也有个别在社会上一定范围内有知名度的人员，如旧上海外滩中央银行保管科职员陈××，他于1946年5月监守自盗一块重达543两2钱3分的银行金砖，把该金砖抵押后从事股票买卖，后又把金砖融化成几十根金条尽情吃喝玩乐。案发潜逃1个月归案后被法院判处无期徒刑(解放后被人民法院改判为有期徒刑)，陈××于1951年12月年被调往皖北治淮。又如毛泽东《在延安文艺座谈会上的讲话》中曾提到的作家张资平，1955年被捕，后判刑20年，于1959年7月调押安徽。50—60年代调往外地的犯人刑满释放后，按照当时的政策大多数留在当地留场(厂)就业。

1983年"严打"初期，大多数调犯属于全国人大常委会通过的《关于严惩严重危害社会治安的犯罪分子的决定》中确定的"七种打击对象"。20世纪末21世纪初，随着监管改造工作的需要，对调犯对象的条件也有一定的调整，有的根据不同地区也有一定的区别。如1999年8月，调往青海的对象，男犯45岁以下，女犯40岁以下，身体较好，无残疾、无传染病、无严重慢性病，具有正常的劳动能力，余刑3年以上，刑期20年以下。2000—2001年多批调往新疆的犯人，新疆籍少数民族犯余刑1年以上；非新疆籍的汉族，原判刑期10年以上，余刑5年以上，年龄在45周岁以上，能参加正常劳动或有文化和技术特长的。

四、技术犯的调遣

在押犯人捕前从事过各种职业、各种工种，其中一些人员也具有一定的专业技术或专业知识，为了合理使用犯人，并充分发挥他们的技术专长，支援各省份的生产建设。在20世纪50年代中期到60年代中期，根据公安部的要求，犯人中凡是曾经担任过工程师、技师、技术员、医师、医师助理、化验师、司药、调剂师等工作或者具有同等技术条件者，以及工业、农业、水利、财政、统计、贸易等大中专学校或中等专科学校毕业者，还有文艺特长或曾为技术骨干的犯人，除了在各地监狱场所使用改造外，一度还须单独列出名单作为“技术犯”，根据公安部的安排进行调配。据不完全统计，1956—1964 年，上海曾多批调押各类技术犯去外地，累计 900 多人，其中人数最多的为安徽省有 500 多人，其余还有江西、青海、贵州、山西、辽宁、陕西，江苏、新疆、北京、山东、河南、内蒙古、黑龙江、吉林、新疆兵团、云南。1978 年以后，上海根据公安部、司法部的安排或外省市劳改管理部门要求继续向外省调送技术犯。如 1978 年 1 月向江西调送 65 名技术犯。①

调往外地的技术犯虽然数量不多，他们在监狱干警的教育下，在各地服刑期间表现较好，在劳动生产中积极发挥了技术专长，对各地的劳改生产起到了较大作用，有的还作出很大成绩，不少人刑满释放留厂（场）就业后成为该厂（场）的生产技术骨干力量。如最为典型的是王灿文，他生于 1920 年，福建永定人，初入厦门大学电机系，后转入重庆国立交通大学，抗战胜利后到上海，解放后被留用，1950 年因犯贪污罪，被判处死缓二年，后减为无期徒刑。1955 年夏天，他作为技术犯从上海调往辽宁省锦州监狱，在劳动生产中刻苦钻研，解决了许多技术难题。1957 年 7 月假释，1959 年 9 月特赦。从 1960 年起，王灿文设计制造成功中国第一座真空感应炉和第一座电子轰击炉，填补了中国真空冶炼设备的空白，成为著名的冶金专家。1965 年 2 月 21 日，在全国工交会议的汇报会上，在谈到王灿文的发明情况时，毛泽东说，“劳改犯办了许多事”，“在一定条件下，他们能做很多的事。有功的可以摘帽子，有的还可以奖励”。周恩来说：“这样可以调动其他犯人的积极性。”②王灿文后曾任辽宁省政协常委、锦州市政协副主席、九三学社锦州市主任委员，获国务院特殊津贴。

五、调犯工作无小事

20 世纪 50 年代上海押犯调往外地，其人数、对象、目的地、出发日期、到达

---

① 麦林华主编：《上海监狱志》，上海社会科学院出版社 2003 年版，第 264 页。

② 中国监狱工作协会编：《新中国监狱五十年》，法律出版社 2019 年版，第 119 页。

日期等都由公安部统一布置，由公安部向犯人调出地、调入地，铁道部以及调犯途经的省份作出严密布置。上海监狱管理机关接到部调令后，即与担任押犯任务的武装部队（初期称公安部队，后称武警部队）负责人组成调遣指挥部，建立值班、警戒、瞭望、联络、会务、供应等制度。在调犯出发前，做好充分的准备工作，使大家明确任务、路程、调犯目的地和分工措施。如 1955 年前后，公安部下达文件要求，调犯前的工作包括：(1)材料准备，对犯人的档案材料应及时抽调干部进行查对整理，做到每名犯人有案卷、有判决，随犯人带往接收地区，以利今后的管理。(2)物资准备，调犯的囚衣被（冬天的御寒）装备作充分准备。对运行途中的干粮，所需要的物品器具，如干警的手电筒、每一车厢（车皮）配备大锁两把、水桶二个、便桶二个、扁担一条，手铐若干。[①]在调犯出发前，对被调往外地的犯人积极做好思想教育工作，一方面对他们进行集中学习教育，阐述政策，指出外调的目的、去外地参加劳动改造的作用和意义、调押途中的要求，另一方面向犯人介绍有关地区的情况，消除疑虑，稳定情绪，组织他们进行讨论。同时，干部组织犯人家属会见、送物，对犯人储存的现金、衣物等由监狱清点造册（列表），会同调犯的接收单位与犯人当面逐项核对后，由犯人签名捺印。还有做好其他一些未曾了结的事项。

20 世纪 80 年代以后，监狱还组织被调犯人收看相关录像和专题片，并根据“管理从严，生活适当从宽”的原则，让犯人集中时间发信，安排家属会见，送物，发给犯人囚衣被和生活必需品。对被调犯人存放在狱中的现金，列表造册，移交接收单位。在组织调犯工作过程中，对所调押的犯人进行严格检查，严禁犯人夹带刀、剪、锉、锯、棒等违禁品和现金、粮票，以杜绝犯人在押解途中发生脱逃、行凶或自杀。

1951—1998 年，上海向外省调押的犯人全部集中关押在提篮桥监狱；从 1998 年起改在位于市郊青浦区的新收犯监狱（被调的女犯集中在女子监狱）。20 世纪五六十年代，被调犯人大多在江湾车站上火车，乘棚车（闷罐车）前往目的地。在调犯途中，得到铁路沿线各级部门的支持配合。路途长的，上海监狱系统另派出先遣人员，在沿途停靠点设临时茶水站，向犯人供应茶水和稀饭。调犯途中，特别在犯人的上车、下车、开饭、倒便桶、办理交接等流动性较大的活动和夜深人静时更注意动向，严密控制，加强警戒。茶水站每天以早、中、晚设

---

① 《公安部 1955 年度全国调拨罪犯工作几项具体规定》，(55)公劳字第 18 号文。

立三个，各车站一般相隔4—6小时左右；专列停车时，对各车厢提供开水。在炎热的大暑天提供给犯人洗脸擦身的冷水，预防中暑。解放初期，铁路设备较差，西北地区有的车站没有水源，当地公安机关发动群众从五六里远的地方烧好开水，挑到车站。其间，对部分调往安徽乘坐轮船通过长江航道到达目的地的犯人，对轮船的四边加挂安全网和消防、救生设施，并向船员提出具体要求及落实措施。

1983年7月开始，上海每批调犯均有上海监狱管理局领导带队，干部严密组织、严格管理并配备武警分队押送，切实做好思想教育，合理编组，配发衣物，搞好饮食卫生。干警深入现场，尽力为犯人解决各类实际问题，帮助犯人催讨捕前的合法私人财物、处理民事纠纷，查找索取被看守所暂时冻结的物品，成全外地籍犯人与上海亲戚会面，合理合法地做好应尽责任，如有的犯人提出在上海镶好牙齿再走，干警则及时与医院预约试样，在出发前帮他装好假牙；有的犯人狱中参加大专函授班学习，已经交付了学费，学程一半，干警则积极与校方联系，帮助他领回剩余的学杂费。

1984年3月23日，上海800名犯人调往新疆，上海在全国监狱系统中，首次把长期沿用的棚车专列改为客车专列，在列车车窗上安装铁栅。途中对犯人不铐不镣，安全送达目的地。司法部肯定上海的做法，并向各地推广。以后，上海监狱系统就一直使用客车专列调犯，并配备随车医生；人数较少时，则挂靠于普通旅客列车。上车地点大多在真如站（今上海西站），少数在上海站或上海南站。每节车厢为一个中队，下设10个小组，每组10名犯人，车厢内定人定座，不准私离座位，不准随便调换座位，做到人不离组，组不离队，把所有犯人置于相互监督、相互促进的氛围之中。干警轮换昼夜执勤，早晨拎水、倒水，给犯人提供盥洗服务，然后拖地板擦车窗，整理环境卫生。有时还由干警站在车厢两头，教犯人做健身操，转头、弯腰、扭腿，减少困乏，避免途中出现不适。专列中还对犯人宣布表扬、记功和减刑裁定；对犯人进行以法律、政策、纪律、前途为主要内容的定向教育，组织他们开展以“纪律好、学习好、卫生好、互助好”为内容的“四好”评比活动，向他们发放图书、扑克、棋类。列车上播放新闻、音乐、戏曲，介绍祖国河山，开展有奖智力竞赛、点歌，还组织有奖猜谜活动，奖品有牙膏、肥皂，圆珠笔、铅笔、日记本等。对个别遇到生日的犯人，给他们送上生日面（大排面）。

六、调犯的意义及作用

第一，为打击犯罪，巩固政权、维护社会安定，净化社会环境起到积极作用，同时也有利于缓解内地、沿海大城市的治安压力，解决监舍不足，改善关押条件。如解放初期，上海在短期内收押了大批犯人，1949 年 6—12 月收押 15 170 人，1950—1955 年分别收押 29 284、390 99、11 840、23 022、39 353、41 644 人①，通过遣送大批犯人去外地后，改善了犯人调出地监管改造工作的条件。

第二，培养犯人的劳动习惯，不让他们坐吃闲饭，减轻人民负担，为其提供生产劳动的场所，让他们参与垦荒、治水、修路等基本建设，如许多犯人参与了治理淮河水利工程，参与了梅山、佛子岭、花凉亭、月子口水库等重大水利工程，参与了包兰、鹰厦、集二、天兰等铁路的修筑；参与了西北、东北地区的开垦。正如国家副主席王震生前曾对司法部副部长李石生所说："向西北、东北调犯开垦荒地，劳改是立了功的。"②

第三，促进内地、边疆地区的经济发展。中国地大物博，人口众多，但各地基础及经济发展极不平衡。就以青海省为例，青海 1928 年建省，解放初期农业基础薄弱，人口较少，青海是接收各地调犯的主要地区。解放后青海劳改局下属单位最多的时候曾有 79 个农牧场、29 个工交建筑单位，加上家属和移民青年总人口达 25.7 万人。③1957 年青海监狱系统农业耕地面积占全省国营农场总面积的 98%、工业总产值的 52%，工业生产涵盖了人们日常生活的各个方面。1958 年，青海劳改局与青海农垦局合署办公，先后成立 8 个地区农垦局，不久撤销地区局，成立州农垦局(州劳改局)，并成立荒地勘察设计院。1959 年 4 月，省农垦局更名为农垦厅，继续与劳改局合署办公，州劳改局改为劳改分局。④

第四，为刑满释放的新人提供了发展的舞台。如解放初期安徽的工业基础较薄弱，原上海调犯刑满释放留厂(场)就业后，为安徽增加了技术力量，他们分布在全省水利、建筑、机械、农垦等系统的单位，为安徽省的工农业发展和建设

---

① 麦林华主编：《上海监狱志》，上海社会科学院出版社 2003 年版，第 175 页。

② 中国监狱工作协会监狱史学专业委员会编：《我所知道的新中国监狱工作》(第一辑)，第 11 页。

③ 青海省劳改局：《青海省劳改志》，1994 年版，第 20—21 页。

④ 《青海省志 · 劳动改造志》，青海人民出版社 2000 年版，第 13 页。

起到积极作用。如初期的江淮汽车厂原是劳改企业，基本上都是由上海、南京的调犯及刑释留厂人员组成，形成一定规模后划归省机械厅，巢湖铸造厂原来也是治淮总队某劳改支队的底子。

总之，自 1950 年至 2000 年，上海作为一个沿海沿江的大都市，除了收押、改造大批犯人外，还根据国家公安部、司法部的统一部署，向内地及边疆地区调犯 16.4 万，上海调犯人数最多的是 1954、1955、1958 年。调犯在上海监狱系统占有重要的地位，甚至在某些年份成为一项主要工作；在 20 世纪 50 年代，上海有大批公安劳改干警及其家属子女随着调犯需要，也义无反顾地离开大城市奔赴内地、边疆，在艰苦的环境下，为了当地监狱及各项事业贡献自己的春春与年华。

对GS省狱务公开的回顾、反思与展望

牟九安*

内容摘要 新中国成立70年来，GS省狱务公开历经相对停滞、初步发展和成熟稳定三个发展阶段。70年的狱务公开发展史告诉监狱及其管理者，要进一步发挥狱务公开在推进监狱健康发展中的作用，就必须消除人们在狱务公开上的思想误区，依法推进狱务公开，并做到基层探索和顶层设计相结合，强化统筹协调，讲究工作艺术策略，主动公开宣传报道，切实增强公开定力。

关键词 甘肃 监狱 狱务公开

监狱是惩罚和改造罪犯的重要场所，是维护社会公平正义的最后一道刑事司法防线。[①]狱务是监狱惩罚和改造罪犯的事务。狱务公开是指监狱将惩罚和改造罪犯的相关事务依法依规依序告诉外界，并主动接受监督的活动。[②]2019年是新中国诞生70周年。伴随着新中国前进的步伐，70年来尤其是改革开放40年来，地处经济不发达地区的GS省监狱主动适应社会经济政治形势的变化，解放思想、实事求是，与时俱进、开拓进取，逐步依法公开狱务，主动接受社会监督，积极吸引外部力量参与罪犯改造工作，从而使监狱工作因不断有新鲜活力注入，不断取得新成就。

一、回顾

（一）相对停滞阶段（1949—1980年）

其间尤其是“文化大革命”10年，由于种种因素，我国把绝大多数罪犯当作

* 牟九安，甘肃省金昌监狱，监狱工作学会分会副秘书长。

① 1994年12月，甘肃劳改队一律改为监狱。为方便行文，如无特别说明，本文将新中国70年来的监狱、劳改队、少(未)管所一律称为“监狱”；劳改局、监狱局一律称为监狱局。

② 本文所述的狱务公开与目前官方所表述的定义既有联系又有区别，即比官方的外延广，不仅包括刑罚执行，而且包括劳动改造、教育改造等。

阶级敌人和专政对象，故对其实施的诸如减刑假释的提名等惩罚和改造等事宜当作秘密甚至当作机密看待。在此思想的主导下，GS省监狱同全国监狱一样除劳改押犯单位邀请地方党政领导进狱给罪犯作形势报告、先进模范人物进狱宣讲其先进事迹及个别年份将改造罪犯成就（重心在监狱生产）作为当地建设成就展览的内容向社会展示外，其他社会力量（不含公安、检察、审判等与罪犯惩罚与改造有业务联系的国家机关人员）没有机会走进、了解监狱，监狱也没有主动利用公开的宣传载体和渠道宣传监狱工作，故监狱工作对绝大多数社会力量来说显得很神秘。笔者将此时期称为“相对停滞”阶段。其间，值得一提的是1959年10月，GS省监狱将新中国成立10年来取得的罪犯改造成就尤其是劳动改造成就作为《GS十年建设成就展览》的重要内容向社会公众进行展示，赢得社会各界的广泛赞誉。

（二）初步发展阶段（1981—1999年）

1979年，党的十一届三中全会的春风吹拂，以及受改革开放尤其是农村承包责任制改革成功的影响，至1981年，GS省绝大多数监狱及干警思想解放、观念转变。从此时开始，GS省监狱及干警对狱务公开在既无更多先例可循又无法规可依的情况下，摸着石头过河，进行新的探索。1981年3月16日，在GS省委党校参加理论培训的136名全省公、检、法干部参观GS省LZ监狱（GS省第一监狱）。①此举成为改革开放后该省狱务公开的滥觞。5月13—14日，LZ监狱召开积极分子代表大会，并邀请97名罪犯直系亲属列席大会。此举不仅给该省其他监狱在狱务公开上做出了榜样，而且在罪犯中间引起极大的震动。8月18日—9月9日，“八劳”会议召开。“八劳”会议决议使GS省监狱及干部留存的极“左”思想荡然无存，从而为该省包括狱务公开在内的监狱工作推行改革开放奠定了坚实的思想基础。自此开始，GS省监狱不断扩大狱务公开范围、日渐丰富狱务公开内容、逐步拓宽狱务公开渠道、陆续增加狱务公开形式，使狱务公开不仅成为激发罪犯积极改造内生动力的引擎，也为司法部以后出台狱务公开相关规范性文件提供了丰富的素材。可以这样说，此时期是GS省狱务公开最活跃的阶段，甚至一些做法和措施不仅为全国首创，而且至今发挥着重要

① LZ监狱，时为GS省第一监狱，为行文方便，以下行文监狱均称1994年12月改称的监狱之名，括弧中为当时监狱、劳改队的名称。

作用。毋庸讳言，此时期一些监狱出台的某些狱务公开措施由于受诸如经济利益等因素的干扰背离狱务公开的初衷，不过这些措施一经发现有不当之处就立即叫停，对 GS 省监狱工作未造成较大的负面影响。鉴于此，笔者称此时期为"初步发展"阶段。其间，对 GS 省狱务公开有影响的主要事件有：

1982 年 2 月 6 日，LZ 铁路局、LH 公司、LZ 炼油厂党政工团负责人率领团员青年一行 96 人来 LZ 监狱开展帮教活动。此后，社会企事业单位走进监狱开展罪犯帮教活动逐步在该省监狱展开。3 月 23 日，GS 省 JC 监狱（GS 省劳动改造管教队第二支队）首次邀请 37 名罪犯家属来狱参观座谈，注重从罪犯家属中收集对监狱工作建议、意见以改进监狱工作。

1983 年 5 月，JC 监狱在罪犯中试行百分考核。随后，GS 省监狱陆续试行计分考核，至 1988 年 2 月 GS 省监狱局印发《GS 省劳改犯人百分制考核办法》，统一规范全省劳改押犯单位的百分考核。计分考核实行"日记载、周评议、月公布"，从而使罪犯日常考核结果以数量的形式呈现出来，不仅增强了考核可操作性，避免因干警给罪犯主观评价带来的人情执法等弊端，也使罪犯对其考核结果看得见、摸得着，增强改造信心。

1984 年 5 月 23 日，LZ 市人大常委会任副主任、市委政法委雪书记、市政协赵主席、市检察院杨院长来 LZ 监狱检查执法工作。此后，各级人大、政法机关陆续到监狱进行执法检查。

1985—1987 年，JC 监狱连续三年邀请罪犯家属进狱与罪犯共度新春佳节，其中 1985 年除夕有 203 名罪犯家属来狱与罪犯共度佳节，至初三共有 500 名罪犯家属来狱团聚过年。1985 年 3 月 11—22 日，LZ 和 JC 监狱罪犯在 HH 剧院向社会演出由罪犯自编自导的新生之路文艺晚会 22 场，每场爆满，观众逾万，受到社会各界的好评，向社会展现了监狱改造罪犯的成就。5 月 18 日，JC 监狱召开建狱以来的最大规模的减刑大会，不仅邀请 GS 省委政法委、省司法厅等单位的领导出席大会，而且邀请省、市新闻媒体记者对大会进行报道，从而使神秘的减刑、假释等司法事宜主动让社会知晓。7 月 27—28 日，JC 监狱组织 100 名罪犯参加自考，此举让社会近距离了解监狱不仅是改造人的场所，也是造就人的学校。

1986 年 2 月 6 日，LZ 监狱召开罪犯表彰奖励大会，邀请罪犯亲属 470 人参加，让罪犯家属面对面了解监狱对罪犯的行政奖励情况。7 月，知名英籍作家韩某某参观 LZ 监狱，并给予"从你们这里，我仿佛看到了全中国监狱是一所改造人、挽救人、造就人的大学校，对罪犯实施的是人道主义待遇”的高度评价。

1987年3月，全国政法工作座谈会提出“劳改、劳教”工作要做到向前延伸、向外延伸、向后延伸“三个延伸”。可以这样说，“向外延伸”是对我国狱(所)务公开的一次较大的助力与加油，监狱通过与社会力量签订帮教协议等形式来确保“向外延伸”落到实处，从而使狱务公开走向常态化。

1988年6月，GS省LX监狱(GS省第二监狱)与34名LX市户籍地罪犯家属签订帮教协议。

1990年元月10日，GS省监狱局要求全省监狱将《司法部致服刑人员亲属的公开信》在罪犯生活区、会见室等场所张贴，主动联系新闻宣传等部门对其宣传，以此纠正执法活动中的不正之风。此举主要目的是通过公开相关狱务信息促进监狱执法公正，透明执法过程以确保干警清正廉洁。此后，开始GS省监狱将促进监狱执法公正与公开狱务信息、确保干警清正廉洁与透明执法过程逐步紧密结合起来。

为全面系统介绍我国改造罪犯的基本原则和具体做法，让世界公众了解中国改造罪犯的状况，驳斥某些国际反华势力不断以关押和改造为题指责中国“侵犯人权”的谬论，1992年8月11日，国务院新闻办公室发表《中国改造罪犯的状况》白皮书。白皮书的发表，使GS省同全国狱务公开一样，开始向纵深推进，触及一些不合时宜的禁区。

1993年，GS省JC监狱突破“不准犯人与外界通电话”的禁区①，开通亲情电话。随后JQ、LZ等监狱相继开通亲情电话。是年起，GS省LH监狱(GS省劳动改造管教队第九支队)将罪犯减刑假释的条件，思想改造、劳动生产、三课学习考核数据，入狱和间隔时间及提名向罪犯加以公开。此举打破以往此项工作只对干警公开，而对罪犯实行保密的禁区，得到GS省PL地区中级法院的肯定和罪犯的欢迎。

1994年12月29日，颁布实施的《监狱法》将社会力量到监狱参加罪犯帮教活动成为法定要求。GS省监狱局要求全省监狱主动出击与相关社会力量开展活动，并从1998年开始对全省监狱每年联系社会力量开展帮教活动的次数提出要求，从1999年开始对全省监狱与相关社会力量签订开展帮教活动协议的数量提出要求。

---

① 见公安部1982年2月18日印发的《监狱、劳改队管教工作细则》(试行)第71条第四款之规定。

1995年,GS省JQ监狱开通亲情热线电话,试设“夫妻同居室”,该省LZ、PL、WW、LX等监狱相继试行。[1]该做法后被人们称为“鸳鸯房”。因该做法在推行过程中出现一些不良苗头,2001年左右被叫停。

(三)成熟稳定阶段(1999—2019年)

其间,全省监狱依照司法部和省局等制定的规范性文件开展狱务公开活动,使狱务公开逐步迈入规范化轨道;借助信息技术手段,使社会力量获取狱务公开信息逐步便捷化;借助监狱管理精细化水平的提高,使监狱对狱务公开的管理迈入精细化轨道。规范化、便捷化、精细化是一个单位或组织管理趋于成熟的具体体现,故笔者将此时期称为“成熟稳定”阶段。其间,对GS省狱务公开有影响的主要事件有:

1999年7月8日,司法部出台《监狱系统在执行刑罚过程中实行“两公开、一监督”的规定(试行)》。“两公开、一监督”为公开执法依据、程序,公开结果;主动接受有关部门及社会各界的广泛监督。10月,GS省监狱局将该规定转发全省监狱,GS省监狱将狱务公开主要聚焦于执法尤其是刑罚执行方面。

2000年4月14日,GS省PL地区中级法院、检察分院、LH监狱共同举行罪犯减刑、假释听证会,使监狱罪犯最关心的减刑假释审理工作由以前的法院书面审向监狱庭审转移。7月28日,GS省监狱局制定《关于实行狱务公开的实施办法(试行)》,规定每月1日作为监狱(局)长接待日,接受罪犯及其亲属的申诉、控告、检举,接受人民群众来访、咨询,接受有关部门和社会的监督,使全省狱务公开统一规范。当月起,JQ监狱实行执法环节“五公开”,即评议结果、奖励结果、计分、伙食收支和监督岗(小组长)评选公开。

2001年4月30日,GS省监狱聘请监督员25名。11月13—15日,GS省监狱系统狱务公开工作会议召开。会议讨论修订《GS省监狱管理局狱务公开实施方案(试行)》等7项制度,提出该省狱务公开工作分阶段进行,关押重刑犯的监狱在当年12月底前正式向社会公开,其他监狱在2002年3月底前向社会公开;要求在狱内罪犯生活区以监区为单位设立狱务公开栏,在罪犯会见室设立狱务公开栏,把罪犯保外就医等方面的法律规范向罪犯及其亲属公开,并通

---

① 资料来源:http://news.eastday.com/eastday/news/news/node4946/node17052/userobject1ai173652.html?jge46.[DB/OL],访问日期:2019年8月8日。

过公布领导接待日、邀请执法监督员等形式接受罪犯及其亲属和社会监督;省局和监狱分别成立领导小组,办公室设在狱政管理部门。该会的召开,标志着全省监狱以刑罚执行为中心的狱务公开工作全面铺开,也标志着全省狱务公开制度体系的建立。

2005 年 5—11 月,GS 省监狱系统开展“规范执法行为,促进执法公正”专项整改活动,明确要求把推进狱务公开作为进一步促进监狱严格、文明、公正执法的一项重要途径。10 月,通过“两请一走”的途径征求意见建议 154 条。

2007 年 4 月 5 日,国务院公布《政府信息公开条例(试行)》(简称《条例(试行)》)。自此开始,监狱依法公开相关的狱务信息成为法定要求。是年,为方便社会民众尤其是罪犯家属了解狱务公开信息,全省有 6 所监狱在会见大厅通过电子公告系统对狱务进行公开。全省狱务公开迈入信息化轨道。

2008—2009 年,试行监狱开放日活动,即利用会见和帮教机会,组织罪犯亲属和社会各界人士、社会团体参观监狱。此后,将监狱集中组织罪犯亲属和社会各界人士、社会团体参观监狱的活动名称规范为“开放日”活动,且将“开放日”与亲情帮教等活动统筹进行。此举,既提升狱务公开的功效,又增强帮教活动的针对性。2009 年年底,GS 省监狱系统有 70 多名特邀执法监督员,其中省局 6 名;设置举报箱 89 个,举报电话 24 部。2009 年 5 月,LX 监狱给罪犯办理城镇医疗保险,罪犯医疗费除特殊情况外,其余对于 GS 省监狱来说不再是“秘密”。

从 2014 年 6 月起,我国审判机关对监狱提请罪犯的减刑、假释案件立案等情况向社会公示。在此之前,GS 省监狱已在狱内实行对罪犯提请减刑假释实行资格、推荐等榜示制度。是年,GS 省监狱局建立“GS 省监狱管理局”门户网站,主要用于全省监狱工作动态和政务公开信息发布。囿于种种因素,该网站于 2019 年初关闭,其相关公开项目转接到“GS 司法厅网”。10 月 23 日,党的十八届四中全会通过的《中共中央关于全面推进依法治国若干重大问题的决定》指出:“构建开放、动态、透明、便民的阳光司法机制,推进审判公开、检务公开、警务公开、狱务公开,依法及时公开执法司法依据、程序、流程、结果和生效法律文书,杜绝暗箱操作。”[①]GS 省狱务公开同全国监狱狱务公开一样成为司

① 资料来源:http://dx.ncist.edu.cn/article/2015-11-26/art6794.html.[DB/OL],访问日期:2019 年 8 月 8 日。

法机制改革的重要组成部分。

2015 年 5 月 14 日，GS 省监狱局要求全省监狱按照公开为常态，不公开为例外的原则，围绕罪犯及其近亲属、社会公众关注度较高的监狱执法领域的重点和热点问题，逐步分类扩大公开内容；在继续坚持和完善运用狱内宣传手段、开展狱务咨询、印发《狱务公开手册》等传统公开方式的同时，利用现代信息技术创新公开的方式手段，拓宽公开的渠道，使罪犯近亲属和社会公众能够更加方便、快捷地获得公开信息。9 月 29 日，GS 省监狱局根据形势变化修订狱务公开方案；11 月 19 日，GS 省监狱局将狱务公开内容规范为两个方面 32 项工作事项，其中向罪犯及其亲属公开 23 项、向社会公开 9 项；渠道拓宽为利用新闻媒体传播、新入狱告知等 8 个，明确主动接受检察机关法律监督等 5 个方面的监督。

2017 年 12 月底，在 12348 中国法网上刊登刑罚执行案例×篇，教育改造案例××篇。

2018 年 4 月 2 日，TS 监狱远程视频法庭首次开庭。庭审中，办案法官、检察官、监狱民警、罪犯通过实时音视频对话“面对面”进行远程审理。5 月 31 日，GS 省监狱局省减刑假释信息化办案平台现场推进会在 TS 市召开。会议决定自 6 月 1 日起，全省所有减刑假释案件均由信息化办案平台办理，从而实现对罪犯减刑假释案件网上报送、审理和监督。

2019 年 3 月 1 日和 5 月 15 日，GS 省 GG、LZ 监狱分别举办“提升改造质量、展示监狱风貌”“家人团圆”为主题的“监狱开放日”活动，其中参加 LZ 监狱的人员有各级人大代表、政协委员，省、市、区法院、检察院、教育局、共青团、文明办，司法部驻狱检查组，省总工会，省妇联，省司法厅及兰州演艺集团等单位人员。活动中，GS 省监狱局局长亲自向来宾介绍监狱有关情况。4 月 3 日，国务院公布修订后的自 2019 年 5 月 15 日起施行的《政府信息公开条例》。此后，GS 省狱务公开进入新的发展阶段。

二、反思与建议

（一）消除思想误区，正确对待狱务公开

思想是行动的前导。我国狱务公开取得了巨大成就，但其经历用“一波三

折”形容并不为过。之所以经历如此曲折，其关键与人们尤其是监狱管理者对狱务公开的认识不到位有一定关系。要知道，推进狱务公开，一是实现人民当家作主、促进社会主义民主政治建设和维护罪犯及其家属个人合法利益的客观需要。广大人民依法行使民主权利，是我国民主政治建设的主要内容。监狱是国家的专门刑罚执行机关。我国《宪法》规定，人民依照法律规定通过各种途径和形式管理国家事务、经济和文化事业。狱务公开就是以有效的制度安排，保障人民群众对监狱行使权力的条件、程序和结果享有知情权、参与权、表达权、监督权。故推进狱务公开，有利于让人民群众更主动、更有效、更方便地参与、监督监狱工作，从而进一步丰富社会主义民主建设内容、促进社会主义民主建设发展。同时，要让罪犯及其家属依法维护其合法权益，就必须保障罪犯及其家属对除涉及国家秘密外的狱务信息享有知情权，否则依法保障罪犯及其家属的权益就是一句空话。二是有效化解危机、提高监狱公信力的重要手段。信任就是力量，谣言止于真相。要提高监狱公信力，最基本、最基础的要让社会民众尤其是罪犯家属信任监狱。这就需要监狱要对他们及时、真实、主动地公开不涉及国家秘密的狱务信息。这样就使社会民众尤其罪犯家属相信监狱公布的信息，使谣言、诽谤、误解等缺乏滋生蔓延的土壤，使一些舆论危机事件在真相中迎刃而解。三是狱务公开是治理监狱腐败、提高监狱办事功效的主要途径。阳光既是治理腐败的天然消毒剂，也是提升功效的最佳催化剂。这是因为狱务公开将使监狱一些不涉及国家秘密的狱务信息完全暴露在众目睽睽之下，并且使权力运行从隐蔽变成透明。在此情况下，就是有极少数民警虽有谋取蝇头小利的心思，但绝不会冒天下之大不韪而铤而走险，从而使“暗箱操作”“灰色交易”“权力寻租”等不良执法行为失去生存空间，这对监狱民警的腐败行为产生极大的抑制效果。同时，获得尊重是包括监狱民警在内的每个人的需要。在众目睽睽之下，每个民警都会自觉不自觉地恪尽职守，依法办事，且主动提升执法效率以获得社会公众的赞扬，以满足被尊重的需要，这无疑有利于提升其工作效率。为此，建议监狱及其上级管理部门，进一步解放思想，转变转念，依法主动地推进狱务公开，让其在全面提升监狱治理体系和治理能力现代化水平中发挥更大的作用。

（二）尊重基层探索，强化顶层设计

创新是一个民族和国家永不衰竭的动力源泉。正是因为不断创新，GS 省

狱务公开不断开创新局面、取得新功效。要使监狱适应新形势、完成新任务，就必须在新的历史起点上做到全面深化狱务公开。为此，必须做到在尊重监狱探索的同时，强化顶层设计。这是因为监狱既是监狱法律法规等顶层设计成果的试验场所，又是监狱法律法规等顶层设计成果素材的创造者、提供者。也就是说，要提升顶层设计的效果，必须允许监狱在某些空白或不完善的地方先行先试。不过，监狱作为刑罚执行机关，有些先行先试如结果不良可能会招致法律风险。为此，建议监狱及其管理部门出台改革容错纠错免责工作机制，避免监狱民警因某些狱务公开探索失败而招致的“牢狱之灾”。也唯有如此，监狱才会根据社会经济政治形势的变化，结合监狱实际，不断推出狱务公开措施，使狱务公开始终做到与时代脉搏同频共振，永葆生机。

（三）讲究工作战术策略，做到稳步健康推进

如果把狱务公开比喻为渡河，那么策略就是把狱务公开的内容安全平稳送到彼岸的具体方法和手段。如果不讲究方法和手段，那么你不是事倍功半，就是停滞不前，甚至会发生沉舟翻船事故。在此方面，“八劳”会议给我们做出了很好的榜样。如前文所述，会议召开时，一些监狱及干部在执行政策上尚未清除“左”思想倾向。在此情况下，要立即实行全方位的狱务公开肯定会遇到阻力，也会引起一些监狱民警的思想混乱。为此，会议采取迂回战术，即先从“劳改生产”开始进行对外开放，逐步转移到监管改造、队伍建设等其他监狱工作。这样一来，既减少了阻力，又启动了狱务公开。故要顺利推进狱务公开，就必须讲究战术策略。要提高战术策略水平，在目前监狱工作面临的形势复杂多变的情况下，不能仅靠几个领导人的“经验”或学识，还需要专门力量做调研论证。为此，建议监狱及其管理部门在出台每一项狱务公开措施前，抽调专门的人力进行调查研究，并进行试点。

（四）着力强化统筹协调，切实提升狱务公开成效

监狱工作是涉及面广、关系复杂，既有罪犯管理，又有民警职工队伍建设；既有监管改造，又有监狱生产……要全面提升狱务公开的效果，就必须更加注重狱务公开的系统性、整体性、协同性。进入 21 世纪以来，有关部门将狱务公开内容局限于刑罚执行，对象聚焦于罪犯及其家属，这必然使狱务公开的效果大打折扣。为此，建议监狱及其管理部门公开除涉及国家秘密和暴露尊重罪犯

隐私外的狱务，并统筹协调扩大狱务公开工作，努力健全科学合理的狱务公开管理体制，构建运行顺畅的狱务公开运行机制，切实提升狱务公开的功效。

（五）围绕监狱工作宗旨，依法推进狱务公开

狱务公开是“双刃剑”，稍有不慎极容易发生诸如泄密等不良事件。为此，建议监狱及其管理部门出台每一项狱务公开措施，均要从是否有利于充分发挥监狱惩罚和改造的职能、是否违背“改造人”的宗旨、是否符合法律法规的规定等因素反复考虑，切实做到狱务公开措施合乎监狱工作宗旨，符合国家法律法规。另建议，司法部强化狱务公开的顶层设计，即制定《监狱狱务公开规定》，对狱务公开的内容、形式、程序、监督、责任等作出操作性较强的规定，使全国监狱狱务公开有章（行政规章）可循。

（六）强化业务知识培训，切实提高公开定力

如果一个漏洞百出的案例在网上公开，引来网民嘲讽一片，你总不能永远指责网民“心怀叵测”。要让狱务公开经得起社会民众的检验，就必须提高民警的业务素质。培训是提升在职民警的重要捷径，为此，建议监狱及其管理部门必须加强对在职民警标准化、专业化培训，让其成为某些事务方面的专家。唯有如此，狱务公开过程中我们才能做到胸有成竹，才能在化解危机中做到游刃有余。

（七）主动公开宣传报道，营造良好的舆论氛围

舆论就是力量。目前，互联网是对外宣传不可忽视的途径和渠道。可以这样说，谁掌握互联网，谁就能掌控社会舆论。既然狱务公开有利于推动监狱工作发展，对狱务公开就应主动公开宣传报道。要提升宣传报道成效，就必须在强化报纸、广播等传统媒体的同时，强化对“两微一端”等新媒体的掌控。同时，在宣传报道时，要改变刻板僵硬的做法，如将一些狱务公开信息通过漫画、卡通等形式加以宣传，切实增强宣传的艺术性和感染力。

罪犯群体组织管理变迁与发展思考

杨　翊*

内容摘要　中国特色社会主义进入新时代，党和人民对监狱践行改造宗旨提出了新的更高要求。罪犯群体组织管理的目的和归宿，就是要使罪犯群体组织在五大改造的全过程中，始终遵循和贯彻监狱教育方针，促进德、智、体、美、劳的全面发展。构建融合集体教育、个别教育和自我教育“三位一体”的教育改造新模式，是开创监狱刑罚执行工作新局面的有效手段。

关键词　罪犯群体组织　自我管理　自我教育

在中国共产党的正确领导下，中国监狱始终坚持“改造人”的政治特色。“五大改造”的提出，不仅是对新时代中国监狱改造方向的明确要求，也是对监狱教育改造工作从根本上进行的强化。因此，在罪犯改造过程中，要重新认识罪犯的主体地位，综合运用集体教育、个别教育、自我教育等手段，促使罪犯由强制被动管理教育到自觉接受管理教育转变，促进监狱治理方式和治理能力跟上新时代的要求，践行改造宗旨，提高罪犯改造质量。

一、罪犯群体组织在新中国监狱发展中的历史变迁

（一）革命根据地监所制度下的罪犯群体组织

共产党领导下的革命根据地人民政府监所制度的建立，始于20世纪20年代末期。作为工农民主专政工具之一的革命根据地监所，从创建之日起就根除了旧时期监狱的反动性质，实行革命人道主义，突出政治思想的改造，这是“历史上的绝大的改革”①。革命根据地监所工作时期，是我国劳改工作制度建立

---

*　杨翊，福建省榕城监狱狱政管理科科长。

①　全国人大图书馆编：《中华苏维埃代表大会重要文件选编》，民主法制出版社2019年版，第406页。

的萌芽时期，它为新中国监所制度的建立与发展创造了一定的条件。但是革命根据人民政权经常处于流动状态，根据地监所的制度建设，始终受到战争条件的制约而发展迟缓。直到抗战时期，在国共合作条件下，新政权的监所制度才逐步走上轨道。罪犯群体组织制度建设就在这一时期开始了探索与创建工作。

1. 抗战时期，边区政府监所的犯人“自治”制度

抗日战争全面爆发后，革命根据地迅速扩大，民主政权管辖的人口增至1亿以上。监所数量增多，而且任务艰巨，因此各抗日根据地普遍重视监所建设和管理制度建设，犯人的“自治”制度就在这种背景下应运而生。所谓的犯人自治，就是在监所工作人员的指导与监督下，在监所内建立犯人自己管理自己的组织。1938年，晋察冀边区各监所都成立了“自治”组织，进行自我管理。冀中边区监所设立“悔过委员会”，经常举行生活检讨会，由犯人自己主持，互相批评，进行自我教育。有许多老犯人和表现较好的犯人将自己所犯的错误及政府对他们的态度讲给新犯听，起到了很好的促进改造作用。“在这种民主的生活熏陶下，犯人的进步相当快，一般都能自觉地爱护政府遵守纪律。”①陕甘宁边区高等法院规定，在规定管理范围内建立守法人的“自治”组织，从事卫生监督、劳动与学习的任务保证、维持自治公约和监内的纪律规定、调整相互间的意见和争吵、召集生活检讨大会等职责。陕甘宁边区的这一制度和取得的成效，获得了边区政府主席林伯渠的充分肯定，他说：“采取这些新的方法管理犯人，颇生效力。”②在敌后战争频繁残酷的环境中，罪犯自我管理、自我批评、自给自足，“在历史上是个奇迹”③。

2. 解放战争时期，解放区监所的“犯人自治委员会”④

解放战争时期的犯人自治制度同抗日战争时期相比，有了进一步的发展。特别是在东北解放区，监所普遍建立了犯人自己管理自己的组织，对辅助监管工作，取缔牢头狱霸和调动犯人的改造积极性都起到了有力的推动作用。此时的犯人自治组织已经有了相对规范的称谓和架构，即“犯人自治委员会”，一般设主任一名，副主任及委员若干人。委员会成员依照一定的条件，由监管工作

---

①② 北京政法学院编：《中华人民共和国审判法参考资料汇编》(第一辑)，北京政法学院内部资料(1956年)，第115页，第54页。

③④ 王福金：《中国劳改工作简史》，警官教育出版社1993年版，第114页，第40页。

人员在犯人中选择、提名，经全体罪犯酝酿后选举产生，从事管理生活卫生、组织各项学习、举办劳动竞赛、维护监规纪律、开展文娱活动等方面发挥自我管理与教育的作用。

（二）“文化大革命”前，劳改场所中有监狱“帮教会”“改造积极分子委员会”等罪犯群体组织

1. 新中国的建立，揭开了中国监狱管理制度发展的新编章

在党中央的正确领导下，劳改制度的建立开创了监狱发展史上的一项伟大创举。1954 年 9 月，《劳动改造条例》的制定与公布，标志着我国劳改工作沿着法律化、制度化、正规化的道路健康发展。这一时期，一个典型的范例就是对国民党战犯的成功改造。例如，哈尔滨解放军官教导团，经常组织战犯“开展自我教育与互帮互教活动，写自省自传，在班里民主评议”；[①]西南公安部第一看守所，组织“帮教会”对国民党战犯进行管理与改造，原国民党军统核心人物徐远举、沈醉、黄逸公等都是“帮教会”的积极分子，“起到了管理干部所不能起到的独特作用”。[②]

2. “积委会”的产生

随着“一劳”“二劳”“三劳”会议精神和《劳动改造条例》的贯彻落实，劳改机关一方面明确划清犯人使用范围，纠正滥用犯人的现象；另一方面也加强和规范了对劳改人员群体组织的管理，充分利用劳改人员群体组织，积极开展诸如“反消极、反破坏、比积极、比改造”等的思想改造运动，推进劳改人员认罪赎罪和自我教育。特别是 1956 年 5 月首次全国管教工作座谈会，充分肯定并推广一些地区评选和召开犯人改造积极分子代表大会、组织改造积极分子委员会（简称积委会）的做法，并对改造积极分子委员会这一劳改人员群体组织的管理做了初步规范。座谈会明确规定了积委会的任务，即在劳改机关行政领导的监督下，协助干部参加管理犯人的伙食、卫生，开展文娱、体育活动，推动劳动竞赛，协助进行政治、时事、文化、生产技术的学习以及对犯人的奖励和惩罚提出建议等。[③]

---

①② 全国政协文史资料委员会编：《改造战犯纪实》，中国文史出版社 2000 年版，第 459 页，第 557 页。

③ 中国监狱工作协会编：《新中国监狱工作五十年》，法律出版社 2019 年版，第 144 页。

（三）《监狱法》公布前，劳改场所、监狱的“改造积极分子委员会”

“文化大革命”中，全国各级劳改机关被砸烂，大批劳动改造场所被砍掉，一些地区甚至以“群众专政”为借口，把大批劳改人员放掉，造成极为严重的政治影响，劳改事业遭受了一场前所未有的浩劫，劳改人员群体组织的作用亦无从谈起。“文化大革命”结束后，至1981年的第八次全国劳改工作会议以前，全国劳改工作大力恢复、整顿和拨乱反正，恢复和发扬了大多数好的传统，并且再次按照法律化、科学化、制度化要求，逐步建立健全各项监管工作制度。全国改造场所普遍恢复了劳动改造积极分子委员会制度、伙食管理委员会制度等。其中，1982年2月公安部颁布《监狱、劳改队管教工作细则》，进一步规定“可结合年终评审，每年评选一次劳改积极分子”，并在此基础上要求成立劳动改造积极分子委员会，其任务是“在干警的领导下，维护监规纪律；协助干警搞好犯人的学习、伙食、卫生和文体活动；带动犯人积极劳动，努力完成生产任务”①，首次以规章的形式肯定和规范了劳改人员群体组织管理与作用的发挥，罪犯自我管理、自我教育工作取得了很大成绩。

（四）《监狱法》公布以来，全国监狱罪犯群体组织发展概况

《监狱法》颁布实施，是中国监狱法治进程的里程碑。对曾经为我国监狱管理制度的完善和教育改造工作发展作出特殊贡献的罪犯群体组织来说，也站在了历史发展的拐点。纵观《监狱法》实施以来，我国监狱罪犯群体组织，并没有随着国内外形势变化以及监狱管理体制深化改革得到与时俱进的发展，反而陷入了日益弱化的境遇。不仅《监狱法》里没有涉及罪犯群体组织的相关内容，而且此后监狱发展的工作实践或是理论探索，对这方面均较少涉及。导致罪犯群体组织后续发展不足的主要因素：

一是对罪犯群体组织制度是否适应监管形势与要求存在疑虑。《监狱、劳改队管教工作细则》以规范的形式对民警直接管理提出要求，明确指出“犯人的一切活动必须置于干警的直接控制之下”。随着依法治监要求的逐步提高，民警直接管理日益处于更加突出和敏感的地位。在此要求之下，不少押犯单位对直接管理的理解存在认知上的偏差，觉得如果此时再去提倡重视与发挥罪犯群

---

① 中国监狱工作协会编：《新中国监狱工作五十年》，法律出版社2019年版，第205页。

体组织作用，就会存在与上级精神相悖的嫌疑，并且由于观念上深受“牢头狱霸”“二干部”等负面因素的影响，如果敢于提出重视罪犯群体组织作用，容易被贴上不合时宜，甚至违法违纪的标签。

二是监狱安全压力从客观上限制了罪犯群体组织作用的发挥。目前监狱安全任务之重，前所未有。一些单位因此将底线安全片面地置于静态和绝对之中来抓，逐渐形成了“人盯人、盯死人”的仓储式管理模式，罪犯的生理以及心理空间都被严格地控制，罪犯群体组织和作用自然地就被遏制和削弱了。

二、监狱罪犯群体组织建设的历史价值

笔者 30 多年监狱基层狱政管理工作的经历，对罪犯群体组织及其发挥自我管理和自我教育作用均有一定体验，认为充分发挥罪犯群体组织自我管理和自我教育作用，甚至能够成为体现中国监狱管理特色的基本经验之一。

（一）开创中国监狱罪犯权利保障新篇章

在漫长的封建社会里，历代统治者虽然对犯人权益保障进行着不间断探索，但总体上是把出发点和重心放在维护统治阶级自身利益上。在半封建、半殖民地的旧中国，监狱更是沦落为封建、官僚、买办阶级屠杀、残害革命者和被压迫人们的工具，即使普通的刑事犯人，待遇也是十分恶劣。西方发达国家监狱罪犯权利保障虽有诸多可取之处，但是他们更大程度上是将重点置于个人权利、物质生活权利等个体权益的保障，却对个体对集体和社会应尽义务以及对罪犯出监后社会权利保障重视不足，这恰好是许多发达国家重新犯罪率始终居高不下的社会管理因素之一。反观我国在共产党领导下的监狱，从初创时期，就把尊重犯人人格、把犯人当人看待作为监所工作的基本指导思想，把“罪犯改造成为新人”作为最真挚的人道主义，并持续在纠正错误、克服偏差中不断取得对罪犯权益保障工作的进步和发展。例如，早在抗日战争时期，边区政府监所就总结出了罪犯“自治”制度的几项成功经验①：(1)辅助监所内的管教工作；(2)培养犯人自治能力及民主习惯；(3)活跃犯人的生活；(4)启发犯人对监所工作的改进意见；(5)发扬犯人自我改造的积极性。与此同时，以犯人自治为代表

① 王福金：《中国劳改工作简史》，警官教育出版社 1993 年版，第 23 页。

的犯人群体组织制度设计的初衷，明确地针对旧监狱制度顽疾进行改造的考量。通过监狱干部领导下的犯人组织化建设，有效取缔了牢头狱霸这个与旧监狱相生相伴的陋习，有效地保障了犯人的人身财产安全。这些成功的经验，开创性地实践了罪犯权利保障的新尝试，并且从经验的内容以及当前的监狱管理所面临的形势看，它仍然是一笔不可多得的宝贵财富。

（二）开辟中国监狱管理制度建设的新视野

中国是发展中国家，中国改造罪犯的条件和环境，均受到各个不同发展时期经济和社会发展水平的高度限制。当前如此，在新中国监狱创建、巩固和初步发展时期的各个阶段，更是如此。最突出的莫过于监所管教及其他工作人员与犯人的比例严重失调。因此，鉴于监所管理的实际情况，各个时期的监狱劳改场所均不同程度地存在利用犯人"辅助监所内的管教工作"的状况，甚至包括新中国成立以来对刑满释放人员实行的留场就业特殊政策，除了解决刑释人员生活出路、预防重新犯罪、减轻社会就业压力、维护社会稳定等政策考量之外，留场就业人员在一定程度上也缓解了监狱劳改场所相关人员紧缺的矛盾。由于新中国监狱显著区别于西方发达国家刑罚制度的以"改造人"为宗旨的制度设计，从内生逻辑上说就必须充分调动犯人自我改造的积极性；无论从罪犯权利和义务的角度看，罪犯群体组织及其作用的发挥，都不仅仅是"存在即合理"的借口，而是一种合乎规律的所在。中国监狱各个时期的犯人群体组织，就是在这样的国情条件和环境下产生和发展的。我们不能因为它在发展过程中始终伴随着改造与被改造的边界问题，甚至反复出现的错误和偏差，就完全否定它的积极价值，而应该以客观的、发展的视野去评判它的发展。幸运的是，中国监狱的犯罪群体组织及其作用的发挥，正是在这种视野下艰难地发展着的。

（三）开拓中国监狱教育改造新手段

从土地革命战争初期开始，红色政权就明确将对犯人的感化教育作为监所的基本任务。通过各个时期的经验积累，将教育改造犯人作为监所的主要任务，直至当前"践行改造宗旨"，都是将"罪犯改造成为守法公民"作为监狱工作的出发点和归宿。例如，早在 1932 年，中华苏维埃临时政府就颁布了《中华苏维埃共和国劳动感化院暂行章程》，具体规定了感化教育的任务、组织机构以及各项管理制度。通过上政治课、组织读报班等，对犯人开展包括识字、认罪教育在内的教育活动；晋察冀边区监所部门对犯人注重启发犯人的民主意识，“除犯人听讲讨论外，还经常举行生活检讨会，由犯人自己主持，互相批评”[①]；太行区更是开创性地总结出通过政治教育唤醒犯人“历史自觉”“现实自觉”“前途自觉”（三个自觉）。其中，各类犯人群体组织的“自治”作用，都发挥了非常特殊的作用，收效极为显著，仅在1944年和1945年两年中就教育改造好汉奸、特务、盗匪、小偷、流氓犯等1 000多人，这些人释放后“有些人竟成为劳动模范、互助模范、参战模范和模范干部”[②]。新中国初期，各地战犯管理所“帮教”制度所起的“管理干部所不能起到的独特作用”，都是有力的例证。中国监狱坚持在管教干部的领导下，在罪犯中组织改造积极分子委员会和伙食管理委员会，实行一定程度的民主管理，引导他们自我约束、自我教育、自我服务，以促进罪犯的再社会化[③]，形成了中国监狱教育改造工作的独特风景。

三、罪犯群体组织在新时代要求下的发展思考

在新时代监狱治理体系和治理能力现代化要求下，重新审视并发挥罪犯个体与群体组织主体作用，促进罪犯改造由他律到自律有效转变，是监狱改造罪犯的新课题。

（一）明确罪犯群体组织的法律地位，推进罪犯群体组织管理法治化进程

将罪犯群体组织及其自我管理、自我教育纳入监狱管理的相关法律，使其拥有明确法律地位，并在监管改造和教育改造中发挥作用，是由监狱工作客观规律以及监狱治理能力现代化的需求和现实决定的。

其一，承认罪犯群体组织法律地位，确立罪犯在教育改造中的主体地位，尊重罪犯的人格和发展需求，能够有效激发罪犯的改造意愿，增强罪犯的改造内驱力。我国监狱长期的管理经验证明，对罪犯实行自我组织管理，运用灌输、引导等综合手段对罪犯进行集体训练和集体主义教育，是提升教育改造质量的行之有效的手段。在西方国家的监狱管理制度中，同样也存在被监管人员诸如

① 北京政法学院编：《中华人民共和国审判法参考资料汇编》（第一辑），1956年，第115页。
② 王福金：《中国劳改工作简史》，警官教育出版社1993年版，第27页。
③ 中国监狱工作协会编：《新中国监狱工作五十年》，法律出版社2019年版，第445页。

“自治”类型的组织管理制度，即监狱为了使被监管人员养成一定的自我管理、自我教育能力，让被监管人员自己管理其部分事务，监狱管理人员对自我管理活动进行指导、监督等工作。建立此项制度的理论认为，导致人们走向犯罪的主要原因之一就是自我管理能力的缺失。环视社会生活，我们对“自我管理与教育”之概念以及类似社会组织均不陌生，这些合法的社会组织对提升社会治理效能都发挥着不可忽视的成效。

其二，承认罪犯群体组织法律地位，重视并发挥罪犯群体组织自我管理与教育作用是监狱行刑文明公正的体现。通过罪犯群体组织的管理，能够使罪犯认识到自己不仅是改造的被动接受者，并且当民警的管理行为出现偏差时，也能成为一个善意的提醒者、监督者，促进公开公正公平执法。这样，罪犯就实际成了改造的主动参与者，体现出的正是监狱管理工作的公正性和对罪犯人身权、发展权的有效保障。

其三，发挥罪犯群体组织纽带作用，是化解监狱监管人员与被监管人员矛盾冲突的有效手段。罪犯对监狱执法的认同，与民警形成一种和谐的关系，本身就是改造行为，而且是一种质量很好的改造。笔者曾有幸在外省某监狱挂职锻炼，对该监狱罪犯群体组织的管理经验感触颇深。该监狱平均在押 4 000 人左右，民警约 500 人。基层监区点多面广，一个押犯近 400 人的监区，平均不到 20 名民警，除去监区领导、技术人员、经营人员，每个分监区的民警数普遍不超过 4 人，警囚配比严重失衡。但最值得一提的是，该监狱罪犯群体组织纽带作用发挥十分到位，民警威望极高，警囚关系融洽，监内改造秩序井然，监狱连续十多年没有发生重大安全责任事故。笔者旗帜鲜明地提出给予罪犯群体组织明确法律地位，将民警直接管理之下的各种罪犯群体组织管理成为监狱现代化治理的组成部分，大力倡导狱内和谐关系，所鉴于此。

（二）推进罪犯群体组织管理制度建设，逐步完善自我管理与自我教育工作机制

罪犯群体组织的自我管理与教育功能主要体现在以下几个方面：一是倡导和组织自我服务、自我管理、自我教育；二是发挥罪犯群体组织沟通和联系监狱管理的桥梁和纽带作用；三是表达和维护罪犯的合法权益和合理诉求；四是开展有益的促进身心健康、提升自立能力的活动，培养适应社会的能力。因此，在明确罪犯群体组织合法地位的前提下，监狱要围绕其主要功能进行体系化的制

度建设。例如，恢复并重新修订《监狱罪犯改造积极分子委员会活动章程》；制定监规纪律委员会、膳食委员会、互监小组、安全值星、安全生产监督小组、爱心基金会、自主化兴趣小组等罪犯群体组织制度规章，在民警的直接管理下，发挥自我管理和自我教育的作用。其中，维护监规纪律委员会，发挥维护监规纪律、维护监内秩序的约束作用；罪犯膳食委会、定价委员会定期召开会议，征求罪犯对伙食、物价的意见和建议；罪犯工价委员会，于每次新产品订单上线生产前，都必须进行各工序的工价评议，使每个工序的单价公开、透明；各类自主文化组织，坚持文化育人导向，表达对真善美的追求；不同形式的“同乡会”，合理发掘乡土文化、地域文化的凝聚作用，对消除狱内地域帮派、有效解决地域纠纷、促进区域和谐和共同进步，发挥良好纽带作用；“爱心基金会”，对老、弱、病、残、贫罪犯群体的爱心救助，闪现着人性的光辉，也体现着教育改造的成果。与此同时，各种类型的应急响应小组，通过经常性地开展生命急救救治培训与演练，在危急时刻均发挥了突出作用；各种互学、互进的群体组织，依托三互小组、生产班组，在监管改造、教育改造、文化改造以及劳动改造中的相互帮助、相互促进，处处体现了积极向上的“正能量”，极大地促进了罪犯满怀信心地面向新生。罪犯评议制度对罪犯自我教育机制进行良性探索，每当重大违规事件发生时，在充分做好个别教育的前提下，罪犯围绕以下几个问题进行评议：(1)事件双方当事人陈述，进行自我分析；(2)评议处理意见；(3)集体换位思考。如果是“我”遇到类似问题，应当如何去避免、会如何去处理；(4)采取什么措施，避免类似事件的再次发生；(5)民警根据集体评议，研究发布处理结果。通过构建融合集体教育、个别教育、自我教育“三位一体”的教育改造工作新模式，大力缓解改造与反改造的矛盾，营造良好的狱内改造环境，使“监狱安全由短期的、‘严防死守’式的简单疲劳的工作方式向长期的、持续性的、全面的安全稳定良性机制转变”①，从而实现监狱现代化治理的新成效。

（三）推进罪犯群体组织规范管理，提升管理和教育改造质量

罪犯群体组织管理的重点与难点：一是规范罪犯群体组织管理。例如，罪犯群体组织的设置与审批，组织成员选举、选拔及考核监督等。二是罪犯群体组织管理方式。在保障安全和规范执法以及民警直接管理的前提下，强调管理

① 李豫黔：《刑罚执行理念与实证——亲历中国监狱改革30年》，法律出版社2012年版，第103页。

的多样性，以期充分发挥罪犯群体组织的主体作用。而对于罪犯群体组织的管理，则同样需要落实“严、细、实”的工作标准。“严”，对罪犯群体组织的管理必须始终坚持从严要求、从严管理、加强监督，任何时候都不可以松懈麻痹、放任自流，否则就必然导致牢头狱霸、徇私舞弊等现象的抬头。“细”，就是针对罪犯群体组织管理的各项规定，细化工作程序、细化落实措施，切实对可能导致导向错误的思想与做法做到防微杜渐。“实”，就是针对罪犯群体组织经常性的弊端，诸如可能导致“二干部”“拐棍”等错误做法更应彻底杜绝，将具体责任、具体问题坚决抓实、抓细。三是大力推行自我教育，引导罪犯积极开展“自我评议、自我教育、自我塑造”活动，增强罪犯的自我完善的能力，把管理要求转化为内生动力，自觉反省悔悟，实现由他律到自律的转变，最终达到自新的目的。

综上所述，在狱政管理与教育改造过程中，充分肯定罪犯的主体地位，积极构建规范化的、充满活力的罪犯群体组织，综合运用集体教育、个别教育、自我教育等手段，强化罪犯的自我管理与教育，对于推动监狱治理现代化，实现教育改造的目的都具有重大的现实意义。

潍坊监狱的罪犯百分考核制度溯源

张世宏　刘静巍*

内容摘要　自20世纪80年代起，山东省潍坊监狱在《犯人日准则》的基础上，探索实行改造、生产百分考核，实现了对罪犯管理的客观、规范，并在全国得到推广。本文对百分考核制度的源起、过程和推行意义进行了溯源。

关键词　潍坊　监狱　百分考核　奖惩

对罪犯的考核，是正确实施奖惩政策的依据。20世纪80年代以前，对罪犯的考核主要建立在主观考核的基础上，有较大的随意性，而且带有较大的感情因素，很不规范和严谨，比较单一、随意和粗放。自80年代开始，山东等省的一些监狱、劳改队探索试行改造、生产百分考核制，客观地对罪犯进行规范化考核，并很快在全国得到推行。山东省潍坊监狱是这一改革的肇始发源地。

一、百分考核制度的源起

（一）监狱工作方针的转变

自新中国成立到改革开放之前，监狱一直被冠以"国家专政机关"的名义①，是最能体现"阶级斗争"的地方，一直沿着"阶级斗争"这条轨道运行，监狱工作的主旨、理念、方针、政策，直到管教罪犯的方方面面细节，都是以"阶级斗争"为准绳的，管理罪犯以"运动方式为主，以斗为主，以压服为主的方法，内容单一，工作粗放"。1979年，党的十一届三中全会，开始纠正"文化大革命"的错

---

*　张世宏，山东省潍坊监狱副监狱长；刘静巍，山东省潍坊监狱民警。

①　马克思和恩格斯在《共产党宣言》中指出："至今一切社会的历史都是阶级斗争的历史，除了要依靠军队、警察、法庭、监狱等国家机器来实现其阶级专政以外，生产力高度发达的共产主义社会中，随着阶级对立的最终消失，私有制的彻底废除，国家机器也将不复存在，作为阶级压迫工具的军队、警察、监狱等将失去作用。"在国内一直有"监狱是国家专政工具"的提法。

误路线，并停止使用“以阶级斗争为纲”的口号，开启了“改革、开放”为主题的新时期。在这样的社会背景下，1981年，全国“八劳”会议召开，并颁布试行《监狱、劳改队管教工作细则》，监狱工作各方面的改革相继展开。广大监狱工作者在改造罪犯的特殊战线上，坚定不移地贯彻执行“改造第一，生产第二”“教育、感化、挽救”的劳改劳教工作方针，锐意改革、勇于创新，不畏艰难险阻，不计个人得失，兢兢业业地勤恳工作，努力开创了劳改工作新局面。很多创新性改革载入史册，比如“三像”(像老师、像父母、像亲人)、办“特殊学校”、计分考核等，都推动了新中国监狱工作的现代化进程。其中，山东省潍坊监狱独树一帜，很多创新性改革都出现在这里并推向全国，当时有一句话比较流行：“潍坊监狱是先进经验的试验田。”

（二）潍坊监狱的先行探索

1979年3月，潍坊监狱(时称潍坊劳改支队)新的党委成立，于会祥任政委、党委书记，李凤德任支队长。对于当时监狱工作遇到的新局面，监狱党委发动全体民警，围绕改革开放这个主题，展开了广泛调查并进行了热烈讨论。调查发现，70年代后期，监狱押犯结构发生了明显的变化，由20世纪五六十年代的以反革命犯为主体，变成了“刑事犯多、青年犯多、文化程度低的多”的“三多”为主体；罪犯思想混乱、行为散漫、法制观念淡薄。当前的狱情、犯情发生了根本性的变化，原有的管教理念和模式已不适应形势的要求；在监狱干警中在对于犯人管教的方式方法上也有不同的认识，有的主张沿用过去的简单管理，有的主张实行人性化管理。干警层面和犯人层面的矛盾问题叠加呈现，使得监管秩序变得混乱。监狱领导意识到：“随着形势的不断发展，押犯成分发生了变化，狱情发生了变化，改造工作也面临着新情况、新问题、新特点，如果再采取以前那种方法简单生硬的做法，照搬过去的以阶级斗争为纲、把一切罪犯当做敌人的老办法，去改造社会主义条件下出身于劳动人民家庭的青年刑事犯，肯定收不到好的效果，也与国际、国家、社会发展形势不符。同时，尽管要对罪犯管理讲人道主义，但监狱毕竟不是慈善机构，无规矩不成方圆，诚心教化必须以严管为前提，对新时期的罪犯要采取针对性的手段，要多做说服教育工作，要严格、文明、科学管理，绝不能放任不管，而是要管得更细、更好。”基于以上根据实践调查形成的共识，潍坊监狱在改造工作中作了大量的探索，对罪犯采取科学、文明、严格的管理。

（三）上级领导机关的肯定和支持

潍坊劳改支队关于新时期犯人管教工作的某些有益探索，引起了中央政法委、山东省劳改局的高度重视。1980 年 6 月，中央政法委和山东省委政法小组联合组成调查组，来潍坊劳改支队考察调研，对他们大胆改革管教办法所取得的成果给予充分肯定和高度评价。在与民警们的座谈交流中，工作在管教第一线的民警，纷纷贡献出各自的经验体会。譬如，有的总结了“十抓十变”，有的提出了“三气”（遇到顶撞不生气、有了反复不泄气、改造他们有勇气），有的则主张“五心”“三像”“五要五不要”。调查组对“五要五不要”（一要查清每个犯人顽固的原因和顽固史，不要一概而论；二要以理服人，不要简单压服；三要坚持两点论，对顽固危险分子也要一分为二，不要一成不变；四要“冷处理”，不要“热加工”；五要解决思想问题和实际问题，不要“单打一”），“五心”（诚心、耐心、信心、用心、热心，后改为三心，即诚心、耐心和热心），“三像”（对待犯人像父母、像医生、像老师）颇为重视，经过加工提炼，写进了调查报告，并向全国推广。1980 年 7 月，山东省劳改局又在潍坊劳改队召开现场会，王健局长亲临现场，对这里创造的改造工作经验大加赞赏，充分肯定，会议号召全省劳改系统向昌潍劳改队学习。上级领导机关的肯定和支持，为潍坊劳改支队的改革创新吃了“定心丸”，百分考核制度等一系列开创性改革逐步展开。

二、“百分考核”制度形成和发展的过程

（一）《犯人日准则》的推行

百分考核制度最初是在推行《犯人日准则》基础上深化形成的。所谓《犯人日准则》（简称《准则》），是在昌潍劳改支队 1960 年所制定的《狱规纪律制度》、1962 年的《犯人劳动改造守则》、1963 年的《劳动改造管教队队规》、1977 年的《狱政管理制度》等基础上不断修改、完善，于 1982 年 8 月定稿实施。《准则》五章 35 条，将犯人每天从早晨按时起床、按标准叠被（见边见棱，拿尺子码着）开始，将不准大声喧哗、不随地吐痰、洗漱要求牙齿干净、牙缸牙刷摆放整齐，以及按次序排队领饭、不得敲饭碗，队列会操训练，出收工秩序，劳动时不喧哗、不违反操作规程、按规定使用防护器材、按质按量完成任务……直至晚间学习、就

寝，结束一天的改造生活，每一个细节都有明确的“一日行为规范”让犯人遵守。实行了《准则》后，犯人变得规矩了，一改先前的散漫、混乱，也都有了精气神，狱内环境卫生面貌焕然一新，监管秩序稳定，其他各项工作的开展也得到了保证。

此《准则》实行不久，时任公安部第十一局（即劳改局）局长李石生到潍坊监狱考察调研，听取了关于《犯人日准则》的汇报后颇感兴趣，给予高度评价；随后公安部派来工作组，总结潍坊监狱的经验。

1982 年 10 月 15—25 日，公安部在潍坊监狱（时称潍坊劳改支队）召开了全国重点劳改单位现场会，来自公安部及各省劳改局的领导，全国重点劳改单位和特邀单位的代表等 200 多人，相聚潍坊监狱研讨，以“育新学校”和《犯人日准则》为中心展开了热谈深议。会议形成文件，决定在全国推广潍坊监狱的经验。

1983 年初，《人民日报》和山东省的《大众日报》相继发表了记者调查报告，对潍坊监狱（时称潍坊劳改支队）改造犯人的经验大力褒扬。《人民日报》在题为《改造罪犯，造就新人》一文中，特别肯定了“这个支队在实践中逐步建立了一套极其严格而又文明的监规纪律。他们制定的《犯人日准则》，使犯人从入狱第一天起，时时事事都有所约束和遵循，使他们不断矫正恶习，逐步确立新的思想作风”。

1983 年 6 月 30 日，公安部在山东省潍坊劳改支队隆重举行授奖仪式，授予潍坊劳改支队集体一等功。

（二）百分考核制度的产生

尽管当时的创新得到了肯定和推广，但潍坊劳改支队没有满足于已有的成绩，没有停止探索的脚步，不断进行改革，力图使考核制度更加完善，更具可操作性，在实践中发挥更大的作用。1984 年，借鉴农村实行的联产承包制经验，对干警实行了改造、生产双承包，本着责权利相结合的原则，明确了每个干警的职责，规定了承包范围，健全了岗位责任制，把改造和生产紧紧地捆在一起，使工作效果与奖金紧密挂钩，特别是把危险分子、顽固落后犯人都包到管教负责人和分管改造的干警身上，实行“包管、包教、包转化”，有效地调动了全体干警的积极性。在实行过程中，干警普遍反映，原先的简单管理方法遇到了新挑战，尤其是减刑假释的依据仅是依靠干警的主观感受，缺少细致的依据、太过于空白、证据不全、缺乏说服力。听说潍北监狱在农业生产中，为提高罪犯的劳动积极性和便于管理，采用生产队的工分制，实行定额管理和加减分管理，效果比较好，就派人进行了学习，回来后制定了对罪犯改造生产和改造表现利用分数进行考核的制度。

以《犯人日准则》为基础，改进了对罪犯的考核奖励制度，一开始定名“双百分”制，即改造为 100 分、生产为 100 分，后来经过实践和改进，定名为《联产联改奖罚责任制》(简称《双联考核》)，开始对罪犯的考核奖罚制度实行改革，对罪犯实行百分考核。依据《刑法》《刑事诉讼法》有关罪犯减刑、假释的规定和司法实践，制定了《以分计奖、依法减刑的百分考核办法》，共分为五章 23 条，主要内容是将罪犯管教、生产目标量化，使奖罚考核数据化。对每名罪犯，以改造、生产两大任务为基点，按照“认罪守法、遵规守纪、三项学习、生活秩序、产量、质量、消耗、文明”8 项指标进行考核，以各项指标的地位和功能逐项定分，以 100 分为基准线。其中，管教方面的内容 4 项：认罪伏法 15 分，遵守监规 15 分，政治、文化、技术三项教育 15 分，生活卫生 5 分。劳动生产方面的内容 4 项：产品产量 15 分，产品质量 20 分，物耗 10 分，文明生产 5 分。具体规定了 156 个控制点和加分或扣分的具体条件和标准，对罪犯的思想改造和劳动改造实行指标分解，逐项定分，按照奖优罚劣、奖勤罚懒的原则，累积计分，计分受奖，累积考核结果并同减刑假释等刑事奖励挂钩，即围绕“百分基准线”，线上浮动部分是受奖条件，线下浮动部分是受罚条件，对改造表现好、个人基础分达到百分的，奖给减刑分，并以加分多少作为减刑、假释的主要依据；对改造表现差的、基础分达不到百分的，以扣分多少和对错程度给予处罚；对有重大立功表现或触犯刑律的，按有关法律规定呈报重奖或重罚。计分考核的结果依法对罪犯和其亲属公开。

（三）百分考核制度的完善

为了推行“百分考核制”，潍坊劳改支队建立了相应的保障体系。一是建立由分管改造的政委牵头，有关科室参加的带有实施和科研双重性质的领导中心(计分考核领导小组)，负责组织协调各个方面，保证“百分考核”的实施。二是由狱政科牵头组成考核实施系统和由调研室牵头组成监督反馈系统，分别负责“百分考核”的落实、反馈和完善。三是实行两级考核，狱政科直接领导支队级考核组，全面考核各大队的执行情况；大队成立考核小组，负责“百分考核”的具体实施。犯人小组长、核算员、记录员、纪检员和质检员，按各自分工负责对本组成员的记录和统计。四是设计“奖扣分通知单”“犯人考核记录台账”“小组考核日报表”“车间考核月报表”“厂级考核汇总表”，分别记录每个犯人执行“百分考核”的真实情况，保证资料的及时、准确、完整、公开，一切用事实、数据说话。

百分考核制度的推行，在当时确实是一个新生事物、颠覆人们传统思想的改革，从而使监狱的管理进入了科学化、规范化阶段。据郝云发（当时的狱政科长，全程参与了百分考核制定和推行）回忆，在实施过程中，遇到了不少难题，例如，如何把犯人的思想改造和劳动改造两大指标，分解成若干具体的考核指标，是一项既科学有细致的工作。他们先在罪犯中搞调研、了解实际情况，然后多次召开干警会议，认真研究，大胆探索。为使奖罚有依据、有记录，达到罪犯本人知道、大家明白，并能积累起来，先后制定了考核台账、奖扣分通知单、日报表等 10 多种表格，有效地把双联考核的全过程进行了正规化管理，一定程度上消除了以往干警管理“凭感情、印象”等因素带来的管理不准确的现象，使狱政管理逐步纳入了法制化和科学化轨道。

为提高实际可操作性，在很多细节和重要环节方面进行了细化。比如，在实行过程中发现，由于生产指标容易量化，在实践中比较注重罪犯的劳动生产表现，而对思想改造情况有所忽视；有的罪犯存在功利性思想，只为减刑而改造、片面追求加分，甚至不惜弄虚作假，一旦未获减刑则改造积极性明显下降。为了突出改造第一，突出思想工作的地位，百分考核具体规定：比如“在矫正原犯罪恶习方面有明显表现的增大加分数量、思想改造指标不满分不能减刑、重犯原犯罪恶习加倍扣分、两次以上犯罪考验期从长、扣分从重”等，对出现的“改造损失生产补、重生产轻改造”现象进行了针对性弥补，使“双联考核”日臻完善，以遏止“只重视生产表现忽视真心改造”的倾向，消除了罪犯的功利性改造心理和表现。为了避免计分随意性，还制定了考核分等次和比例进行规范，使得百分考核更加明确、具体、可操作性强。

（四）百分考核制度的推广

实践证明，百分考核促进了罪犯的改造。潍坊劳改支队的探索也得到了司法部的认可，并在全国监狱推广。1986 年郝云发同志参加了司法部组织的英模事迹报告团（司法部监狱管理局原巡视员彭于龙彭任组长，山东有泰安监狱的张宪宽、潍北监狱的阎中兴等人），到全国各省进行巡回报告，介绍潍坊劳改支队的改造经验和双联百分考核办法。

1986年9月1日，山东省公、检、法机关联合制定了《罪犯百分考核奖惩办法》《评分记事考核奖惩办法》，在全国监狱系统率先推行根据罪犯的改造表现、劳动成果实行以分计奖、依法减刑的考核制度，使罪犯奖惩工作有法可依、执法有据、公正公开，极大地调动了罪犯的改造积极性。1989年，司法部相继颁发了《关于加强监管改造工作的若干规定》《关于计分考核奖罚罪犯的规定》《监管改造环境规范》《罪犯改造行为规范》。1990年8月，司法部在吸收山东经验的基础上，制定了《关于计分考核奖惩罪犯的规定》，使计分考核奖惩办法得到改进和完善，并在全国监狱系统全面推开。

之后，这一做法推广到全国。"百分考核"制度，迭经修改、日臻完善，精髓被写进了《监狱法》："监狱应当建立罪犯的日常考核制度，考核的结果作为对罪犯奖励和处罚的依据。"

三、百分考核制度推行的重大意义

（一）激发罪犯积极改造

百分考核是对法律、行政、经济三种奖罚的统一化、计量化和规范化，把原来对犯人百分考核作为减刑假释的条件和标准，以显在方式和定性定量的指标做了分解，使减刑、假释由"封闭式"过渡到"开放式"，变成让犯人自己看得到、算得出，分靠自己挣、刑靠自己减的新模式，让罪犯能够计算思想改造和劳动改造所得的积分，掌握改造前途和命运的主动权，把他们最关心最迫切的减刑假释问题，变成可以"算得出、盼得到"的希望，反映了罪犯最普遍、最基本的心理愿望，促使罪犯在希望中改造，从而有效地、持久地提高了犯人改造的自觉性和积极性。从潍坊劳改支队犯罪改造研究所当年整理的一份材料统计记载：犯人的生产功效提高了76%，经费节省了50%以上。过去常犯纪律的犯人是"脚踩西瓜皮，滑到哪里算哪里"，现在则反映"分、分，犯人的命根"。警察反映，犯人比过去好管多了。据支队统计，1985年与1984年相比，罪犯积极面上升5%，落后面下降3%，违纪率下降到0.88‰，产值提高27%，利润提高25%。

（二）丰富了监狱管理罪犯的手段

"分、分，学生的命根儿；考、考，老师的法宝"，在社会教育中，考试和分数是学校管理学生的强有力手段。同理，监狱管理罪犯，需要根据实践中的实际情况，采取有效的措施，提高监狱管理手段和能力。百分考核制度，就是比较实用的手段和有力抓手，是解决监狱工作现实难题的创新手段。实行百分考核，将罪犯在服刑期间的时时、事事都置于管理考核之中，每个犯人从起床到就寝、从学习劳动到生活卫生、从监规纪律到文化娱乐等一切活动，不分时间、空间，都有明确的规训，使他们学习有要求、劳动有定额、行动有准则、生活有规范，在严格的法制、纪律的约束下，矫正放荡不羁的恶习，培养遵纪守法、讲文明、讲道德的良好习惯，并将考核的结果与行政奖励和刑事奖励紧密联系起来，成为管理罪犯的有力抓手，强化了对罪犯的有效管理。在当年实施百分考核制度之际，监狱工作面对不断变化的新形势，罪犯结构发生了巨大的变化；构成复杂、三盲分子增多；历次“严打”的持续深入开展，各地监狱相继爆满，监管工作遇到了极大的挑战和考验，监狱管理手段的创新应用，尤其是计分考核等制度的推行，并以此为重点，逐步建立起了法制健全、监管严密、科学规范的执法工作体系，有效地应对了出现的新局面，真正实现了“收得下、管得住、跑不了、改造好”。

（三）规范了执法行为

实行“百分考核”制度，对罪犯的考核实现了数据化和具体化，体现了定量与定性相结合，有利于克服以往考核的主观随意性。把奖惩条件加以细化、量化，避免了盲目性，增加了科学性；避免了主观性，增加了客观性。百分考核通过日记载、周评议、月公布，并允许罪犯申辩，增强了考核奖惩的透明度，有利于罪犯的相互监督，实现了执法的公正、公开。考核的结果作为减刑、假释等刑事奖励的重要依据，充分提供了执法证据，增加了执法透明度和规范化，从而使监狱的管理进入了科学化、规范化的阶段。

（四）体现现代刑罚理念

监狱是国家刑罚执行机关，担负惩罚与改造罪犯的任务。实行“百分考核”，科学的计分考核是量化考核罪犯改造成果的科学形式。“百分考核”通过指标分解，以分为基础，把整个考核和奖惩构成一个系统，能较全面地反映罪犯的改造状况，提高了奖惩的科学性、准确性和有效性，发挥改造工作各方面的综合作用，收到了明显的效果，能更好地践行改造宗旨。

推行“百分考核”，针对犯人变化了的新情况，摒弃“以阶级斗争为纲”的老观念、老办法，严格依法办事，认真执行政策，管理更严格、文明，体现出现代刑罚理念，提高了文明程度，提高了监狱工作的声誉。在社会上，连很普通的人都知道好好改造，多挣分可以减刑，社会对监狱的关注程度提高，而且社会舆情十分正向。监狱卓有成效的工作、科学文明的管理、刑释后的低犯罪率，直接促使国家于 1992 年发表了《中国改造罪犯状况白皮书》，有力地回应了国际社会对中国人权的污蔑和诋毁，这在新中国历史上是很重要的事情，也展示了新中国监狱的文明、进步形象。

对罪犯进行管理是有相当技术性和艺术性的工作，要循序渐进、进行层层控制，实现梯度内容进行管理，决不能简单地穷尽所有手段，这既符合管理的规律，也能有效应对管理中出现的各种难题。

毋庸讳言，长期以来，计分考核制度在监管改造工作中形成了较好的局面，也呈现出了较大的弊端，尤其在计分考核实践操作中，将罪犯的改造表现尤其是劳动表现等易量化的项目与奖分、减刑高度关联，罪犯思想本质改造程度由于难以科学量化，则与考核结合得不太紧密，在很大程度上催生了罪犯功利性的改造思想和表现，挣分减刑成为促进罪犯改造的最大动力。现实中考核分已够或临近释放罪犯、超短余刑期罪犯、减刑假释受到限制的罪犯收押入监，由于计分考核对于他们不起作用，计分考核对他们的吸引力和促进积极改造的作用减弱，对这部分罪犯的管理很令基层民警头疼。另外，在现实中，计分考核在执行中走了样，成为个别图谋投机减刑者的“合法”路径和捷径，也滋生了“权钱交易”的司法腐败，践踏了法律尊严，损害了司法公正和监狱的社会形象。但总体而言，正如时常为人所诟病的高考制度一样，虽有百般弊端，但依然是目前最为公平、科学的选拔人才制度，计分考核虽然出现了这样那样的问题，但它在监狱管理中的作用无可替代，只是需要进行制度的改进和完善，堵塞漏洞，消除弊端，正本清源，还其本来面目，同时综合运用劳动报酬、纪律规训、文化处遇等手段，强化对罪犯的管理。

刑罚执行

新中国特赦制度的历程及意义

侯　国*

内容提要　新中国成立后，从1959—1975年先后实施了7次特赦。进入新时代，2015年和2019年两次特赦。通过特赦，化消极因素为积极因素，维护了社会稳定，在党内外、海内外产生了广泛而深刻的社会影响。回顾中央酝酿、推动和实施新中国特赦的决策过程，体会毛泽东为首的第一代领导人行事决策的思想方法和经验智慧，总结新时代重启罪犯特赦，展示党中央承续中华文明慎刑恤囚、明刑弼教的优良传统，具有重要的政治、法律、社会、国际意义，有助于推进法安天下、德润人心的仁政。研究特赦制度是为了更好地完善监狱治理体系和治理能力现代化，完善中国特色的监狱制度和罪犯改造制度。

关键词　监狱　特赦制度　历史进程　研究

被判处刑罚的罪犯要在监狱接受惩罚和改造，使之成为守法公民，特赦制度作为同罪犯做斗争的一种手段，其根本目的是激励罪犯的改造。新中国成立后，我国先后7次实施特赦；进入新时代，在抗日战争胜利70周年和中华人民共和国成立70周年先后两次特赦。回顾新中国的9次特赦，体现了社会主义优越性，也体现了法律的权威性和严肃性。

一、特赦的概念及定位

赦免包括大赦和特赦两种。大赦是范围比较广泛的赦免，特赦仅是指国家对较为特定某类或者某个特定的罪犯人免除其刑罚的全部或者部分刑罚的制度。

在我国，1954年《宪法》规定了大赦与特赦制度，其第27条规定全国人民代表大会行使“决定大赦”的职权，第31条规定全国人民代表大会常务委员会

---

*　侯国，河北省石家庄监狱监区长、医院院长，二级高级警长。

行使“决定特赦”的职权，第40条规定中华人民共和国主席根据全国人民代表大会的决定和全国人民代表大会常务委员会的决定，发布大赦令和特赦令。现行《宪法》(2018年修正)仅规定了特赦制度，即第67条规定全国人民代表大会常务委员会行使“决定特赦”的职权，表明我国已经取消了大赦制度。

特赦是一种人道主义的刑罚执行措施，由国家元首根据最高权力机关的决定，以命令的形式颁布实行，称之为特赦令。在我国，特赦只赦免罪犯人的刑，而不赦免罪犯人的罪；只在特赦期间内有效，特赦完毕，命令也随之失效。同时，准予特赦，一般基于国家在庆祝重大喜庆活动时，仅限于不具有再犯罪危险性的特定部分服刑罪犯。

二、新中国特赦制度的历程

在我国，特赦制度经过了酝酿制定阶段、实施阶段、停滞阶段和创新实践阶段4个时期，每个时期都是在其客观历史背景下形成的。

（一）酝酿制定阶段

新中国成立初期，主要任务是巩固政权。由于抗美援朝战争爆发，处理罪犯特别是战犯问题暂时搁置。1954年，毛泽东主席亲自主持制定的《中华人民共和国宪法》，对“大赦”和“特赦”作出规定，为实施赦免首次提出明确的法律依据。

如何执行赦免政策，关系到党的政策、人民群众的利益和感情，甚至新中国的国际声誉。早在1955年5月12日毛泽东主席就主持召开最高国务会议讨论实行大赦问题，随后毛泽东主席安排在各民主党派和无党派人士中收集和听取意见，大家认为党的宽大政策很好。1956年3月14—15日，政协二届常委会第19次扩大会上周恩来总理说“对日本战犯分批释放，不判刑，要判的也是极少数，对国内战犯处理的原则是一个不杀，分批释放”①，并提出宽大处理的方针。中央最终确立了处理战犯的基本方针：对日本战犯，一个不杀，宽大处理；对国内战犯，一个不杀，分批释放。1956年4月25日，一届全国人大第34

① 中共中央文献研究室编：《周恩来年谱(1949—1976)》(上卷)，中央文献出版社1997年版，第557、558页。

次会议通过了《关于处理在押日本侵略中国战争中战争犯罪分子的决定》，并由毛泽东主席当天以《中华人民共和国主席令》向全世界公布，随后对日本战犯无特赦之名而具特赦之实的赦免，分三批免予起诉释放 1 017 名日本战犯，45 名从宽判处有期徒刑的，到 1964 年 3 月 6 日最后 3 名战犯全部释放。鉴于此，毛泽东主席在 1956 年 7 月 15 日作出有关特赦问题解释说："放早了，老百姓不那么清楚，我们也不好向老百姓说明，还要过几年，老百姓的生活更加过得好了，我们再来放。同时要向老百姓作说明……不讲清这个道理，一下子把他们放掉了，人家就不了解，同时也没有必要。"1957 年 1 月 29 日，公安部向中央提交了关于对国民党少将刘焕东等 12 名病患战犯处理意见的报告。2 月 2 日，毛泽东主席作出批示："不但这些人应当处理，其他战犯凡犯罪较轻、表现较好的，都应考虑判决释放。"①1959 年 8 月 24 日，毛泽东主席致信刘少奇："我想到，今年国庆十年纪念，是否可以赦免一批确实改恶从善的战犯及一般正在服刑的刑事罪犯。如办此事，离国庆只有三十几天时间，是否来得及审查清楚？或者不赶国庆，在秋天办理即可，但仍用国庆十年的名义。此事是否可行，亦请召集有关同志商议一下。"②按照毛泽东主席建议，刘少奇于 1959 年 9 月 8 日主持召开中央政治局会议，讨论并通过了《中共中央关于特赦一批确实已经改恶从善的战争罪犯、反革命犯和普通刑事罪犯的建议》。9 月 17 日，朱德主持召开二届全国人大九次会议并通过了《关于特赦确实改恶从善的罪犯的决定》。当日，刘少奇发布《中华人民共和国主席特赦令》，宣布"对于确实改恶从善的蒋介石集团和伪满洲国的战争罪犯、反革命罪犯和普通刑事罪犯，实行特赦"③。自此由毛泽东、刘少奇、周恩来、朱德等党和国家领导人共同推动了新中国特赦制度。

（二）实施阶段

毛泽东主席说："凡是改好了的，我们赦免。按照宪法，叫特赦，不是大赦。"为了更具体地指导各地执行特赦政策，1959 年 9 月 17 日印发《中共中央关于特赦罪犯的指示》，对特赦的具体步骤、方法、宣传及安置等作出规定。12 月 4

---

① 中央文献出版社编译：《建国以来毛泽东文稿》（第 6 册），中央文献出版社 1993 年版，第 299 页。

② 中央文献出版社编译：《建国以来毛泽东文稿》（第 8 册），中央文献出版社 1993 年版，第 475—476 页。

③ 中央文献出版社编译：《建国以来重要文献选编》（第 12 册），中央文献出版社 1996 年版，第 578 页。

日，最高人民法院遵照主席特赦令，首次特赦释放确实改恶从善包括伪满洲国皇帝爱新觉罗·溥仪和蒋介石集团的高级将领杜聿明、王耀武、郑庭笈、陈长捷、宋希濂、曾扩情等人在内的蒋介石集团和伪满洲国的战争罪犯、反革命罪犯和普通刑事罪犯 12 082 名、战犯 33 名，另有 389 名获减刑。

1960 年 11 月 28 日，最高人民法院遵照特赦令，对于确实改恶从善的蒋介石集团和伪满洲国的战争罪犯、反革命罪犯和普通刑事罪犯进行特赦，释放包括原属蒋介石集团的战犯范汉杰、李仙洲等 45 人，原属伪满洲国的战犯 4 名，原属伪蒙疆自治政府的战犯 1 名。

1961 年 12 月 25 日，最高人民法院遵照特赦令，对于确实改恶从善的蒋介石集团和伪满洲国的战争罪犯、反革命罪犯和普通刑事罪犯的特赦，释放中包括原属蒋介石集团的战犯廖耀湘、杜建时等 61 名，原属伪满洲国的战犯 7 名。

1963 年 4 月 9 日，对于确实改恶从善的蒋介石集团、伪满洲国和伪蒙疆自治区政府的战争罪犯的特赦，释放包括原属蒋介石集团的战犯 30 名，原属伪满洲国的战犯 4 名，原属伪蒙疆自治政府的战犯 1 名。

1964 年 12 月 28 日，对于确实改恶从善的蒋介石集团、伪满洲国和伪蒙疆自治区政府的战争罪犯的特赦，释放包括原属蒋介石集团的战犯 45 名，原属伪满洲国的战犯 7 名，原属伪蒙疆自治政府的战犯 1 名。

1966 年 4 月 16 日，对于确实改恶从善的蒋介石集团、伪满洲国和伪蒙疆自治区政府的战争罪犯的特赦，释放包括原属蒋介石集团的战犯 52 名，原属伪满洲国的战犯 4 名，原属伪蒙疆自治政府的战犯 1 名。

1975 年 3 月 19 日，最高人民法院对包括黄维、李九思等 293 名在押全部战争罪犯特赦，释放中包括原蒋介石集团中的战犯 290 名（内有军官 219 名、党政人员 21 名、特务 50 名），伪满洲国战犯 2 名，伪蒙疆自治政府战犯 1 名，这次特赦是没有任何前提条件的一次赦免。此前，毛泽东曾批示："一个不杀"，"都放了算了，强迫人家改造也不好"。在具体政策和待遇方面特别交待："放战犯的时候要开欢送会，请他们吃顿饭，多吃点鱼、肉，每人发 100 元零用钱，每人都有公民权。"

（三）停滞阶段

1954 年《宪法》确立了国家赦免制度。时隔 20 年，1975 年《宪法》，取消了国家主席的设置，有关赦免制度也未提。1978 年《宪法》第 11 条规定"决定特赦”由全国人民代表大会常务委员会行使职权，又重新回到宪法中。1982年《宪法》第67条规定全国人民代表大会常务委员会行使“决定特赦”职权，第80条规定中华人民共和国主席根据全国人民代表大会的决定和全国人民代表大会常务委员会的决定发布特赦令。

（四）创新实践阶段

进入新时代，重启整整40年国家没有再适用过的特赦制度，就是要顺应人民新期待，全面推进依法治国战略，着眼促进国家生活和社会生活的法治化，实现党和国家长治久安；就是要完善特赦制度，推进法治中国建设，通过特赦，展示党的执政理念和执政能力，取得良好的政治效果、法律效果和社会效果；就是要发挥特赦制度所固有的救济法律不足、衡平社会关系、调节利益冲突之刑事政策功能，营造节日祥和喜庆氛围，激发人们的爱国热情，振奋民族精神，凝聚人民力量，凸显时代价值。

在纪念中国人民抗日战争暨世界反法西斯战争胜利70周年之际，根据十二届全国人大常委会于2015年8月24日审议的全国人大常委会关于特赦部分服刑罪犯草案的决定，习近平主席对参加过中国人民抗日战争、中国人民解放战争的；中华人民共和国成立以后，参加过保卫国家主权、安全和领土完整对外作战的，但犯贪污受贿犯罪，故意杀人、强奸、抢劫、绑架、放火、爆炸、投放危险物质或者有组织的暴力性犯罪，黑社会性质的组织犯罪，危害国家安全犯罪，恐怖活动犯罪的，有组织犯罪的主犯以及累犯除外；年满75周岁、身体严重残疾且生活不能自理的；犯罪的时候不满18周岁，被判处3年以下有期徒刑或者剩余刑期在1年以下的，但犯故意杀人、强奸等严重暴力性犯罪，恐怖活动犯罪，贩卖毒品犯罪的除外等4类服刑罪犯实行特赦，累计特赦31 527名罪犯，取得了良好效果。这次特赦是制度的一次创新实践，具有重大的政治意义和法治意义。

为庆祝中华人民共和国成立70周年，根据第十三届全国人民代表大会常务委员会第十一次会议的决定，习近平主席对参加过中国人民抗日战争、中国人民解放战争的；中华人民共和国成立以后，参加过保卫国家主权、安全和领土完整对外作战的；中华人民共和国成立以后，为国家重大工程建设做过较大贡献并获得省部级以上“劳动模范”“先进工作者”“五一劳动奖章”等荣誉称号的；曾系现役军人并获得个人一等功以上奖励的；因防卫过当或者避险过当，被判处3年以下有期徒刑或者剩余刑期在1年以下的；年满75周岁、身体严重残疾且生活不能自理的；犯罪的时候不满18周岁，被判处3年以下有期徒刑或者剩余刑期在1年以下的；丧偶且有未成年子女或者有身体严重残疾、生活不能自理的子女，确需本人抚养的女性，被判处3年以下有期徒刑或者剩余刑期在1年以下的；被裁定假释已执行1/5以上假释考验期的，或者被判处管制的等9类罪犯实行特赦，累计特赦罪犯23 593名，彰显法安天下、德润人心仁政的执政自信和制度优势，使特赦制度更加完善。

三、新时代特赦的政治意义和法治意义

特赦制度具有独特的价值和意义。1959年国庆前夕，毛泽东主席于1959年8月24日在致国家主席刘少奇的信中提出了特赦战犯的建议后，我国先后7次特赦。自1975年以来，历经40年后，中国重启特赦法律制度，并成功特赦两次，展示了以习近平同志为核心的党中央承续中华文明慎刑恤囚、明刑弼教的优良传统，向全世界表明了中国正在推进国家治理体系和治理能力现代化的治理理念，也是一个大国执政自信、制度自信与法治精神的展示和完整注解。

（一）政治意义

新中国成立后，毛泽东和党中央酝酿实施特赦政策，其根本目的："是要使我们的一切设想都有利于我国人民民主专政的巩固，有利于祖国的完全统一，有利于社会主义建设事业。"①进入新时代，在纪念抗日战争暨世界反法西斯战争胜利70周年和新中国成立70周年根据宪法特赦部分服刑罪犯对于展示中国共产党执政自信、树立盛世形象具有重要的政治意义。当前正值实现"两个一百年"奋斗目标和中华民族伟大复兴的中国梦的关键节点，我国在各方面取得了举世瞩目的巨大成就，不仅民族凝聚力极大增强，人民生活安居乐业，综合国力大幅跃升，而且国际影响显著扩大，成为当今世界非常重要的力量。通过对部分罪犯实施特赦，展示中国共产党的执政能力，凸显党和国家的道路自信、理论自信和制度自信。

---

① 周恩来在上海市第一次代表大会上的发言，1956年7月21日。

（二）法治意义

毛泽东主席曾说："人是可以改造的，就是政策和方法要正确才行。"①中国共产党始终坚持惩办与宽大相结合、劳动改造与思想教育相结合的基本方针，对已改造好的罪犯实行从宽处理符合党的基本方针。进入新时代对部分罪犯依法特赦，体现了全面依法治国理念，对推进建设法治中国具有重要的法治意义。特赦作为一种刑罚赦免法律制度，是法律严苛的均衡器，具有超法律的价值，在纪念抗日战争暨世界反法西斯战争胜利 70 周年和新中国成立 70 周年时再行特赦，彰显依宪治国、依法执政的法治理念，体现了我国刑罚宽宥、人道的精神。通过特赦部分服刑罪犯促使其感恩社会，珍惜来之不易的自由，达成预防其重新犯罪的刑罚目的；也可以成为其他未能获得特赦罪犯的催化剂，促进其遵守监规，自觉接受改造，破除"刑罚万能"观念；也可以减少监狱在押犯数量，节约司法资源。

（三）社会意义

毛泽东主席说："由于我们采取了正确的政策，现在就有不少反革命被改造成不反革命了，有些人还做了一些有益的事。"②事实证明，很多获赦罪犯改恶从善，成为自食其力且对社会有用的人，对于凝聚各方力量、促进发展稳定具有重要的社会意义。进入新时代，面对当前我国社会所存在的各种矛盾，特别是面临如何更好地解决人民日益增长的美好生活需要和不平衡不充分的发展之间的新矛盾，尽管特赦只适用于特定的正在服刑的罪犯，但其辐射全社会的感化、召唤效应不可低估，不仅可以激发人民群众的爱国热情，而且有利于从源头上最大限度地化解和减少社会不和谐因素，维护社会稳定。习近平总书记强调，要科学统筹各项改革任务，推出一批能叫得响、立得住、群众认可的硬招实招，处理好改革"最先一公里"和"最后一公里"的关系，突破"中梗阻"，防止不作为，把改革方案的含金量充分展示出来，让人民群众有更多获得感。特赦是一个不断化解社会矛盾的持续过程，有必要通过建立和完善特赦制度以形成解决多元化矛盾的机制。

---

① 中央文献出版社编译：《建国以来毛泽东文稿》（第 11 册），中央文献出版社 1996 年版，第 64 页。

② 中央文献出版社编译：《建国以来毛泽东文稿》（第 6 册），中央文献出版社 1996 年版，第 96 页。

（四）国际意义

新中国成立后，对在押战争犯实行特赦政策，在海内外引起了很大震动。第一次特赦 1.2 万余名罪犯时西方“感到惊奇”。一位印度商人曾说：“此举告诉我们：共产主义的最终目的是消灭阶级，而不是消灭具体的剥削者，中国共产党的政策叫我们心服口服，引起我无限向往。”①特赦表明了中国共产党的执政理念，展现了我国人权司法保障水平。进入新时代，特赦作为国际通行遇有重要历史节点时对特定罪犯赦免余刑的人道主义制度，根据现行宪法，在中国人民抗日战争暨世界反法西斯战争胜利 70 周年和新中国成立 70 周年的重要历史时刻，中华人民共和国主席签署特赦令对部分罪犯特赦，承续了中华文明慎刑恤囚、明刑弼教的优良传统，是我国人权司法保障的具体体现，展现了我国人权司法保障的水平，树立了良好的国际形象，以事实化解和驳斥一些人对我国人权状况的误解与偏见。

四、几点经验与启示

从政治上考虑，特赦制度可以有助于缓解各种矛盾和冲突，激发中国人民的爱国热情、民族认同感和自豪感；从党和国家层面考虑，特赦制度展示中国共产党执政自信和制度自信，树立开放、民主、文明、法治的大国形象；从社会效果考虑，特赦制度有利于社会和谐稳定，具有教育感化功能，是对罪犯的一种宽容；从国际人权斗争考虑，凸显了我国法治的进步和人权的张扬，显示了人权司法保障水平。

（一）社会主义制度的优越

毛泽东主席曾说有条件的特赦“将使他们感到在我们伟大的社会主义制度下，只要改恶从善，都有自己的前途”。原国民党中将、战犯黄维，号称“死顽固”，他曾说：“第一批特赦时，周总理点名要特赦我，可是被管理所给顶住了，他们说我没有改造好，不同意特赦我，如果特赦我，别的战犯不服呀！后来继续接受改造。1968 年以后思想有了较大转变，慢慢向好的方面发展变化。”②原国民

① 刘家常、铁汉：《日伪蒋战犯改造纪实》，春风文艺出版社 1993 年版，第 385 页。

② 全国政协文史和学习委员会编：《从战犯到公民——原国民党将领改造生活的回忆》，中国文史出版社 1987 年版，第 131 页。

党军队某师参谋长魏煜焜说:“特赦,对长期关押改造的战犯来说,是具有很大吸引力的。每个人都觉得改造的最后目的,就是特赦、新生、重新做人。这在继续接受改造的人的心目中,就产生了特赦是非常光荣,非常幸福的,也就暗暗下定决心要认真加强改造,争取特赦。”①对在押罪犯实施有条件的特赦,是一种激励和鞭策,有利于增强罪犯改造的自觉性和主动性。在1961年的特赦座谈会上,马上就刑满释放的原国民党某军政工处长田文奎提出:“不争取到特赦,虽刑满也不走。我改造了十多年,还争取不到特赦,说明我没有改恶从善,我有何面目见家乡亲友和妻子儿女呢!”②正如毛泽东主席所说:“由于我们采取了正确的政策,现在就有不少反革命被改造成不反革命了,有些人还做了一些有益的事。”③毛泽东主席1956年4月25日在中央政治局扩大会议上谈到“一个不杀”方针时说:“不杀他们,不是没有可杀之罪,而是杀了不利……杀了他们,一不能增加生产,二不能提高科学水平,三不能帮助除四害,四不能强大国防,五不能收复台湾。”事实证明,特赦制度在罪犯和国家之间构筑起了一个人道而又理性的屏障和庇护所,并在我国社会主义法律体制中扎下坚实的根基,很多获赦罪犯改恶从善,成为自食其力且对社会有用的人,实行宽大处理,可以化消极因素为积极因素,有利于社会主义建设。这也只有社会主义国家才可以实现。

(二)完善国家治理体系和治理能力现代化

习近平总书记指出:“在漫长的历史进程中,中华民族创造了独树一帜的灿烂文化,积累了丰富的治国理政经验,其中既包括升平之世社会发展进步的成功经验,也有衰乱之世社会动荡的深刻教训。”我们从研究特赦制度史入手,总结成功做法、经验与深刻教训,可以为国家制度和完善国家治理体系和治理能力现代化建设提供历史借鉴。新中国建立特赦制度,不是中国传统的制度,也不是照搬西方的制度,而是中国共产党带领中国人民坚持以马克思主义为指导,结合中国的历史和实际创造出来的适合中国国情的制度。70多年的历史实践充分证明,特赦制度是适合中国国情、符合人民意愿的。研究特赦制度史可以重点抓住两个方面:一个是新中国成立后,中国共产党创立特赦制度的历

①② 全国政协文史和学习委员会编:《从战犯到公民——原国民党将领改造生活的回忆》,中国文史出版社1987年版,第239页,第114页。

③ 中央文献研究室:《建国以来毛泽东文稿》(第6册),中央文献出版社1996年版,第96页。

史过程、背景、目的及效果，要研究特赦制度对国家治理体系的形成起到了什么样的作用，研究特赦制度在中国特色社会主义制度中起到了什么样的作用；另一个是新时代坚持和完善中国特色社会主义制度、推进国家治理体系和治理能力现代化的重要任务对制度史研究提出了新要求，我们要善于从中国的历史实际出发，从史料中总结和提炼经验、教训，为坚持和完善中国特色社会主义制度、推进国家治理体系和治理能力现代化提供有益历史借鉴。

（三）向世界展现中国改造罪犯的基本思想

习近平总书记指出，“中国的今天是从中国的昨天和前天发展而来的。要治理好今天的中国，需要对我国历史和传统文化有深入了解，也需要对我国古代治国理政的探索和智慧进行积极总结。”世间万物均处于运动变化之中，变化是绝对的，静止是相对的。基于辩证唯物主义认识论，毛泽东主席提出人是可以改造的科学论断。通过研究特赦制度，对新中国成立以来罪犯改造思想的探索和智慧进行积极总结，可以不断探索新时代罪犯改造的新途径。毛泽东改造罪犯理论产生于计划经济体制时期，经过几十年的发展变化，已经转型为市场经济体制，而且罪犯结构也发生了很大变化。面对现状，如果我们不与时俱进，积极探索与时代相适应的监狱工作模式，就背离毛泽东主席改造罪犯的基本立场和观点，改造人的宗旨就难以实现。特赦制度作为带有人间温情的法律制度，是刑罚手段的必要补充和救济，完善了综合治理犯罪的对策机制。因此，深化罪犯改造制度史研究，要注意历史、理论与现实有机统一，既要坚持“老祖宗不能丢”，又要讲“老祖宗”没有讲过却又符合当今形势的新话，根据不同的社会形势、犯罪态势与犯罪的具体情况，对刑事犯罪采取区别对待之政策，在继承的基础上，不断地发展、创新，使之更好地指导新时代的监狱治理和罪犯改造工作。

（四）回击西方敌对势力对我国人权的质疑

“美国指责中国的司法制度对人权保障不力，但是，美国的暴力犯罪率和囚犯比例都居世界之首，罪犯刑满释放后的重新犯罪率在百分之四十以上，各项指标都比中国高出很多倍。”①“监狱管理混乱导致虐囚丑闻频发。”“单独囚禁

① 中国人权研究会：《名为人权，实为强权——评美国国务院1997年〈人权报告〉中国部分》，《人民日报》1998年3月3日。

是联合国认定的一种酷刑，会对囚犯的精神、身体和情绪造成严重伤害，甚至可能导致死亡。”①这些事实和数据，揭露了美国目前人权状况乏善可陈，而且呈日益恶化之势。近年来，西方一些敌对势力特别是以美国为首的，打着民主、自由、人权的旗号攻击污蔑中国的监狱制度是“酷刑、劳役”，妄图破坏社会主义制度。通过研究特赦制度，首先要正确认识罪犯的法律地位，中国监狱在实践中始终坚持社会主义人道主义原则，重视对罪犯权利的保护与严格执法的关系，明确其是具有“罪犯”这一特定身份的中国公民，通过研究，有助于统一我们对罪犯权利保护的认识，提高保护罪犯权利的自觉性，澄清对中国监狱制度的一些误解与偏见。其次，结合中国国情确认罪犯权利。人权与一个国家的文化、历史、政治及经济等因素有关，通过研究特赦制度，处理好中国实际与依法治监关系。罪犯从收押到释放整个行刑过程公开透明，罪犯必须履行与其身份相适应的特定义务，不能突破“囚”的界限，体现社会主义对罪犯权利与义务的辩证关系，促进罪犯人权状况进一步改善。

特赦是刑罚执行权的停止行使，是刑罚消灭制度的一项重要制度。毛泽东主席在 1959 年 9 月 14 日代表中共中央给全国人大常委会所写的书面建议书中指出：“对于一批确实已经改恶从善的战争罪犯、反革命罪犯和普通刑事罪犯，宣布实行特赦是适宜的。采取这个措施，将更有利于化消极因素为积极因素，对于这些罪犯和其他在押罪犯的继续改造，都有重大的教育作用。这将使他们感到在我们伟大的社会主义制度下，只要改恶从善，都有自己的前途。”对罪犯实行特赦的目的和作用就是缓和社会矛盾，维护国家安全，是法治和德治有机结合的生动实践。因此，研究特赦制度，完善特赦制度具有重大的时代意义和价值。

---

① 中华人民共和国国务院新闻办公室：《2019 年美国侵犯人权报告（2020 年 3 月）》，《人民日报》2020 年 3 月 14 日。

我国罪犯释放的历史考证

徐为霞　孙延庆[*]

内容摘要　罪犯的释放是调节社会安全的一个重要枢纽，对罪犯释放制度的科学设计和有效落实是社会安全治理的关键环节之一。本文通过对古代罪犯释放中的暂行释放和具保释放、中华民国时期罪犯释放的出监教育和安全管控、新中国罪犯释放的留场就业和法制道路等史料的梳理，考证我国罪犯释放的变迁过程，提炼历史上罪犯释放中的核心内容如改造效果、释放方式、出监教育、刑释安置、释后管控等，为完善我国罪犯释放制度提供借鉴。

关键词　罪犯　释放　考证

要认清一个事物，须探究其本源。梳理我国不同时期关于罪犯释放的具体规定和实际执行情况，对看清现代释放制度的状况和问题，完善或重构罪犯释放制度，使其在总体国家安全观下，充分发挥调节钮和安全阀的作用有重要意义。本文尝试对我国罪犯释放的历史脉络进行梳理，为完善我国罪犯释放制度做一基础铺垫。

一、中国古代罪犯的释放方式之演进

（一）罪犯释放的雏形

《周礼·秋官·大司寇》曰："以圜土聚教罢民。凡害人者，置之圜土而施职事焉，以明刑耻之。其能改过，反于中国；不齿三年。其不能改而出圜者，杀。"可以看出，古代的"圜土"，将犯罪人集中进行训导，到期能改过者释放，释放后 3 年内不能享有正常人的权利；到期不能改者处死。其释放

---

*　徐为霞，中央司法警官学院监狱学学院教授；孙延庆，中央司法警官学院监狱学学院教授。

的条件是“能改过”。这说明古代释放已经开始以改过自新为前提条件和评价标准。

（二）暂行释放和具保释放出现

《资治通鉴·贞观六年》称：太宗贞观六年（公元632年），“见应死者，悯之，纵使归家，期以来秋来就死”。这属于暂时释放。《新唐书·玄宗纪》记载：“开元十六年正月庚申，许徒（刑）以下囚保任营农。”这是唐代的一种特殊治狱现象，具有显示农本刑末，标榜国泰民安等作用。

（三）非典型释放

明清时，对于流刑犯押送到外地，徒刑犯押送到驿站，笞、杖刑执行完毕罪犯就可以释放。对于徒流刑的释放，《明会典》规定：对徒刑犯及其他以劳役赎刑的罪犯，规定“日满疏放”；流刑犯“在居作期满后按时释放，然后编入流放地为民”。按照清朝狱制，由各州、县按照遣军流徒“道里表”规定的里程和地点分别发配，递解到配所，流徒依照年限服役，遣军工役终身。1845年，《名例律下·徒流迁徙地方》规定：徒罪五等，“发本省驿递”，释放后“不得复归本省”。“应迁徙者迁离乡土一千里外安置”①，亦不得回籍。在清朝，徒流刑期届满后，罪犯不能回本省，在外地安置。由于明清时期的已决犯不需要在监狱中服刑，也就没有从监管场所实施的典型释放。

（四）典型释放的开始

20世纪初清廷实行监狱改良后，对刑罚的执行有了重要改进，首先遣军流徒各犯分别定了服役年限。1903年，刑部各省通设罪犯习艺所折规定：各省徒罪犯人，概行收入习艺所，按其徒罪年限责令工作。1905年后，山东建立罪犯习艺所，按规定接收本省军流徒犯人入所服役。1909年法部颁订《处置配犯新章》，删去了充军刑名。1909年，法部颁发的《五徒、三流、二遣地方》，具体规定了徒流遣各犯的发配安置（执行）等办法。自此，有了典型的罪犯释放出现，也就是把刑满的罪犯按照一定的流程从罪犯习艺所释放。

---

① 山东省司法厅编：《山东司法行政志（1840—1985）》，1989年版，第294页。

二、中华民国时期罪犯释放制度的形成

（一）一般规定

中华民国时期判处徒刑、拘役的罪犯，以及判处罚金无力交纳以劳役代替的罪犯均在监狱中执行，刑满后由监狱办理释放手续。(1)罪犯服刑期届满者，至少于释放前 3 日为独居监禁并停止作业。(2)监狱发还罪犯财务，发给刑满释放证明。监狱还规定对被释放者无归乡旅费及衣类的酌情给之。(3)对患重病者及传染病者释放时，则事先通知其家属或亲族。(4)刑满罪犯于刑期终结的次日释放。具体执行时，各监狱又有了细化完善，如京师第一监狱、京师第二监狱规定：释放于刑满日的次日午前进行。[①]民国时期的监狱对罪犯释放进行了流程设计，如上海监狱当时释放罪犯就有 9 个步骤。[②]从上述规定来看，民国时期对于罪犯释放的规定较之古代已经更细化、更人道。遗憾的是，很多规定仅停留在文本上。

（二）出监教育

民国时期的监狱把罪犯释放环节作为一个教育改造机会，对释放教育也进行自我反省（三天单独关押）、服刑感悟、出监教诲等体系化的设计。

其一，独居自我反省。罪犯服刑期届满者，至少于释放前 3 日为独居监禁并停止作业。这一段时间可以给罪犯自我反省、悔悟，并对出狱后的生活进行规划。

其二，令出狱人填写“出监感想录”。民国 24 年（1935 年）前后的上海第二特区监狱和民国 35 年前后的部辖上海监狱在罪犯释放时，都要求出狱人认真填写“出监感想录”（不会写的可请人代笔），且明列内容有 5 个要点，包括服刑中最痛苦或愉快之事、官吏管理上的不当与适当之事、罪犯中隐藏之事、教诲所

---

① 北京市地方志编纂委员会：《北京志・政法卷・监狱・劳教志》，北京出版社 2006 年版，第 95 页。

② 在民国 35 年（1946 年）前后，部辖上海监狱罪犯释放时，大致经过如下程序：(1)由总务科负责登“出监簿”，通知教化、卫生、作业、警卫课及保管股。(2)停止作业，分房集训。(3)作业课清算罪犯“赏与金”，交付保管股。(4)保管股清算保管财物交付本人。(5)卫生课施行健康诊断。(6)教化课施行出监教诲。(7)让被释放人员填写出监感想录。(8)总务科施行出监手续，核对指纹，填写出监证，通知各层门卫放行。(9)释放出监。参见麦林华主编：《上海监狱志》，上海社会科学院出版社 2003 年版，第 216 页。

感或读书所悟之事、监中自觉或出监后预想之事。①

其三，施行出监教诲。民国 24 年前后的上海第二特区监狱、民国 35 年前后的部辖上海监狱和民国时期的京师第一监狱、京师第二监狱释放罪犯时，都要对罪犯施行出监教诲。从监狱方的角度，选取合适的人员，通过语言和人格魅力为出狱人的前途指引方向，为其出狱后的行为设置边界。

（三）安全防控

民国时期的监狱，在释放制度设计时，已经开始关注释放的安全问题。这里的“安全”包括社会安全、执法安全、卫生安全。

其一，社会安全。罪犯刑满释放后的再犯危险就是对社会安全的重大威胁因素，如京师第一监狱、京师第二监狱规定：对有重新犯罪可能的人，通知警察署作好监督准备。

其二，执法安全。在罪犯释放环节会出现的执法安全主要是错放、漏放罪犯。对此，民国监狱要求做好登记并查验身份，如在民国 35 年前后的上海监狱释放罪犯，要由“总务科施行出监手续，核对指纹，填写出监证，通知各层门卫放行”②。

其三，卫生安全。刑满时，要由卫生课施行健康诊断。该诊断可以区分患病程度和传染病问题。对于重病患者及传染病者，需事先通知其家属或亲族，如京师第一监狱、京师第二监狱还规定：患重病的罪犯，经本人请求可准许在监狱内继续治疗。③对于卫生安全方面的规定，既防止了传染病的扩散，又体现了对罪犯生命健康的人道主义救助。民国时期监狱在安全防控方面的规定相对浅显，但其价值确是从无到有的跨越。

（四）安置保障

民国监狱在罪犯安全保障方面的规定相对碎片化，可以归纳为以下四点：

第一，清算罪犯“赏与金”。这是出监的重要环节，如民国时期的上海监狱罪犯释放程序规定：由作业课清算罪犯“赏与金”，交付保管股，保管股清算保管财物交付本人。④

第二，发给刑满释放证。

---

①②④　麦林华主编：《上海监狱志》，上海社会科学院出版社 2003 年版，第 216 页。

③　北京市地方志编纂委员会：《北京志・政法卷・监狱・劳教志》，北京出版社 2006 年版，第 95 页。

第三，给予一定救济。如京师第一监狱、京师第二监狱规定：无回乡路费者发给旅资，出监后无穿着衣服者发给服装。[①]

第四，重病及传染病者需提前通知家属或亲族。

由上可以看出，民国时期的监狱对于刑满释放的罪犯基本没有就业安置，只是做了基本保障方面的规定。

三、新中国罪犯释放制度的变革及功效

（一）新中国成立初期的合理做法（1949—1952年）

1950—1952年新中国共释放罪犯433 667人。[②]从史料看，当时的释放制度是站在国家安全角度宏观设计的，有些做法今天看依然是科学的，应当予以继承。

第一，刑满释放前进行家庭调查。在罪犯刑满前10天，由管理人员对即将释放罪犯的家庭情况进行调查。到了1954年，统一规定为：刑满前3个月由监狱向罪犯原居住地公安派出所发出通知进行调查了解。释放后可能从事运输工作需附《罪犯刑满前调查了解审批表》，包括家庭人口及职业情况、出狱后的生活条件、出狱后住址、派出所及调查单位意见等，还征求当地群众意见。[③]

第二，设立保人制度。1949年下半年，上海市人民法院监狱对有保人作保的罪犯，办理交保手续才予释放。无人敢担保的，由监狱派人会同居住地派出所警察说服家属收管及说服亲友取保释放，监督其自新。

第三，明确必接类型。对患重病、传染病的罪犯，由其家属或其他亲友到期接回。

第四，重视出监教育。

第五，发给回家路费，对参加劳动罪犯还发奖金。

（二）严格管控下的释放（1953—1981年）

1. 规范释放的相关文书

（1）统一了《释放证明书》。1956年以前，罪犯刑满释放证明书由省、自治区、直辖市自行制定。1956年12月27日，最高人民法院、最高人民检察院、公

---

① 北京市地方志编纂委员会：《北京志·政法卷·监狱·劳教志》，北京出版社2006年版，第95页。

② 司法部监狱管理局编：《当代中国监狱概览》（统计资料卷），法律出版社2000年版，第6—8页。

③ 麦林华主编：《上海监狱志》，上海社会科学院出版社2003年版，第219页。

安部、司法部向全国下发《关于统一〈释放证明书〉的联合通知》，规定了《释放证明书》的式样与标准尺寸。自 1957 年起，各地执行“两院两部”的规定，使用新的《释放证明书》式样。

（2）规范了《犯人出监鉴定表》。1958 年 9 月 1 日，公安部《关于犯人出监鉴定表的通知》要求由原关押监狱填写，寄往释放后居住地的公安机关，以便监督与控制，[①]并明确对于“劳改期间的表现”一栏填写要具体，要说明罪犯在服刑期间是否认罪服法、遵守监规、接受改造，有无违法犯罪活动，生产和学习表现，受过的奖励和处罚，等等。《犯人出监鉴定表》分情况邮寄，家住农村的寄往当地县公安局；家住城区的寄往其居住地派出所；家住外地城市的，寄往所在市公安局；留场（厂）就业的，寄往其就业单位。

2. 特赦释放宽大政治犯

新中国在 1959—1975 年对政治犯进行了 7 次特赦，既体现国家对政治犯的宽大政策，又展现了劳动改造的成效。第一次特赦是 1959 年 9 月 17 日，释放罪犯 12 082 名，战犯 33 名[②]；第二次特赦是 1960 年 11 月 28 日，释放战犯 50 名，含国民党战犯 45 名；第三次特赦是 1961 年 12 月 25 日，释放战犯 68 名，含国民党战犯 61 名；第四次特赦是 1963 年 4 月 9 日，释放战犯 35 名，含国民党战犯 30 名；第五次特赦是 1964 年 12 月 28 日，释放战犯 53 名，含国民党战犯 45 名；第六次特赦是 1966 年 4 月 16 日，释放战犯 57 名，含国民党战犯 52 名；第七次特赦是 1975 年 3 月 19 日，释放 293 名，含国民党战犯 290 名。[③]（见图 1）

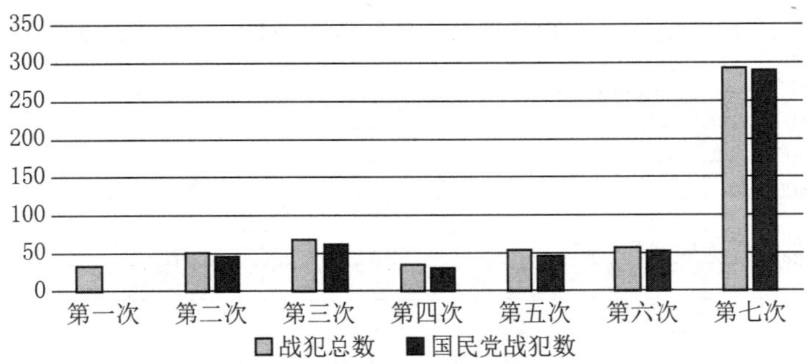

图 1　特赦中战犯总数和国民党战犯数对比图

---

① 北京市地方志编纂委员会：《北京志·政法卷·监狱·劳教志》，北京出版社 2006 年版，第 95—96 页。

② 高磊：《新时代特赦的实施及其限度》，《人民法治》2019 年第 18 期。

③ 参见余克礼、贾耀斌主编：《海峡两岸关系 60 年图鉴》，长江出版社 2010 年版，第 84—85 页。

3. 清理释放,关爱弱势群体

(1) 对女犯、少年犯及老年犯的清理释放。1951 年 10 月,公安部《关于处理女犯、少年犯及老年犯的指示》和关于处理女犯及病犯的补充指示精神,在 1951—1953 年各地监狱对符合条件的罪犯进行清理,经群众取保后由当地政府安置劳动。

(2) 对老弱病残犯的清理释放。1956 年下半年,根据最高人民检察院、最高人民法院、司法部、公安部《关于处理老弱病残犯人的联合指示》精神和最高人民检察院、最高人民法院、公安部、司法部《关于处理老弱病残犯人的联合指示》中的“保外就医问题”的补充通知,对于判处 5 年以下徒刑,身体衰弱,已失去对社会危险的老弱病残犯进行清理。河南省内黄监狱当时共有老残犯 282 人,符合清理条件的 170 人,占老残犯的 63%,占押犯数的 13.3%,实际清理 151 人,其中反革命犯 89 人、刑事犯 62 人。清理返乡后由当地政府安置。①可以看出,此次对老弱病残犯清理的力度较大。由于当时监狱医疗条件较差,及时清理,也体现出对罪犯的人道主义关怀。

(3) 第三次大清理释放。1959—1963 年根据公安部和省公安厅指示精神,对犯人进行清理。清理工作在“严一些、细一些”和又严、又稳、又细的方针指导下,重点清理老弱病残犯和刑期在 5 年以下的普通刑事犯。河南省内黄监狱仅 1962 年就清理 222 人(保外就医 211 人、监外执行 11 人),提前释放 23 人。②此次清理工作很细,监狱给释放时是病号或部分丧失劳动能力的罪犯发给 1—3 个月的补助费;全部或大部丧失劳动能力的罪犯发给 6—7 个月的补助费。

(4) 第四次清理释放。1969 年,河南省第四监狱根据河南省公安机关军管会的文件规定,将残刑 5 年以下的罪犯 632 名释放回农村,交“群众专政”③。(见图 2)

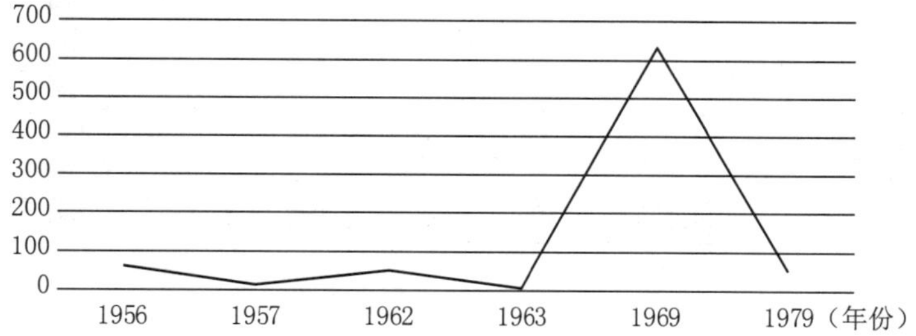

图 2　河南省第四监狱清理释放罪犯情况表

注:河南省第四监狱的清理释放工作,包括不定期地对狱内老弱病残犯和女犯的清理释放。1956 年 61 名,1957 年 13 人,1962 年 49 人,1963 年 6 人,1969 年 632 人,1979 年 50 人。

①②③　河南省内黄监狱编:《河南省内黄监狱志(1952—2001)》,2006 年,第 91 页,第 91—92 页,第 148 页。

(5) 第五次清理释放。1979 年,最高人民法院、最高人民检察院、公安部联合下发的《关于清理老弱病残犯和精神犯的联合通知》,河南省豫东监狱分两批,共清理犯人 31 人。①

4. 留场就业确保社会稳定

(1)《劳动改造条例》(简称《条例》)的规定。1954 年的《条例》中关于释放单列为一节,共有两条。第 61 条有 3 款,第 1 款规定释放罪犯的情形有三种,即刑期满了的,侦察、审判机关通知应当释放的,假释的;第 2 款规定,在释放前应当作出鉴定,把结论记入《释放证明书》内;第 3 款规定回家旅费和重病罪犯的必接事宜。第 62 条是关于留场、留队就业的问题。对此问题,政务院于 1954 年专门出台了《劳动改造罪犯刑满释放及安置就业暂行处理办法》,其第 2 条明确规定了收留安置就业的三种情形为:自愿留队就业、为劳动改造生产所需要的;无家可归、无业可就的;在地广人稀地区劳动改造的罪犯,刑期满了以后需要结合移民就地安家立业的。

(2) 留场就业政策的实施情况。从史料来看,留场就业政策对中国罪犯释放影响很大。全国监狱系统 1950 年刑满释放 54 971 人,留场就业 81 人;1951 年刑满释放 142 314 人,留场就业 389 人;1952 年刑满释放 236 382 人,留场就业 1 770 人;1953 年刑满释放 335 778 人,留场就业 4 145 人;1954 年刑满释放 258 937 人,留场就业 33 858 人;1963 年刑满释放 185 420 人,留场就业 54 061 人;1965 年刑满释放 167 953 人,留场就业 48 438 人。②(见图 3)全国范围来看,从 1950—1965 年留场就业人员的数量呈上升趋势,在刑满释放罪犯中的占比

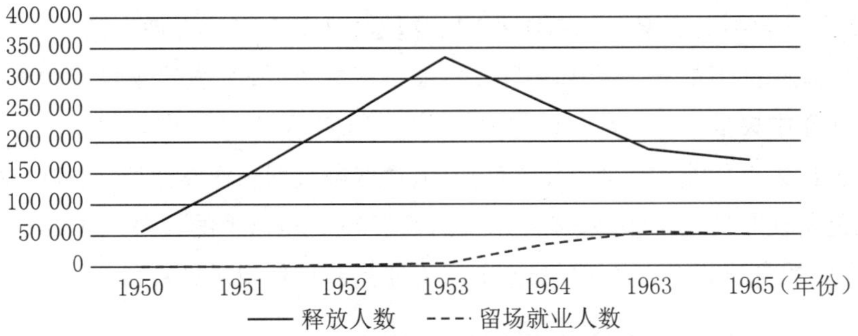

图 3　1950—1965 年全国罪犯释放和留场就业情况表

① 高建刚主编:《河南省豫东监狱志(1952—2001)》,2007 年,第 142 页。

② 司法部监狱管理局编:《当代中国监狱概览》(统计资料卷),法律出版社 2000 年版,第 6—8 页。

是逐渐提升的,尽管1964年"四留四不留"政策落地,但对留场就业人数的影响表现为1965年比1963年下降了不到3个百分点。

从各省份来看,大的趋势也基本如此。以上海市监狱系统为例,1953年开始施行留场就业政策,刑满罪犯留场就业数量分别为:1953年1 268人,1954年2 224人,1955—1957年5 052人,1958—1962年7 424人,1964—1979年12 779人。(见图4)

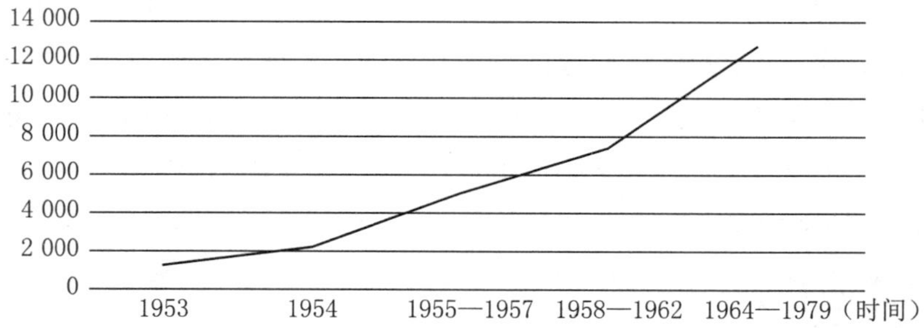

图4 上海市监狱系统适用留场就业情况统计表

(3) 留场就业政策的优势分析。从上述两个规定的出台和留场就业的实践效果可以看出,新中国政府非常重视对罪犯的改造质量和刑满释放工作,并把这项工作放在国家安全和经济建设的大局中予以规划。留场就业政策在当时发挥的优势主要体现在三个方面:其一,在一定程度上缓解了当时社会就业的压力,促进了国家经济和劳改生产的发展。其二,有助于社会秩序稳定。留场就业政策,尤其是《劳动改造罪犯刑满释放及安置就业暂行处理办法》第2条第2款对于"无家可归、无业可就"人员的安置,既解决了刑释人员的生活出路,又防止其受社会不良因素影响重蹈犯罪的覆辙,对于稳定社会秩序意义重大。其三,极大地降低了重新犯罪率。当时的重新犯罪率低,留场就业政策功不可没。如1964年中央批转"六劳"会议纪要规定"四留四不留"。其中,"四留"中改造不好的、放出去有危险和其他有特殊情况的,这两类人刑满释放,但不回到原来的社区,而是留在服刑地就业,依然在熟悉的监管环境和熟悉的人群之中接受监管。这种高效的自然监视和系统的社会管控对于遏制重新犯罪具有利剑作用。

(三)释放制度法治化(1982—1994年)

1.《细则》对于罪犯释放的积极意义

(1)《监狱、劳改队管教工作细则(试行)》(简称《细则》)中关于释放的规定。

1982年公安部出台的《细则》中有3个条文是规范释放行为的：第29条规定了释放的3种情况：刑期满了的，假释的，人民法院裁定释放的；第30条有两个条款规定了较为详细的释放程序和交接内容；第31条规定释放后的通知要求。

（2）《细则》相较于《条例》的变化。把《条例》与《细则》进行对比（见表1），可以发现，变化是巨大的，进步是明显的。整体来看，《细则》删去了留场就业的

表1 《条例》和《细则》关于释放规定的比较

项　　目	《劳动改造条例》	《监狱、劳改队管教工作细则(试行)》
相关规定	第61条(3款)，第62条	第29条，第30条(2款)，第31条
释放情况	刑期满了的，侦察、审判机关通知应当释放的，假释的	刑期满了的，假释的，人民法院裁定释放的
释放机关	劳动改造机关	监狱、劳改队
释放证明	发给《释放证明书》	发给释放证明书
释放时间	按期释放	刑期届满之日
出监鉴定	在释放前应当作出鉴定，把结论记入《释放证明书》内	犯人释放前，应当为其做出出监鉴定，填写“犯人出监鉴定表”
财务关系	回家旅费由劳动改造机关发给	释放回家的，要发给路费、途中伙食费和粮票，办理粮、油供应的转移手续
接送情形	患重病，应当事先通知他的家属来接	患有重病的，应当通知家属来接，或由劳改单位派人护送
交接手续		“犯人出监鉴定表”，连同判决书(或抄件)一起移送释放人员安置落户所在地的公安机关
因公致残		对在劳动改造期间因公致残的，释放时可根据国家规定和具体情况发给生活补助费，或由国家养起来
书面通知		对于犯人的释放，应当及时书面通知交付执行的人民法院和担负劳改检察任务的人民检察院，以及本省、市、自治区公安厅、局指纹管理单位
留场就业	凡是犯人在刑期满了临释放的时候，自愿留队就业，或者无家可归无业可就，或者在地广人稀地区可能就地安置的，劳动改造机关就应当组织他们劳动就业	

规定，增加了释放时的交接手续、书面通知和对因公致残的规定。具体细节方面笔者归纳了 12 个方面，在此就具有比较价值的 7 个事项予以阐述：

其一，在释放情况上的一个情形变化，即将“侦察、审判机关通知应当释放的”改为“人民法院裁定释放的”体现了国家法制进程的有效推进。

其二，对于释放机关的变化，将“劳动改造机关”改为“监狱、劳改队”，把看守所单列出来，为 1983 年的归属变更做好准备。

其三，释放证明书的表述去掉引号，行文更符合法律要求。

其四，释放时间，由“按期释放”改为“刑期届满之日”。笔者认为这一点不进反退，没有考虑到释放的多种情况，如裁定释放、特赦释放等。

其五，关于出监鉴定的规定，有松缓趋势。《条例》中要求把鉴定结论记入《释放证明书》内，《细则》规定填写“犯人出监鉴定表”，该表最后移送安置地公安机关。

其六，对于财务关系，《条例》只要求发给旅费，《细则》细化为路费、途中伙食费和粮票，并根据当时社会的情况，明确了办理粮、油供应的转移手续。据史料记载，上海市监狱系统在 1954 年释放罪犯时就为罪犯开出油粮供应转移证。

其七，对于接送情形，《条例》和《细则》的规定是一致的，都是患有重病，但《细则》在规定家属来接的同时，又规定了劳改单位派人护送的选项，更适合操作。

《细则》再结合 1982 年《劳动人事部关于刑满释放人员安置问题的意见》，是 20 世纪 80 年代罪犯刑满释放和安置方面的具体执行依据。从整体上看，国家不再对罪犯刑满释放后的安置大包大揽，而是规定安置原则：捕前为农业户口的，一律回农村安置；被判处徒刑或剥夺政治权利的企业事业单位职工，不得回原单位安置，捕前是家居农村，回农村亲属所在地安置，个别过失犯罪除外。

2. 逐步结束了留场就业的历史

1981 年对留场就业人员进行全面清理。1984 年为贯彻落实“八劳”会议精神，提出刑满释放人员“均应放回捕前所在地或直系亲属所在地”。1987 年 9 月，司法部发出了《关于严格控制刑满释放人员留场（厂）安置的通知》，要求所有留场就业人员一次性清理回乡。到 20 世纪 90 年代后期，全国共清理留场就业人员近 40 万人，①给中国监狱刑满释放罪犯留场就业画上了句号。

---

① 中国监狱工作协会编：《新中国监狱工作五十年》，法律出版社 2019 年版，第 199 页。

3.《监狱法》颁布后的释放

1994 年 12 月 29 日《监狱法》颁布实施，使得罪犯的释放问题也上升到了国家法律的高度。《监狱法》第 35—38 条共有 4 个条文。第 35 条规定：罪犯服刑期满，监狱应当按期释放并发给释放证明书。第 36—38 条分别规定罪犯释放后的落户问题、安置问题和权利问题。1994 年中央综治委颁布《关于进一步加强对刑满释放、解除劳教人员安置和帮教工作的意见》、1999 年颁布《关于进一步做好服刑、在教人员刑满释放、解除劳教时衔接工作的意见》和 2004 年中央综治委、司法部等 8 部委联合下发《关于进一步做好刑满释放、解除劳教人员促进就业和社会保障工作的意见》等文件，自此，我国基本确立了刑满释放人员管理与服务的总体构架。①但由于《监狱法》的规定相较于《条例》和《细则》是粗线条的，加之《监狱法实施细则》至今未能出台，致使各地在释放罪犯时，更多地依靠司法部、各省政法委、各监狱管理局等出台的相关政策。

从我国罪犯释放的历史演进过程中可以得出如下启示：

（1）在罪犯释放的初始阶段，人们就认识到“改过自新”之重要性，并一直延续至今。今天，仍然将罪犯改造质量作为衡量监狱工作的重要标尺。

（2）赦免制度自唐朝以来，在彰显国泰民安、政治稳定、体恤百姓方面发挥着重要作用。

（3）中华民国时期的罪犯释放制度虽未落实，但从设计本身来看，出监教育的独居反省、服刑感悟、出监教诲，安全防控中涉及的社会安全、执法安全、卫生安全等方面的设计思路清晰，具备了释放制度的雏形。

（4）新中国成立后罪犯释放制度基于当时的国情，从国家安全高度出发，宏观统筹规划，根据变化的国情，不断改革和调整，从家庭调查、保人制度到宽大释放、清理释放，从规范文书、留场就业到逐步法制化，在整个变革过程中，既确保了社会的稳定，又彰显了对弱势群体的关怀，政策调整在罪犯释放制度构建中的优势也得到了充分的体现。

制度中的精华是需要时间沉淀和检验的，科学的罪犯释放制度的设计必须以史为镜。释放是总体国家安全中的一个重要调节阀，政策的灵活性相较于法律的相对稳定性在国家安全和秩序的宏观调控方面更有优势。

① 吴钰鸿、任惠华主编：《特殊人群管理服务创新研究——以重庆市渝北区为样本》，群众出版社 2014 年版，第 163 页。

新中国监狱刑罚执行变迁与展望

应　霆　方继东　邹雨龙*

内容摘要　刑罚执行是指刑罚执行机关根据相关法律，对裁判机关作出的生效刑事裁判文书予以执行的专门活动，是国家刑罚权运行的最后环节。中国历史上刑罚执行经历了从野蛮到文明的转变，新中国监狱刑罚执行延续自由刑的刑罚执行体系，历经创建、发展、停滞、恢复、新的时期等阶段，总体而言，现代刑罚执行适应了当前社会刑罚的需要，但仍有不够完善的地方。希望通过研究和探讨，建立统一的刑罚执行体系，积极向依法治国的目标迈进。

关键词　新中国　监狱　刑罚执行　变迁　展望

刑罚执行是国家刑事司法活动的重要组成部分，是国家刑罚权的直接表现形式，也是实现国家刑罚的目的的根本保障。监狱作为刑法执行的主体，是国家法律规定的国家刑罚执行机构。我国监狱机关承担着刑罚执行主要职能和任务，在全部刑罚执行活动中占有重要地位，它是自由刑的主要执行机构。新中国的监狱工作坚持惩罚与改造相结合，以改造人为宗旨的监狱工作方针，坚持依法治监，强化监狱内部管理，重视监狱安全，严格公正执法，加强罪犯教育改造，推进创新发展，有效预防和减少违法犯罪，为维护国家安全和社会稳定作出了积极贡献。因此，研究新中国监狱刑罚执行变迁，展望刑罚执行的法治化、现代化正是本文的目的。

一、中国历史上刑罚执行的演变

刑罚执行的演进已经有几千年，它伴随着刑罚的产生而产生，没有刑罚也就不会有刑罚的执行。我国古代刑罚的产生最早记载于《尚书・尧典》，言舜时

*　应霆，浙江省乔司监狱副监狱长；方继东，浙江省乔司监狱十三大队（浙江监狱陈列馆）大队长；邹雨龙，浙江省乔司监狱十三大队（浙江监狱陈列馆）副大队长。

命皋陶“作士，五刑有服”，皋陶被任命为司法官，制定五种刑罚的量刑标准。一直以来，皋陶被称为中国古代司法的鼻祖，他辅佐夏禹理政、治水和发展生产，并为融合夷夏和后来中华民族的形成作出巨大贡献。中国历史上刑罚执行主要经历了三个阶段。

（一）奴隶社会的刑罚执行

皋陶创立了墨、劓、刖、宫、辟五种常刑。奴隶制五刑是以侵刻肌肤、残害人体为手段，具有野蛮的惩罚和报复的特征，被称为肉刑。奴隶制五刑均为肉刑或者死刑，残酷的伤残人的肉体或者直接剥夺其生命，不给其改过自新的机会，或者即使有机会，被损伤致残的囚犯也没有能力去自新，与孔孟“仁”的思想有严重冲突。

在实际执行过程中，凡是受肉刑的犯人，都要从事一定的工作，执行劳役。如《周礼·秋官·掌戮》：“墨者使守门，劓者使守阙，宫者使守内，刖者使守囿，髡者使守积。”说明奴隶制时代，对罪犯判处肉刑后，同时还要束缚其自由，附加罚处劳役。此外，西周时还有相当于监狱的“圜土”之制。《周礼·秋官·大司寇》：“以圜土收教罢民，凡害人者，置之圜土而施职事焉。”又《周礼·秋官·司圜》：“司圜掌收教罢民，凡害人者弗使冠饰，任之以事而收教之。能改者，上罪三年而舍，中罪二年而舍，下罪一年而舍。其不能改而出圜土者，杀。虽出三年不齿。”周代，受过劓刑的人常常被派去守关。因为他们被割鼻之后，面貌丑陋，不宜在人稠广众中生活，他们自己也不愿待在人多的地方，于是甘心接受命运的安排，到偏僻寂静的远处了此残生。

（二）封建社会的刑罚执行

封建制五刑产生于汉文帝时期。《史记·孝文本纪》记载的缇萦救父有故事便是其产生的导火索。该事件之后，汉文帝刘恒下令将墨刑改为髡钳城旦春，将劓刑改为笞三百，斩左趾改为笞五百，斩右趾改为弃市死刑。原来判处斩右脚以及杀人之后先去官府自首的，官吏因受贿、枉法、监守自盗等罪名已被处置但后来又犯了应判处笞刑的，全都改为公开斩首。罪犯已被判处为城旦、城旦春的，各自服刑到一定年数后赦免。后来汉景帝又将劓刑笞三百改为笞两百，将斩左趾笞五百改为笞三百；又颁布《垂令》规定笞杖尺寸，以及规定要削平竹节，行刑时不得换人等。

汉文帝确立了封建制五刑的开端，其后《北魏律》又首创“徒刑”这一刑罚并规定了五等流刑制度，进一步推动了封建制五刑的确立。《北齐律》的刑罚体系使封建五刑初具雏形。到了隋朝，《开皇律》正式确立了封建制五刑：笞、杖、徒、流、死。封建制五刑一直为后世所沿用，一直到清末变法时才被改变，减轻了刑罚的残酷性，为社会保留了必要的劳动力。

（三）近现代的自由刑刑罚执行

自由刑成为中国刑罚体系的中心开始于清末的狱制改良。自由刑是以剥夺人的基本权利之一的自由为主要内容的刑罚，受刑者在一定的设施内被拘禁。自由刑在近代成为刑罚体系的中心源于资本主义启蒙思想家对封建制度抨击时，提出了自由、平等、博爱等思想，主张“天赋人权”，提倡人道主义，反对封建制度的残酷性、恣意性。自由刑成为刑罚体系的中心地位是历史的必然趋势。

1. 现代刑罚执行的定义

刑罚执行是指刑罚执行机关根据相关法律，对裁判机关作出的生效刑事裁判文书予以执行的专门活动，是国家刑罚权运行的最后环节。[①]刑罚是依照法律对违法者实行的强制处分，具体而言是由刑法所规定的，以犯罪人为适用对象，由国家强制力保障，由国家专门机关具体实施的，以惩罚治理犯罪为目的，具有最严厉性和最后性特点的法律手段，体现了一种国家特殊的强制性权力。

2. 现代刑罚执行的作用

（1）惩罚罪犯，实现社会正义。社会正义应该是社会制度的首要价值。刑罚产生于人类普遍和朴素的正义观念，“善有善报”“恶有恶报”是其反映。监狱通过对犯罪人进行监禁，使其不得不接受刑罚之苦，以偿还因犯罪对社会造成的伤害，平复被害人的情感，满足社会公众的认同需要，甚至使罪犯通过接受惩罚感受到“罪有应得”，实现了社会正义。

（2）改造罪犯，预防和减少犯罪。刑罚执行机关通过对犯罪人适用刑罚，使其拘禁于监狱中，不能继续危害社会，并以劳动改造、教育改造和监管改造等手段，消除罪犯的变态人格和畸形心理，恢复或重塑正常的心理品质和行为习惯，成为合格的社会人。

---

① 参见周勇主编：《统一刑罚执行体制研究》，法律出版社 2018 年版，第 7 页。

预防和减少犯罪是建立在对犯罪和人身危险性科学认识和评价基础上的，这包括一般预防和特殊预防，即通过对犯罪适用刑罚，发挥行刑的一般鉴别功能、一般威慑功能和教育引导功能，形成一种威慑、宣示和引导作用，向社会展示一种“刑罚之恶”和“以恶制恶”的价值取向，从而警示和告诫社会上的潜在犯罪人不要触犯法律，以免受到刑罚惩罚，达到预防犯罪的目的。

（3）恢复被犯罪破坏的社会关系，维护社会和谐。国家运用公共权力来监管触犯刑法的人，剥夺其公民基本权利，为的是整个社会的生存和发展，保障绝大多数社会成员不受犯罪行为侵害，在实现正义和预防减少犯罪的基础上实现恢复社会关系，维护社会和谐。

二、新中国监狱刑罚执行的发展

新中国监狱刑罚执行延续了自由刑刑罚体系。根据《新中国监狱工作五十年》[①]，笔者把从1949年新中国成立以来，监狱刑罚执行的发展与变迁划分为五个阶段。

（一）创建时期的监狱刑罚执行

这一阶段主要从1949年中华人民共和国成立到1954年《劳动改造条例》公布施行。新中国监狱刑罚执行最早追述至革命根据地苏维埃政权时期。1928年初夏，赣东北革命根据地创建者方志敏领导弋阳、横峰农民暴动胜利后，建立了弋阳县苏维埃政权。在弋阳赖家村设立了“弋阳县劳动感化院”，主要收押各区、乡妨害苏维埃政权、被判刑的土豪劣绅、坏分子，“集中在一起劳动改造，使他们悔过自新、重新做人”[②]。感化院有简单的组织机构和管理制度，是革命根据地最早的刑罚执行场所。1931年11月7日，中华苏维埃共和国成立，临时中央政府下设有司法部，由副司法人民委员、红色法律专家梁柏台实际负责。中央司法人民委员会部在中央苏区陆续开办了5个直属感化院，其中第一劳动感化陆院创办于1932年夏，后迁至壬田乡凤岗村腊犁岗钟唐裔公祠，这是苏维埃共和国成立后创办最早的刑罚执行机构。根据1932年公布的裁判部

① 中国监狱工作协会编：《新中国监狱工作五十年》，法律出版社2019年版。

② 参见杨云：《方志敏创办的我党第一个劳改农场》，《历史大观园》1994年第1期。

和劳动感化院组织条例的规定，劳动感化院是县、省裁判部“监闭判决长期监禁的犯人”的主要场所，是工农民主政权基本的徒刑执行机关。

1949 年 9 月 29 日，第一届中国人民政治协商会议第一次会议通过的具有宪法意义的《中国人民政治协商会议共同纲领》第 7 条规定：“中华人民共和国镇压一切反革命活动，严厉惩罚一切勾结帝国主义、背叛祖国、反对人民民主事业的国民党反革命战争罪犯和其他估恶不峻的反革命首要分子。对于一般的反革命分子、封建地主、官僚资本家，在解除其武装、消灭其特殊势力后，仍须依法在必要时期内剥夺他们的政治权利，但同时给予生活出路，并强迫他们在劳动中改造自己，成为新人，假如他们继续进行反革命活动，必须予以严厉的制裁。”其中指出新中国的刑罚执行方式主要是通过劳动改造罪犯。

1949 年 12 月 20 日，中央人民政府委员会批准了《中央人民政府司法部试行组织条例》，将“关于犯人改造监押机关之设置、废止、合并及指导、监督事项，督导各地对犯人的管制与改造工作”列入司法部第三司的专职工作。1950 年 11 月 3 日，政务院决定将监狱、看守所、劳动改造队移交公安部统一管理，司法部不再管理狱政等刑罚执行工作。1951 年召开的第三次全国公安工作会议形成了《关于组织全国犯人劳动改造问题的决议》，毛泽东在审定这个决议时，亲自增写了一段话：“大批应判徒刑的犯人，是一个很大的劳动力，为了改造他们，为了解决监狱的困难，为了不让判处徒刑的反革命分子坐吃闲饭，必须立即着手组织劳动改造的工作。”这就是新中国监狱史上著名的“三个为了”。从此开始了全国范围内的、大规模的组织劳动改造罪犯工作。1954 年，政务院颁行《劳动改造条例》，充分体现了先进的刑事理念，为新中国监狱刑罚执行提供了法律保障。从法律效力上说，新中国劳改机关对犯人实施惩罚与改造不仅做到了“有法可依”，而且有了“执法必严”的保证，充分体现了社会主义刑罚执行的要求和权威性。

（二）巩固和初步发展时期的监狱刑罚执行

这一阶段主要是从 1955—1966 年。1955 年开始，多数犯人已投入劳动改造，监狱经费开支基本实现自给有余，新中国监狱刑罚执行工作取得了长足发展。1956 年年初，针对鹰厦铁路和四湖工程建设超体力劳动导致犯人非正常死亡事件，中共中央政治局作出“劳改工作方针，第一是改造，第二是生产”的指示。1959 年，对改恶从善的蒋介石集团和伪满洲国战争罪犯实行特赦。但其间“大跃进”运动带来的高指标、浮夸风、瞎指挥，对监狱刑罚执行工作造成了全局性的消极影响。1962年12月，公安部制发《劳动改造管教队工作细则（试行）》，使刑罚执行工作进一步规范化、制度化，在党的统一部署下，贯彻“调整、巩固、充实、提高”方针，在较短时间内纠正了错误，监狱的刑罚执行工作取得了较大的进展。1964年7月召开了“六劳”会议，正式明确了劳改工作方针是“改造与生产相结合，改造第一，生产第二”。

（三）“文化大革命”时期的监狱刑罚执行

这一阶段从1966—1976年江青反革命集团覆灭。在林彪、江青反革命集团“砸烂公检法”的冲击下，刑罚执行机构遭到严重破坏，法制、政策遭践踏，领导干部受迫害，监管改造受冲击，人们的思想被搞乱，监狱工作遭到长时期、全局性的破坏，刑罚执行陷入停滞。在“砸烂公检法”口号煽动下，各地撤销、移交了一大批劳改场所。1967年1月19日，中央决定：“一切重要的粮食和物资仓库、监狱，以及其他规定必须保护和监视的重要单位，都要立即派出军队，实行军事管制。”最早进行军事管制的是北京市和天津市，最迟被军事管制的是贵州省。“文化大革命”期间，监狱机关依据国家的法律、法规与政策对罪犯执行刑罚和实施改造遭受到了林彪、“四人帮”的践踏。他们借口依靠“群众专政”，将正在执行刑罚的罪犯直接放回社会，还将一大批新判处刑罚的罪犯直接实施监外执行。1971年2月26日，中共中央批转《第十五次全国公安会议纪要》，指出：要“恢复和整顿劳动农场、工厂。坚决执行改造第一的方针，用毛泽东思想改造犯人”。但由于江青反革命集团的干扰破坏，以及各地在财政经济、场地安排、人员调配等方面的实际问题，刑罚执行恢复整顿工作进展仍较迟缓。

（四）改革开放时期的监狱刑罚执行

这一阶段从1977—1994年。在党的十一届三中全会精神的指引下，监狱刑罚执行工作大力进行拨乱反正，全面推进改革开放，着力加强法制建设，稳妥实现领导管理体制变更，不断加强队伍建设。1981年召开的“八劳”会议，全面总结新中国成立以来监狱工作的基本经验，提出一系列新的政策、方法，特别是首次提出“把劳改场所办成改造罪犯的学校”，拉开了监狱刑罚执行改革的帷幕。1982年，公安部颁布《监狱、劳改队管教工作细则》，针对新时期在押犯的新情况、新特点，提出了许多的新的理念、原则、措施和方法，对监狱改造工作的改革与发展，起到了重要的指导作用。此外，还对刑满留场政策进行调整，对原国民党政府军特人员实施宽释安置，妥善地处理了历史遗留问题。“八劳”会议之后，监狱刑罚执行工作开始了全面改革：一是创办对罪犯进行全面、系统的政治思想、文化技术教育的特殊学校；二是狱政管理贯彻依法、严格、文明、科学管理四项原则，实施规范化管理；三是对罪犯实行改造、生产百分考核制；四是推行分类关押、分级管理、分类施教；五是加大社会帮教力度，推行改造工作的向前、向外、向后延伸。1983 年，党中央作出两项与监狱工作有着紧密关系的重大决策：一是将监狱工作由公安部门移交司法行政部门领导；二是在全国范围开展“严打”斗争。由于实行整建制移交并且明确移交后监狱工作干警仍是一个警种，原待遇不变，更由于广大监狱民警坚强的组织纪律性，交接任务完成得平稳顺利。为了保证“严打”斗争的顺利开展，司法部提出了“收得下，管得住，跑不了，改造好”的工作要求，并在场所建设、秩序整顿、人员扩编经费支撑、省(区)际调犯等方面采取许多有力措施，较好地完成了“严打”斗争的任务。1994 年颁布了新中国第一部《监狱法》，明确了监狱是国家的刑罚执行机关。《监狱法》明确界定了监狱的性质与职责，规定了监狱人民警察的法律地位和纪律要求，确认了罪犯的权利与义务，确立了监狱财政、投资保障体制，并将历史上形成的有效做法和改革开放以来的新鲜经验上升为法律，定型为制度。《监狱法》是健全社会主义法制的重大成果，成为共和国监狱法制建设的一个重要里程碑。

（五）坚持依法治国、深化改革开放时期的监狱刑罚执行

这一阶段从 1995 年到至今。在国家确立依法治国方略的大背景下，以《监狱法》的颁行为标志。“惩罚与改造相结合，以改造人为宗旨”的监狱工作方针的确立为监狱刑罚执行工作明确了方向。1994 年，随着国家和社会现代化进程的不断发展，为了适应时代要求，推动监狱刑罚执行工作整体上水平、上台阶，司法部提出了建设现代化文明监狱战略目标，涵盖了从刑罚执行、监管改造到加强监狱民警队伍建设、发展监狱经济等各方面的内容。现代化文明监狱的建立使得监狱刑罚执行工作更加透明和规范，推动了监狱刑罚执行工作朝科学、文明的方向迈进。2008 年监狱体制改革全面推开，监狱工作将按照“全额保障、监企分开、收支分开、规范运行”的模式运转，即监狱的运行机制已经发生了根本性的变化，监狱的发展将进入一个新的时期。

三、刑罚执行法治化现代化的展望

根据现行《刑法》有关规定，刑罚分为主刑和附加刑。主刑有管制、拘役、有期徒刑、无期徒刑和死刑；附加刑有罚金、剥夺政治权利和没收财产。附加刑也可以独立使用。对于犯罪的外国人，还可以独立适用或者附加适用驱逐出境。根据《刑事诉讼法》有关规定，刑罚的执行机关有监狱、社区矫正机关、公安机关和人民法院。同时根据《刑事诉讼法》第 264 条、《监狱法》第 2 条规定：监狱是国家的刑罚执行机关。依照刑法和刑事诉讼法的规定，被判处死刑缓期二年执行、无期徒刑、有期徒刑的罪犯，在监狱内执行刑罚。从刑事判决的情况来看，被判处有期徒刑的罪犯在所有刑事判决中占有最大的比例，而判处有期徒刑的罪犯的刑罚执行机关是监狱，因此监狱在刑罚执行中占有最重要的位置。

（一）当前监狱刑罚执行的程序和内容

1. 收监关押

收监是监狱执行刑罚的第一道程序，标志着对罪犯惩罚和改造的开始。根据《监狱法》第 15 条、第 16 条规定：人民法院对被判处死刑缓期二年执行、无期徒刑、有期徒刑的罪犯，应当将执行通知书、判决书送达羁押该罪犯的公安机关，公安机关应当自收到执行通知书、判决书之日起 1 个月内将该罪犯送交监狱执行刑罚。罪犯在被交付执行刑罚前，剩余刑期在 3 个月以下的，由看守所代为执行。

2. 入监教育

罪犯被收监后需要开展入监教育，入监教育是确保罪犯顺利融入改造生活的重要基础工作，也是培养身份意识和规矩意识的重要环节。监狱通过对新收押罪犯开展为期 1—2 个月的集中教育，促使罪犯认罪悔罪、服从判决，为后续的教育和管理打下坚实基础。入监教育期间罪犯不能获得考核分，教育期满后，由监狱领导、管教业务科室、各分监狱民警共同组成考评组，对新犯开展分流前考核验收，验收不合格的罪犯将被延长考核期。

3. 改造核心

罪犯在入监教育完成后，就正式进入刑罚执行核心阶段。对罪犯实行监管改造，从时间和空间上限制罪犯的自由，监狱的高墙、电网、铁门给罪犯带来威慑力，并通过监规纪律来约束罪犯的言行举止，让罪犯感受到自由的可贵，这就是自由刑的要义。监狱同时根据罪犯的犯罪类型、刑罚种类、刑期、改造表现等情况，对罪犯实行分别关押，采取不同方式管理。《监狱法》第 69 条规定："有劳动能力的罪犯，必须参加劳动。"从新中国成立以来，劳动这一改造手段就一直存在，并将长期存在。

教育改造是监狱机关在对罪犯执行刑罚过程中，以转变犯罪思想、矫正恶习、培养劳动习惯和技能为目标，根据国家法律和监狱工作方针，有组织、有计划、有目的地对罪犯进行思想教育、文化教育、技术教育。

4. 刑释教育

刑罚执行的手段是对罪犯实行惩罚和改造相结合、教育和劳动相结合的原则，目的是将罪犯改造成为守法公民。根据《监狱法》的有关规定，罪犯在执行刑罚时必须进行监管改造、劳动改造和教育改造，使之在刑罚执行完毕后成为合格的社会人。监狱通过对即将刑满罪犯集中教育，促使罪犯更快地熟悉社会现状，在认知和心理上适应社会，鼓励和鞭策罪犯重新踏入社会后，立志做遵纪守法的公民，满怀信心地去迎接新的生活。监狱对刑期届满的罪犯予以释放，是对罪犯执行刑罚的最后一个环节，罪犯刑满释放意味着对该罪犯刑罚执行的结束。

监狱刑罚执行是一项系统性工程，牵涉到罪犯在监狱内的方方面面，主要有对罪犯申诉、控告、检举的处理；对罪犯权利的保障，以及对罪犯的减刑、假释、保外就医、特赦、又犯罪的处理，等等。

（二）监狱刑罚执行中存在的问题及完善建议

1. 监狱刑罚执行中减刑与假释存在错位

减刑是优越于假释的提前释放，减刑经法院宣判后，减掉的刑期将不再执行，服刑人员成为完全自由人。而假释必须是在满足了考验期的全部条件后才对部分刑罚不再执行，同时假释后仍需以罪犯的身份在社区服刑，在假释期间如果违反规定，会被撤销假释，重新收监。由此可见，减刑要优于假释，罪犯减刑应该难度更大。但在司法实践中，罪犯得到更多的是减刑，而不是假释。根据全国的调研数据，全国服刑人员平均减刑率在 30％以上，平均假释率却不到 3％。造成这个问题有以下几个方面的原因，一是假释条件比减刑苛刻，假释除了符合减刑的条件外，还需具备"没有再犯罪的危险"这一附加条款。二是我国《刑法》第 81 条第 2 款规定："对累犯以及故意杀人、强奸、抢劫、绑架、放火、爆炸、投放危险物质或者有组织暴力性犯罪被判处十年以上有期徒刑、无期徒刑的犯罪分子，不得假释。”三是《刑法修正案（八）》专门规定“对犯罪分子决定假释时，应当考虑其假释后对所居住社区的影响”。本应是作为减刑的附加条件，却用在了假释上面，存在着严重的错位与悖论。当前，适当控制减刑，依法扩大假释已经成为司法界的共识。因此，如何协调相关部门依法扩大假释适用，确立“假释为主，减刑为辅，甚至取消减刑”的刑罚执行变更体系变得刻不容缓。

2. 修改和完善《监狱法》

1994 年《监狱法》颁布，虽然 2012 年进行了修正，但随着时间的发展，新《监狱法》仍有许多需要进行修改和完善的地方。一是《监狱法》只规定了监狱人民警察的职责和义务，却没有规定监狱人民警察的权利，这无疑增加了监狱人民警察执行刑罚时的法律风险，严重影响了监狱人民警察的工作热情。监狱人民警察应当拥有相应刑罚执行权、狱内审讯权和监狱区域内的执法管理权。二是《监狱法》第 54 条虽然对罪犯医疗卫生工作进行了原则性的规定，但在司法实践中，罪犯就医已成为监狱管理的难题，对病犯治疗费用居高不下，甚至一些人为了监狱的无限医疗而故意犯罪，给社会造成了极其恶劣的影响。同时，由于部分家属不愿或者无力承担病犯的医疗费用，对符合保外就医条件的罪犯拒不接受，而一旦罪犯的疾病无法治愈或者死亡时，罪犯及其家属又往往以监狱治疗不及时为由不断上访。三是《监狱法》第 68 条规定了国家机关、社会团体、部队、企事业单位和社会各界人士以及罪犯的亲属，应当协助做好对罪犯的教育改造工作，但除了以上内容外，《监狱法》未明确提出监地衔接方面的具体操作规定，导致在司法实践中监地衔接方面存在着地方不配合监狱工作的问题，特别是在罪犯保外就医和保释的时候。同时，随着《社区矫正法》的正式实施，关于监狱与社区矫正机构之间如何进行衔接亟须进行规定。

（三）建立现代化刑罚执行体系

从刑罚执行的历史演变看，经历了从野蛮到文明的转变，这符合人类社会的发展规律，也是时代进步的体现。新中国监狱刑罚执行也是在不断实践中摸索，经历改革和完善，形成了独具中国特色的刑罚执行制度。从整个国家的刑罚执行情况情况看，我国的刑罚执行体系还不完善，期待进行必要的改革。

1. 重视《刑罚执行法》立法

根据《刑法》《刑事诉讼法》的相关规定，当前的刑罚执行由多个刑罚执行机关主体共同分享刑罚执行权。在我国当前刑罚执行实践中，人民法院、公安机关、监狱(未成年犯管教所)和社区矫正机构都是法定的刑罚执行机关。具体而言:人民法院负责死刑(立即执行)、罚金、没收财产等刑罚的执行;公安机关负责拘役、剩余刑期在3个月以下有期徒刑、剥夺政治权利、驱逐出境等刑罚的执行;监狱负责死刑缓期两年执行、无期徒刑、剩余刑期在3个月以上的有期徒刑等刑罚的执行;未成年犯管教所负责对被处无期徒刑、剩余刑期在3个月以上的有期徒刑等刑罚的未成年人执行刑罚;社区矫正机构负责被判处管制、被宣告缓刑、被裁定假释和被决定暂予监外执行的罪犯的刑罚执行工作。这种刑罚执行主体的多元化现状容易导致行刑主体权力重叠、行政措施失当、行政衔接活动推诿。①同时,在以上刑罚执行中,除了监狱机关和社区矫正有《监狱法》《社区矫正法》作为法律依据外,其他刑罚执行机关执行刑罚缺少相应的法律依据。刑罚执行的法律体系并不完善。《刑法》《刑事诉讼法》《刑罚执行法》本应三位一体,缺一不可,刑事实体法、刑事程序法、刑事执行法三法分工明确、独立运作、相互衔接,共同构成完备的刑事法律体系。公安、检察、法院、监狱、各自独立行使侦查权、检察监督权、审判权、执行权,各司其职,相互配合、相互监督,共同实现国家刑罚权的发现、检察、适用、执行活动的封闭循环运作,共同打击犯罪,完成国家刑事司法活动。

2. 建立健全统一刑罚执行体系

公正和效率是刑罚执行追求的两个价值目标。行刑公正是刑罚执行的最终和最高目标,行刑效率是行刑公正实现的前提和保障。刑罚执行应追求使用尽量少的社会资源来最大限度地实现公平正义。②目前的刑罚执行由多头管理,在公正和效率方面大打折扣,不再适合与时俱进的时代要求,严重阻碍司法改革制度的进程,既不符合我国的国情,也不符合国际惯例。因此,把刑罚执行权从法院和公安机关中彻底分离出来,交由司法行政机关行使,刑罚执行将会变成一项专门性更强的工作,专门化的执行机关也会促使刑罚执行逐步规范化、科学化,进而促进刑罚执行的教育培训和专业分工,提高刑罚执行的专业化水平。

当然,刑罚执行是一项系统性工程,牵涉社会的方方面面,同时我国的法制体系建立的时间并不长,不可能一蹴而就,建立一个完整的刑罚执行体系需要有一个过程,监狱的刑罚执行也存在着这样和那样的问题。但我们有理由相信,随着国家法治化的不断推进,我国刑罚执行体系终将得到完善。

---

① 参见韩玉胜、沈玉忠:《行刑一体化与刑罚执行权的新配置》,《河北学刊》2008年第1期。

② 参见周勇主编:《统一刑罚执行体制研究》,法律出版社2018年版,第144页。

教育改造

新中国罪犯职业技术教育的变迁、反思与展望

李　艳*

内容摘要　本文所称的罪犯职业技术教育是指为了使罪犯矫正恶习，养成劳动习惯，学会生产技能，根据罪犯刑满释放后就业的需要，组织罪犯开展的劳动常识教育和职业技能培训，为释放后就业创造条件。其核心价值是使罪犯重返社会后顺利实现就业谋生，促使其完成从"监狱人"到"社会人"的顺利转变，从而最终达到预防、减少犯罪的目的。笔者以历史研究的视角，梳理我国从50年代至今罪犯职业技术教育的发展，总结该领域在发展中的成就、经验、不足与启示，以此为基础分析罪犯职业技术教育的发展趋势，进而构建具体的实现路径，以期推动罪犯职业技术教育的发展，充分发挥该领域直接服务于监狱治本安全、服务社会综合治理、完善社会治理体系等巨大作用。

关键词　罪犯　职业技术　教育　社会化　多元化

职业是维系人与社会的重要纽带。为实现犯罪人回归社会的目的，中外监狱普遍重视对服刑人员的职业技术教育或者职业技能培训。就中国来说，清末刘坤一、张之洞《楚江会奏变法三折》提出的"教工艺"主张，可视为近代监狱职业训练之滥觞。其后京师模范监狱典狱长王元增在《北京监狱纪实》中介绍了监狱施行木工、布工、印刷、营缮、农作等9种作业的情形。①解放区的监所同样重视以劳动为基础的职业训练，并成为新式监狱区别于旧时监狱的特色之一。

在监狱中组织罪犯参加劳动，一方面是管理的需要，另一方面则是教育的需要。在教育目的之中，除了矫正恶习，培养其职业技能无疑是题中应有之义。新中国成立后，劳动是监狱行刑的重要内容之一，但是关于职业技术教育意义的认识，乃至用语的变化，反映出监狱理念的更迭。鉴于此，本文通过梳理我国

---

*　李艳，辽宁警察学院刑事司法系讲师。

①　王元增：《北京监狱纪实》，北京监狱1913年版，第23—41页。

从50年代至今罪犯职业技术教育的发展历程，总结该领域的成就与不足，展望罪犯职业技术教育的发展趋势，构建具体的实现路径，以期推动罪犯职业技术教育的发展。

一、新中国罪犯职业技术教育的发展历程

从新中国监狱70年的发展历程看，监狱管理部门对罪犯职业技术教育的重视程度在不断提升。从“技术”教育，逐渐发展为“职业技术”教育；从监狱本位，逐渐演变为社会本位；从着眼于监狱生产需要，逐步转变为着眼于罪犯回归社会的需要。更值得注意的是，在此过程中，罪犯职业技术教育发展与依法治国、依法治监的进程相表里。监狱被命名为特殊学校、特殊农场或工厂、监狱技校。大量罪犯参加技术学习，获得各类技术合格或等级证书，文化课结业、毕业证书。我国罪犯职业技术教育逐渐步入了法治化、规范化、科学化的轨道，形成了有计划、有系统、成规模的新格局，体现了刑罚的深层理性价值。要厘清这一历史脉络，需要解读不同历史时期监狱政策的变化，梳理不同节点的相关法律规范，把握监狱工作重心的转变，认识各阶段监狱的发展脉络。

（一）新中国成立初期（1949—1956年）：罪犯“劳动技能”教育创建

1951年5月，第三次全国公安会议召开，会议专门研究了组织罪犯劳动改造的问题。由毛泽东亲自修改和审定并经中共中央批准转发的《关于组织全国犯人劳动改造问题的决议》指出：“大批应判徒刑的犯人，是一个很大的劳动力，为了改造他们，为了解决监狱的困难，为了不让判处徒刑的反革命分子坐吃闲饭，必须立即着手组织劳动改造工作。”[①]随即各地迅速建立了罪犯劳动改造机构，大规模组织罪犯参加国家基本建设，如兴修水利、修筑铁路、公路、垦荒、开矿以及从事手工业、农业、副业等生产。这些措施从根本上解决了监狱关押的罪犯坐吃闲饭、监管场所拥挤、监狱经费不足等一系列问题，确立了改造罪犯的基本途径。1954年8月26日，中央人民政府政务院颁布《劳动改造条例》，使

① 司法部劳改局编：《毛泽东等老一辈革命家论改造罪犯工作》，法律出版社1993年版，第13—14页。

这项改造罪犯的政策法律化，它是最早规定罪犯“技术教育”的法律规范。《劳动改造条例》规定：“对犯人应当……进行认罪守法教育、政治时事教育、劳动生产教育和文化教育……”（第 26 条）“对犯人应当注意培养他们的生产技能和劳动习惯。对有技术的犯人，在劳动改造中，应当注意充分利用他们的技术。”（第 27 条）从中我们看到了“三课教育”的基础。

《劳动改造条例》把我国监狱工作最早创建的成功经验用法规加以落实和总结，使监狱工作及时、准确地纳入了法制的轨道。但是我们也清楚地看到，涉及罪犯的生产技能问题，《劳动改造条例》的用词完全是站在监狱生产劳动的立场，要求“培养他们的生产技能”甚至“充分利用他们的技术”。

《劳动改造条例》从 1954 年颁布实施到 1994 年《监狱法》出台，共实施了 40 年。1954 年后，以《劳动改造条例》为依据又先后制定了一系列有关劳动改造工作的规章、办法、细则等。其中主要有 1956 年 9 月 7 日的《劳动改造罪犯刑满释放及安置就业暂行处理办法》，这也在一定程度上使监狱更加重视罪犯的生产技能教育以衔接其刑满释放后的安置就业。

（二）社会主义革命和建设时期（1956—1966 年）：罪犯“生产技术”教育初步发展

1960 年，毛泽东接见美国记者斯诺时说：“我们的监狱不是过去的监狱，我们的监狱其实是学校，也是工厂，或者是农场。”①1964 年第六次全国劳改工作会议正式把“改造第一，生产第二”确定为劳改工作的方针，并且用“会议纪要”的形式固定下来，强调劳动改造机关必须把改造罪犯成为新人这项政治任务放在首位。“改造第一，生产第二”的劳改工作方针是在“两个结合”方针的基础上制定的，由于需要解决的问题不同，所以在表述上突出的重点不同，但这两个方针在内涵上都是以改造人为宗旨的。这个时期的监狱教育重心进一步被明确，即生产劳动是为罪犯教育改造服务的，这也为罪犯的技术教育明确了以改造人为目的的科学方向。

这一阶段，我国监狱工作无论在罪犯的改造上还是在监狱生产上都取得了巨大的成就。在罪犯改造方面，我们成功地把日本战犯改造成为致力于促进中日友好的人士，把末代皇帝改造成为自食其力的公民，将一大批刑事犯罪分子

① 司法部劳改局编：《毛泽东等老一辈革命家论改造罪犯工作》，法律出版社 1993 年版，第 4 页。

改造成为守法公民；在监狱生产方面，逐步建立了一批大型工业企业、大型农场，形成了一个门类比较齐全的监狱企业体系，并培养了一支能吃苦耐劳的监狱人民警察队伍，为国民经济的发展作出了贡献；在技术教育的方式方面，遵守两个原则，即干什么学什么和学习基础理论与具体应用相结合，以达到既改造了罪犯又促进劳动生产的目的。由于当时我国生产力水平不高，罪犯的文化程度较低等原因，罪犯劳动技能培训的方式和范围在一定时代背景下有其局限性，更多地是以“干什么学什么”为主。实践证明，新中国成立后，监狱建立“特殊学校”，发展罪犯生产技术教育，解决罪犯刑释后的基本生活出路，体现了对罪犯人性的尊重和生活境遇的关怀，实现了刑罚执行的中国化。

（三）社会转型时期（1981—1994 年）：罪犯“职业技术”教育逐步推进

在此阶段之前是 1966—1976 年的“断层期”，中国经历了一场空前的浩劫。“文化大革命”十年，我国监狱事业遭到严重破坏，可以说，这一时期是监狱工作，包括监狱的劳动改造、技术培训教育和相关法制发展倒退的阶段。1976 年之后特别是 1978 年党的十一届三中全会后开始了全方位的“拨乱反正”。我国监狱系统逐步清除了各种错误思潮的不良影响，正常的监狱监管工作逐渐恢复和全面展开。在较短的时间内，监狱人民警察队伍得到了壮大和发展，监管工作恢复了正常运转。

1981 年，具有划时代意义的“八劳”会议在京召开，会议总结了 1949 年以来监狱工作的成绩和经验，并对监狱工作中出现的新情况、新问题进行了研讨，提出了新时期监狱工作的任务和发展方向。同年 12 月，经党中央、国务院批准的《第八次全国劳改工作会议纪要》提出：“要加强对罪犯的教育改造工作，把劳改场所办成改造罪犯的学校。”在“八劳”会议精神的指引下，监狱系统出台了一系列法律规范，其中对罪犯职业技术教育问题进行了相关规定。

1982 年 2 月 18 日，公安部下发了《监狱、劳改队管教工作细则》，其第 96 条规定：“监狱、劳改队应当结合劳动生产，对犯人实施政治思想教育和文化技术教育。”第 100 条进一步要求：“生产技术教育，要本着做什么学什么的原则，采取包教包学、技术讲座、开训练班等形式进行。还应当积极创造条件，逐步推行技工学校或职业中学主要课程的教育。对犯人技术教育要定期考核，并按照国家的有关规定，评定技术等级。犯人刑满释放时，要发给技术等级证书。”技术教育、生产技术教育的概念首次出现在规章文件中。同年,《公安部关于对罪犯教育改造工作的三年规划》对技术教育做出了详细要求:“进行技术教育,使犯人学会生产技能,不仅是劳改生产的需要,也是‘既改造人,又造就人’的一项关键性措施,各劳改单位必须由管教工作部门和生产技术部门密切配合,把犯人的技术教育,由‘做什么,学什么’‘师傅带徒弟’等办法,上升为正规的培养训练工作。”这一时期设立了三种类型的技术教育培养训练班,标志着主管部门对个别教育,特别是对罪犯职业技术教育专业化、科学化的认识有了提升。

1985 年开始,罪犯技术教育领域出现了“着眼就业”的理念,同时对职业技术培训班、教材以及技术考核合格或技术等级证书等进行了详细的规定。1985 年司法部、教育部和劳动人事部联合下发《司法部教育部劳动人事部关于加强对劳改、劳教人员文化技术教育的通知》,提出“技术教育要本着‘面向生产,着眼就业,服务社会’的原则,根据劳改、劳教人员刑满释放、解教后,回到城市或农村的不同去向,因地制宜地开设各种适应社会需要的职业技术培训班。教材可自行编写,或选用技工学校、职业技术学校的有关教材。”同时要求:“对参加职业技术培训班和有一定技术专长的劳改、劳教人员,要按照劳动人事部关于《工人技术考核暂行条例》的规定,依照各产业部门颁布的各工种技术等级标准,组织考试。凡成绩确已达到规定标准的,由当地劳动人事部门或主管产业部门颁发技术考核合格或技术等级证书。”可以说,“面向生产,着眼就业,服务社会”技术教育原则的提出,标志着罪犯职业技术教育理念“从监狱本位到社会本位”的变化。

1987 年 3 月,《全国政法工作座谈会纪要》提出改造罪犯要向前、向外、向后的“三个延伸”,反映了社会主义初级阶段改造工作由以专门机关为主,扩展延伸到有关部门和整个社会共同参与的历史趋势,这对于罪犯的职业技术教育的发展具有重大的理论和实践意义。监狱和政府、政法及劳动部门各负其责,使罪犯的职业技术教育更具定向性,达到“包教、包改、包安置”的综合治理的效果。截至 1991 年 9 月,全国已有 480 个劳改单位被命名为特殊学校,其中参加技术学习的在押犯达 53 万余人次,累计获得各类技术证书的有 44 万余人次。①

① 王明迪、郭建安主编:《岁月铭记——新中国监狱工作 50 年》,法律出版社 2000 年版,第 41 页。

（四）现代化监狱建设时期（1994 年至今）：罪犯职业技术教育逐步完善

随着 1994 年《监狱法》的颁布，监狱法制建设初步完善。其后，随着依法治监、建设现代化文明监狱、建立现代监狱制度、实行狱务公开等理念的提出，监狱工作进入了全新时期。在这一时期，监狱广泛开展了对外交流工作，一方面向世界展示我国监狱工作的成就，另一方面也汲取其他国家的一些有益经验。罪犯职业技术教育也随着监狱法制的不断完善、监狱改革的不断推进，得到了长足进步。目前规定罪犯技术教育的法律、规范主要有《监狱法》《监狱教育改造工作规定》《教育改造罪犯纲要》和各省司法厅、监狱管理局制定的《教育改造工作指引》等，政策性文件主要是各级下发的关于开展罪犯技术教育的指导意见。

随着法制完善及相关理论研究的发展，罪犯职业技术教育工作也在不断进步，已经从“特殊学校”发展为“监狱技校”。在教学要求上，“监狱技校”对于服刑人员专业课和必修课的合格率，以及毕业率不仅有统一的评估标准，而且有硬性的统一要求；在教学目的上，“监狱技校”以服刑人员的“毕业率”尤其是“就业率”为教育改造质量的评估要素，使教育改造的成果延伸到社会；在教学方式上，监狱根据罪犯不同的年龄、刑期、生活阅历、知识背景、兴趣趋向、就业期待，紧密结合当前社会就业需求情况，对罪犯进行有目的、有计划、有组织的职业技术教育改造活动，主要给予罪犯从事某种生产劳动或职业所需要的知识和技术，同时给予其职业道德和职业习惯的教育和训练；在制度设计上，上述罪犯职业技术教育相关法律、规范、制度等，主要来源于监狱工作的实际经验，上升到国家设计层面后反映为具有中国监狱特色的“顶层设计”。

进入新时代，“治本安全观”“五大改造”等总体战略和“顶层设计”为监狱罪犯职业技术教育提供了政策支持和方向指引。目前，司法部已经多次组织召开监狱法修订专家座谈会、研讨会，认真梳理法学专家、基层实务工作者意见建议，并在全国监狱系统开展调研，着手进行监狱法修订工作。在修订征求意见稿中，除规定“鼓励罪犯参加职业教育”外，还根据《国务院关于加强职业培训促进就业的意见》《关于贯彻中央领导同志重要指示精神进一步加强监狱劳教所出监（所）教育和职业技能培训工作的通知》，增加了“组织罪犯参加岗位培训和职业技能培训”的相关条款，罪犯职业技术教育的内涵更为丰富，要求进一步明确。

随着社会的快速发展，罪犯职业技术教育的制度设计、内容和形式也在不断的变革，在长期工作实践中，通过制定法律规范、政策实验的验证和政治领导的决策导入，我国罪犯职业技术教育已发展成为有法可依、有规可循、有顶层政治决策导入的改造罪犯的一项重要手段，实现了法律制度上的保障，规范和有效地实现其应有的功能。

二、罪犯职业技术教育发展与变迁中存在的问题

在分析各历史时期罪犯职业技术教育相关政策、法律规定，在认可其发展成果和实践效果的同时，也不能回避罪犯职业技术教育在发展过程中存在的难点问题。

（一）改造罪犯的各手段之间未能相互促进

劳动改造、教育改造和监管改造这三大基本改造手段从不同的方面起着不同的作用，但三者应该是罪犯改造的同一过程，应该相互影响、相关渗透。其中，监管改造是前提和保证，劳动改造是基本方式，教育改造是重要体现，它们对维护正常改造秩序、保障监狱安全、保证各项改造措施正确施行具有重要作用。从大教育观上讲，劳动改造、教育改造和监管改造都是教育，最终都是为把罪犯改造成为守法公民的目的服务的。作为教育改造工作的一部分，罪犯职业技术教育和监管改造、劳动改造有着密不可分的关系。但是在实践中，由于体制和监狱考核等制度因素，各改造手段之间不仅未能相互促进，往往存有相互矛盾和制约的情况。比如，狱政管理与罪犯技术教育“相冲突”主要体现在监管安全和罪犯考核两方面；劳动改造也影响罪犯技术教育的成效。培养劳动技能，创造就业条件是开展劳动改造的一项基本任务，罪犯劳动改造和技术教育联系密切，但是鉴于监狱的实际情况，绝大多数监狱仍以生产效益为重，这就导致劳动与罪犯职业技术教育相冲突，集中表现在劳动生产项目和劳动时间方面。这实际也是监狱内部资源的分配问题，在监狱资源既定的条件下，如何在各种工作、各类改造手段中合理和有效分配是一个非常重要的问题。必须统筹考虑监狱的使命，统筹考虑监管、劳动、技术教育的发展。

（二）罪犯职业技术教育自身的缺陷

首先，从教育对象（罪犯）角度看，罪犯构成复杂、文化程度普遍偏低、年龄

参差不齐、流动性大，对劳动有消极抵触情绪，如何落实教育对象本身就成为难点。①其次，从监狱角度看，虽然罪犯职业技术教育在国家层面一直受到高度重视，但由于相关政策法规过于简略，缺乏配套的考评激励机制，没有可供落地实施的细则，导致政策空转，影响了罪犯职业技术教育的顺利实施。②再次，由于管理体制障碍、责任主体不够明确等原因，导致监狱机关不了解社会职业教育和就业需求情况；教育部门不了解企业用工情况；由于监狱无法共享社会教育资源，导致罪犯职业技术教育仍处于尴尬境地，缺乏发展动力和配套条件，教育资源贫乏、手段落后，仍停留在岗位技术教育服务于监狱企业生产需求的低水平发展状态，制约着职业技术教育与罪犯再社会化的有效对接。最后在实际操作上，经费困难、师资力量不平衡、教学条件普遍较差，软硬件上都有缺陷。在这种情况下，罪犯职业技术教育发展的目标、发展的速度、具体的培养结构、采取什么样的途径，都是新时期深化监狱体制改革、建立现代监狱制度所要思考的问题。另外，罪犯职业技术教育在实践中还有偏离需求本位的问题，包括罪犯自身生存与发展的需求以及劳动力就业市场的实际需求。因此，要激发罪犯自身的动因，调动学习的主动性，密切结合劳动力市场的需求，使罪犯职业技术教育更具针对性。

（三）罪犯职业技术教育长期缺乏“监企融合”

监狱与社会企业合作是办好职业、技术教育的重要举措。虽然我国监狱越来越重视通过罪犯职业技术教育以强化罪犯获取社会生存能力的谋生技能，但受制于国家政策和社会对罪犯群体的普遍误解，职业教育机构、社会企业参与罪犯职业技术教育信心不足、热情不高，监狱的体制机制也长期制约罪犯职业教育向更高质量发展，多元办学难以实现。在此情况下，单凭监狱一家之力难以敏锐捕捉社会需求，罪犯职业技术教育游离于社会企业人才与技能需求之外，没有形成与企业的良性互动。由于缺乏实践性，尽管近年来监狱越来越重视职业技术教育与社会大环境的衔接，但长期以来自成体系、自我运作的罪犯职业技术教育模式，无论在教育项目设置、课程体系建设、教学手段实施方面，还是教学质量考核评价机制方面都远远跟不上社会就业的需求、变化与发展。

① 肖丹：《试析罪犯职业教育发展中需求本位的偏离与矫正》，《职业教育研究》2008年第2期。

② 安徽省罪犯技术培训中心：《建立罪犯职业技术教育制度的思考》，《犯罪与改造研究》2007年第4期。

由于缺乏准确科学的办学定位，基本上局限于监狱生产，难以充分满足罪犯对职业方向的选择，也无法对接市场需求，难以达到预期效果。①

三、罪犯职业技术教育展望

（一）罪犯职业技术教育的发展趋势

在国家治理体系不断完善和监狱改革发展全面深化的进程中，通过政府、行业、企业、监狱、职业院校和市场共同发展罪犯职业技术教育，促进罪犯职业技术教育高质量发展势在必行。监狱行刑社会化需要全社会的共同努力。罪犯职业技术教育是对特殊对象的特殊教育，是一项系统的社会工程，必须和社会融为一体，以市场需求为导向，才有自身存在发展的基础和土壤。只有走社会化发展之路，把罪犯职业技术教育融入社会，引入社会资源，才会有更多的社会力量共同参与罪犯职业技术教育。

为此，必须在罪犯职业技术教育中充分利用社会资源，通过多方合作，加快监狱与社会力量联合，给予各主体多维发挥空间；充分发挥教育主体与教育对象的能动性，用尽可能少的投入创造更大的输出价值，有效缓解监狱职业技术教育经费、师资、教材、考核评价等方面的困难，形成市场适应性强、多样化、特色化的办学模式，进而使罪犯职业技术教育与社会的标准、需求紧密地结合起来，适应罪犯回归社会的需要，也有助于培养更多技能型人才。

多元化办学是发展罪犯职业技术教育的核心和关键。办学主体多元化、办学形式多元化、教育目标多元化、教学内容多元化、培养方式多元化是职业技术教育多元化办学格局的基本要素。多元化办学有助于教育资源的充分利用，提高办学效率。监狱机关更应当注重教育资源配置效率和教学质量提高，更好地满足不同层次罪犯职业技术教育需求，从而逐步建立与经济多元化和办学多元性相适应的罪犯职业教育办学体制。

（二）罪犯职业技术教育社会化的实现路径

新时代提出了新要求，罪犯职业技术教育应该从封闭的监狱走向广阔的社

① 方时光：《关于罪犯学习需要的调查》，《中国监狱学刊》2005 年第 2 期。

会，最大程度地融入社会，走社会化道路。因此，以社会化为导向，积极探索合理有效的路径，实现罪犯职业技术教育体系、教育目标、教育手段、教育活动、教育管理、教育考核和教育评价社会化，使罪犯职业技术教育成为真正意义上的教育改造重要手段，可以有效促进教育改造成果转化，服务于经济社会发展，助推监狱工作改革发展和国家治理体系建设。为此，要从以下四个方面入手。

首先，要树立开放发展的教育理念。监狱的历史形态表明，监禁与惩罚的天然属性导致其权能单一，自成体系封闭运作。在现代化进程中，作为实现监狱矫正功能重要因素的职业技术教育一直被边缘化，这种现状阻碍了监狱作为社会治理机构正常功能的发挥。实践证明，自我封闭只会偏离方向。罪犯职业技术教育作为一项社会系统工程，需要社会各界的共同推进、协同合作、内外联动，促进教育链、人才链与产业链、就业链的有机衔接，在开放中寻求发展。树立开放发展的教育理念，就是要在确保狱内安全稳定的前提下，以开放为手段，积极调动社会资源，将社会教育资源引入监狱，使监狱与行业、企业、职业院校的教育资源开放共享，增强教育资源供给和配置能力，实现教育资源利用效益的最大化，从而推动罪犯职业技术教育内容和形式的改革，提高罪犯职业技术教育的针对性、主动性和实效性，促进罪犯改造质量的全面提高。

其次，建立健全教育保障体系。保障体系建设是实现罪犯职业技术教育生存发展的必然要求和最佳途径。要积极争取政策支持，各级政府要进行顶层设计，将罪犯职业技术教育纳入全国劳动职业技能培训总体规划。比如，针对当前各地贯彻落实国务院《关于推行终身职业技能培训制度的意见》，应把罪犯列入监狱所在地培训规划当中。建立罪犯职业技术教育经费保障机制、罪犯就业指导和信息沟通衔接机制，设立罪犯职业技术教育发展基金，落实罪犯参加职业技能培训政府经费补贴政策，加强对罪犯职业技术教育各项优惠政策的落实，强化政策导向引领。要加快推进监狱产教融合措施的落地。建立健全行业企业、职业院校和社会职业教育服务机构准入制度，推动优惠政策落地，增强行业企业、职业院校和社会职业教育服务机构的获得感（如细化减免税政策规定等），最大限度地调动社会力量参与罪犯岗位技能培训和职业技术教育的积极性。要建立罪犯职业技术教育质量社会化考核评价体系，引入社会第三方机构开展教育质量效能考核评价，强化监测考核评价结果运用，作为罪犯职业技术教育质量绩效考核、投入引导、试点开展、表彰激励的重要依据，从而督促监狱合作办学机构增强服务能力，确保教育质量。

再次，打造开放发展教育模式。罪犯职业技术教育的核心是坚持就业导向，这要求监狱转变办学导向，以开放的教育模式提高社会教育资源的利用率，以发展的教育实践提高教育改造质量。要打破传统罪犯职业技术教育工作由监狱人民警察全程负责的模式，通过购买社会服务的形式，借力办学，由行业企业、职业院校、社会教育服务机构等按要求组织实施罪犯职业技术教育教学大纲和教学计划制订、教材开发、教师确定、教学实施、考核组织、证书办理等工作，由监狱负责罪犯管理。这样就可以使监狱民警从繁重的职业教育中解放出来，确保罪犯职业教育全过程与社会职业教育同步，在教学内容、考核评价和职业认证等方面符合社会职业技术教育的标准和要求，提高罪犯职业教育的社会适用性。要建立弹性职业技术教育管理制度，以罪犯提高职业技能、掌握职业技术和取得职业资格证书为导向，根据罪犯服刑改造的特殊情况，以学分制和考核认证制代替学年制。各级监狱管理机关应及时制定和完善相关制度，在提高罪犯劳动报酬的同时，让参加职业技术教育的罪犯在培训期间也能得到一定的劳动报酬。探索新的罪犯参加职业技术教育培训激励机制，最大程度地调动罪犯参加职业技术教育的积极性。

最后，加快智慧化教育进程，创建具有鲜明智慧特性、职业技术教育特色的罪犯教育改造时空环境，破解监狱封闭的教育时空限制，探索并丰富与智慧产业同步发展的职业化育人系统、育人载体。创新智慧教学模式，构建罪犯智能化、情景化、体验化的学习环境，以满足罪犯个性化职业技术教育需求。

参考文献：

辛国恩等：《毛泽东改造罪犯理论研究》，人民出版社 2006 年版。

王怀安：《人民民主专政中的监狱工作》，北大法律系，1952 年。

司法部劳改局编：《毛泽东等老一辈革命家论改造罪犯工作》，法律出版社 1993 年版。

戴艳玲：《中国监狱制度的改革与发展》，中国人民公安大学出版社 2004 年版。

郭明：《中国监狱学史纲》，中国方正出版社 2005 年版。

吴宗宪：《罪犯改造论》，中国人民公安大学出版社 2007 年版。

朱志杰、常静：《科学化教育改造体系研究》，《犯罪与改造研究》2017 年第 8 期。

王林：《监狱体制改革背景下罪犯劳动职业技能培训的实践和思考》，《郑州航空工业管理学院学报（社会科学版）》2014 年第 5 期。

程辉建、李元发、潘星月：《清河分局出监罪犯职业技术教育情况调查与分析》，《犯罪与改造研究》2012 年第 4 期。

监狱精神病罪犯矫正的历史与现状

杨木高*

内容摘要 精神病罪犯矫正各国存在差异。中国古代和近代对精神病罪犯的矫正都采取了相应的措施。当前，精神病罪犯的矫正，要积极探索新的方法，与社会医疗机构开展合作。

关键词 监狱 精神病 罪犯 矫正

精神病罪犯是监狱中的一个特殊群体，是集病人与犯人于一身的自然人。如何处置犯罪的精神病人，是各国普遍遇到的问题，我国也不例外。本文就我国对精神病罪犯处置的历史作一个简要的回顾，以提示学术界关注和重视对这一群体的研究，切实维护监狱和社会的安全稳定。

一、中国古代对精神病人犯罪的处罚

古代刑法中，一方面包含有对精神病人触犯刑律的行为予以免除刑罚或从宽处罚的决定，蠢愚、疲疾、笃疾的人可得到从宽处理或减免刑罚，甚至有些人因此伪装精神病来避免杀身之祸；另一方面对精神病人触犯刑律的行为，也存在着坚持处罚甚至不予从宽的案例，这主要取决于当时帝王的旨意，并无法规可循。

早在奴隶社会，我国法律中就有对精神病人实施危害行为应与正常人区别对待的规定。例如，西周时期的《周礼》中就规定了三赦之法："一赦曰幼弱，再赦曰老旄，三赦曰蠢愚。"所谓"蠢愚"，据郑玄注释，是指天生的痴呆者和精神病人。不过，也有学者认为，《周礼》三赦中关于赦幼弱、赦老旄的说法在《礼记》和战国时期的法律中也有记载，可以佐证其存在，但是关于赦蠢愚却没有其他资料佐证，因此仅凭这一记载还不能断定西周已有对精神障碍者的犯罪免予刑事处罚的规定。①

---

* 杨木高，江苏省监狱管理局二级调研员。

① 参见蒋铁初：《中国古代精神病人犯罪法探析》，《北方论丛》2005 年第 2 期。

秦汉时期的刑律中没有对精神障碍者区别处罚的规定。据《后汉书·陈忠传》记载，汉安帝年间，三公曹陈忠奏称："狂易杀人，得减重论（狂易谓狂而易性也），父子兄弟相代死，听，赦所代者，事皆施行"，即认为严重的精神病人犯罪，应当减轻处罚。虽然这一主张得到了当权者的支持，但是关于精神障碍人犯罪从宽处罚的做法并没有制度化。[①]《隋书·刑法志》提到北齐律有"合赎者，老小阉痴并过失之属"的规定，其中"痴"是指精神病人，当时规定对于精神病人犯罪，可以以赎代刑，但若犯的是重罪十条，则不能代。这表明我国古代刑法明确规定对精神病人犯罪从宽或免予处罚是从北齐律开始的。

唐朝是我国古代封建法律的集大成时期，法律体系成熟完备，制度规定全面合理。唐律继承了西周"三赦"之法中对"蠢愚"之规定，有废疾、笃疾之人触犯刑律得减免其刑。此外，唐律还依据病人情况做了区分：对于病情较轻者称为痴，归为废疾中；对病情严重者，称为癫狂，归到笃疾中。对于痴者犯流罪以下的应当收赎，犯三流及死罪的则仍按律处断；而癫狂者不仅流罪应当收赎，对于犯盗及伤人罪也同样处理，只有在犯反逆、杀人应死等罪时，才上请。另考虑到精神病人精神状况易于变化的特点，唐律又作出了细致的规定：如病人在犯罪时精神有障碍，而案发时精神已恢复正常的，仍按照其犯罪时的精神状态给予优待；若犯罪时精神正常，案发时患精神病的，依案发时的精神状况处置。[②]《元典章》四十二诸杀刑条规定，斗杀心风者，即精神病而杀人者，得上请从宽处理。《元史·刑法志》载，疯狂殴伤致死者，免罪，征烧埋银。此外，宋朝、明朝、清朝的刑律都有与唐律中关于笃疾之人减免刑罚规定相同的规定。但是，在古代的刑律和司法实践中，也出现过所谓"狂则不能人间法令之祸"的原则。从立法意图来看，"我国古代立法者是以行为是否危及其统治秩序为尺度的，并不是从行为人自身角度考虑的，不同时期的刑律对于精神病人的处理立场是摇摆不定的。立法者所以在某些时期在其刑律中规定对精神病人减轻处罚，是为了体现一定范围内的恤刑政策，是为了达到标榜仁政、笼络人心"[③]。

---

① 黄丽勤：《精神障碍者刑事责任能力研究》，中国人民公安大学出版社 2009 年版，第 5 页。

② 潘侠：《精神病人强制医疗法治化研究——从中美两国对话展开》，中国政法大学出版社 2015 年版，第 111 页。

③ 顾肖荣等主编：《体系刑法学·犯罪论》，中国法制出版社 2012 年版，第 83 页。

二、中国近代对精神病犯罪人的处置

清朝末期，立法者开始对精神病人采取防护措施作出法律上的规定。1908年，清廷聘请日本法学家岗田朝太郎等人草拟的《大清新刑律》第12条规定，精神病人之行为不为罪，但因其情节得施以监禁处分。其中“施以监禁处分”即为我国保安处分制度的起源。这说明清末的立法者已经意识到，精神病人实施了危害社会的行为后不承担刑事责任，但其危险性并未消除，仍有可能继续实施危害社会的行为，因而有必要采取严密的防范措施防止其再犯。但囿于认识的局限性，当时的立法者仅认识到了对精神病人采取防护措施的重要性，而对精神病的治疗却没有更深入的认识。[①]在清末的监狱改良实践中，清政府聘请日本监狱学家小河滋次郎起草了《大清监狱律草案》，尽管该草案没有来得及颁布实施，清朝就被推翻，但草案中对精神病罪犯的收监问题做出了规定，其第18条就明确“丧失精神或因监狱拘禁不能保全生命之虞者”，不得入监；第49条规定：“特设之精神病监、传染病监及其他特定病监，得拘禁各监狱在监人之罹患此种病者。”第51条规定：“病者不得与健康者同拘禁于一监房，但从事看护者不在此限。”第139条规定：“罹精神病、传染病或其他之疾病，认为监狱内不能施适当之治疗者，斟酌情形得经过监督官署认可，交付亲属或移送病院。认为有紧急情形，典狱得先为前项处分，再请监督官署承认。”第140条规定：“依前条移送病院者，视为在监人。典狱应令监狱医及其他监狱官吏常时视察病院中病人情形。”第239条规定：“重病人、精神病人、传染病人释放之际，须预先知照本人之家属或其他之受领人。”由此可见，在《大清监狱律草案》中对精神病罪犯的处置已规定得十分完备。

民国成立以后的第二年，司法部即颁布《监狱规则》，其第18条规定“精神丧失或因监禁有不能保其生命之虞者”，不得收监。该规定沿用了《大清监狱律草案》的规定。南京国民政府成立后，司法部于民国17年(1928年)9月颁布《监狱教诲师、教师、医士、药剂士处务规则》，其第33条规定：“囚人中认为有精神异常之疑虑时须速施处遇方法并报告于典狱长。”第34条规定：“罹精神病、传染病及其他之疾病认为在监狱不能施适当治疗者，得陈述意见于典狱长，为

---

① 赵春玲：《刑事强制医疗程序研究》，中国人民公安大学出版社2014年版，第9页。

相当之处置。”民国17年10月司法部颁布《监狱规则》，对民国2年的《监狱规则》进行了修订，其第18条规定：“入监者若有下列情形之一得拒绝之：(1)心神丧失者；(2)现罹患疾病恐因执行而不能保其生命者……”第66条规定：“罹精神病、传染病或其他之疾病为监狱内不能施适当之医治者，得斟酌情形呈请监督官署许可保外医治或者移送病院。”国民政府的这些规定实际上是《大清监狱律草案》的翻版。民国政府成立以后，继续推进监狱改良，在建设普通新式监狱外，还计划“设置肺病及精神病监，使此种病犯，得享医治的实益”①。《训政时期之司法行政工作大纲》提出第六年的建设计划是“预定本年内全国共筹设肺病及精神病监21所。督促各省司法长官，依照筹设法院、监所工作等表所列次序、地点、办法，将上开各肺病及精神病监，实行设立”②。

在1928年国民政府公布的《中华民国刑法》中，精神病人被冠以“心神丧失”和“心神耗弱”之人的称谓。对于前者之行为不予处罚，但需视情节施以监护处分；对于后者得减轻处罚，但应在刑罚执行完毕或免除之后施以监护处分。此时虽然对于监护处分的处所及期限尚未明确规定，但已有学者意识到对病人进行医疗的重要性，认为监禁处分作为一种特别监督制度，既然并非治罪，应在禁制自由的同时，对病人施以治疗。1935年，国民政府颁布了修正的《中华民国刑法》，该法律完善了对精神病人犯罪的处置，明确规定将心神丧失、心神耗弱的犯罪人置于特定处所，进行监护。监护处分包含监禁和医疗两个方面：一是要限制病人行动自由，将其与社会隔离起来；二是需对其采取医疗措施，促其病情好转。1946年，国民政府制定了《监狱行刑法》，其第18条规定：“受刑人入监时应进行健康检查，有下列情形之一者，应拒绝收监：(1)心神丧失或现患疾病，因执行而有丧生之虞者……前两项被拒绝收监者，应由检察官酌情送交医院、监护人或其他适当处所。”为了便于在监狱中对精神障碍者进行管理，该条还规定对精神耗弱或智能低下者，“应分别监禁于指定之监狱或于监狱内分界监禁之”。对于入监后才发生的精神障碍者的处置，《监狱行刑法》第56条也做了相应规定：“受刑人心神丧失时，移送于精神病院，或其他监护处所。”第87条规定：“重病者、精神病者、传染病者释放时，应预先通知其家属或其他适当之人。精神病者、传染病者释放时，并应通知其居住地之警察机关或自治团体。”

民国时期，尽管在推进监狱改良和建设新式监狱的过程中，注意到了精神

---

①② 何勤华、姚建龙编：《赵琛法学论著选》，中国政法大学出版社2006年版，第408页，第416页。

病罪犯的管理，并试图建设专门的精神病监，但由于规定脱离实际，加上忙于战争，这种设想只能是“纸上谈兵”。

三、新中国成立后对精神病罪犯的管理和处遇

1950 年我国《刑法大纲（草案）》第 12 条第 1 款规定：“犯罪人为精神病人，或系一时的精神丧失，或因在其他病态中，于犯罪时不能认识或控制自己的行为者，不处罚；但应施以监护”；第 2 款规定“犯罪人精神耗弱者，从轻处罚。”

1954 年的《劳动改造条例》第 37 条规定：“收押犯人，应当进行健康检查，除重大反革命犯和其他罪刑重大的犯人外，有下列情形之一的不许收押：(1)有精神病或者患有急性、恶性传染病的；(2)有严重疾病在关押中可能发生生命危险的；(3)分娩未满六个月或怀孕的。前项不许收押的犯人，应当由原送押机关斟酌情形，送往医院、或者交给监护人或者安置到其他适当场所。”

1956 年 8 月 8 日，《最高人民法院对河北高级人民法院关于处理精神病患者犯罪问题的复函》：“精神病人在不能辨认或者不能控制自己行为的时候实施对于社会有危险性的行为，不负刑事责任。至于精神病人是否不能辨认或者不能控制自己行为，应由有关医疗部门鉴定并应就其左右邻近调查证明行凶时及行凶前后的精神状况，取得确实的证明间歇性的精神病人，在精神正常时候的犯罪，应当负刑事责任。醉酒状态中的犯罪，应当负刑事责任。”1956 年，江苏省公安厅在江苏省竹箦煤矿（现江苏省常州监狱）设立“精神病犯看守所”，收押全省监狱的精神病罪犯。

改革开放以后，我国加快法治建设步伐。《刑法》《刑事诉讼法》相继颁行。1979 年《刑法》第 15 条规定：“精神病人在不能辨认或者不能控制自己行为的时候造成危害结果的，不负刑事责任；但是应当责令他的家属或者监护人严加看管和医疗”；“间歇性的精神病人在精神正常的时候犯罪，应当负刑事责任”。

1979 年 4 月 16 日，最高人民法院、最高人民检察院、公安部在《关于清理老弱病残犯和精神病犯的联合通知》中对被判处剥夺自由刑罚的罪犯患精神病的处理作了较为详细的规定：(1)对入监前患有精神病的罪犯，应进行复查，如果经复查确认不应负刑事责任，即行为时无责任能力的，要予以纠正释放。(2)对入监后新患精神病的罪犯，凡有家的，可予以监外就医（即后来《刑事诉讼法》规定的保外就医形式的“监外执行”），由当地公安机关负责监督。监外就医期

间刑期满的，由当地劳改机关办理释放手续。(3)强调监狱、劳改队收押犯人必须严格按照《劳动改造条例》第 37 条的规定执行，凡不符合该规定的收押条件的，劳改单位应予拒绝收押。上述联合通知还阐明了对在押的精神病罪犯进行清理、予以监外执行和治疗的重要政策意义，指出了把精神病罪犯长期关押在劳改单位，不仅影响劳改单位的工作，有悖于革命人道主义，而且也失去了对其改造的意义。各地根据这一规定，对在押罪犯进行了清理。在广东，“1979 年 6 月至 12 月，全省监狱、劳改队根据最高人民法院、最高人民检察院、公安部《关于清理老弱病残和精神病犯的联合通知》，对年老衰竭、身患严重疾病近期有死亡危险、长期患严重慢性疾病经治疗无效、身体残疾和患精神病的罪犯，凡有家庭依靠的分别予以监外执行或保外就医，当年共依法清理出监的老弱病残罪犯 1 686 名”①。

1982 年公安部颁布的《监狱劳改队管教工作细则》第 9 条规定：“收押犯人，应当进行健康检查，有下列情形之一的，拒绝收押：(1)有精神病或者患有急性、恶性传染病的；(2)有严重疾病需要保外就医的；(3)妇女怀孕或者正在哺乳自己婴儿的。”

1988 年 4 月，司法部劳改局在给浙江省劳改局《关于患有精神病的罪犯是否收押问题的批复》中提出：凡送劳动改造机关的罪犯，如系间歇性精神病人在精神正常时犯罪应负刑事责任的，不论犯罪性质、刑期长短，一律收押。收押改造后，根据有关法律规定，视情况予以保外就医。如确系精神病人，应予拒收，并建议有关人民法院按照《刑法》规定不追究其刑事责任。在精神病或间歇性精神病未最后确诊时，一律不办理收押手续，先送有司法鉴定权的医院鉴定后，再作处理。如收押改造后才发现患有精神病的，按上述意见处理。

20 世纪 90 年代，为了解决监狱关押容量问题，部分省份对老病残罪犯进行集中清理，其中包括部分精神病罪犯。例如，在广东省，1992 年 9 月，为缓解看守所和监狱、劳改队的关押压力，省法院、检察院、公安厅、司法厅联合发出《关于清理老弱病残、精神病犯和对部分劳改犯人监外执行、减刑、假释问题的通知》，执行至 12 月 31 日。老弱病残犯、精神病犯有亲属抚养或亲友担保且符合下列条件的，可保外就医：(1)患严重疾病、短期内有死亡危险的；(2)患严重慢性疾病，长期医治无效的；(3)60 岁以上、有病且已失去危害社会能力的；(4)身

① 《广东省志》编纂委员会编：《广东省志(1979—2000)》(政法卷)，方志出版社 2014 年版，第 735 页。

体残疾，丧失劳动能力的；(5)经司法鉴定患有精神病的。符合上述条件但有下列情形之一的不准保外就医：(1)罪恶、民愤极大，受害人不谅解或群众不同意的；(2)自伤自残致身体残疾的；(3)武疯子、丑疯子和政治疯子。在执行《刑法》第71条和第73条规定的前提下，对原判有期徒刑4年以下，实际执行刑期过半且确有悔改表现的，予以减刑释放或假释，原判有期徒刑5年以上10年以下的罪犯，至9月1日余刑在1年以上且确有悔改表现的予以减刑释放。①

为了加强对精神病罪犯的管理和治疗，部分省份开展罪犯精神疾病的调查，为领导机关决策服务。山东监狱系统曾于1995年3—10月间，对3 041名在押男性罪犯进行精神疾病筛查，发病率为16.94%。其严重精神疾病罪犯(包括器质性精神疾病、精神分裂症、偏执型精神疾病、情感性精神疾病及精神发育迟滞)占全体罪犯比例为2.27%。2000年5月，江苏监狱管理局对某监狱3 412名在押罪犯进行精神疾病普查，患病率为10.93%，其严重精神疾病罪犯比例为1.52%。

1997年修订后的《刑法》第18条规定："精神病人在不能辨认或者不能控制自己行为的时候造成危害结果，经法定程序鉴定确认的，不负刑事责任，但是应当责令他的家属或者监护人严加看管和医疗；在必要的时候，由政府强制医疗"；"间歇性的精神病人在精神正常的时候犯罪，应当负刑事责任"；"尚未完全丧失辨认或者控制自己行为能力的精神病人犯罪的，应当负刑事责任，但是可以从轻或者减轻处罚"。

2004年9月20日，《国务院办公厅转发卫生部等部门关于进一步加强精神卫生工作指导意见的通知》，指出："开展职业人群和被监管人群的精神卫生工作。针对不同地区、不同类别职业人群的具体情况制订适宜计划，疏导和缓解职工因工作、家庭生活等带来的压力。把被监管人员的精神卫生工作纳入本地区精神卫生工作计划，加强对公安机关监管民警，监狱、劳教部门民警和医护人员的精神卫生知识培训，根据被监管人员精神卫生流行病学特点，针对不同类型、不同特点的被监管人员开展心理治疗和心理矫正工作。"

2011年3月，司法部监狱管理局下发《关于加强监狱罪犯精神卫生工作的通知》，要求各级监狱机关高度重视监狱罪犯精神卫生工作，做好精神疾病罪犯的管理和治疗工作，将监狱精神卫生工作纳入地方卫生部门的精神卫生防治工作

---

① 《广东省志》编纂委员会编：《广东省志(1979—2000)·政法卷》，方志出版社2014年版，第735—736页。

规划，加大各项保障措施的力度，加强专业技术人才队伍建设和科学研究工作。

四、当前监狱精神病罪犯矫正和治疗情况

（一）监狱系统各级领导高度重视精神病罪犯的矫正工作

2011年3月，司法部监狱管理局下发《关于加强监狱罪犯精神卫生工作的通知》，要求各级监狱机关高度重视监狱罪犯精神卫生工作，做好精神疾病罪犯的管理和治疗工作，将监狱精神卫生工作纳入地方卫生部门的精神卫生防治工作规划，加大各项保障措施的力度，加强专业技术人才队伍建设和科学研究工作。各省监狱管理局按照要求，成立精神卫生工作指导小组，制定有关管理规定，加强医疗机构建设，确保精神病罪犯能都得到治疗。部分省级监狱管理局，针对自身的实际情况，出台了相应的精神病罪犯管理类专门文件；部分基层监狱，根据本监狱自身的特点也有相应的管理办法和操作流程。

（二）加强精神病罪犯管理，确保监管安全

鉴于精神病罪犯的人身危险性，各监狱均将精神病罪犯列为重点人员，通过包夹包控、联防联控等措施，消除监管安全隐患。加强精神病罪犯的自杀预防工作，杜绝狱内自杀案件的发生。设立精神病罪犯专管监区，配齐配强专管民警。例如，“上海监狱较重视精神病罪犯管理控制，较早实施了精神病集中关押，并于2011年设立精神病罪犯专管监区（在提篮桥监狱、女子监狱、青浦监狱、新收犯监狱、南汇监狱等监狱设置）”①。北京市监狱管理局将精神病罪犯集中在延庆监狱，并设立精神病罪犯监区，配备4名精神科医生，参与监区管理。②河南省平原监狱创新管理模式，“针对可能出现的精神疾病犯行凶或自伤、自残、自杀等情况进行全天候巡护跟踪，遇到问题及时汇报监区、反馈情况，同时采取先控制、先隔离、先约束等保护管理措施，并与监狱心理健康指导中心保持密切沟通、联动处置，形成了以‘先期保护→及时报告→联动协调→按时服药→劳动康复→

---

① 上海市监狱管理局生活卫生处、提篮桥监狱联合课题组：《上海监狱精神病罪犯管理问题研究》，《犯罪与改造研究》2017年第7期。

② 陈立成等：《监狱精神病犯的监管与矫治状况——以北京市延庆监狱为研究对象》，《河南司法警官职业学院学报》2015年第3期。

心理支持→教育固化→追踪跟进'为主要特征的科学流程和良性循环模式"①。

（三）探索精神病罪犯矫治新方法

精神病罪犯在发病期间由于认知受限，无法接受正常的教育改造，但处于康复期的精神病罪犯有一定的接受教育能力。各地监狱针对精神病罪犯的特点，创造性地开展教育活动，不断探索矫治的新方法。广东省阳江监狱是目前广东省集中收押收治精神病罪犯的五个监狱之一。2013 年 8 月，该监狱设立六监区五分监区，收押精神病服刑人员 100 余人。他们中以重型精神病居多，大多为精神分裂症且多是犯下故意杀人等重型犯罪的。要么胡言乱语，要么不言不语，如何让他们敞开心扉？管教干警在日常监管中有什么特殊方式？他们和广州中医药大学合作，开展了原生艺术创作疗法。他们惊奇地发现，原本零画画基础的罪犯，创作出了令人惊叹的作品。原生艺术是指由与职业艺术圈没有任何关系的精神病人或弱势人群绘制的从未加工、无装饰、天生自然、原始纯真的绘画作品，多来自精神病人，或不谙世事的孩子，"现年 33 岁的刘某是一名精神分裂症患者，4 年前，他因长期吸毒导致精神障碍，在与岳父母共同居住的家中，将儿子扔下阳台……后因故意伤害被判无期徒刑。入狱后，刘某万念俱灰，曾有多次自杀行为。两个月前，在管教干警的鼓励下，刘某开始参加了绘画活动。最开始，他多次用绘画表现'死亡'题材，颜色也都是灰黑白，到了最近，慢慢有了变化"②。

（四）积极与社会医疗机构开展合作

在精神病罪犯矫正工作中，各地监狱针对监狱医疗资源缺乏、诊疗力量薄弱等，充分利用社会资源开展精神疾病诊断、治疗，同时委托地方具有资质的鉴定机构对精神病罪犯的服刑能力依法进行鉴定。广东省明康监狱"与肇庆三院签订帮扶合作协议以来，监狱医院不定期邀请肇庆三院为监狱医院开展精神病司法鉴定、疑难杂症会诊、健康宣教、人才培养等项目，有效缓解了监狱医院面临的精神科医生欠缺、精神病诊治经验不足、工作压力大等困境，精神科专科诊治水平也得到了有效的提升。2019 年 12 月，肇庆第三人民医院精神科医生团

---

① 吕树合、郭永刚：《监狱精神疾病罪犯管理中的问题及对策》，《河南司法警官职业学院学报》2017 年第 1 期。

② 黄琼：《探访监狱精神病犯监管专区：用艺术疗法改造罪犯》，资料来源：http://news.sohu.com/20151105/n425313904.shtml，访问日期：2020 年 2 月 3 日。

队到我监医院开展医疗帮扶合作，为各监区相关精神病犯进行疾病鉴定，以及为治疗效果欠佳的精神病犯进行会诊。在监狱医院合理安排和各监区干警配合下，诊疗现场井然有序，各项工作已于当天如期完成，共为25名精神病犯提供医疗鉴定、15名精神病犯提供会诊”①。河南省平原监狱“将疑似犯委托其驻地的河南省精神病医院进行鉴定，确诊后收押在老病残犯监区，遵医嘱，按照医院的指导进行药物治疗”。②

（五）确保精神病罪犯能够得到治疗

全国各地监狱按照《监狱法》和《精神卫生法》的要求，确保精神病罪犯能够得到治疗。在医疗机构方面，主要有三种模式：一是设立独立建制的精神病院进行治疗。如江苏省监狱管理局精神病院是全国监狱系统第一家精神疾病专科医院，目前设有床位500张，医务人员100余人，设立了治疗病区、康复病区和管教分监区。该医院创立了具有中国监狱特色的“医疗—康复—管教”立体管治模式，不仅承担全省监狱系统精神病犯的鉴定、治疗、康复及涉毒犯的戒毒治疗等工作，而且作为全省监狱系统精神卫生指导中心，承担全省监狱系统精神卫生教育、培训工作以及相关科学研究，为罪犯精神卫生工作提供理论依据。二是监狱管理局的总医院（中心医院）承担精神病罪犯的治疗和康复工作。这种模式主要是已经建立监狱管理局总医院（中心医院）的省份，在总医院（中心医院）设立精神病罪犯关押区，集中收治本省的精神病罪犯。但是由于医疗力量和关押规模的限制，仍有相当数量的精神病罪犯分散关押在各监狱，无法集中收治。三是监狱医院收治精神病罪犯。这种模式在各省监狱的医院中普遍存在，不仅关押处于康复期的精神病罪犯，而且也承担重性精神病罪犯的治疗和康复工作。由于大多数监狱医院没有专门的精神科医生和护理人员，主要靠邀请地方精神病医院的医疗人员到监狱进行巡诊，治疗缺少连贯性。

精神病罪犯的矫正和治疗问题，涉及立法、执法等方面，需要加强调查研究，制定出台相关管理办法。要通过制度的顶层设计，切实加强精神病罪犯的管理、教育以及治疗，切实维护监狱的安全稳定，创新社会治理。

---

① 陈习前：《肇庆三院到我监开展医疗帮扶合作》，资料来源：http://mkjy.gd.gov.cn/xwzx/jyxw/content/post_2710581.html，访问日期：2020年2月3日。

② 吕树合、郭永刚：《监狱精神疾病罪犯管理中的问题及对策》，《河南司法警官职业学院学报》2017年第1期。

新中国监狱建设初期社会开放性探讨

徐文荣　方扬松*

内容摘要　新中国监狱初期工作以毛泽东改造罪犯理论为指导，在监狱管理基本封闭状态下仍呈现一定的社会开放性。其社会开放性主要表现为党和国家领导人公开阐述监狱工作方针、政策，有效运用党的重要舆论媒体、实施特殊的监外执行措施，采取“走出去、请进来”的方式，请苏联专家指导监狱创建，向国内社会、国际友人展示新中国监狱成果等形式，为新时代中国监狱建设提供了有益的经验与启发。

关键词　新中国　监狱　初期　社会开放性

新中国监狱工作与共和国相伴相生，经过 70 年的风雨历程，已从封闭、神秘逐步走向开放、透明，正在被社会公众了解、熟悉，被国际社会理解、接纳。从封闭走向开放这种模式的变化发展正推动着我国监狱工作的文明进步。当今中国监狱社会开放性的思想、内容与形式可以从新中国监狱建设初期找到历史印迹。研究新中国监狱建设初期社会开放性问题，对于推动监狱工作社会化、狱务公开以及监地合作等治理模式具有积极的借鉴意义。

一、新中国监狱建设初期社会开放性的基本解释和指导思想

（一）新中国监狱建设初期社会开放性的基本解释

本文所指新中国监狱建设初期主要指从 1949 年到 1979 年党的十一届三中全会之间的 30 年。本文关于阶段的划分以中国监狱工作协会 2019 年由法律出版社出版的《新中国监狱工作五十年》为准。

笔者所指监狱工作的社会开放性是指一切向社会主动开放的有关监狱工

* 徐文荣，浙江省第五监狱副监狱长；方扬松，浙江省第五监狱四级高级警长。

作的思想、理论、政策、法规、制度、措施、活动，组织的社会交流形式、手段与方法等综合的体系与特征。监狱工作的社会开放性，以罪犯再社会化为目标，以主旨社会化、刑罚执行社会化、教育改造社会化、罪犯处遇社会化、监区环境社会化、后勤保障社会化、对外交流社会化为主要内容的监狱工作社会化，既包括思想理论层面的开放，也包括工作实践层面的开放；既包括向国内社会的开放交流，也包括向国际社会的开放交流；既包括行刑社会化，也包括监狱其他工作的社会化与开放交流。①

（二）党和国家老一辈领导人对监狱社会开放性的指示

基于改造人类伟大工程形成的毛泽东改造罪犯理论成为新中国监狱工作初期创建发展的指引，成为监狱社会开放性的理论渊源。党中央和毛主席、周恩来等领导人十分强调党的群众路线的优良传统，要求专门机关与群众相结合。毛泽东指出："共产党的路线，就是人民的路线。""在社会主义成果和人民利益的斗争中，要实行依靠广大人民群众和专门机关相结合的方针。"对于依靠人民群众、监狱宣传方面，老一辈无产阶级革命家还有不少具体的指示。1962年3月22日，毛主席在听取汪东兴汇报时指出："只靠公安机关是不行的。必须依靠百分之九十几的人民。""专政要依靠百分之九十几的人民，公安机关主要是做组织工作，宣传工作，包括对小偷小摸，也要由群众来制止。"强调社会宣传在人民民主专政中的重要作用，通过宣传提高人民群众的政治思想觉悟，从而发挥人民群众在改造罪犯中的重要作用。在让战犯接受社会形势教育方面，老一辈领导人有充分考虑。1956年5月3日，周恩来在国务院司、局长以上干部会议上的传达报告时说："现在先放他们到各处参观，不管是康泽、王耀武或者是宣统皇帝，都让参观。前天晚上天安门放焰火，让战犯们都去看了。既然要教育他们，就要他们看看群众嘛，这样才会影响他们。完全关在屋子里，又怎么能影响他们呢？这个办法，对于一些外国朋友来说，觉得很别致很奇怪了，但实行的结果是好的。日本战犯也要他们参观。""因为已经把他们关了十年，日本的情形有了变化，这样做有利于争取日本人民。"②以老一辈领导人改造罪犯的思想为指导，经中央批转的第六次全国劳改工作会议纪要强调对罪犯进行社

① 参见贾洛川、王志亮主编：《新中国监狱学研究20年综述》，中国法制出版社2015版，第707页。
② 浙江省公安局劳动改造管理局：《学习文件选编》，1978年，第47—48页。

会发展史教育:“依靠人民群众,用国家建设成就和群众的先进事迹教育犯人。可以有计划有目的地请人来做报告,组织犯人参观。”①《劳改条例》第 26 条规定把“政治时事教育”纳入罪犯经常性教育的内容。

二、初期阶段社会开放性的主要历史事实

新中国成立前夕以及成立后的 30 年时间里,限于战争、政治、经济、社会,以及国际与国内特殊的客观条件,监狱工作基本处于封闭状态,但监狱机关作为国家机器的重要组成部分,作为社会运行机制的一个系统,基本保持了与国家、社会发展的前进步伐,仍然呈现出一定的社会开放性。

(一) 公开阐述改造罪犯的思想观点、方针、政策

毛泽东、刘少奇、周恩来、朱德、邓小平等为主要代表的老一辈无产阶级革命家,比较系统地阐述了关于惩罚与改造的思想、方针和政策,所形成的毛泽东改造罪犯理论是中国共产党集体智慧的结晶②,其中包括:毛泽东的理论著作、讲话和批示;民主革命时期的苏维埃中央政府、抗日民主政府、解放区政府制定的有关政策、法律文件和批示,特别是中华人民共和国成立后党中央制定的有关罪犯改造的法律法规、制度以及有关批示、通知、命令等文件。③这些内容是通过公开发表著作、会议讲话、报纸、广播等形式向社会宣传的。比如 1934 年 1 月,毛泽东在向《第二次全国苏维埃代表大会的报告》中曾经对教育感化方针作出深刻阐述;④1937 年 7 月发表的《实践论》、1949 年 6 月 30 日发表的《论人民民主专政》、1976 年 12 月发表的《论十大关系》以及一系列重要指示、重要会议讲话都通过相应的媒体进行了公开,其中涉及的对罪犯的改造思想通过媒体等各种形式宣传,让社会广泛了解熟悉了我党的劳动改造思想、方针和政策。党和国家领导人向国际友人亲自介绍中国监狱方针政策。1960 年后的 10 余年间,毛泽东先后 9 次向美国、古巴、阿尔巴尼亚、阿尔及利亚、几内亚等国的政府官员或友好人士,以及出席第二次

---

① 浙江省公安局劳动改造管理局:《学习文件选编》,1978 年,第 85 页。

② 辛国恩等:《毛泽东改造罪犯理论研究》,人民出版社 2006 年版,第 2 页。

③ 王明迪、郭建安:《岁月铭记——新中国监狱工作 50 年》,法律出版社 2000 年版,第 224 页。

④ 杨殿升、张金桑主编:《中国特色监狱制度研究》,法律出版社 1999 年版,第 15 页。

亚洲经济讨论会的各国代表介绍中国监狱工作，成为中国监狱对外开放的一大亮点。[①]比如，“我们的监狱不是过去的监狱，我们的监狱其实是学校，也是工厂，或是农场”，是毛泽东主席于1960年10月接见美国记者斯诺时所阐述的重要思想。

（二）党的重要舆论媒体对监狱工作的积极宣传

《人民日报》等党和国家的重要舆论媒体对宣传监狱工作，在保证监狱工作与社会信息交流方面起到了重要的作用。其中，《人民日报》作为中国共产党中央委员会机关报、党和政府的喉舌、中国对外文化交流的重要窗口，积极宣传党和政府的政策主张，记录中国社会的变化，报道中国正在发生的变革，它的宣传对于监狱工作的创建与发展起到了积极的影响。党的重要舆论媒体不仅发表了毛泽东等老一辈领导人的重要著作，如《实践论》《矛盾论》等，而且还在不同时期针对监狱工作的重大事项进行了广泛宣传。1954年9月7日《人民日报》刊登了政务院颁布实施的《劳动改造条例》以及与之相配合的社论《贯彻对于罪犯的劳动改造政策》。针对美国的诬蔑，1954年11月30日《人民日报》刊发了《驳斥美国诬蔑我国实行“强迫劳动”》的社论。在庆祝新中国成立10周年的时候，全国人民代表大会常务委员会第九次会议根据毛泽东提出的中国共产党中央委员会的建议，决定特赦一批确实已经改恶从善的战争罪犯、反革命罪犯和普通刑事罪犯。中华人民共和国刘少奇主席发布了特赦令。1959年9月18日《人民日报》发表题为《改恶从善，前途光明》的社论，介绍了“对于这些罪犯，人民政府一贯采取了惩办和宽大相结合、劳动改造和思想教育相结合的政策”，指出“我们成功地改造罪犯的结果，使不少罪犯都有了确实改恶从善的表现，使消极因素化为积极因素，这是党的政策的伟大胜利”。新中国成立前后，还有其他党媒宣传了监狱工作。1945年1月1日《解放日报》刊登了陕甘宁边区政府推出的具有代表性的感化教育典范“党鸿魁经验”[②]。1960年9月党的重要理论刊物《红旗》（1960年第18期）刊发了《在劳动中变成新人》的理论文章。1960年9月《新华半月刊》（1960年第9期）刊发了《改造罪犯政策的伟大胜利》的理论文章。

---

①② 中国监狱工作协会编：《新中国监狱工作五十年》，法律出版社2019年版，第401—402页，第33页。

（三）实行适应社会化的刑罚制度

一是抗日民主政府的监外执行制度。抗日民主政府为了适应游击战争的困难条件和大生产运动的需要，在抗日根据地比较巩固的地区，还采取了监外执行的特殊措施，依靠社会力量对服刑罪犯进行监督和改造。其中主要有：回村执行（或回村服役）、调服外役、取保假释、放"春耕假"、"放秋收假"等。为了应付敌人的扫荡和袭击，还采取了犯人回村隐蔽的"战时分遣"或"战时假释"措施。

二是对于短刑期、老年犯的假释。根据"一劳"会议要求，对原判1年徒刑以下的，或者60岁以上5年徒刑以下的，以及患有严重疾病且民愤不大的，经群众同意后，实行假释或保外就医。1953年，全国共有27 867名罪恶不大、改造表现好的犯人获得假释，占在押犯总数的2.47%。①

三是总结实际经验，明确罪犯的减刑假释作为法律奖励形式。1954年颁布的《劳动改造条例》第七章规定，减刑假释属于法律奖励，必须报请主管人民公安机关审核，并且送当地省、市人民法院批准后宣布执行。

四是开创刑释安置的前瞻性工作。1951年组织犯人劳动改造开始，根据刑释人员的具体情况做出妥善安排，以解决刑释人员的户口、就业等问题，给予他们学习、工作和生活的机会。在《劳动改造条例》颁布的同一天，政务院公布施行《劳动改造罪犯刑满释放及安置就业暂行处理办法》。②

五是对罪犯的大赦和特赦列入1954年颁布的《中华人民共和国宪法》，1959年对罪犯实行首次特赦，范围包括战争罪犯、反革命罪犯、普通刑事罪犯。新中国成立后的首次特赦引起了国际、国内的重大反响。③

（四）"走出去、请进来"的教育改造罪犯方式

遵照毛主席、刘少奇、周恩来等老一辈领导人的重要指示精神，以及全国劳改工作有关会议的决议精神，全国监狱采取"走出去、请进来"的方式，奠定了监狱工作开放格局的基础，提高了教育改造的效果，加强了社会对监狱工作的监督。在监狱工作巩固和初步发展时期，"组织犯人到社会参观，或邀请社会上的

---

①②③ 中国监狱工作协会编：《新中国监狱工作五十年》，法律出版社2019年版，第52页，第99页，第117—119页。

先进生产者、农业生产合作社负责人、民主人士、犯人亲属和做出一定成绩的刑满释放人员作报告，初步形成较明确的‘走出去、请进来’的教育改造犯人的方法”①。1955—1973年，分批组织国民党战犯、伪蒙疆战犯到社会上参观，取得了积极效果。②据北京市监狱记录：“为了充分运用这一教育形式，自1956年开始，每年组织劳改积极分子代表和关押时间较长的犯人到社会上参观。这种参观，到1959年新中国成立十周年大庆时达到了高潮。全市各劳改单位，共组织7 000多名犯人参观《全国工业交通展览》、《全国农业展览》、《全国劳改展览》和密云水库、郊区人民公社、十大建筑，用活生生的事实教育犯人。”③1959年2月召开的全国“四劳”会议上，进一步交流了河北等地走群众路线教育改造罪犯的经验：包括有目的地组织犯人参观和邀请社会各界人士作报告；运用通信接见，选择犯属亲友座谈、报告和个别教育，通过写信特别是组织为群众熟悉的反革命犯和重要刑事犯定期向原单位、原籍地区汇报改造情况，发动群众提鉴定意见，监督犯人改造。④

（五）苏联专家到新中国监狱指导监狱建设

按照1950年2月14日签订的《中苏友好同盟互助条约》，苏联陆续派遣一些代表团和顾问以及各行各业的专家到中国的对应部门工作，包括在公安部劳改局工作的苏联专家。20世纪50年代初期，苏联专家先后到过华东、中南5省及华北地区的部分监狱参观指导，提出了行刑管理制度，如分管分押、改善生产工作、有效教育犯人、强化干部教育等新中国劳改工作各方面的建设意见。其中，在清河劳改农场和天津市监狱调研期间提出了《对组织试点监狱和劳改队工作的计划和建议》。苏联专家还在狱侦、通信、接见、档卡、奖惩、生活卫生等方面也提出了不少建议。苏联专家提出的建议，对于新中国成立初期的监狱工作起到了一定的积极作用。新中国监狱初期以苏联的监狱工作为借鉴，在改造罪犯的手段上吸取了苏联的一些经验。⑤

（六）向国内社会、国际友人展示中国监狱

一是举办劳动改造成果展览，宣传劳动改造的成果。在庆祝中华人民共和

①②④　中国监狱工作协会编：《新中国监狱工作五十年》，法律出版社2019年版，第114页，第336—337页，第138页。

③　司法部监狱管理局编：《当代中国监狱概览（地方卷）》，法律出版社1995年版，第8页。

⑤　王明迪、郭建安：《岁月铭记——新中国监狱工作50年》，法律出版社2000年版，第226页。

国成立10周年之际，公安部于1959年在北京市地坛公园公开举办了全国劳动改造罪犯工作展览会，从3月5日开始预展到11月15日结束，历时190天，参观人数累计达50多万人，成功宣传了中国监狱工作取得的成绩与效果，广泛交流了各地劳改工作的经验，赢得了国内外观众的普遍赞扬。为了进一步宣传劳动改造罪犯工作的成就，展览会印制了《全国劳动改造罪犯工作展览会画册》，八一电影制片厂为展览会拍摄了名为《新生》的电影艺术纪录片。

二是少数监狱对外开放。新中国成立初期，由于西方国家对新生的社会主义共和国的封锁和遏制，以及押犯构成的复杂性，在对外开放方面存在着较大的局限。尽管如此，中国政府仍坚持在少数监狱对社会主义阵营和友好国家以及对西方国家的政党团体、友好人士实行开放。1952年，公安部先后批准辽宁省沈阳监狱、上海监狱（提篮桥监狱）、北京市监狱和江苏省社渚劳改农场对外开放，以后又有一些地方的少数监狱、少管所接待过外宾。到1979年，这4所监狱先后接待了五大洲100多个国家和地区的数千名外宾。①

三、新中国监狱初期工作社会开放性的历史评价

（一）初期阶段社会开放性受到历史的限制

一是受到国际社会的限制。新中国成立初期，从国际形势分析，以美国为首的西方国家对我国采取了封锁政策，除了极少数的社会主义国家，鲜有其他国家与我国交流、联系。

二是受到国内条件的限制。从国内形势分析，新中国成立初期物质经济、社会千疮百孔、百废待举，政治、社会基础与秩序还很不稳定，盘踞台湾的国民党当局企图反攻大陆，潜伏了不少特务，经常性对新中国事业进行破坏活动。②在新中国成立后的几十年时间内，我国的监狱一直按半保密单位管理，监狱地址系国家机密，监狱工作人员和罪犯的对外通信，相当长时间一直使用邮政信箱的编号，③

① 中国监狱工作协会编：《新中国监狱工作五十年》，法律出版社2019年版，第401—402页。

② 朱宗玉、李思、苏仲波主编：《中华人民共和国史纲》，福建人民出版社1988年版，第31—39页。

③ 公安部于1973年6月28日下发《公安部关于防止劳改犯和留场就业人员向海外写信泄露劳改地址等国家机密的通知》（[1973]51号文件），其中通知标题就表明了劳改地址作为国家机密的精神，通知正文还要求“通信一律使用信箱代号”。

在单位称谓上，采用对外对内两个名称和两套印鉴，监狱虽有正式的行政名称（如监狱、劳改队、少管所），但对外却一直挂着农场或者工矿企业的牌子，披上了一层神秘的面纱，人们充满了种种猜疑。①

三是新中国成立初期，我国物质经济十分落后，百废待举。为了确保监狱的安全，防止与民争利，②监狱、农场一般建在较为人烟稀少、偏僻封闭的山区、盐碱滩涂，特殊的地理环境造成了监狱单位的封闭，无法与社会交流。

（二）初期工作的开放性基于毛泽东思想，特别是其中的毛泽东改造罪犯理论

“无产阶级和革命人民改造世界的斗争，包括实现下述任务：改造客观世界，也改造自己的主观世界。”“所谓被改造的客观世界，其中包括了一切反对改造的人们，须要通过强迫的阶段，然后才能进入自觉的阶段。”初期的监狱工作的社会开放，是基于无产阶级改造客观世界，解放人类社会的崇高使命。“我们共产党人区别于其他任何政党的又一个显著标志，就是和最广大的人民群众取得最密切的联系。”“因为我们是为人民服务的，所以我们如果有缺点就不怕别人批评指出，不管是什么人，谁向我们指出都行。只要你说得对，我们就改正，你说的办法对人民有好处，我们就照你的办。”初期的监狱工作的社会开放，是基于共产党人的人民利益的观点；是基于社会对监狱工作的交流、监督，以保证监狱工作符合惩罚与改造罪犯的正确目标，符合人民利益。

（三）新中国监狱工作初期社会开放性建设取得了良好的效果

新中国监狱工作初期建设的成效与社会开放性工作密不可分。

一是表明了中国共产党惩罚与改造罪犯的基本思想，为以后的监狱工作社会开放性提供了有益的经验。

二是通过社会开放性，实施对罪犯的社会发展史、时事政治教育，保持了罪犯对新中国建设与发展的形势的了解与把握，促进了罪犯认罪悔罪为主要内容的思想改造，促进了罪犯对共产党领导的新中国、社会主义制度优越性的普遍认同，增强了罪犯的爱国主义热情。

---

① 王志绥：《改革开放以来我国监狱工作的进步与转型》，《中国司法》2011 年第 7 期。

② 中国监狱工作协会编：《新中国监狱工作五十年》，法律出版社 2019 年版，第 51 页。

三是建设初期的社会开放性形式与方法，成了以后监狱工作社会化建设的基本形式。监地协会、社会帮教制度的发展，“向前、向外、向后延伸”的“三个延伸”做法，狱务公开、监狱工作的“法制化、科学化、社会化”建设等都可以从新中国初期的监狱工作社会开放活动中找到印迹。

四是社会开放性建设加强了社会对监狱工作的监督，有助于揭开监狱神秘的面纱，提高监狱执法的透明度。

五是借鉴国际经验，加强自身建设，同时树立了良好的社会与国际形象。苏联专家为新中国监狱创建发展提供了十分有益的指导。通过一定的开放交流，诸多国际社会及国际友人肯定与赞扬中国监狱工作。

四、对监狱工作社会开放性的当代启发

（一）要在监狱社会化理论与实践上有新的突破

监狱是社会文明进步的窗口，刑罚执行从封闭走向开放是社会发展的必然趋势。①建设初期的社会开放工作是在党和国家关于惩罚与改造罪犯的基本理论，特别是毛泽东改造罪犯的理论指导下开展的，取得了积极的成效。习近平新时代中国特色社会主义思想是当代中国的马克思主义，也是马克思主义中国化的最新成果。在新时代，监狱工作的文明与进步发展必须以毛泽东改造罪犯理论为遵循，全面贯彻落实习近平新时代中国特色社会主义思想，坚持惩罚与改造相结合、以改造人为宗旨的监狱工作方针，不断推进监狱社会化的创新。要面向未来中国现代化背景下创新监狱管理模式，科学规划半开放、开放型监狱建设。

（二）要在化解监狱社会化风险与隐患上有新的突破

当前监狱的社会开放还没有达到人们所预期的公开透明、有效执法监督、有力社会支持的程度。其中的原因，笔者认为，监狱管理者客观上更加重视安全稳定、法纪责任、环境秩序等“显绩”、硬指标，而容易忽视面向教育改造质量的“隐绩”“软指标”。同时，在复杂的犯情、新媒体高度发达、责任追究趋严的背

---

① 刘重兴：《论刑罚执行从封闭走向开放》，《犯罪与改造研究》2016 年第 6 期。

景下，监狱的社会开放必然存在如媒体的负面炒作等诸多风险与隐患。因此，要在科学确定监狱工作责任目标、强化教育改造硬考核、研究利用新媒体特点上下功夫，努力降低监狱社会化的风险。

（三）要在监狱社会化手段与方法上有新的突破

要综合运用政治、经济、行政、法律、文化、教育、宣传、信息科技等各种手段，推进监狱社会化建设进程，运用社会力量提高监狱治理体系和治理能力的现代化水平。在运用互联网提高罪犯改造质量等方面，要更加开放些，努力克服保守思想。充分利用不断发展的信息网络媒体，推进监狱社会化进程，比如：依托远程信息技术组织；组织社会、犯人亲属远程会见的“云帮教”；允许监狱法制监督员通过网络监控，加强对监狱日常管理活动的监督；组织开展在线职业技术教育、心理咨询等活动。

（四）要在监狱舆论保障与法治保障上有新突破

充分利用党的重要媒体和当代新媒体，克服自我封闭的新闻宣传观，广泛开展新时代监狱工作方针政策和成果的宣传，提高人民群众对监狱工作的思想认识，为社会力量参与教育改造罪犯工作提供有力的思想保证。《宪法》第 27 条规定：“一切国家机关和国家工作人员必须依靠人民的支持，经常保持同人民的密切联系，倾听人民的意见和建议，接受人民的监督，努力为人民服务。”《监狱法》第 68 条规定：“国家机关、社会团体、部队、企业事业单位和社会各界人士以及罪犯的亲属，应当协助监狱做好对罪犯的教育改造工作。”监狱机关要充分运用宪法、强化细化法律规定，使监狱社会化有充分的法治保障。

新中国监狱(劳改)教育矫治发展与变迁研究

杨宇雄*

内容摘要 在国家总体安全观视野下,创新探索监狱教育改造工作,将监狱教育改造制度优势更好地转化成监狱治理效能是30万监狱警察共同奋斗的目标。在浩浩荡荡的"新冠"大战过后,将我国监狱打造成"世界一流监狱"的历史性目标也摆在了重要位置。在这个时候,我们重新审视中国监狱教育矫治工作的奋斗历程,回顾总结其成长、壮大的历史,把握教育规律,探索监狱工作改革发展道路,增强继往开来的勇气和决心,具有重大的理论和实践意义。

关键词 监狱 教育矫治 发展 变迁

监狱,作为现代文明社会的一部分,不应该被遗忘。

监狱学,作为现代法学的一个分支,不应该被边缘化。

监狱史,作为中国历史长河中不可或缺的板块,不应该被忽视。

监狱教育矫治工作,应该是"特色补习班",不应该等同于九年义务教育之列、国民教育之属。

监狱,抽象到社会形态伊始,它叫"夏台""圜土",没有所谓的高墙电网,连一根栅栏都没有;监狱,最初也不是用来关押罪犯,而是把犯了错的贵族子弟"约束"在闹市或者指定地点,让其受市民指责,从而教育他人、反省自我的过错。监狱,最开始不仅仅关押已决犯,也关押未决犯,当然,什么"墨、刈、剕、宫、大膞"和"笞、杖、徒、流、死"之属不在其列;监狱,最先也不是监狱人民警察,人们熟悉的或许是狱卒,狱卒之前是大、小司寇;监狱,一个来自文明时代的词汇,相对于"牢房""班房"而言似乎略显稚嫩……然而,我们必须明了:早在夏商周时期,躬耕在刑事司法的前辈就在探究"监狱教育矫治理念的价值追求"这个命题。

纵观中国近现代监狱工作发展历程,虽然时代在变,但一切为了人民的宗

---

* 杨宇雄,重庆市永川监狱一级民警。

旨，罪犯改造宗旨始终未变。1981 年 5 月，中共中央书记处书记习仲勋在第八次全国劳改工作会议上（简称“八劳会议”），强调要开展对罪犯的心理教育研究，要求公安部成立一个“犯人心理研究所”（当时监狱工作由公安部主管）。时任中共中央总书记胡耀邦把我们监狱人民警察誉为“改造犯人灵魂的工程师”和“攀登十八盘的勇士”。显然，教育矫治在改造罪犯上起着不可替代的作用。

在国家总体安全观视野下，创新探索监狱教育改造工作，将监狱教育改造制度优势，更好地转化成为监狱治理效能是 30 万监狱工作者共同奋斗的目标。党的十九大以来，我国在新时代里大步向前。在以习近平同志为核心的党中央领导下，监狱需要革新，改造罪犯也需要革新。监狱教育改造是党和国家提出的以改造人为宗旨的一项重要工作，是和《监狱法》规定的把罪犯改造成为守法公民的精神高度契合的，是践行习总书记新时代中国特色社会主义总体国家安全观的重要方面和必然抉择。

70 年风雨兼程、70 年砥砺奋进，在生与死、血与火的涅槃中，一代又一代的监狱人民警察，把血色基因熔铸在脊梁里，铭刻在灵魂中，用血与汗、生与死镌刻出党的至高事业。在经历浩浩荡荡的“新冠”大战后，我们重启新中国建设，将把我国监狱打造成“世界一流监狱”的历史性任务摆在重要位置。我们重新审视中国监狱教育矫治工作的奋斗历程，回顾总结其成长、壮大的来时路，把握教育规律，探索监狱工作改革发展的道路，增强继续开拓前进的勇气和决心，具有重大的理论和实践意义。

一、我国监狱教育矫治社会功效及存在问题

新民主主义革命时期，人民民主政权领导下的监狱工作在摧毁旧监狱制度中脱颖而出，形成现代监狱雏形。虽然当时监狱具有规模小、制度不完善、管理不成熟等显著特点，但作为新中国监狱工作的起点，为新中国成立后监狱工作的开展提供了宝贵经验。新中国成立后，为了保障和巩固新生的人民民主政权，对旧监狱进行了清理革新。以 1949 年 9 月中国人民政治协商会议第一届全体会议通过颁布的《共同纲领》中“强迫他们在劳动中改造自己，成为新人”的规定为据，总结并继承了革命根据地民主政权监所的可靠经验，开创了具有中国特色的刑罚执行制度并逐步彰显监狱的社会效能。

1948—1952 年，我国先后逮捕了 140 名日本战犯，1950 年，根据与苏联达

成的协议，苏政府将969名在中国犯有战争罪行的日本战犯交给我国。这些战犯在侵华战争中对中国人民犯下的罪行罄竹难书，我国政府高瞻远瞩地根据当时的国际形势，高屋建瓴地从反对侵略战争、维护世界和平、重建中日和平友好关系出发，并没有对这些日本战犯采取报复手段，而是用革命人道主义精神改造他们，用无产阶级思想和伟大胸襟来改造他们。以劳动为主、辅之以人道主义教育的改造方式让日本战犯反思了自己所犯劣行给中国人民造成的深重灾难，悔恨不已，决心改恶从善。这在惩治改造战犯史上，是一个奇迹。

新中国成立之初，国内战犯主要由国民党战犯、伪满战犯或伪蒙战犯构成。这些战犯长期接受反动思想教育，要把他们彻底改造成为拥护中国共产党、建设社会主义的新人，困难重重。①我国先期监狱工作者在改造工作中坚持劳动改造方针，并进行长期、细致、艰苦的教育改造工作，从而使他们逐步消除对抗情绪，社会主义制度也使他们深受感动，加速了这类战犯的改造进程。在党和人民的引导下，他们反思自己的罪行，最终转变立场。至1975年3月，这些战犯全部被特赦或释放。随着改造对象和改造理念的变化，在改造国内战犯时，教育矫治便被纳入改造罪犯过程中。至此，教育矫治在新时代改造罪犯中的社会价值逐渐显现并取得骄人成绩。

然而，作为一名监狱工作者，还应清楚地看到监狱教育矫治工作面临的困难和问题，亟待我们一一解决。强化在教育改造罪犯实践中的问题意识，坚持监狱教育矫治的问题导向，符合马克思主义坚持矛盾具有普遍性、客观性的观点。在现实改造中，监狱教育矫治无法顺利突破历史的束缚，监狱教育矫治工作理论缺乏活力。在现实监狱教育矫治中，《中国监狱学刊》独木难支，除却寥寥几本“十二五规划系列丛书”外，剩下的就是一些20世纪末的“瑰宝”，用来指导、支撑2020年的现代监狱教育矫治工作。学术理论研究原地踏步。虽说中央司法警官学院作为监狱的最高学府，可远在河北保定，让西南边陲监狱望而却步。地方高校面对监狱课题，无人问津，时常呈现有价无市场、有资源无人吆喝的尴尬局面。即便作为既定任务也是翻翻“典籍”，雁过式询问，本能地拒绝进入监狱调研。当今监狱押犯结构复杂，由于人力、物力、财力限制，无法真正做到因材施教。监狱押犯中，有半文盲、小学、初中、高中、大学文化，有未婚、结婚、离婚等婚姻状况，有农民、工人、商人、军政等不同职业，有经济类、刑事类，

① 张凤仙：《中国监狱史》，群众出版社2004年版，第292—294页。

暴力型、非暴力型，初犯、累犯等不同类型，犯群结构复杂，警察又同时肩负教育、管理、看守、心理疏导等多重职责，监狱难以发挥教育矫治应有的功效。

时至今日，对于监狱罪犯教育矫治的历史归纳研究、监狱历史脉络和特点问题无人问津，导致基层教育矫治工作者没有系统的历史观念。思维的局限导致上一代监狱工作者无法联想到“天牢”“班房”“牢房”“俘虏营”之类的历史片段，更别提不同社会意识形态的提篮桥，甚至美国、北欧的监狱历史，有的甚至还没有完全接受现代集中式关押改造这一事实。从新中国成立至今，监狱在押罪犯从最初的 2 万人增加到如今的 170 万人，面对庞大的罪犯群体，单靠劳动改造显然不符合新时代的要求。司法部根据监狱历史发展规律提出以政治改造为统领的“五大改造”是监狱历史发展的必然性，但是政策在基层监狱的执行不尽如人意。劳动改造的强化与教育改造的弱化在经济建设中成为普遍现象，并在不同因素的共同作用下，形成了追求经济效益的氛围，劳动改造就被以追求经济效益为目的所异化。劳动改造在这种竞争中所创造的物质化功能，冲淡了教育改造的作用，这与现代化文明监狱建设背道而驰。

二、新中国监狱教育矫治理念的发展与变迁

提高教育改造质量是构建社会主义和谐社会的要求。党的十六届六中全会确立了构建社会主义和谐社会的重大目标任务，并提出要加强和谐社会的司法保障，完善刑罚执行制度，该目标和任务对监狱工作提出了更高的要求。把罪犯改造成为守法公民，让他们顺利回归社会，减少再犯罪，是最大限度地减少不和谐因素的重要工作，是维护社会稳定的客观要求。要求监狱积极探索，切实把握新形势下罪犯改造工作的规律、创新改造理念、完善改造手段，充分发挥教育改造在矫治罪犯思想、传授知识等方面的作用。在教育改造中，我们要以邓小平理论和“三个代表”重要思想为指导，全面贯彻落实科学发展观，牢固树立社会主义法治理念，按照构建社会主义和谐社会的总要求，贯彻“惩罚与改造相结合，以改造人为宗旨”的监狱工作方针，紧紧围绕提高罪犯改造质量，坚持以人为本，充分发挥管理、教育、劳动改造手段的作用，发挥心理矫治的重要作用，推进教育改造罪犯工作的法制化、科学化、社会化，把罪犯改造成为守法公民。

纵观新中国成立 70 周年历程，监狱教育矫治发展与变迁也可圈可点。

（一）清末民初的监狱教育矫治新探索

清朝末期，封建统治风雨飘摇，资本主义思想逐渐被引入人们视野中，“民主”两字引入中国，特别是日本当时传播的西方法治思想深深地影响着中国监狱发展轨迹。毋庸讳言，清末民初对监狱的改良和发展，是新中国监狱发展中的重要借鉴。监狱资深研究者沈家本立足实际，在《监狱访问录序》中明确指出：古人设狱之宗旨，非以苦人辱人，将以感化人也。再者，在《监所教诲章程》中也规定了教诲方法、教诲形式、教诲的具体内容等。在清末民初监狱发展这一重要时期，第一次系统地、完整地提出了监狱的要义：感化服刑人员。

清朝末期，西方现代监狱思想的盛行和自由刑的传播，监狱当初的教育性质被迫革新。监狱逐渐成为现代刑罚的执行场所，服刑人员的感化则成为新时期监狱的教育矫治思想。由于当时监狱仍然受着封建体制的限制，导致这一教育矫治理念没能完全实行，但其在历史中的巨大意义，是每一个监狱教育矫治工作者不能否定的。中国作为文明大国，儒家文化也影响着监狱教育矫治改革家，即：通过传统的儒家手段进行感化教育。例如，当时监狱编写的歌曲，邀请名人学者到监狱演讲说义等。我们不难看出，在当时《监所教诲章程》指导下，新中国监狱提出的“育新学校”似乎也显现雏形。

（二）从新民主革命时期到“三个为了”的过渡

新民主主义革命时期，在根据地没有监狱这一说法，取而代之的是“劳动感化院”“罪犯习艺所”，并将“感化”作为教育矫治的一项基本原则。1946 年，陕甘宁边区第三届参议会第一次会议就将“对服刑人员形式感化主义”写进了《陕甘宁边区宪法原则》中。1949 年以后，马克思列宁主义和毛泽东思想关于服刑人员改造的思想成为新中国监狱教育矫治工作的重要理论基础。“感化”作为新民主革命时期监狱教育矫治的手段和方法被系统化、法制化。

新中国初期，经济十分困难，百废待兴，接管过来的监狱破烂不堪，再加上监狱人满为患，罪犯吃、住都成了亟须解决的现实问题。1951 年 5 月，根据党中央、毛泽东主席的指示，中央公安部召开了第三次全国公安会议，《第三次全国公安会议的决定》明确指出：“大批应判处徒刑的犯人，是一个很大的劳动力，为了改造他们，为了解决监狱的困难，为了不让判处徒刑的反革命犯坐吃闲饭，必须立即着手组织劳动改造工作。”监狱组织犯人劳动，从事大规模的水利、筑路、垦荒、开矿和造屋等生产建设事业，此事极为艰巨，又极为紧急，必须用全力迅速地加以解决。至此，“三个为了”的监狱工作方针确立，为解决当时监狱工作问题指明了方向。“三个为了”的提出既减轻了国家负担，又解决了罪犯坐吃闲饭的问题，并通过劳动全面有效地开展了对罪犯的劳动改造和教育改造，从根本上改变了国民党监狱对犯人单纯施以惩罚和报复的做法。

中国监狱发展历史中，感化教育的含义不断变迁，对监狱历史的回顾，就是要从中保持初心，汲取养分，为新中国监狱教育矫治理念开启新征程。

（三）1952—1994 年的监狱教育矫治

1952 年 6 月，第一次全国劳改工作会议提出：“政治改造与劳动改造相结合、惩罚与改造相结合”的管教工作方针。这是基于国家政治、经济形势好转，人民民主政权日益巩固，对罪犯的监管生产、教育改造走向正轨的情况下提出来的，符合当时国情。1954 年政务院颁布了《劳动改造条例》，其第 4 条规定，“劳动改造机关对于一切反革命犯和其他刑事犯所实施的劳动改造，应当贯彻惩罚管制与思想改造相结合，劳动生产与政治教育相结合的方针”，强调对罪犯惩罚管制、强迫劳动生产和实施政治思想教育三者必须密切结合。此时体现出来的就是三者并驾齐驱，在大的社会背景下，无法分辨孰轻孰重，但这并不影响教育矫治这个新生儿的茁壮成长，尽管道路坎坷。

1955 年下半年至 1966 年年初，我国经济建设卓有成效，监狱工作也在顺利发展。随着大刀阔斧的经济建设，监狱出现了某些偏“左”的倾向。不少劳改单位一味地片面追求经济效益，重生产轻改造，对罪犯进行超体力、超时间的劳动，罪犯脱逃、闹监等监狱安全问题较为严重，劳改工作的改造任务和生产任务之间出现了难以调和的矛盾。监狱工作究竟以改造罪犯这个政治任务为主，还是以搞建设、赚钱的经济任务为主，摆在了监狱工作者面前。针对这些问题，1956 年 5 月，刘少奇指出：劳改工作的方针是改造第一，生产第二。1964 年 8 月，党中央在批转公安部《关于第六次全国劳改工作会议精神的报告》时明确指出：“要做好这项工作，必须坚决执行中央的既定方针，即改造与生产相结合，改造第一，生产第二的方针。”从此，“改造第一，生产第二”作为我国改造罪犯的工作方针被确定下来。①监狱改造工作是政治任务，监狱必须明确地看到自己是

① 王雪峰：《罪犯教育学》，法律出版社 2019 年版，第 67—70 页。

一个政治机关，并承担着相应的社会职能。我们不能片面追求经济利益，本末倒置，舍弃监狱存在的初衷，监狱教育矫治的地位并不是监狱教育工作者人为地拔高，而是以史为鉴，在新时代国家总体安全观的大背景下的必然选择。

（四）再探“惩罚与改造相结合，以改造人为宗旨”

20 世纪 80 年代，随着改革开放的不断深入，社会的政治、经济形势发生了翻天覆地的变化，监狱工作也在不断改革中进入新的历史发展时期。1994 年 12 月 29 日，我国颁布了《监狱法》，把“惩罚与改造相结合，以改造人为宗旨”的方针写入其中，使其法制化。新的监狱工作方针，将“以改造人为宗旨”作为监狱工作的出发点和归宿，这是一个新的重大理论发展。学术界进行了深入研究，如表 1 所示：

表 1　学术界对“以改造人为宗旨”的研究

年份	作　者	书　名	罪犯教育原则（理念）
1986	李俊杰	《罪犯教育学》	理论联系实际、因人施教、以理服人、巩固性、科学性
1988	杜雨	《罪犯教育学》	理论联系实际、因人施教、以理服人、循序渐进、在群体中进行教育
1992	邵明正	《中国劳改法学理论研究综述》	理论联系实际、因人施教、以理服人、社会力量参与改造
1993	力康泰	《劳动改造法学研究综述》	理论联系实际、因人施教、以理服人、循序渐进、言传身教相结合、疏导原则
1996	杜雨	《监狱教育学》	因人施教、分类教育、以理服人、言传与身教相结合
2001	王明迪	《罪犯教育概论》	分类施教、言传与身教相结合、循序渐进、以理服人
2003	王秉中	《罪犯教育学》	因人施教、分类教育、教育影响的连续性和一致性
2008	贾洛川	《罪犯教育学》	因人施教、分类教育、注重实效
2011	魏荣艳	《罪犯教育学》	理论联系实际、因人施教、以理服人、协调一致、循序渐进

由表 1 不难看出，1994 年《监狱法》的颁布是罪犯教育矫治理论发展的一个分水岭。《监狱法》出台前，学术界受《细则》影响，教育矫治理论、原则的提法

多围绕“理论联系实际、因人施教、以理服人”三条，严重束缚着监狱学者的创新思维。将监狱教育矫治理念系统化、法制化体现了监狱在法制建设中的重要地位，同时也是用法治的历史分析方法引导着监狱教育矫治的变迁。

三、教育矫治在“五大改造”下的新征程

中国进入了新时代。习近平新时代中国特色社会主义思想为我国新时代监狱事业发展指明了方向，提供了根本遵循。我国社会主要矛盾的转化，与坚持以人民为中心、落实总体国家安全观、推进国家治理体系和治理能力现代化、全面深化改革、全面依法治国的新要求相对照，监狱的“三大改造”手段已不能适应新时代监狱工作的新要求，也远远不能满足新时期教育矫治罪犯工作的新需要。2014 年 10 月，党的十八届四中全会在《决议》中明确提出“健全刑罚执行制度，完善刑罚执行体制”，这是党中央最高层对改革刑罚执行工作发出的最权威的声音。

2018 年 6 月 28 日，司法部召开了全国监狱工作会议，司法部部长傅政华在会上讲话指出，监狱工作必须坚持以习近平新时代中国特色社会主义思想为指导，深入贯彻落实党的十九大和十九届二中、三中全会精神，提高政治站位，坚守安全底线，践行改造宗旨，深化监狱改革，打造过硬司法队伍，奋力开创新时代监狱工作新局面。广大干警要践行改造宗旨，坚持以政治改造为统领，统筹推进政治改造、监管改造、教育改造、文化改造、劳动改造的“五大改造”新格局。

习近平总书记指出：“安全是相对的，不安全是绝对的，虽然做不到零风险，但要做到零容忍。”“必须增强忧患意识和责任意识，始终保持高度警觉，任何时候都不能麻痹大意。”监狱作为国家暴力机器，作为政法机关的重要组成部分，既是维护国家安全和社会稳定的重要武装力量，更重要的是确保自身的绝对安全稳定，必须坚守安全底线，坚持问题导向。新时代开启新征程，在“五大改造”下，监狱教育矫治工作思维理念导向更加明确。但是，我们也要看到随着监狱治理的不断深化，监狱管理发生了新的变化，尤其是在强调总体国家安全观背景下，监狱教育矫治在理论上行得通固然重要，在实践中行得通、有效果就显得更为关键。

（一）把人民的意志贯彻在新时代教育矫治中

新时代的监狱，应当把人民的意志贯彻在教育矫治罪犯的过程中。在人民民主专政的社会主义国家，人民是国家的主人，任何违背民族、国家意志的行为，都将受到法律的追究。在教育罪犯的初始，我们应该树立一个教育矫治理念：对于罪犯的一切执法权力都是人民赋予的，我们的执法行为，都代表着人民的意志。对于罪犯，监狱教育矫治工作者必须明确告诉他们：不是监狱要改造你们，而是人民的意志要求监狱必须把你们教育好，是新时代国家总体发展要求监狱必须要把你们教育好。你们的犯罪行为，除了要对家人和自己负责外，更重要的是要对我们所生活的社会负责。其目的，就是要罪犯顺利回归社会，不再犯罪，并力所能及地为实现中国梦添砖加瓦。违背了人民意志的人——罪犯，用人民的意志来教育改造他们这一教育理念是合乎情理的。

（二）用社会教育资源丰富教育矫治内涵

监狱刑罚执行与回归社会的衔接工作是新时代监狱工作的难点，行刑社会化和社会资源的有机结合是我们教育矫治工作新的突破点。在国家总体安全观形势之下，罪犯将是一股冲击国家总体安全的不可忽视的力量。面对这类人群，负责九年义务教育的专家学者就可以针对中小学未毕业，甚至是半文盲的罪犯做一些针对性的研究，用数据检验国民教育质量。面对没有工作或者失业的罪犯，社会劳动就业保障环节哪里出了纰漏，我们监狱需要做针对性的教育，优化我们的教育内容和教育方法，降低以此为由的再犯罪风险。微表情研究一直处于数据收集与跟踪调查阶段，罪犯作为社会群体的一分子，对于数据的完善和补充就显得非常有必要性。要让心理学、犯罪心理学、侦查心理学、犯罪学等专项学科研究不再局限于侦查、审判阶段，而是将视野拓展到未成年犯、累犯、惯犯、职业犯、跨省连环作案罪犯以及其他具有必要性研究的课题。突破高墙限制，让社会资源走进高墙，一方面为自己研究领域拓展境界，优化监狱教育矫治工作方法，另一方面为国家总体安全贡献力量。

（三）把教育矫治置于国家总体安全观中的正确位置

在新时代的监管改造中，我们强调以政治改造为核心，辅之以文化改造，就是要承认中华文化，传承中华文明。我国是四大文明古国之一，有着天然的文化优势，先哲们的智慧结晶让后人受益匪浅，作为监狱教育矫治工作，我们何不拿诸如儒家经典的先哲智慧来改造罪犯呢？何为对人？何为对事？何为大道？罪犯接受古人的劝诫，这就是历史文化的馈赠。

文化，是历史沉淀下来的瑰宝。用文化来教育矫治罪犯是需要时间的。应该纠正经济发展这一片面目标，狠抓思想政治攻心教育，让在监狱里改造的罪犯出狱后不再有犯罪的欲望，最终真正做到罪犯"回流"。教育改造是一项长期的过程，是实现国家总体安全的重要工程。新时代监狱教育工作者也要重新认识自我，监狱不仅仅是国家的暴力机器和专政机关，在新时代中国特色社会主义时期，监狱还应充当社会的减压阀，在惩罚和改造罪犯中，要开展"特色培训班"，将罪犯改造成为遵纪守法的公民。教育矫治，必须置于国家总体安全观中的正确位置，由表及里。在"五大改造"的指导和驱动下，我国监狱教育矫治发展必将更加科学、文明、社会化。

参考文献：

邵名正：《中国劳改法学理论研究综述》，中国政法大学出版社 1992 年版。

吴宗宪：《罪犯改造论》，中国人民公安大学出版社 2007 年版。

郭建安、鲁兰：《中国监狱行刑实践研究》，北京大学出版社 2007 年版。

杨习梅主编：《中国监狱史》，法律出版社 2016 年版。

王秉中主编：《罪犯教育学》，群众出版社 2003 年版。

张雅凤：《罪犯改造心理学新编》，群众出版社 2007 年版。

付少军：《刑罚学教程》，群众出版社 2009 年版。

“三北”监狱报走向联合的前前后后

宋建伟*

内容摘要 监狱报曾用名《劳改小报》《劳改通讯》《新生报》，是伴随着监狱工作的产生发展而成长起来的用新闻手段促进罪犯思想改造的一种有效载体。监狱办报工作是监狱工作不可或缺的有机组成部分，有着特殊的地位与作用。东北华北西北(简称“三北”)地区监狱报的联合，适应了当时监狱工作的发展需要，在一定层面上促进了所在省份监狱工作的开展，由此而产生的经验做法，对于做好新时期监狱办报工作将会产生积极的影响。

关键词 三北 监狱报 联合 经验

一、监狱报创立有其特殊的地位与使命

以 1951 年 5 月 22 日中共中央批转《第三次全国公安会议〈关于组织全国犯人劳动改造问题的决议〉的通知》为标志，组织大规模劳动改造罪犯的工作迅速在全国展开。1952 年 6 月 23 日召开的第一次全国劳改工作会议，确定了劳改工作在一个相当长时期的奋斗方向。据此，全国各地迅速行动起来，采取切实有效的管理教育改造罪犯的方式措施，其中创办“劳改小报”，就是促进罪犯思想改造的一种有效措施。

比如，1953 年 2 月山西省第二次全省劳改工作会议决定办一份全省性的“劳改小报”，借以交流经验，推动工作。4 月 6 日，山西省人民政府公安厅下达关于“建立‘劳改刊物’通讯组织的通知”，对建设通讯组织、确定通讯员以及征稿内容等项工作作出规定。7 月 11 日，第一期(号)《劳改通讯》正式出版，为 8 开 4 版、竖排版、“不定期活页教材”，每期发行量为 2 500 份。在第一期(号)“前言”中写明“本通讯系专供劳改犯人阅读的读物”，创刊的目的在于“吸取劳动改造经验，以加速改造，争取早日成为新人”。山西《劳改通讯》的出版发行，

* 宋建伟，山西省监狱学会常务副会长。

成为全国最早创办劳改刊物的省份之一。同期，由新疆建设兵团政治部创办的《劳改小报》于 1955 年 9 月 15 日正式出刊。

当时，从事改造罪犯工作的干部大部分是复转军人和从老区转来的工农干部，文化程度较低，没有从事过新闻工作的实践。面对押犯中大多数是国民党党政军特人员、恶霸地主、反动道首以及其他历史反革命分子这样一个特殊读者群，为有效地对他们开展教育改造，20 世纪五六十年代各地的“劳改小报”在探索中，主要发挥了以下几方面的作用：一是大量转载党报关于时局、时事的新闻报道，教育罪犯认清形势，丢弃幻想；二是大量报道在党的领导下，新中国在政治、经济、文化等方面的建设成就，激发罪犯热爱共产党、热爱祖国的情感；三是大力宣传劳动光荣，劳动创造世界的观点，教育罪犯克服好逸恶劳的思想；四是通过深入采访、重点报道罪犯摒弃反动立场、悔过自新的事迹，进行典型引路；五是宣传改造罪犯工作取得的重大成就；六是不定期发表服刑人员创作的文艺作品，既提高报纸的可读性，又起到活跃改造生活的作用。

这一时期的“劳改小报”，虽算不上是严格意义上的“新闻纸”，但源源不断地提供了针对性较强的学习材料，从而成为管教干部的得力助手，对罪犯思想的改造着实发挥了积极而无可替代的作用。

20 世纪 80 年代开始，我国新闻事业有了突飞猛进的发展，从中央到地方各级各类报刊大量涌现。有的省份在“文化大革命”期间被迫停刊的“劳改小报”纷纷复刊；有的省份则创刊了新的监狱报，如《辽宁新生报》于 1984 年创刊。无论是复刊还是新创刊的监狱报，都能紧跟形势发展要求，紧密结合国家加强法制建设的进程，持续开展了有针对性的宣传教育。

各省局党组(委)把“劳改小报”办成一张既能够遵循新闻工作规律又能把握监狱工作特点的专业报提到议事日程上，如经山西省局党组批准，1986 年 1 月 1 日《劳改通讯》更名为《生生报》。此时多数省份的报名叫××新生报，如《吉林新生报》《北京新生报》《新疆自治区新生报》等。这一报名的变化，比较形象地反映出罪犯思想改造的规律。同时许多小报由过去不定期出版，改变为旬刊、半月刊或月刊，基本实现了第一版为要闻版、第二版为综合新闻版、第三版为改造生活版、第四版为副刊版的版别配置；完成了报纸的登记注册工作，使报纸成为合法正规的省级内部报纸。有的省份遵照司法部监狱局关于“注意内外有别”的指示，创办了“干工版”，比如山西省局于 1993 年 1 月创办了“干工版”(每月一刊)。各省还在所属各监狱设立了通联站，形成一定规模的办报通讯联络工作网络；不少省份举办了全省各监狱小报评比，加强了对基层监狱报的指导和管理。

需指出的是，20世纪八九十年代，以司法部监狱局王明迪局长为代表的部局领导对此项工作多次指示并专题发文予以部署，形成了有关监狱报地位、作用与运作方式的理论依据和理性思考。比如，司法部监狱局1987年12月在《劳改报工作座谈会纪要》中指出："劳改报是劳改机关改造罪犯的专业报纸，是改造罪犯的一种新闻手段"，办报工作"要努力体现思想性、真实性、鲜明性和艺术性"①。司法部劳改局1990年在《关于加强劳改专业报今后工作的意见》中指出："劳改专业报是人民民主专政机关的喉舌，具有很强的政治性和权威性"，"办好劳改专业报，是加强监管改造工作的一个重要手段，是对犯人进行政治教育的一支重要力量，是宣传党的方针政策、扩大劳改工作影响的一个重要阵地"。同时指出劳改专业报的办报宗旨应当是"为（服刑人员）走向新生指路，为提高改造质量服务"②。1996年3月23日，司法部监狱管理局在《关于进一步加强监狱报工作的通知》中要求："各地监狱管理局的领导，一定要从监狱工作的大局和长远利益出发，进一步提高对监狱报地位、作用重要性的认识。"③1997年面对国家新闻出版署关于内部报刊治理整顿态势，时任副部长张秀夫批示："办了几十年的特殊报纸，无一代替，希望保留。"同年9月5日，司法部监狱局下发《关于继续坚持办好监狱报的通知》，强调："监狱报是教育改造罪犯的重要阵地和手段，是罪犯改造生活不可缺少的良师益友和精神食粮，是改造罪犯工作的有机组成部分，在整个监狱工作中具有不可替代的作用。在当前形势下，监狱报必须克服困难，坚持办好，办报工作不能削弱，更不能停止。"④

由于监所系统的相对封闭性，能够发挥宣传、鼓动、激励、鞭策作用的载体并不是很多，而监狱报则能够权威及时地将发生在大墙之内的信息及时传输出去，同时将大墙内听不到、看不见的社会信息再传送进去。就此而言，监狱报起到沟通大墙内外联系的桥梁、纽带的作用。不仅如此，监狱报的大墙新闻报道有着较强的导向性，在其运行范围内的新闻传播过程中发挥着独特的引导、激励、警示、渗透与指导等作用。⑤

---

①② 司法部劳改局：《劳改工作手册》，法律出版社1993年版，第176页，第186页。

③④ 司法部监狱管理局：《监狱工作手册》，法律出版社1999年版，第267页，第270页。

⑤ 宋建伟：《大墙新闻写作》，山西人民出版社2008年版，第176页。

可见，监狱报无论在创立之初还是经过恢复、走向全面发展之时，便一直在监狱工作中居于特殊的地位，发挥着独特的作用。

二、“三北”监狱报的联合顺应了时代需要

20世纪80年代以来，在司法部、部监狱局和各省份监狱局领导的直接推动下，“三北”监狱系统的监狱报认真贯彻执行监狱工作方针，坚持正确的舆论导向，紧紧围绕党和国家工作大局，围绕监狱工作的中心思路，围绕教育改造罪犯的工作主题，围绕民警、罪犯关心的热点和焦点问题，发挥了积极的作用。在此情形下，监狱报跨省际之间的交流与合作就成为当时一项迫在眉睫、理所应当的事情。

1989年，在辽宁省监狱报的建议下，东北三省监狱报的负责人在哈尔滨召开了第一届片会；1990年，北京、河北代表参加了在吉林召开的东三省片会，会上提议把东北和华北地区所属省份的监狱报联合起来开展活动；1991年在辽宁片会上，东北、华北8省份监狱报负责人全部到会，并邀请了浙江、广东等省监狱报负责人参加。自此，在各省监狱局党委的关怀和大力支持下，东北、华北8省份小报以例会的形式，逐渐固定下来，成为当时了解相互情况、交流办报经验、研讨办报理论的重要载体。同时，也成了北方8个省份监狱报乃至监狱局之间交流信息的一种特殊的桥梁和纽带。

在之后的几年时间里，东北、华北8省份监狱报的联合组织比较活跃，活动方式比较多样。比如1992年9月，东北、华北8省份劳改生生报编采人员在辽宁省大连南关岭劳改支队进行办报经验交流；1993年，东北、华北8省份举办好新闻（消息、通讯）征文评比活动；1997年5月，东北、华北8省份采编人员座谈会在山西太原举行，会议以“采编撷英”为主题就交流采访、编辑业务中的新观点、新方法、新经验进行了有益的交流；1998年，东北、华北8省份联合举行“头条好新闻大奖赛”；1999年，东北、华北8省份联合举办“世纪杯”小小说征文活动；2000年，东北、华北8省份监狱报联合举办“新生的脚步”人物通讯征文活动。

2002年8月19日，东北、华北8省份基层监狱报评比暨理论研讨会在太原召开，中国监狱学会常务副会长王明迪发来贺电，司法部监狱局教育处何平处长专程前来指导，山西局主要领导出席。会议的主要活动内容是评比8省份所属的基层监狱报。会议特邀新疆维吾尔自治区、新疆建设兵团、浙江省、安徽省等监狱报负责人员参会，参会代表近30人。何平在讲话中强调，“监狱报是

我们的看家阵地，不是任何一张报纸能够替代了的”；王明迪希望把监狱报“办成宣传国家法律、党的方针政策的坚强阵地，办成向服刑人员进行生动活泼思想政治教育的不可替代的园地，办成培养监狱系统宣传理论人才的一个重要的基地”。会上表彰了8省份基层监狱报评比中涌现出的50个集体综合新闻奖，182个优秀个人新闻奖，50个优秀版面奖以及66个优秀编辑奖。兄弟省份监狱报评价此次会议“开创了全国评比基层监狱报之先河”。本次年会，进一步扩大了所在地区监狱报的联络与合作范围。

2003年10月，“三北”13省份监狱报（新生报）业务研讨会在北京举行。中国监狱学会常务副会长王明迪，司法部监狱局教育处长何平、副处长李静、北京监狱局副局长郭际唐等出席。来自“三北”13省份（宁夏缺席）及湖北、广东、浙江等省份的代表计50余人参会。会议就成立“三北”地区监狱报年会的设想与框架进行了积极的探讨，奠定了“三北”监狱报年会的基础，促进了“三北”地区各省份监狱报的联合。

2006年，“三北”14省份监狱办报工作座谈会在沈阳召开。来自“三北”地区及湖南、河南等省份的代表计30余人参会。会议推选青海省监狱报总编刘庆海为“三北”地区监狱报年会秘书长。至此，“三北”14省份监狱报组织正式形成并产生了牵线搭桥的“掌门人”。

三、“三北”报会成长历程中难忘的几件事

（一）第一件事：坚持正规办会研讨

2007年10月29日，“三北”14省份监狱报年会在西安召开。14省份及广东、湖南省监狱报的代表计30余人参会。包括新闻、文学、摄影及版面设计在内的4类28篇（件）优秀作品获得各种奖项。会议推荐山西监狱报总编宋建伟为“三北”地区监狱报年会秘书长。会后产生的《全国监狱系统新闻工作者协会“三北”地区监狱报年会章程》，分别就年会宗旨、组织机构、活动规则、成员单位职责、承办年报次序等方面做出规定。该章程的制定与施行，保证了年会的正常运转，为之后一段时间正规办会打下了良好的基础。

2008年9月22日，“三北”地区监狱报年会在吉林长春召开。来自“三北”地区及江苏、福建、广东、湖南等省的50余人参会。吉林省司法厅副厅长、监狱

局局长李文才出席并讲话。本届年会对优秀消息、优秀通讯、优秀评论、优秀版面和综合奖进行评审，包括 24 个综合报纸奖，13 篇优秀消息、13 篇优秀评论、13 篇优秀通讯、13 个优秀版面奖在内的 76 个奖项各得其主。会上，年会秘书长首次对"三北"各省份监狱办报工作进行系统的年度总结并提出今后工作意见。会上还对《"三北"地区监狱报年会章程》进行第一次修订，对年会的组织机构与举办程序等内容做了进一步明确。本次年会对以后年会的正规化运行产生了积极的影响。

从 2009—2016 年，"三北"监狱报年会分别在银川、呼和浩特、敦煌、哈尔滨、乌鲁木齐（新疆建设兵团）、太原、沈阳、西宁等地召开。相关局的局长、政委、副局长等领导出席。比如，2009 年 7 月 8 日银川开会时，宁夏回族自治区司法厅副厅长、监狱局党委书记、局长蒋元德，政委曹艺出席会议并讲话。年会秘书长分别就每一年度"三北"办报工作进行系统总结，来自"三北"地区的监狱报负责人和采编人员结合年度征文主题进行认真而有深度的研讨与交流，收到了预期的效果。

（二）第二件事：加大外宣报道力度

2007 年 12 月在海南省海口市召开的全国监狱系统新闻工作者理事会上，全国监狱系统新闻工作者理事会秘书长高泽波提出："监狱新闻宣传应加大对外宣传报道力度，要把我们好的一些做法和典型让社会上更多的人知道，从而向社会宣传、展示我们的改造成果。"

海口归来，各省纷纷响应，逐步加大监狱新闻的对外宣传报道力度。比如 2008 年 1 月 3 日，山西监狱报与山西法制报进行深度合作，《山西法制报 · 山西监狱》专刊（周刊）正式创刊面世。在首期的创刊词中，提出"将集中对外正面宣传报道山西监狱系统改革发展情况，集中反映山西监狱系统广大民警职工的良好精神风貌，集中展示全省服刑人员在监狱工作方针、政策感召下所取得的教育改造成果"。截至 2020 年 5 月底，《山西法制报 · 山西监狱》专刊共出刊 575 期。其中刊登大量的新闻类稿件和其他稿件，较好地实现了司法部监狱局提出的监狱报"为（服刑人员）走向新生指路，为提高教育改造质量服务"的办报宗旨，取得了良好的社会效益。

与此同时，2008 年以来近 10 年，山西监狱报每年都要代表山西监狱局组织一次由所在省城各大新闻媒体负责人、记者、编辑组成的"媒体通气会"，主动向他们介绍监狱局改革发展的一些情况，虚心接受有关意见和建议，积极争取他们对工作的理解与支持。其中2011年7月21日，该局启动与《法制日报》合作事宜，进一步拓宽宣传领域，提升报道规格。之后，一批有分量的报道先后由《法制日报》报道出去，产生了较好的社会效果。此外，山西监狱报还按照该局领导的指示要求，积极参与了本省监狱局新闻舆情化解工作，较好地维护了监狱系统的整体形象。

在此期间，其他省份的监狱报，如《陕西当代监狱报》《甘肃矫治报》《北京新生报》《吉林新生报》等也纷纷加大外宣报道力度，并产生了较好的社会效益，如：《陕西当代监狱报》在《西部法制报》上开辟“司法行政天地”专栏，在《西安晚报》上开辟服刑人员帮教专栏，在《陕西画报》杂志上开辟队伍建设、监狱文化专栏，努力加大对外宣传报道工作力度；《新疆自治区新生报》与新华社新疆记者站、《新疆日报》、《法制日报》、《新疆法制报》、《新疆经济报》等多家社会主流媒体建立联系，扩大了新疆监狱工作的社会影响。

（三）第三件事：在最高传媒学府研修

2007年底海口会议后，强烈意识到欲想提高办报质量与水平，对报社所属采编成员和系统内的民警通讯员和服刑人员报道员的培训是不可或缺的一个重要方面。当时，尽管多年来各省份积极组织监狱报编辑人员为民警和服刑人员讲过无数遍新闻写作基本知识，甚至组织若干大型培训班，邀请新闻界专家前来讲学，但毕竟培训层次还不够高、培训时间不够足、培训的内容不够全面、涉及的内容不够深入。鉴于此，借助“三北”监狱报年会这个平台，按照2010年“三北”甘肃会议的精神，从2011年下半年开始，启动了与中国传媒大学的合作培训事宜。截至2012年年底，共举办4期研修班，每期培训期限15天，“三北”地区14省份共有237人参加培训，其中，山西占到98人。

在传媒大学的研修课程中共设计了10个专题，涵盖了新闻基础理论，新闻选题与策划，新闻采访技巧、实用消息、通讯、评论的写作技法，报纸新闻编辑实务，新闻摄影技巧等。其中，1—9个专题由传媒大学教授、副教授主讲；第10个专题即“监狱报的发展变革及其展望”则由司法部监狱局原局长王明迪和时任部监狱局教育处负责人高泽波主讲。

受训学员一致认为：一流的传媒学府，一流的专家教授，一流的传媒理念，系统化的实务研修，着实让大家学到了多年来想学而学不到的新闻理论基本知识和技能，提高了素质。

四、"三北"监狱报合作历程中的几点思考

作为一个自发性的非正式组织，"三北"14 省份监狱报 10 余年的合作历程，客观地说实属不易。但在合作过程中也确实积累了一些可资借鉴的做法与经验。

（一）坚持正确舆论导向、端正办报思想，是发挥报纸喉舌作用的基本前提

办报宗旨直接体现一张报纸的灵魂和方向，是报纸坚持正确舆论导向的立足点和根本点。要端正办报的指导思想，就必须明确如何突出办报宗旨，为什么办报、为谁办报、如何办报等问题。

三北各省监狱报自合作以来，始终围绕全国和所在省份的监狱中心工作，从监狱工作稳定发展的大局出发，把握正确的舆论导向，坚持以正面宣传教育为主的办报思想，比较好地发挥了报纸的喉舌、桥梁、纽带的作用。有的省份的监狱报还被所在省份的新闻出版部门誉为宣传领域的"一方净土"。

（二）遵循新闻规律、树立精品意识，是维系监狱报纸生存发展的必要条件

新闻报道贵在客观、真实、及时。新闻报道要力求做到"快、短、活、实、新"。多年来，"三北"各省份监狱报刊登的许多具有聚焦力、冲击力的新闻稿件，大多是编辑人员遵循新闻规律，深入调查研究后及时采写的作品。

为构建精品工程，要采取对重大题材进行集体攻关的办法，及时推出对工作具有推动作用的精品力作，扩大覆盖面，增强影响力；通过对典型人物、事件的宣传，生动展示广大监狱民警的敬业精神，及时反映罪犯的改造愿望，弘扬正气，倡导文明，注重监狱新闻报道的实效。

（三）围绕局党委中心工作、坚持"三个贴近"，是体现专业报特色的有效途径

监狱报是各省份监狱局党委部署、推动工作的重要喉舌。据此，监狱报应始终站在监狱工作潮头，发挥报纸导航引路的作用，对局党委中心工作的方针

目标、工作思路、工作措施、工作重点进行多角度、全方位、深层次的报道，尽可能做到先声夺人，形成舆论力量，增强宣传报道效果。

在办报工作中，要尽力使办报的内容和作品贴近读者、贴近生活、贴近现实，带着对报道对象的真诚关心，深入到报道对象生活实践中，在深入中感动自己，用新闻报道感动社会，较好地体现出监狱报的专业特色。

（四）完善工作机制、健全通联网络，是完成监狱办报工作任务的基本保证

随着办报机构的逐步建立健全，“三北”各省监狱报制定、完善了系列工作制度。比如，吉林省在2009年8月，经局党委同意，制定《吉林省监狱系统监狱专业报管理办法》；山西以省局下发《关于印发〈山西监狱报办报工作程序与规范〉的通知》；《北京新生报》以局发文件下发《罪犯通讯报道管理办法》，规定了罪犯通讯员的条件、中稿奖分标准、年终考核评优等。这些制度对于办报工作的规范化发挥了积极的推动作用。有的省份还逐步加大对各监狱通联站的年度考核，将各通联站完成采稿情况作为年度评选优秀通联站的重要依据，并作为省局对各监狱进行年度三好班子考核的内容之一。

（五）加大培训力度、提高采编人员素质，是提高监狱办报质量的关键所在

采取聘请专家学者举办专题讲座、互相交流、以会代培、以岗代培等培训方式，是提高采编人员综合素质的有效途径。长期以来，“三北”监狱报十分重视对通讯员、报道员的选用、培训、考核和奖罚工作；有的省份还做到了人员有档案、培训有目标、考核有制度、奖罚有依据，这些措施，对办报质量的不断提高起到了十分重要的推动作用。

（六）领导关心重视、读者大力支持，是监狱报纸保持旺盛生命的力量源泉

各省局的主管、分管领导十分关心监狱报的办报工作，不仅对相关活动极为重视，而且还在不同的时段与场合提出明确具体的办报要求。山西局有位老局长在任时曾表示，他每天必看三张报，就是《人民日报》《山西日报》和《山西监狱报》，通过阅读监狱报，成为他了解全省监狱系统工作的一个具体而可靠的渠道。与此

同时，广大读者积极的支持不仅使报纸有了广泛而稳定的读者群，而且使编辑人员能够及时捕捉到新闻线索，不断改进办报工作，进一步促进了报纸质量的不断提高。

（七）重视信息反馈、注重对外交流，是监狱办报工作改革发展的外在动力

不少省份的监狱报主动到局有关处室，了解工作进展情况，实行开门办报，使宣传报道工作始终围绕所在局党委中心工作来开展。对大量的信息反馈稿件、信件，则有选择地予以发表，深化宣传教育效果；对重要的建议和意见，及时进行汇总、核实，提出解决办法，并及时答复读者。

此外，加强横向联系、联络，与全国各省份的监狱报进行交流，虚心学习兄弟省份报纸的长处，并积极参加全国性或地区性办报工作研讨活动。这些活动，对推动“三北”监狱报的改革与发展起到了极大的推动作用。

（八）建立审读机制、开展评报活动，是检验监狱办报工作质量的有效方法

为保证办报质量，有的省份聘请了当地具有一定政策理论专业水平与资历的正规报社的老社长（总编），组成审读委员会，适时对报纸进行审读，从而对报纸舆论导向的把握、办报质量的检验，起到了较好的促进作用。另外，作为省一级监狱报的指导、管理部门，各省监狱报还十分重视基层的自办小报，并通过定期的全省性的评报活动，促进了基层小报的健康发展。重视审读和评报工作，是报纸保持鲜活、新颖的好途径，是促进并检验办报质量的好方法。

（九）抓住发展机遇、不断改革创新，是监狱办报工作永葆活力的秘诀所在

在党的十九大和习近平新时代中国特色社会主义思想的指引下，监狱工作进入了一个新的发展时期，大事多、喜事多、热点多、焦点多，给加强监狱报的作用和功能的发挥提供了广阔的舞台和发展空间，迫切要求监狱报发挥新闻优势，加强深度报道，形成推动和促进工作的合力。

没有创新就没有活力，没有创新就没有发展。面对当前的发展机遇和挑战，监狱报必须坚持解放思想、实事求是、与时俱进，进一步在改革创新上下功夫，努力将报纸办出新水平、新优势、新特色、新面貌。

安徽省矫治监区建设的回顾与发展

刘金标*

内容摘要 心理矫治是监狱改造罪犯的有效手段，全国各省监狱心理矫治工作机构各不相同，安徽监狱设立的新型心理矫治机构——矫治监区，以监区为工作载体、以矫治和帮扶为两大任务，不但较好地解决了机构编制问题，而且化解了监狱矫治工作既要解决心理问题也要解决现实问题的难题，在全国监狱具有独创性。本文回顾了安徽矫治监区的成立过程，介绍矫治监区具体工作，对下一阶段的发展进行了展望。

关键词 监区 心理 矫治

我国监狱开展罪犯心理矫治工作已有30多年的历史。全国各省监狱为开展心理矫治工作设置的机构各不相同，合适的机构是有效开展工作的阵地，是规范、持久开展工作的重要保障。据资料记载，上海市少年犯管教所1987年开设的心理诊所，是全国监狱系统第一个心理矫治机构；1999年，江苏镇江监狱成立全国监狱系统第一个心理矫治科，2002年江苏监狱统一改为心理健康指导中心；2002年，山东潍坊监狱成立全国监狱系统第一个女警教育中心，2006年以后改为服刑指导中心；2004年广东省监狱局正式发文，统一在全省6个监狱成立独立的心理矫治机构，成为全国第一个有固定编制、统一机构名称、统一规格要求的省份；2005年、2006年，北京市和上海市监狱局分别下发文件，在所属各监狱成立心理矫治科。

2008年2月，安徽监狱局审时度势，在吸收借鉴其他省份经验基础上独辟蹊径，在全省监狱统一成立独立编制的正科级心理矫治机构——矫治监区。它以监区为载体，有效解决了机关编制难的问题，以矫治和帮扶为两大任务，在化解矫治工作解决心理问题的同时也解决了现实问题。在全国监狱系统尚属首家，引起兄弟省份和司法部监狱局的重视。本文回顾安徽矫治监区建设历程，

---

* 刘金标，安徽省阜阳监狱教育改造科科长。

介绍矫治监区主要职能，展望发展未来，以期探索监狱心理矫治机构更为合理的设置，促进监狱心理矫治工作更加健康发展。

一、矫治监区建设背景

1981 年 9 月，全国第八次劳改工作会议召开，中共中央书记处书记习仲勋发表讲话，强调要开展对犯人心理的研究，国内学者普遍将此作为我国监狱研究罪犯心理、开展心理矫治的开端。1987 年，上海市少年犯管教所在教育改造科开设心理诊所，是全国监狱系统第一个心理矫治机构。1995 年，司法部在《关于创建现代化文明监狱的标准和实施意见》中将罪犯心理矫治工作列为现代化文明监狱验收标准之一，正式确立我国罪犯心理矫治工作制度。该《实施意见》指出心理矫治工作是创建现代化文明监狱的必备条件，从而大大推进了监狱心理矫治工作进程，心理矫治工作在各省逐步铺开。2000—2002 年，司法部监狱局委托扬州大学医学院连续开办三期“心理咨询与罪犯心理矫治专业证书班”，为进一步开展监狱矫治工作储备了专业人才。2003 年 6 月，司法部《监狱教育改造工作规定》专门设立第七章对心理矫治工作进行规范。2001 年 8 月，《心理咨询师国家职业标准》出台，2004 年司法部和劳动社会保障部联合开展监狱心理咨询师考试，一批监狱民警考取心理咨询师证书和监狱心理矫治上岗证，使监狱心理矫治工作更加专业、规范、科学。

1995 年，全国首次罪犯心理矫治工作会议召开后，安徽监狱局在 1996 年 6 月举办安徽首届罪犯改造心理学培训班，邀请上海监狱局专家和安徽医科大学心理学教授讲解罪犯心理矫治知识，安徽监狱心理矫治工作正式开启。2000—2002 年先后选派 4 名同志参加司法部在扬州大学举办的“心理咨询与罪犯心理矫治专业证书班”学习。2003 年 3 月，安徽监狱局制定《罪犯心理咨询与矫治工作暂行规定》，选取 9 个监狱开展心理测试和心理辅导试点工作。2005 年 8 月，又委托安徽播健心理培训中心为全省监狱培训心理咨询师。2006 年，安徽监狱局对心理矫治工作进行规范，正式出台《安徽省罪犯心理矫治工作规定》，构建四级工作网络，明确省监狱管理局是本省罪犯心理矫治工作的管理机关，经常性业务由教育改造处管理。要求监狱成立罪犯心理健康中心，由 3 名以上具有心理咨询师资格的人民警察组成，隶属监狱教育改造部门管理。监区成立罪犯心理健康辅导站，站长由监区分管领导或管教股(科)长担任。分监区设兼职心理咨询联络员1—2人，由指导员或内勤担任。2007年，省局还依据《心理矫治工作规定》对部分监狱的心理健康中心进行考核验收。

面对全国心理矫治工作遍地开花的局面，安徽监狱局提出在各监狱心理健康中心的基础上建设矫治监区的构想。经过充分调研论证，2008年2月，出台《关于建设矫治监区的指导意见》，以省局文件的形式要求全省各监狱务必于2008年6月前成立矫治监区。

二、矫治监区的架构

在省局层面，教育改造处是全省监狱心理矫治工作的管理部门，监狱层面将心理矫治工作从教育改造科独立出来，成立矫治监区，由监狱矫治工作委员会指导工作，委员会由分管领导担任主任，教育科、狱政科、矫治监区负责同志为副主任，矫治监区民警、全体心理咨询师为成员。矫治工作委员会的职责是凝集全体成员、交流工作心得、协调部门关系、参与危机干预。

矫治监区定位于非押犯的功能监区，属于正科级监区编制，是矫治工作的实战单位，它有别于其他省份监狱设立的心理矫治科、心理健康中心、女警中心、服刑指导中心等科室机构。按照当初的设想，矫治监区是以心理咨询为主要线索，以个别化教育形式为主要工作方式，融心理矫治、法律援助、阳光救助、服刑指导、就业指导等为一体的，兼顾监内教育与社会化教育，以解决罪犯思想问题、心理问题与现实困难为工作目标的新型的教育矫治机构。

矫治监区的主要功能有两个：一是矫治；二是帮扶。矫治是一种特殊的帮扶，是帮助罪犯矫正错误的认知；帮扶是一种特殊的矫治，通过帮助罪犯解决自身不能解决的问题，达到心理和认知上的平衡。这两个功能互为补充，体现了监狱心理矫治工作需要同时解决心理问题和现实问题的工作思路。

矫治监区工作纳入监狱罪犯教育改造工作规划，接受监狱职能部门工作指导。矫治监区为非押犯监区，矫治监区开展教育矫治工作时，不变更矫治对象的关押场所，不改变原有的监管关系。矫治监区根据监狱押犯规模、所承担的任务确定工作人员编制，原则上为8—15名。矫治监区由监区领导、心理咨询人员、法律专业人员及其他必需的人员组成，领导职数依押犯规模大小为2—4名，一般设一正两副。为了发挥男犯监狱中女民警的作用，矫治监区注重配备女性民警参与矫治工作。

矫治监区由监区长负责全面工作。两名副监区长，一人负责矫治工作，包括入监甄别、个别化教育、顽固犯和问题犯的转化、狱情分析等；一人负责帮扶工作，包括心理健康教育、心理咨询、现实困难帮助、走访等。工作人员除内勤、心理软件测试分析建档人员外，按监区或分监区承包划片，每个民警对承包划片单位的一般性矫治和帮扶工作负责。

矫治监区工作经费，依照财政部、司法部《关于调整监狱基本支出标准的通知》规定，纳入教育改造经费支出。

三、建立矫治监区的意义

为什么要设立矫治监区？时任安徽监狱局教育改造处章礼海处长在《建设矫治监区工作设想》中给出解释："罪犯的心理问题是由现实问题引起的。我们建设矫治监区是认真分析了全国罪犯教育改造工作的发展形势，归类了各类顽危分子及各类案件产生的主要原因，分析了全国'服刑指导中心''女警中心''女警教务中心'等取得成功背后的故事和道理，研究了人性中最顽强和最脆弱的心理现象。我们认为，罪犯在改造过程中随时随地都会出现现实困难，比如在监内可能随时发生与民警之间的关系、与罪犯之间的关系、与劳动之间的关系、与身体健康和疾病的关系，同时与犯人割不断的出现在社会上的罪犯婚姻问题、亲人危难问题、财产纠纷问题、子女抚养就学就业等问题。面对这些困难，由于罪犯的文化水平差异、情感认知差异、成长背景差异、个体控制差异都有可能把这些困难放大，致使罪犯心理处于不安状态，处于危险当中，这个时候如果有一个专门的组织机构能及时给予罪犯帮助和疏导，就可能化解矛盾，变危为安。这个组织就是我们今天设计的矫治监区。"

矫治监区是以矫治转化罪犯为主要工作目标的专门机构，坚持"惩罚与改造相结合，以改造人为宗旨"的监狱工作方针，对服刑人员改造的全过程提供法律、政策、心理、就业、生活、婚姻、家庭等多方面的指导和教育，在服刑人员与监狱之间、服刑人员与社会之间架起心灵沟通的桥梁，为维护监狱安全稳定，提高改造质量服务。矫治监区探索研究和解决的是"改造"与"矫治"的关系，是把抽象的"改造"工作具体化。它的建立有利于探索监狱人民警察队伍的专业化建设，有利于科学配置警力资源，可以发挥女警在改造罪犯中的作用，有利于培养改造能手和矫正专家。设立矫治监区拓展了教育改造工作空间，丰富了个别教育内涵，确立了个别化教育改造工作理念，对于正确认识罪犯和科学改造罪犯具有重要意义。

四、矫治监区具体工作内容

矫治监区具体履行心理行为矫治、顽危罪犯转化、入监教育、出监教育、危机干预、社会化工作 6 项主要职能，对服刑人员的改造生活进行全方位辅导。

（一）心理矫治工作

1. 心理健康教育

矫治监区承担罪犯的心理健康教育工作。对全体罪犯定期进行普及性心理健康教育，塑造积极健康心理，提升罪犯的心理素质。对新入监罪犯在入监一周内进行心理适应性教育，使他们消除心理负担，平稳渡过入监的特殊时期，尽快适应监狱改造环境；对即将出监的罪犯在刑满前两个月进行回归社会心理辅导。通过形式多样的心理健康教育，营造人人重视心理健康教育的良好氛围。

2. 心理测量分析

心理测量分析是科学开展心理矫治工作的前提和基础，也是科学认识罪犯的有效的量化手段。一是对新入监罪犯心理测量，根据测试结果对每一名新犯人的性格缺陷进行分析，对以后在改造中可能出现的问题进行必要的提示；二是对重点罪犯心理测量，监区在建立、确定、撤销重点罪犯前由心理咨询师进行心理测试，提出心理健康状况的意见；三是对精神疾病疑似人员进行排查，通过心理测量和心理谈话初步判断来访者是否精神异常，如发现是精神疾病患者应及时提出转诊建议或向有关部门建议转入医院监区看护。

3. 心理咨询工作

矫治监区建立三种咨询方式，即心理咨询面谈门诊方式（女心理咨询师面谈时有玻璃隔离的保护装置，以保证安全）、远程电脑视频对讲咨询方式、心理热线电话咨询方式，按《罪犯心理矫治工作规定》采取不同方式接受服刑人员预约咨询。在咨询中注意倾听罪犯诉说，对心理问题明确诊断，制定咨询目标、咨询方案，按心理咨询工作的原则和方法给予科学的疏导和矫治，实施咨询，做好记录。遇到疑难案例及时与其他心理咨询师交流、会诊，必要时可邀请社会心理专家会诊、治疗。

（二）重点罪犯转化工作

1. 甄别重点罪犯

矫治监区民警通过与监区民警交谈、查阅罪犯档案了解罪犯情况，通过与罪犯认知需求谈话，寻找原因，同时进行心理测试了解心理特点，然后按思想问题、心理问题、现实困难三个方面进行分类，准确及时认定危险性质、危险程度，制定科学的转化措施。

2. 心理测量

矫治监区对排摸的重点罪犯进行心理测量，形成书面报告提供给有关部门参考。在确定为重点罪犯期间，该罪犯每年至少进行一次心理测试，判断教育效果。押犯监区认为该重点罪犯已转化，在申报撤销前，由心理咨询师再次进行心理测试和谈话，提出是否撤销的建议。

3. 谈话教育

心理咨询师对重点罪犯每月进行一次心理谈话，稳定其思想情绪，协助监区民警开展教育转化工作。对禁闭、严管集训的罪犯，指定心理咨询师每周进行一次心理谈话教育，稳定其情绪，促进他们及早认识错误、改正错误。

4. 社会帮教

如重点罪犯的问题是由社会因素造成的现实困难，则转入“法律援助”“阳光救助”程序，协调监狱和社会力量给予重点罪犯有效的帮助，促进重点罪犯的转化。

（三）入监教育工作

1. 对新犯进行心理健康教育

对新入监罪犯在入监一周内开展心理适应性教育，使他们消除心理负担，平稳渡过入监的特殊时期，尽快适应监狱改造环境。

2. 新入监罪犯心理测量

在对新入监罪犯进行心理健康教育的基础上，就《中国罪犯心理测试个性分测验》（COPA-PI）、气质、性格、危险性等内容做心理测试，提供给押犯监区民警参考。

3. 甄别新入监罪犯

心理咨询师对心理测试显示心理异常的罪犯，进行个别谈话教育。通过阅看罪犯的档案，分析罪犯的基本情况，结合测量数据综合分析，确认存在心理问题的，转入心理咨询工作程序，进行咨询。发现有较大现实危险的或心理明显异常的罪犯，建议狱政部门列为重点罪犯控制。

4. 提出新犯分流建议

矫治监区根据阅档、谈话、测试等作出入监评估总结，在新入监罪犯分流前以书面形式提出关押和矫正建议，帮助监狱职能部门科学分流罪犯。

（四）出监教育工作

1. 社会适应教育

对即将刑满出监或减刑、假释出监的罪犯提前进行回归适应教育，使他们回归社会后能尽快适应正常的社会生活，成为自食其力的守法新人，有效减少刑释人员的再犯罪可能性，促进社会综合治理。

2. 出监评估工作

运用“服刑人员出监问卷”对即将刑满出监或减刑、假释出监的罪犯进行再犯罪可能性预测，提出回归建议，提供给押犯监区在研究申报假释时参考，为监狱准确假释罪犯、接茬帮教、社区矫正提出建议。

（五）危机干预工作

这项任务主要针对有自杀、行凶、脱逃等现实危险罪犯开展的。监狱建立危机信息收集渠道，各押犯监区发现处于危机的罪犯，及时上报矫治监区评估，开展危机干预，目的是及时发现危机、消除危机、恢复正常状态。

1. 对于危机早期的罪犯

工作的重点是及时发现危机，稳定罪犯的情绪，使他们重新获得危机前的平衡状态。

2. 对于处于危险状态之中的罪犯

对此类罪犯，要密切配合狱政部门采取果断控制措施，多渠道化解危机，严防事故的发生。

3. 对于危机后期的罪犯

心理咨询师要帮助罪犯反思自己非理性和自我否定成分，重新获得思维中的理性和自我肯定的成分，从而使罪犯能够实现对危机的控制。

（六）社会化工作

通过监狱工作社会化构建矫治罪犯的支持系统，调动各方面的力量，协同解决罪犯在家庭婚姻、子女就学、法律纠纷、刑满就业等方面的困难，促进罪犯在狱内安心改造。

1. 社会帮教

开展服刑人员亲情帮教是促进其在狱内安心改造的重要手段，调动社会各方面的力量，化解服刑人员的家庭矛盾、婚姻、经济纠纷等问题。向服刑人员亲属宣传法律法规、狱务公开等有关内容，促进服刑人员亲属和社会人士对监狱的正确认识，支持监狱工作。

2. 法律援助

依托“法律援助站”对服刑人员进行普法教育和法律援助，使处于被监禁的服刑人员的法定权利得以实现，为服刑人员解决实际问题，化解法律纠纷，达到确保监狱安全稳定，提高改造质量的目的。

3. 阳光救助

对服刑人员中家庭经济特别困难，尤其是服刑人员子女上学困难、交不起学费面临辍学的，矫治监区积极与当地政府部门联系，对特殊罪犯家庭走访，利用社会救助机构、省局“阳光救助工程”以及监狱自筹资金来帮助解决罪犯家庭面临的现实经济困难。

4. 就业指导

邀请劳动就业部门的工作人员，为改造后期的服刑人员讲解再就业方针、政策和当前就业形势；邀请社会用人单位来监狱召开招聘会，符合条件的，及时签订用工合同；邀请二次创业做出成绩的刑释人员，介绍创业经验，使服刑人员回归社会后拥有必要的知识和技能储备，拥有充分的心理准备和较强的适应能力，顺利地完成社会化进程。

五、矫治工作人才的培养

矫治机构建立后，人员素质是保证工作成效的关键。为了提升矫治监区工作人员业务能力，省局联合社会专业机构开设二级心理咨询师培训班，各监狱也开始了三级心理咨询师培训，培养一大批合格的心理咨询师，充实到监狱矫治工作队伍。矫治监区成立后，省局选派各监狱骨干力量到山东省、江苏省监狱跟班观摩学习，开阔视野、交流工作、提升能力，使安徽矫治监区工作从起步就盯住先进单位，迅速进入工作快车道。2010 年年初，省局启动“首席教育改造专家”队伍建设规划，提出“3 年内每个监狱培养出至少一名专家”的目标，印发《首席教育改造专家管理暂行办法》，形成与教育改造能手、标兵相衔接的专家型队伍培养新机制，形成监区有“标兵能手”、监狱有“矫治专家”的人才队伍体系，共培养部局级专家 1 人、省局级专家 30 多人。省局选派人员参加全国监狱心理咨询师骨干班三年培训学习，邀请中国科技大学、安徽大学、武警医院等心理专家对监狱心理咨询师进行专业督导。为使年轻的心理咨询师快速成长，缩小单位心理矫治工作的差距，实现全省心理矫治工作均衡发展，省局于 2013 年 3 月组织了两批共 14 人次咨询师的省内跟班学习活动，派遣他们到基础较好的监狱，由首席教育改造专家带教，手把手传授工作经验、面对面学习工作方法，使跟班学习的同志水平快速提高，推进全省心理矫治工作共同发展。

2017 年、2019 年安徽监狱局还通过与安徽省总工会合作共同举办矫治个案竞赛活动，展示监狱矫治工作成果，对矫治工作成绩突出的心理咨询师给予记功奖励、授予省级“五一劳动奖章”的荣誉，调动了广大矫治工作人员的积极性，增强了他们的自豪感和自信心。

六、矫治监区的硬件建设

省局在矫治监区筹建之初就对矫治监区必备的硬件条件进行了规定，如要求各单位必须为矫治监区配备会议室、心理咨询室、电话视频室、心理测试室、资料档案室、心理治疗室和工作人员办公室等。要求办公场所选定时间与组织机构建设同步，也就是什么时间申报完毕，就什么时间准备完毕。

为了适应矫治工作的快速发展，完善矫治监区硬件设施，2013 年省局按照“省局制定建设标准，投资重点设备，带动监狱场所建设”的工作思路，全面开展矫治监区规范化建设。省局投资 170 余万元为监狱配备心理矫治器材，带动 9 家单位跟进投资 250 余万元升级建设矫治监区硬件设施。建成后各单位矫治监区配备音乐放松椅、生物反馈仪、团体沙盘、个体沙盘、海绵宣泄人等心理器材，建成团体咨询室、团体治疗室、个体咨询室、女警咨询室、音乐放松室、生物反馈室、宣泄室、专家工作室等 10 个功能室，满足了日常心理矫治工作的需要。

监区建设完成后，省局对各单位的矫治监区硬件建设进行达标验收，使安徽监狱系统矫治监区的硬件建设在 2013 年上了一个新的台阶。

七、矫治监区工作展望

安徽监狱矫治监区从 2008 年创立以来，按照矫治监区职责扎实开展矫治和帮扶工作，经过 12 年的发展取得了可喜的成绩，为安徽监狱持续稳定发展作出了应有贡献，也得到各级领导和基层民警的肯定，更受到服刑人员的欢迎。有不少服刑人员说："社会上说'有困难找警察'，在监狱是'有困难找矫治监区的警察'，他们总能在我们遇到困惑时给予帮助和指导，让我们改造之路走得更顺利。"当然，也有个别同志对矫治监区工作期望太高，希望能够解决罪犯所有的问题，一旦狱内出现不测事件，就会归咎于矫治工作没有做好，是花架子，从矫治"万能论"滑向"无用论"，挫伤了从事矫治工作同志的积极性。

在新的形势下，社会对监狱工作的期望值越来越高，监狱不仅要保证罪犯在狱内改造稳定，更要看罪犯改造质量，看罪犯回归社会后能不能遵纪守法，不再重新犯罪。犯罪心理学认为，一个具有健康心理的人，在复杂的社会环境中能够控制情绪、减少冲动、抵御诱惑、远离违法犯罪。"攻心才能治本"，所以面对社会的新要求，监狱应该继续加强对罪犯的心理矫治工作，注重罪犯心理建设，培养他们良好的平和心态，消除再犯罪心理。只有从心理上矫正罪犯，才能从本质上改造罪犯，才能从根本上减少重新犯罪。有一阶段不少学者和领导提出把"心理矫治"作为监狱改造的"第四手段"，尽管最终没有得到官方的确认，但也反映出矫治工作在改造罪犯中的独特作用。其实，从稳定狱内秩序和减少重新犯罪这两个角度来看，把心理矫治工作称为"第四改造手段"并不为过。

新时期提出新要求，心理矫治工作只能加强，不能削弱。展望矫治监区下阶段工作重点是：对内需要加强罪犯危险性预测、顽危罪犯的控制和转化、心理健康教育等控制性工作；对外则要加强出监改造质量评估、再犯罪可能性预测、回归社会辅导等评估性工作。

浅论新中国监狱(劳改)教育改造的变迁及发展

陈思修　韦寿华*

内容摘要　新中国的监狱工作取得的成就举世瞩目,其中教育改造工作功不可没。本文对监狱教育改造的渊源、政策变化、手段和方法及效果等进行分析,并对教育改造工作提出展望。

关键词　监狱　教育改造　发展　变迁

监狱是执行刑罚的场所,监狱对罪犯的改造,比所判处的刑罚本身更有效。劳动改造、教育改造和狱政管理是我国监狱传统的三大改造手段,而其中的教育改造,更是决定改造效果的关键。研究监狱教育改造的背景与意义、历史渊源,法律政策变化、教育方法及效果等因素具有十分重要的现实意义。

一、研究背景与意义

随着国际行刑理论由报应刑、威慑刑理论向教育刑、恢复性司法理论转变,以及我国社会由传统向现代转型,监狱工作面临着新的形势、要求和任务。研究监狱罪犯教育改造的变迁与发展有着独特的意义。

首先,是监狱行刑发展趋势的要求。随着社会的发展,我国监狱刑罚的目的不再是"报应"和"惩罚",而是强调对于犯罪行为人给予矫正、治疗、教育及预防,使其改过从善,适应社会。观念的改变直接导致了社会对罪犯的认识发生了转变,罪犯不再是我们的阶级敌人,仅仅是违反法律的犯罪人。从而,监狱的职能也因此不再仅仅是专政的工具,其功能向矫正倾斜,不再限于惩罚罪犯,更重要的是被赋予了教育改造罪犯、使他们能够重返社会的使命。

其次,是进入社会主义新时代的监狱推进"五大改造"新格局的需要。2018

*　陈思修,广西壮族自治区黎塘监狱政治处主任;韦寿华,广西壮族自治区黎塘监狱四级高级警长。

年，司法部傅政华部长在全国监狱工作会议上提出了以政治改造为统领，统筹推进政治改造、监管改造、教育改造、文化改造、劳动改造的监狱工作五大改造新格局。“五大改造”新格局是关系监狱工作理念、模式和方法的一场深刻变革。一方面，使我们对监狱工作认识提升到新的高度和境界，提升监狱工作效能和标准要求；另一方面，也需要我们聚焦中心，最大程度地提高教育改造质量，消除罪犯人身危险性、降低刑释后再犯罪，提高社会和谐稳定的安全系数。因此，在习近平新时代中国特色社会主义思想指引下，加强对监狱教育改造工作的研究，建立新时代中国特色社会主义教育体系并积极推进“五大改造”新格局，不断提高教育改造质量，成为监狱工作的当务之急。

二、教育改造的渊源及其含义

（一）教育改造的渊源

教育起源于人类社会产生之初，起源于人类的生产劳动和社会生活的需要。而监狱作为国家机器的重要组成部分，是阶级专政的暴力工具之一。据历史学家们考证，我国从夏朝开始进入奴隶制社会，我国监狱的起源也当在夏朝。在历史长河中，我国历代的法律学者以及政治家、思想家，从维护统治阶级利益出发，提出过很多重要的监狱管理思想。其中，尤为重要的是惩罚教育的思想。据《周礼·秋官·司寇》记载：“以圜土聚教罢民。凡害人者，置之圜土而施职事焉，以明刑耻之。其能改过，反予中国，不齿三年，其不能改而出圜土者，杀。”这表明，早在3 000多年以前的周朝，有识之士就已经提出监狱并非只是关押犯人的场所，对关押的犯人一方面要进行惩罚，“夜则禁之，使困苦其心，日则役之，使困苦其身”；另一方面还要进行教育，使其认罪悔过。由此可说，早在3 000多年以前就已经有了我们今天所说的“教育改造”的雏形了。到了汉代以后，随着儒家思想的兴盛，德主刑辅在中国法律思想中占了主导地位，更是重视对罪犯的感化与教育。到近代时，由于国外资产阶级监狱学的形成和发展，一些国外法学家从对过去报复、威吓等刑罚观念的反思中，感到单纯的惩罚难以转变罪犯的犯罪思想，甚至会助长其抵触、逆反心理，因而提出了教育刑的思想，主张对罪犯进行“教诲”“矫正”和“感化”。这些理论观点对近代中国狱制的改良产生了重要影响。

在第二次国内革命战争时期，1932年8月10日，苏区根据地中华苏维埃共和国司法人民委员部制颁的《中华苏维埃共和国劳动感化院暂行章程》第1条规定："劳动感化院的目的是看守、教育及感化违反苏维埃法令的一切犯人，使这些犯人在监禁期满之后，不再违犯苏维埃的法令。"《司法人民委员部对裁判机关工作的指示》强调："对于劳动感化院的工作，特别要注意生产和感化。""感化犯人的工作，是劳动感化院的主要部分。""教育改造"一词最早出现在1934年。1934年1月，《中华苏维埃中央临时政府的工作报告》明确指出："苏维埃的监狱对于死刑以外的罪犯，是采取感化主义，即用共产主义的精神与劳动纪律去教育犯人，改变犯人犯罪的本质。"根据这一原则，工农民主政府的监所利用多种形式对犯人进行新民主主义的政治思想教育、识字教育、开展有教育意义的文娱活动，采用多种方式组织犯人从事生产劳动。禁止对犯人的一切不人道待遇，实行革命人道主义，初步建立了对犯人的生活管理、政治思想和文化教育以及生产劳动等制度。在生活管理制度方面有作息制度，规定了早操、读报、劳动、上课、学习讨论、思想生活会、文体活动以及睡眠的具体时间；规定了例假（依照规定放的假）休息制度等；在政治思想教育制度方面规定了要利用读报、上政治课的形式坚持时事政治学习，对犯人要进行形势教育、新民主主义理论教育、政策法令教育、认罪教育；在文化教育制度方面规定主要以识字扫盲为主，同时学习算术和卫生知识；在文娱活动制度方面规定监所要组织犯人广泛开展业余文化活动，拉胡琴、下象棋、打扑克，并适当举办娱乐晚会。那时由于战争环境的影响，当时各根据地、解放区的监所不稳定，教育改造罪犯的工作发展很不平衡。在当时的情况下，不具备形成统一的、完备的、系统的监狱组织形式和教育改造法规的条件。但是，各个根据地、解放区的人民政府对教育改造罪犯的工作都非常重视，并在有关的法律、法令、条例中，对监所的性质、任务、方针、政策以及对犯人的管理教育等方面作出规定。这些规定把对罪犯的教育改造工作，通过制度的形式固定下来，使教育改造罪犯的工作有章可循，有法可依。尽管这些法规由于当时环境及条件的限制，还是粗线条的、不完备的。但是，正是这些法规，使得各革命根据地、各解放区教育改造罪犯的工作取得了很大的成绩。

（二）教育改造的含义

惩罚的目的是改造。改造包含着"改"和"造"这两个互相联系、互相统一的方面。《周易》中有“观乎人文，以化成天下”。中国的传统文化历来注重“教化”的巨大作用及其深厚的人文精神。前人说过：“感人心者，莫乎于情。”“改造罪犯”就是对罪犯的教化，化人的必定是人文的。罪犯教育亦称罪犯的教育改造，其概念有广义和狭义之分。广义的教育改造，是指教育在刑罚过程中，所进行的一切凡能改造罪犯思想、品德、矫正犯罪恶习和增进罪犯知识、技能的所有活动，即人们所说的“大教育”；狭义的教育改造仅指监狱为改造罪犯而进行的有目的、有计划、有组织的思想、文化、技术教育，即人们常说的“三课教育”以及经常进行的个别教育。根据《监狱法》，教育改造的含义应是广义上的概念。“三课教育”虽然在教育过程中占有很重要的地位，但只是整个教育改造系统中的一个组成部分。

三、教育改造法律政策的演进

列宁曾经说过：“法律是一种政治措施，是一种政策。”在我国国情特色作用下的监狱工作，在相当长的历史时期里往往政策即法、法即政策。新中国成立70年来，我国监狱教育改造的发展，是随着中国社会的发展而不断变化的。

新中国初期，为了巩固新生的人民民主政权，镇压了一批旧社会遗留下来的特务间谍分子、反动党团骨干分子、反动会道门头子、土匪、恶霸等反革命分子。为了改造他们，党中央和中央人民政府决定对罪犯实行改造工作。在总结新中国监狱工作创建阶段经验的基础上，于1954年9月7日颁布实施《劳动改造条例》。以此为标志，我国监狱工作进入了初步发展阶段。《劳动改造条例》明确规定了我国监狱的性质、任务、组织机构，监狱工作的方针、政策，监狱的刑罚执行，改造罪犯的方法、手段以及监狱的经费等。同年，为了贯彻劳动改造政策，巩固社会治安，解决犯人刑期满了以后的劳动就业问题，颁布《劳动改造罪犯刑满释放及安置就业暂行处理办法》。1956年4月25日，中华人民共和国主席毛泽东命令发布《中华人民共和国全国人民代表大会常务委员会关于处理在押日本侵略中国战争中战争犯罪分子的决定》，规定了我国政府处理日本战犯的基本原则和具体的事项，指出：“鉴于日本投降后十年来情况的变化和现在的处境，鉴于这些战争犯罪分子在关押期间绝大多数已有不同程度的悔罪表现，因此对于这些战争犯罪分子在关押期间按照宽大政策分别予以处理。”还指出：“处刑的犯罪分子在服刑期间如果表现良好可以提前释放。”这一点充分体现了我国处理日本战犯宽大政策的精神和宽广的无产阶级胸怀。1957 年 5 月 15 日，毛泽东在第三次全国公安会议上通过的《第三次全国公安会议决议》中提出："大批应该判刑的犯人，是一个很大的劳动力，为了改造他们，为了解决监狱的困难，为了不让判处徒刑的反革命分子坐吃闲饭，必须着手组织劳动改造工作。"这便是劳改工作初期的"三个为了"的方针。1960 年 4 月 1 召开第五次全国劳改工作会议，指出把大多数罪犯改造成为真正改恶从善、自食其力的劳动者是劳改工作的政治目的，劳动生产是改造他们的一种主要手段，物质生活的供给是劳动的必要条件。1962 年 12 月，公安部将《劳动改造管教队工作细则》颁发各地试行。此细则分总则、管理体制、管理制度、教育改造、生产管理、生活管理、奖励惩罚、干部共 8 章 55 条，不仅是对《劳动改造条例》的补充和发展，而且是对 1949 年以来劳改工作经验的全面总结，使劳改工作进一步制度化、规范化。1964 年 7 月，公安部召开了"六劳"会议，会议确立了"改造与生产相结合，改造第一，生产第二"的方针。同年 8 月，中央在批转"六劳"会议情况报告中指出，"劳改工作是改造人的工作，是消灭反动阶级残余分子的一项重要工作"，要求"把绝大多数犯人都改造得像溥仪那样，成为自食其力的新人"。"六劳"会议在端正业务指导思想、加强改造工作、规范监狱管理等方面，都作出了重要贡献，是一次标志劳改工作巩固发展的具有历史意义的会议。

在 1966—1976 年的 10 年"文化大革命"期间，在林彪、江青反革命集团"砸烂公检法"口号蛊惑下，劳改工作遭到严重破坏。监狱工作方针、政策以及监狱工作取得的成绩被全面否定；监狱法规遭到践踏，监狱内正常的监管秩序遭到破坏，监管制度被践踏，借口"群众专政"，将 37.5 万名犯人放回社会。大批劳改干部遭迫害，被"罢官"、抄家、批斗甚至被非法监禁。然而，值得一提的是，受过党的长期教育的劳改工作干部，绝大多数都能在社会动乱的大背景下，积极抵制"左"的错误，坚守岗位，恪尽职守，维护监管场所的正常秩序，在特殊的历史条件下经受了特殊的考验。

"文化大革命"结束后，特别是党的十一届三中全会以后，我国监狱系统彻底清除了各种错误思潮的不良影响，正常的监狱监管工作逐渐恢复和全面展开。在监狱工作恢复、整顿的基础上，中央于 1981 年在北京召开了第八次全国劳改工作会议，总结了 1949 年以来监狱工作的成绩和经验，并对监狱工作中出现的新情况、新问题进行了研讨，提出了新时期监狱工作的任务和发展方向。以此次会议的召开为标志，我国监狱工作完成了拨乱反正的历史重任，监狱工作进入了改革发展的新时期。

1982 年 2 月 18 日颁布了《监狱、劳改队管教工作细则(试行)》,共 7 章 137 条。比较 1954 年颁行的《劳动改造条例》有了较大发展,比较系统、完善和规范。1983 年,中央将劳改工作由公安部移交司法部领导管理。然而,从 1983 年"严打"到 1984 年"徐州两劳会议"间,监狱系统有些同志强调打击惩办,忽视教育改造,只强调"从重从快",而忽视依法办事;强调"打击就灵,教育不行",忽视对罪犯的"教育、感化、挽救"。1986 年"石家庄两劳会议"后,出现了"片面追求经济效益、忽视监狱工作宗旨"的现象。这一时期,劳改农场开始推行"改造、生产双承包责任制",为了完成新时期的改造工作任务,各地监狱以提高改造质量为目的,着力抓好教育改造工作。针对"十年动乱"所造成的劳改农场体制多变,干警的思想方法和工作作风,不很适应新时期罪犯中出现的"三多"(改造对象年轻的多、劳动人民子弟多、刑事犯罪多)新情况,未能对罪犯实施有效的教育改造等问题,为此组织民警学习全国"八劳"会议精神,针对新犯不认罪、顾虑家庭、好逸恶劳、悲观失望、不安心改造、乘机脱逃等思想,着重进行法制、监规、形势、政策、前途教育;实行严格管理,罪犯普遍受到震慑和教育,改造秩序逐步稳定。在此期间,很多劳改农场开办了特殊学校,加强罪犯的教育改造。针对新犯的特点,着重进行认罪守法、监规纪律、政策前途、品德礼貌教育,同时开展文化教育,在罪犯中开办扫盲班、小学班、初中班、函大等。

1990 年,根据多年实践经验,司法部发布《监管改造环境规范》《罪犯改造行为规范》,为规范化管理提供实施标准和操作范式,用广大干警的话说:"实行规范化管理,就是要使监狱像座监狱,犯人像个犯人。"对加强监狱管理、促进犯人改造起到了积极作用,监狱工作逐步向规范化方向发展。

1994 年《监狱法》颁布后,监狱法制建设发展迅速,监狱的各项改革工作进展顺利,如办特殊学校,分押分管分教,改造工作向前、向后、向外延伸,改造生产双承包责任制,等等,进一步提出了依法治监、建设现代化文明监狱、建立现代监狱制度、实行狱务公开等涉及监狱整体性工作的改革措施,推动了监狱工作的向前发展。1995 年 2 月,司法部召开全国监狱工作会议,指出今后一段时期监狱工作的主要任务,就是依法治监,从严治警,把监狱工作提高到一个新水平。也就是从这时起,"劳改工作"的称谓改为"监狱工作"。

2003 年司法部颁布了《监狱教育改造工作规定》,这是司法部依据《监狱法》和有关法律、法规的规定,在总结提炼教育改造工作多年来形成好传统和成功经验的基础上，充分吸收近年来各地在教育改造罪犯工作中的创新举措和改革成果，积极借鉴了国外监狱改造罪犯的有益做法，在广泛深入调研、论证的基础上制定的。2007 年 7 月 4 日司法部颁布《教育改造罪犯纲要》，明确了教育改造罪犯的意义、指导思想、主要目标和基本原则，规范了教育改造工作的主要内容和要求，为教育改造工作提供了具体实施和保障依据。

四、1949 年以来教育改造罪犯工作的成效

70 年来，中国监狱认真贯彻“惩罚与改造相结合、以改造人为宗旨”的监狱工作方针，坚持把教育改造罪犯作为监狱工作的中心任务，健全教育改造制度和工作体系，积极创新教育改造模式和方式方法，有效提升了罪犯教育改造质量。

（一）成功地改造战犯

新中国初期，监狱机关共关押日本战犯 1 109 人，国内战犯（包括国民党、伪满和伪蒙疆战犯）997 人。中央领导十分关注战犯改造工作，不仅亲自制定改造战犯的大政方针，而且对战犯的思想教育、生活处遇、医疗卫生等改造实践进行具体指导。中央领导指示：“在押战犯要做到不跑一个，不死一个，又要做到不打不骂，不侮辱人格，尊重他们的民族习惯，以理服人。”在中央改造战犯方针政策的指导下，战犯管理所的全体管教、看守、医务以及后勤等工作人员，付出了巨大努力，尽到了最大的责任，用宽大的政策解决战犯的心理包袱，以情动人，促使战犯真心悔改，提供良好的生活环境，妥善保管战犯的私人物品，精心医治战犯的疾病。根据战犯的不同情况，有计划、有步骤地因人施教，使他们的思想回归正途，使战犯们认清自己的罪行、真诚悔罪，使他们抛弃旧我，将自己改造成为新人。经过改造，1 000 多名原日本战犯经宽大释放回国后，绝大多数积极参加反战、和平和促进中日友好的活动。原伪满洲国战犯和国民党战犯，其中包括末代皇帝溥仪，经特赦释放后，成为守法公民并且为国家和人民尽力作了一些贡献。

（二）成功举办“特殊学校”

“八劳”会议首次提出办学要求，1982 年 10 月，公安部劳改局在山东省潍

坊劳改支队召开现场会，肯定并推广该支队办学的做法；同年 11 月，公安部命名该支队为“山东省潍坊育新学校”，办学工作正式全面启动。1985 年 6 月，司法部对办学工作做出进一步部署，提出了“改造思想、造就人才、面向社会、服务四化”的指导思想，明确“三课”教育以政治教育为核心，以文化教育为基础，以职业技术教育为重点；制定了办学工作五条标准，要求三五年内把全国大多数监狱基本办成特殊学校。为强化办学工作，开展办学上等级活动，先后三批命名 18 所监狱为“部级优秀特殊学校”。多年来，每年都有数以百万计的犯人在“特殊学校”里接受比较正规、系统的教育，都有数十万人取得不同等级的学历和技术等级证书，这在世界行刑领域是极为罕见的。

（三）创新教育改造工作

70 年来，我国监狱注重遵循教育规律，努力探索教育改造新方式、新方法，形成了具有中国特色的教育改造罪犯模式，积累了丰富的经验，取得了新成效。

一是全面推行“5＋1＋1”教育改造模式(即一周五天劳动教育、一天课堂教育、一天休息)。

二是开展法制教育等政治改造活动。针对多数罪犯因为“法盲”而犯罪的情况，在罪犯中把法制教育作为一项重要教育内容。规定罪犯入监教育时间不少于两个月，开展宪法、基本法律知识教育和学法守法用法教育。通过法制教育帮助罪犯解决具体的问题，促使罪犯明晰角色，遵守监规纪律，积极改造。

三是开展文化教育。从 20 世纪 80 年代起，我国就一直强调对罪犯开展正规化的文化教育。司法部与教育部联合制定了罪犯文化教育的教学大纲，进一步规范了罪犯的文化教育工作。各省将未成年犯义务教育纳入了当地政府的教育规划，建立了同当地教育部门联合组织罪犯自学教育考试的机制。

四是加强职业技能培养与训练，最大程度地提高罪犯刑满后的生存能力。大力加强职业技术教育，提高罪犯的劳动技能既是监狱生产的需要，也是增强罪犯就业谋生本领的需要。各省将罪犯职业技能培训纳入全国劳动职业技能培训总体规划，罪犯考试通过后可以直接获得劳动保障部门颁发的证书。

五是罪犯心理矫治工作。监狱普遍开展心理健康教育，普及心理健康基本知识。各监狱普遍建立了心理健康指导中心，健全心理矫治工作流程和标准，罪犯心理健康教育普及率达到 100％，通过心理干预，预防罪犯自杀、自残和暴力行凶等。

六是日常管理教育。注重发挥管理对良好行为习惯的养成作用，坚持依法、严格、科学、文明管理，认真落实《服刑人员行为规范》，使罪犯转变不良习性和生活方式，养成良好行为习惯。充分发挥管理对罪犯的激励作用，在日常考核管理、行政处理和刑事奖惩中，注意区别情况，体现政策，激励积极改造。

七是开展监区文化改造活动。发挥文化改造的规范、自律、熏陶、导向作用，以文化人，用监区文化影响罪犯，鼓励罪犯自觉改造，积聚改造正能量。

八是务实开展出监教育。各省建立了专门的出监监狱（监区），对即将刑满释放的罪犯开展不少于 3 个月的出监教育，开展适应社会模拟练习，对罪犯刑满释放后适应社会生活，减少重新犯罪，起到了良好的效果。

五、教育改造工作的展望

（一）创新教育理念

首先，牢固树立教育改造是监狱第一发展战略的理念，监狱所有工作都必须围绕提高改造质量来展开，把提高教育改造质量作为监狱一切工作的出发点和落脚点，真正把教育改造作为监狱的本质职能。确立了第一发展战略的理念，教育改造工作从软任务变为硬指标，教育改造的核心地位得以确立，教育改造工作得到应有的重视。

其次，牢固树立"改造为本"理念，确立"矫正""改造"等现代行刑理念，坚持"以人为本"，把罪犯置于矫正关系中平等的地位，最大程度地尊重、理解、关心罪犯，以把握心理特征为重点，既要认识到罪犯固有的"好动""逆反"等浅层次心理特征，更要认识到隐藏的"报复""凶残"等深层次的心理特征，做到心中有数，牢牢把握改造工作的主动权。

（二）教育改造规范化

推进思想教育、文化教育和技术教育规范化，以社会主义核心价值观为指导，强化罪犯认知、思想、道德、法制、前途教育，实施红色教育、唤醒教育、自我教育，使罪犯重新审视自我、反思自我，解剖自我，增强法制意识，努力做到"忏悔、感恩、守法、自新"。推进入监、出监教育规范化。对即将刑满释放的罪犯集中开展出监教育，重点是进行形势、政策、前途和社会适应性教育，遵纪守法教育；对即将刑满释放罪犯服刑期间的改造情况进行综合评估，做好监狱刑罚执行与社区矫正的工作衔接；对刑满释放时间在一年以上的人员进行跟踪回访。推行个别化矫治模式。探索科学攻坚方法，细化转化方案，积极转化顽固犯、危险犯、惯犯累犯等重点罪犯。

（三）教育改造科学化

积极探索科学矫正的新手段和新方法，确保改造工作高效运行。

一是紧贴时代发展的脉搏，适应罪犯的个性差异，根据不同罪犯的不同特质，因人施教。针对犯因性特点选择教育方法，注重有所为，有所不为，突出重点，讲求效率。

二是完善分类教育，改变以犯罪案由为划分标准的分类教育，研究以罪犯的危险程度、恶性程度、改造难度为划分标准的分类管理、分类教育，将现代的改造罪犯的路径和方法融入矫正项目，探索推进循证矫正，加强对短刑犯、累犯以及低年龄、低文化、罪责感差的罪犯教育。

三是注重科学矫正，建立罪犯“心理热线 110”制度，完善危机干预响应体系，落实分管民警对分管小组罪犯的包管、包教、包转化、包安全稳定的责任制，加大对顽危犯的攻坚转化力度。

四是完善信息网络系统，重视电子图书室、阅览室等电化教育手段的应用，探索建立“电子监狱”，利用互联网实现“网上教学”“网上探监”等。

五是重视运用科技手段，以提升心理矫治工作质量。

（四）教育改造社会化

把罪犯文化教育纳入地方文化教育体系；整合内外资源，推进职业技术教育社会化，把罪犯职业技能培训纳入当地培训总体规划，充分利用社会资源开展职业技能教育，以联合办学或设立分校等形式开展培训，拓展罪犯职业技能培训的深度和广度。加强与社会专业机构合作，邀请心理专家、学者到监狱指导工作，利用新媒体平台，建立罪犯法律援助工作模式，创新监狱法律援助的方式和途径，解决罪犯的各种疑虑，维护罪犯的合法权益；常态化开展监狱长接待日活动，及时处理好罪犯的诉求，化解狱内矛盾；推进罪犯帮教社会化，多渠道签订帮教协议。

（五）教育改造专业化

壮大心理咨询师队伍，建立科学的罪犯心理健康测试、预警、反馈、跟踪和危机干预机制；建立健全教育改造工作专家库，大力引进、聘请或选拔高层次的“教育改造专家”“心理矫治专家”“教学授课专家”等专门人才，不断创新教育改造工作专业方法。加强罪犯改造质量评估，做好入监测评、中期评估、出监评估，在出监前对罪犯的整个改造情况予以评价，对再犯罪的可能性和适应社会能力等进行综合评估，实现监狱与社会无缝衔接，为社会安置帮教工作提供参考。

（六）监区文化建设

坚持以先进文化为主旋律，加强监区文化建设，构建监狱特点与现代文明气息相结合的人文改造环境。将优秀传统文化引进课堂，将监狱特色文化融入社会主流文化，打造监内“文化精品”，充分发挥以文化人的改造功能，在潜移默化中提升教育改造质量。

参考文献：

司法部监狱管理局编：《监狱工作手册》，法律出版社 1998 年版。

王明迪：《一个甲子的辉煌——新中国监狱工作 60 年的回顾》（上），《犯罪与改造研究》2009 年第 9 期。

任大任：《现代监狱法制化科学化社会化建设标准与亲情化教育经典案例评析》，中国知识出版社 2005 年版。

队伍建设

新中国监狱警察队伍发展与变迁研究

——以上海市提篮桥监狱为例

汪德超*

内容摘要 随着新中国监狱整体工作的发展与变迁,对监狱警察队伍的要求也相应提高。由于监狱警察队伍在发展过程中遇到了许多亟待解决的问题,包括警察队伍发展规划不足、职业文化疏于营造、警力资源有待整合、绩效考核效果不明显、职业保障机制亟须完善等,这些问题必须在制度上有所创新、在管理上有所改革。本文通过研究新中国监狱队伍的发展与变迁,力争提升监狱警察队伍发展工作的效果。

关键词 新中国 监狱 警察 队伍 变迁

新中国监狱经过半个多世纪的发展,历经创建、初步发展、遭受破坏、拨乱反正、改革发展五个阶段,从对罪犯偏重实施劳动改造转向以教育改造为核心的科学化改造。从历史发展的角度来看,如果监狱警察队伍得不到稳定的发展,就会进一步影响到监狱警察的职业发展,使监狱人才面临职能定位不清,造成工作质量不高的局面,影响监狱工作的发展。因此,只有以现代监狱理论为指导,从监狱警察队伍自身着手,结合历史的经验,以史为鉴,才能更好地在监狱警察队伍发展中发挥以史育人的作用。

一、上海市提篮桥监狱沿革

上海市提篮桥监狱号称"远东第一监狱",位于虹口区长阳路147号,始建于光绪二十七年(1901年),民国24年(1935年)形成当今规模,以大楼组成的建筑群,建筑面积6万多平方米。1945年5月上海解放,5月28日上海市军管会法院接收处接管。经过清理、整顿、改造,成为人民民主专政机关。

* 汪德超,上海市提篮桥监狱二级警长。

同年9月成立上海市人民法院监狱。1951年5月改归公安建制,7月称上海监狱,8月改称上海市监狱,1995年6月更名为上海市提篮桥监狱。1994年被上海市政府列为"上海市近代优秀建筑保护单位",2013年被列为第七批全国重点文物保护单位。[①]监狱实行两级管理体制,发展至今监狱机构下设9个监区,分别按照罪犯类型实施功能性分类。下设15个科室,分为"监管改造""队伍建设""后勤保障""综合管理"四大类。综合类包括办公室、指挥中心;业务类包括狱政管理科、刑罚执行科、生活卫生科、教育改造科、劳动管理科;队伍类包括政治处,下设组织宣传科、人事科、老干部科、监审室(含督察分队);保障类包括总务科、信息技术科、财务科;其他部门还有纪律、工会、团委。

二、监狱警察队伍的发展与变迁

伴随着上海市提篮桥监狱沿革,监狱警察队伍不断发展与变迁,表现在人数规模、文化素质、业务培训、考核、职业形态等方面。

(一) 警察队伍人数规模

1949年年底,上海人民法院监狱共有管理人员547人,主要是从解放区、新参加工作、思南路看守所调入,其中女性管理人员54人,中共党员72人,共青团员42人。1950—1959年,共录用民警人数271人,来自华东荣誉军人学校的军人、市救委介绍的人员、参加市政建设的高中生、公安学校的学生。1960—1969年,共录用民警人数69人,来自大中专毕业生、复员退伍人员、转业军人。1970—1979年,监狱录用民警人数147人,来自上海农场的部分职工,崇明农场、市郊各县知青。1980—1989年,共录用民警人数达260人,工厂、农场、上海后方基地、南汇、青浦、松江、工矿企业、学校、军队转业人员,以及职工、知识分子转为司法干部。[②]2000—2019年,监狱共录用民警512人(见图1)。

---

① 麦林华主编:《上海监狱志》,上海社会科学院出版社2003年版,第520页。

② 于旭光主编:《上海市提篮桥监狱志》,2001年,第639—644页。

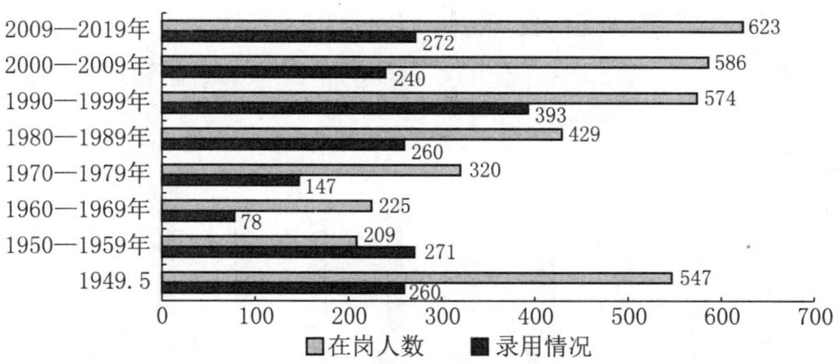

图 1　上海市提篮桥监狱警察队伍录用、在岗情况

资料来源：麦林华主编：《上海监狱志》，上海社会科学院出版社 2003 年版，第 520—533 页；于旭光主编：《上海市提篮桥监狱志》，2001 年，第 639—644 页。

（二）警察队伍文化素质

根据监狱历史资料记载，20 世纪五六十年代监狱工作人员的文化素质比较低，学历普遍不高。从 1951 年开始，人民法院监狱组织文化程度较低的监狱工作人员参加文化学习班进修教育。1977 年全国恢复高考后，上海监狱系统鼓励民警报考大学，继续深造。80 年代起，国家开辟中专、大专自学考试及夜大学等继续教育途径，上海监狱系统鼓励民警参加学习（见表 1）。

表 1　1949—2019 年上海市提篮桥监狱警察队伍文化程度情况

时　　间	研究生	本科	大专	高中（中专）	初中	小学
1949 年	/	/	/	/	/	/
1950—1959 年	/	/	/	/	/	/
1960—1969 年	/	/	/	/	/	/
1970—1979 年	/	1	/	198		
1980—1989 年	/	21	64	142	202	
1990—1999 年	/	61	282	196	35	
2000—2009 年年底	25	274	251	36	/	/

资料来源：于旭光主编：《上海市提篮桥监狱志》，2001 年，第 639—643 页；麦林华主编：《上海监狱志》，上海社会科学院出版社 2003 年版，第 240 页。

国家公务员录用制度实施后，一批高素质的大学本科生、研究生进入上海监狱系统工作，再一次提高了上海监狱系统狱警的整体文化程度。据统计，近

10 年来，监狱拥有本科学历的民警 2019 年比 2010 年增加 194 人，增幅 62.6%，拥有研究生学历的民警 2019 年比 2010 年增加 15 人，增幅 63.4%（见图 2）。

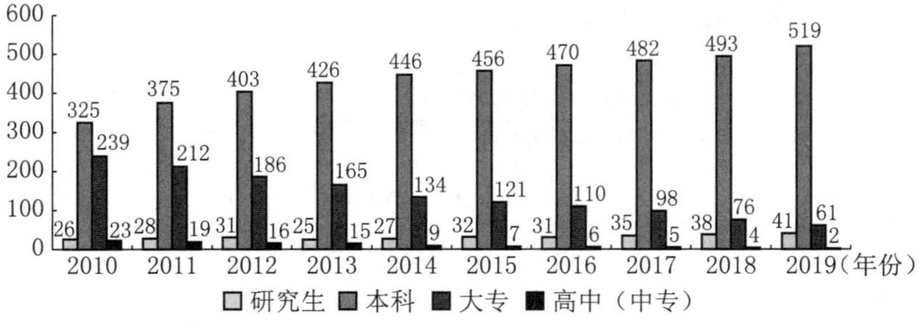

图 2　2010—2019 年上海市提篮桥监狱警察文化程度情况

资料来源：胡军主编：《上海监狱年鉴（2011）》，上海科学普及出版社 2012 年版，第 274 页；胡军主编：《上海监狱年鉴（2012）》，上海科学普及出版社 2013 年版，第 271 页；胡军主编：《上海监狱年鉴（2013）》，上海科学普及出版社 2014 年版，第 281 页；刘怀宝主编：《上海监狱年鉴（2014）》，上海科学普及出版社 2015 年版，第 265 页；刘怀宝主编：《上海监狱年鉴（2015）》，上海科学普及出版社 2016 年版，第 321 页；戴卫东主编：《上海监狱年鉴（2016）》，上海科学普及出版社 2017 年版，第 329 页；戴卫东主编：《上海监狱年鉴（2017）》，上海科学普及出版社 2018 年版，第 266 页。

（三）警察队伍业务培训

从 1949 年人民法院监狱组织工作人员学习业务开始，监狱警察队伍经历了长达 60 多年的业务素质培养，培养类型有学习业务、轮训、专业训练等形式，学习内容包括政治理论、业务知识、专业知识、法律法规等方面。培养目标紧紧围绕警察队伍基本素质的提高，重在培养监狱改造思维方式的转变与自我发展能力的提高，一些干警参加工作时甚至连自己的名字也不会写，通过文化学习，后来能写一般的报告（见表 2）。

表 2　1949—1999 年监狱警察队伍业务培训的发展情况

时　间	业务培训的发展情况
1949 年	人民法院监狱组织工作人员学习业务，使工作人员掌握相关业务知识
1950—1959 年	监狱干警文化程度普遍较低，监狱重点帮助干警进行文化学习
1960—1969 年	干警参加政治学习和政治运动，监狱教育培训没有开展
1970—1979 年	1. 组织狱警学好《刑法》《刑事诉讼法》，增强法制观念（1979 年） 2. 组织农场工作人员和市内狱警 600 余人进行轮训（1980 年）

（续表）

时　间	业务培训的发展情况
1980—1989 年	1. 监狱对 133 名 1968—1980 届初中毕业的干警进行文化补习(1982) 2. 监狱制定《关于干警职工今后文化补课实施办法》(1983) 3. 46 名干警参加半脱产学习，取得岗位中专结业证书(1988.5—1989.7)
1990—1999 年	1. 监狱与上海政法干部管理学院举办岗位专业大专班，共 58 人结业(1991) 2. 监狱与上海市劳改警官学校合办干警专业中专班，共 63 人结业(1993) 3. 监狱制定《上海市监狱若干人事制度规定》，对参加学历培训作了详细规定(1994) 4. 监狱与空军政治学院举办大专班，参加 181 人(1998) 5. 监狱制定《关于干警就读各类成人高校学费报销及相关事宜的规定》，鼓励干警参加高等学历教育。同年，监狱党委在《上海市提篮桥监狱实现“五、七、九”工程目标实施办法》中提出：争取在 2000 年全监干警中拥有大专学历的比例：一般干警达到 49.54%，中层干部达到 96.9%，监狱领导达到 100%(1999)

资料来源：麦林华主编：《上海监狱志》，上海社会科学院出版社 2003 年版，第 543—545 页；于旭光主编：《上海市提篮桥监狱志》，2001 年，第 672—674 页。

（四）警察队伍考核

从 1951—1999 年，上海监狱历经了 40 多年民警队伍工作考核制度的发展，其考核内容逐渐由单一性转向多样性。1951 年 9 月 10 日，市监狱颁发《工作人员考勤考绩暂行办法》，各科室、监房及其他基层单位，均建立生活检讨会制度，考勤内容为工作态度、学习精神、执行政策、防特护监、团结友爱、生活作风、制度遵守、课外活动、爱护公物、开展批评等 10 项。1980 年前，对民警的考核主要是考勤，按照出勤核发工资、奖金、补贴。1980 年后，监狱为落实民警岗位责任制，调动积极性，制定了详细的考核方法。经过多年的发展，1998 年 11 月 30 日，监狱局转发市委组织部、市人事局《关于做好 1998 年度国家公务员(机关工作者)、事业单位工作人员年度考核工作的通知》，考核内容包括德、能、勤、绩四项内容，重点考核工作实绩。①

三、监狱警察队伍的现状

结合监狱警察队伍发展与变迁的概述，从监狱警察基本情况、业务素质培

---

① 麦林华主编：《上海监狱志》，上海社会科学院出版社 2003 年版，第 549—553 页。

养、绩效考核、岗位交流与晋升、职业形态的表现五个方面进行现状分析。

(一) 基本情况

目前,民警主要来源包括通过 20 世纪 80 年代政法系统扩编、劳改家族承继、部队转业、警校生、公务员录用等方面。据统计,截至 2019 年 12 月底,上海市提篮桥监狱警察人数规模达 623 人,从性别、政治面貌、学历分布、年龄分布可以清晰地表明警察队伍的基本情况。其中,女性占 4.2%、党员占 65.9%;学历方面,研究生占 6.6%,本科生占 83.3%;从年龄分布上看,人数最多的主要集中在 35 岁以下,这部分占了 42.7%,说明监狱民警呈年轻化趋势(见表 3)。

表 3 民警基本情况

<table>
<tr><td colspan="7">性别分布</td></tr>
<tr><td colspan="2">总数</td><td colspan="3">男性</td><td colspan="2">女性</td></tr>
<tr><td colspan="2">623</td><td colspan="3">597</td><td colspan="2">26</td></tr>
<tr><td colspan="7">政治面貌分布</td></tr>
<tr><td colspan="2">党员</td><td colspan="3">团员</td><td colspan="2">其他</td></tr>
<tr><td colspan="2">411</td><td colspan="3">41</td><td colspan="2">171</td></tr>
<tr><td colspan="7">学历分布</td></tr>
<tr><td colspan="2">研究生</td><td colspan="2">本科</td><td colspan="2">大专</td><td>中专(高中)</td></tr>
<tr><td colspan="2">41</td><td colspan="2">519</td><td colspan="2">61</td><td>2</td></tr>
<tr><td colspan="7">年龄分布</td></tr>
<tr><td>30 岁以下</td><td>31—35 岁</td><td>36—40 岁</td><td>41—45 岁</td><td>46—50 岁</td><td>51—54 岁</td><td>55 岁以上</td></tr>
<tr><td>124</td><td>142</td><td>126</td><td>671</td><td>82</td><td>46</td><td>39</td></tr>
</table>

资料来源:上海市提篮桥监狱人事科统计资料。

(二) 业务素质培养

民警的业务素质培养是监狱人力资源开发的重要手段,不断改善狱警的知识和能力结构,才能适应监狱高效工作的要求。通过业务培训,民警能提高个人职业能力和素质,更好地促进职业发展。

目前,监狱警察队伍的业务培训工作主要参照监狱局制定的《上海监狱民警职后教育培训课程体系》,由公共课程与业务课程构成,共计 155 门。业务课按“两类三级”进行设置，依对象不同，分为“管教（矫治）类”“领导（指挥）类”。依能级不同，分为“基础级”“提升级”“专业级”。其中，“管教（矫治）类”适用对象为直接或间接从事监狱管理、教育罪犯的各层级民警（含科室民警）；管教（矫治）类基础级课程共 57 门，要求新录用民警在入职两年内全部掌握，共计 264 课时；提升级课程共 37 门，共计 172 课时；专业级课程共 10 门，共计 40 课时。“领导（指挥）类”适用对象为初任或晋升的正（副）科职及以上领导岗位民警。领导（指挥）类基础级课程共 13 门，共计 52 课时；提升级课程共 10 门，共计 40 课时；专业级课程共 13 门，共计 52 课时（见图 3、图 4）。

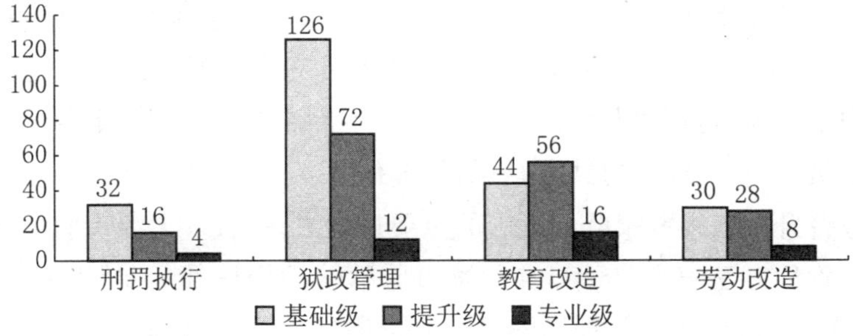

图 3　管教(矫治)类业务课程总课时

资料来源：上海市司法警官学校培训统计资料。

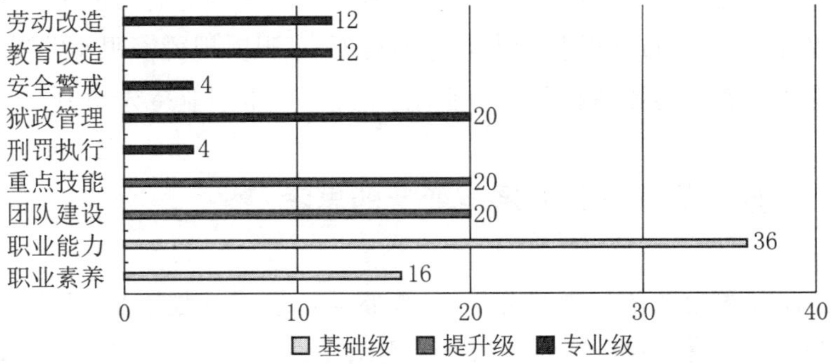

图 4　领导(指挥)类业务课程总课时

资料来源：上海市司法警官学校培训统计资料。

（三）绩效考核

绩效考核是客观准确评价民警德才表现和工作实绩，以提高民警履职效能，完善激励机制。2016 年，上海监狱系统对监狱民警绩效考核进行了调整。

目前，根据《上海市监狱管理局民警绩效考核管理办法》(2016 年)确定民警职务的标准和要求，主要体现民警之间的能力差异，使不同部门、类别、职位之间的民警在工作上有可比性。与以往不同的是，绩效考核的方法由过去的月考核、季评估转变成每季度由部门民警依照基本职责、专业职责、岗位职责进行相互打分评测，以分数高低排名，其中部门领导班子评价占有一定权重；年度考核以季度评估结果为基础形成评定结果，考核等次为优秀、称职、基本称职、不称职四个等次。考核结果作为民警警员职务调整主要依据。①

（四）岗位交流与晋升

岗位交流是促进民警职业发展的重要途径，是竞争激励机制的重要内容。根据《公务员法》第 69 条规定，国家实行公务员交流制度。公务员可以在公务员队伍内部交流，也可以与国有企业事业和不参照本法管理的事业单位中从事公务的人员交流，交流的方式包括调任、转任。

职务晋升是获得警察队伍发展的重要过程之一。以《上海市监狱管理局非领导职务管理办法》(2016 年)、《上海市监狱管理局民警警员职务管理办法》(2016 年)、《上海市监狱管理局民警职业发展量化评定管理办法》(2016 年)为直接依据。民警职务晋升以职业发展量化评定，以工作绩效为导向，以与监狱工作目标任务密切相关的工作业绩为主要内容，以量化评估为主要方法，贯穿民警职业生涯的开放式、常态化积分管理体系。其客观衡量民警在不同职业阶段的履职效果、职业贡献以及能力素养等表现，直观展现民警职业发展轨迹，强化民警职业发展预测评估和引领功能，激发民警干事创业持久动力。

四、对监狱警察队伍发展与变迁的思考

根据监狱警察队伍的现状分析，从警察队伍发展规划不足、职业文化疏于营造、警力资源有待整合、绩效考核效果不明显、职业保障机制有待完善五个问题进行思考。

（一）警察队伍发展规划不足

首先，受制于传统观念的影响。上海监狱是在计划经济体制的背景与条件

① 上海市监狱管理局:《上海市监狱管理局民警绩效考核管理办法》(2016 年)。

下发展起来的，其工作模式比较传统，而现在入职的民警基本都是通过公务员考试、军人转业等进入监狱工作。和过去艰苦的管教条件相比，当前民警对于自己在工作上的需求及想法表现出多元化的趋势，而监狱在管理方面对于民警的职业规划重视不够，也没有科学地依据组织战略制定相关民警的规划。

其次，受制于制度导向的影响。组织目标与民警发展目标融合不够，民警对自己没有一个客观的评价，在管理罪犯过程中，往往会出现管教工作的反复性，民警在这种长期与罪犯周旋的动态管理过程中，其自信心会因自我评价不足而受到影响，对自己的努力产生思想上的动摇，产生对工作的否定，导致无理想追求的心态，让有干劲的民警很难坚持自己的工作目标，思想上产生负面情绪。

（二）职业文化疏于营造

首先，监狱缺乏对民警事业价值的引领。相比较一些其他公务员部门，如政府、海关、税务、公安等的公务员，感到监狱工作的社会认同较低，得不到社会的认可。监狱警察在工作条件、工资待遇、上升空间等方面缺乏发展优势，民警也仅仅把监狱工作当作谋生的手段来看待。

其次，监狱要加大营造工作氛围。随着社会上各种通信渠道的发展，人与人之间的距离逐渐拉近，大家可以在自己的朋友圈中分享彼此的工作经验；而面对一成不变的工作环境，几乎白天都处于“失踪”状态的民警，很难经受住寂寞的打磨，在人与人交往过程中慢慢成为“失联”的群体。因此，工作环境让民警对职业认同度下降。

（三）警力资源有待整合

首先，民警自身特点没有完全体现。目前，从民警的工作情况来看，岗位交流较少，民警岗位较为固定。根据《公务员法》第69条规定：国家实行公务员交流制度。交流的方式包括调任、转任。较修改之前少了挂职锻炼。从过去的工作来看，能参加跨区域交流的民警不多，甚至在单位内部的人员交流也很少，民警自身特点很难体现，职业能力很难提高，无法获得适应多层次能力的提高，感到在封闭性很强的监狱中工作容易产生倦怠感。

其次，民警的专业优势未被发挥。过去因学历方面的原因，民警的培训主要偏向于文化补习。如今，监狱本科学历以上占89.9%，培训主要转向业务能力的发展，但从民警职后教育培训课程体系来看，培训方式较为单一，没有体现出民警的专业优势，也没有体现出民警学历高、思考深等方面的特点，很难让民警感受到自己在工作中的优势，影响个人对职业的定位。

（四）绩效考核效果不明显

首先，效能考核体系有待完善。由于民警的效能考核内容偏向于笼统，导致效能考核的作用逐渐被弱化，无法改变警察队伍中"大锅饭"想法，造成部分民警在工作上没有紧迫感，长期持安于现状的工作态度，失去对工作的积极性。而职责要求与能力要求的不相匹配，也形成"让岗位去适应人"的现象，工作效能无法体现。

其次，民警个人业绩考核有待完善。没有个人业绩评定会导致绩效考核的公平性失衡，使得能者多劳的现象普遍存在，难以真正体现民警工作业绩的差异。受制于业绩量化标准不同及监区、科室无法体现业绩的交叉融合，从事狱政管理、教育、劳动等岗位的民警，所涉及的业绩量化项目较多；从事后勤保障等岗位的民警，所涉及的业绩量化项目较少。如果在定量考核方面收获有限，会使部分民警产生做多做少一个样的想法，使得绩效考核失去有效性。

（五）职业保障机制有待完善

首先，民警执法保障相对滞后。民警对安全风险产生担心，认为在工作中经常会遭遇到一些罪犯的人身攻击，包括语言攻击、身体攻击、物品攻击，甚至是因执法不当或经验不足等造成的监管不安全等问题。

其次，民警职能保障模糊。由于基层民警要承担罪犯的狱政管理、教育改造、劳动改造等多项岗位任务，在工作职能上很难界定。当前，还没有完全实现民警岗位分类管理的模式，而民警在这种"多面手"的工作状态中碰到因多种职能产生监管上的安全问题时，民警所承担的责任就非常大。

五、对监狱警察队伍发展的建议

结合监狱警察队伍发展与变迁中面临问题的分析，从民警的职业规划、职业认同、职业发展通道、绩效考核、保障机制五个方面提出建议。

（一）职业规划与警察队伍发展目标相融合

1. 正确引入警察队伍发展规划

职业规划的正确引入是有效应对监狱危机的需要，运用行政管理学、社会学、人力资源管理学等相关学科知识与理论，在结合国外监狱警察队伍发展规划的基础上，积极探索建立符合监狱系统警察队伍发展的职业规划，将警察队伍的发展纳入中长期培养计划中，让民警在不同的职业阶段做好个人发展规划的准备。同时，依托职业规划帮助民警解决工作中因能力危机在管理罪犯中出现“不作为”“乱作为”等问题，帮助民警理解监狱工作的性质，增强民警对工作的自信力与信任度。

2. 组织目标与民警个人目标相统一

探索警察队伍专业化发展，将民警纳入监狱整体发展之中，既制定现阶段或者短期的目标计划，也要制作全程计划，引导民警干一行、学一行、专一行、精一行，鼓励民警结合自身特点，坚持自觉成才、岗位成才、实践成才相结合的发展方式，形成民警在自我规划时能考虑到自己的特质、长期计划以及其他重要因素，避免选择急功近利的途径和措施，对自己有一个客观准确的评价，体现出发展规划的意义，让民警不仅把监狱警察作为谋生的平台，也是实现自身价值、获得社会尊重的平台。

（二）职业认同与警察队伍发展价值相呼应

1. 认同民警的事业价值

通过实际工作有效地将监狱事业核心价值观传递到整个警察队伍中，弘扬监狱工作精神在新时期的渗透力和影响力，使警察队伍感受到监狱工作的荣誉感与自豪感。紧贴警察队伍的思想动态，将传统和新型媒体相结合，建设高质量的民警宣传教育载体，设立具有民警文化特点的思想阵地和文化高地，营造积极向上的团队氛围，突出争先创优，在岗位上展示风采、提升素养，引领职业风尚，凸显民警个体价值，帮助民警认识监狱工作的价值，提升民警的职业认同感。

2. 营造良好的工作环境

监狱以新时代监狱工作发展为视角，针对民警思想变动和需求多样化精准施策。以常态化、制度化、科学化推进各项调查研究工作，深入服务基层群众，做实监狱上层联系基层、中层联系群众的立体化建设格局，做到营造良好的工作环境。充分发挥工会、团委等组织的桥梁和纽带作用，根据民警的合理需求，挖掘民警的兴趣爱好，组建形式多样、积极向上的文艺、体育团队，以及开展各类群众性文体活动，维护民警权益、丰富民警生活，满足民警的精神文化需求。

（三）职业发展通道与警察队伍发展需求相对称

1. 打造多渠道民警职业发展通道

推进罪犯矫治师工作的发展，完善矫治师的评聘、管理、使用等环节，建立个别教育能手、监狱教师、心理咨询师等专业平台，以及工作室建设等专业团队，促进民警专业成长发展，深化监狱教师、优秀侦查员、个别教育能手等监狱专业项目，扩大在基层狱警中的范围和影响，打牢基层一线专业根基。同时，让民警产生职业发展持久性的感受，并愿意获得职业能力，帮助民警拓宽工作发展的眼界，突破以公务员序列职务职级晋升的单一发展模式，不再把职业发展视为“熬工龄”。

2. 有效运行民警岗位交流

积极推动跨部门交流锻炼，扩大民警挂职岗位的范围，注重民警多岗位锻炼发展，增加民警轮岗的机会，能让民警有机会在基层一线、业务科室之间进行锻炼，努力实现人职适配，形成轮岗交流长效机制。在统筹交流岗位中，要改变监狱人才交流的方式，做到择优录用，坚持警力向基层一线下沉，规范民警借调借用管理工作，最大程度地满足各部门民警的职业发展需求，做到有系统地轮岗交流工作，长远性的规划和制度安排，帮助民警克服监狱工作的倦怠感，提升个人的职业能力。

（四）绩效考核与警察队伍发展相交叉

1. 完善工作效能评定标准

根据上海市监狱管理局《上海市监狱管理局民警绩效考核管理办法》中的相关规定，绩效考核通过部门内相互打分的方式对民警的德、能、勤、绩、廉五个方面进行考核。[①]其中，健全综合评价机制，实行部门领导与群众全面评价、平时评价与定期评价、定性评价与定量评价、分级评价与分类评价相结合的考评

---

① 上海市监狱管理局:《上海市监狱管理局民警绩效考核管理办法》(2016年)。

标准，体现考评级之间的差距，发挥考核的主导作用，凸显评价结果的公平性、客观性、完整性、真实性，让考评能真正被群众接受，做到考核的内容大于形式，让个人为组织带来的贡献能直观地反映在工作效能的评定上。

2. 科学体现业绩评价标准

完善业绩评价标准，根据不同岗位与不同级别，真正体现出有针对性的业绩考评标准，改变传统项目占主导的现象，以基本工作内容为主要考评内容，适时提升科研课题项目、自我进修、创新管理等项目比重，让民警在完成本职工作范围外能将自己的拓展兴趣带到工作中，做到业绩量化项目符合民警的岗位特点和职业发展，让民警有自我突破、自我追求业绩的空间，提高民警的工作积极性，形成个体与组织共同发展的局面。

（五）保障机制与警察队伍发展相结合

1. 充分保障民警执法权益

根据当前监狱押犯现状与改造情况，建立保障民警依法履行职务工作规范，充分吸取以往发生执法事件的教训，及时考虑规范免责条件，完善民警依法履职免责制度，鼓励和保护民警依法正当行使职权，完善对妨碍民警依法行使职权、袭击狱警等行为的惩戒规定，特别是对威胁伤害、侮辱诽谤、诬告陷害、打击报复民警的行为，依法予以严惩，保障民警人格尊严和人身安全，为民警的执法工作消除后顾之忧。

2. 做实民警抚恤保障

探索适合民警特点的心理健康服务模式，完善民警心理咨询服务和危机干预机制。依托监狱心理健康咨询资源或社会资源，提高心理健康咨询力度。为每位民警建立心理健康档案，定期为民警做心理评估与测试，掌握民警的心理健康情况。引导民警适当调整工作节奏，调节个人情绪，改进工作方式，提高民警的心理、生理健康水平。同时，有效落实民警的人身保险、医疗救治保险。与社会医疗机构建立因公负伤、突发疾病民警的紧急救治绿色通道，第一时间对需要医治或抢救的民警采取紧急避险措施，提高职业保险水平，让民警在工作中感受到工作的安全性。

“异托邦”的空间维系者
——监狱人民警察行为习惯与空间效应关系

吴婧超*

内容摘要 历史就像一本教科书，不断指引着我们。监狱作为一个特殊的空间，其中不仅包含了角色特殊的群体——罪犯，也存在着这片土地上的忠诚守护者——监狱人民警察。聚焦监狱这一特殊空间的更替便成为本文研究的重心。笔者从人类学角度出发，以四川省嘉陵监狱为研究对象，在分析嘉陵监狱的空间变迁的基础上，研究监狱这一“异托邦”空间的发展，以及探讨监狱人民警察行为习惯(即日常生活、工作状态、职业情结、人际关系)与监狱空间发展之间的关系。

关键词 异托邦 常态空间 行为习惯

从古至今，从“狱卒”到如今的监狱人民警察，这个职业似乎一直都是处于一个“出力不讨好”的角色，其工作对象是被称为“恶”的代表者——罪犯，而其工作性质又是封闭的、单调的、处于绝对权力监管下的。由于监狱管理的有关政策不断地变化，我国监狱原本包含的三个区域，即关押罪犯的监管区、下属公司企业及民警生活区，这三个区也在不断改变，其中最明显的就是民警工作区和生活区的转变，它或大或小地影响着民警的生活、工作、情感等方方面面。放眼望去，民警不仅维系着监狱的小空间，还对要靠人际关系维持的生活区，甚至更大的社会区都有着维系作用。但监狱人民警察这一特殊群体被人类学作为研究对象的成果并不多，作者尝试从人类学角度，研究监狱人民警察的行为习惯与空间之间存在的微妙关系。

一、空间的概念界定

（一）空间

关于空间的定义，各个学科都有不同的定义，本文所研究的空间从社会学

---

* 吴婧超，四川省嘉陵监狱三级警长。

角度出发，即空间是社会活动的一个物质基础，不同的人类活动赋予其不同的意义，通过这些意义系统，空间得以再生产。①

（二）常态空间

简而言之，常态空间，就是大部分人所生存的社会空间，在这个空间中，人们没有被太多的权力压制，同时空间并没有完全百分之百的井然有序，人们各有各的生活频率，各自出入的空间也没有受限。

（三）异托邦

法国哲学家、社会思想家、“思想系统的历史学家”米歇尔·福柯相对于“乌托邦”提出了一个非常态空间的概念——“异托邦”。福柯认为，“异托邦”具有以下六个特征②：

（1）世界上可能不存在一个不构成异托邦的文化。其中又可分为两类：一类称为危机异托邦的异托邦形式，比如19世纪的具有保护形式的中学，该形式在现代社会已经消失；第二类被称为偏离异托邦的异托邦形式，比如精神病院、监狱等。

（2）在一个社会的历史中，这个社会能够以一种迥然不同的方式使存在的和不断存在的异托邦发挥作用。比如公墓，它是一个同所有城市或社会或乡村的集合接触的地方。

（3）异托邦有权力将几个互相间不能并存的空间和场地并置为一个真实的地方，比如花园、动物园。

（4）异托邦同时间的片段相结合，也就是说为了完全对称，异托邦为把何物成为异托时开辟了道路，比如博物馆和图书馆。

（5）异托邦总是必须有一个打开和关闭的系统，这个系统既将异托邦隔离开来，又使异托邦变得可以进入其中，如军营、监狱，或者必须服从一些宗教仪式和净礼。

（6）异托邦可以创造一个完美的、细致的、真实的、被安排得井然有序的空间，比如南美洲一些耶稣会会士的特别殖民地。

从上述特征中可以看出，监狱便属于“异托邦”：首先，监狱是做出不符合，

---

① 参见黄应贵：《空间、力与社会》，《广西民族学报(哲学社会科学版)》2002年第2期。

② [法]福柯：《另类空间》，王喆译，《世界哲学》2006年第6期。

并且是严重不符合社会行为规范的罪犯的所在场所；其次，罪犯进入监狱不是他的主观行为，是人们达成的共识；再次，监狱既是罪犯的“家”，又是惩罚与改造相结合的场所，因为国家的权力管理，将两者结合在一起；又再次，罪犯在监狱中的时间是片段式且重复的，监狱并不是能自由出入的场所；最后，监狱是一个被创造出来的近乎完美的、井然有序的空间。

二、田野点调查——以四川省嘉陵监狱为调查对象

（一）田野点概况及监狱沿革简述

1985 年年底，四川省有劳改劳教单位 60 余个。它们不是身处地势偏僻、经济落后的荒郊野外，便是人迹罕至、与世隔绝的深山野林。没有高墙电网约束，没有全网联动监控，地理偏僻、监舍简陋、警员不足、环境恶劣，交通基本靠走路，通信基本靠吼叫。1996 年，四川省劳改单位全部更名为监狱。2001 年，根据国家相关部门批复的监狱布局调整方案，四川省启动了全国规模最大、速度最快、成效最显的就地改扩建和布局调整。

笔者选择的嘉陵监狱，是四川省第一批布局调整的监狱之一，始建于 1951 年，始建时名为“四川省南充专属公安处（高兴）劳改大队”，大队配备干部 15 名，关押罪犯近 300 人，从事原煤挑运，90 年代末停产。1951 年 7 月—1983 年 9 月隶属地方公安处，曾 15 次更名，1967—1968 年参与“文化大革命”，1963 年 9 月—1996 年 4 月一直对外使用“四川省华蓥劳动改造管教支队”，1963 年 9 月—1982 年 4 月使用名称“四川省地方国营华蓥煤矿”，1983 年 10 月—1986 年 11 月隶属地方司法局。1986 年 12 月至今收归四川省监狱管理局统一管理，1996 年 5 月—2006 年 5 月使用“四川省华蓥监狱”，2006 年 6 月至今对外统一使用“四川省嘉陵监狱”①。

（二）监狱空间的变迁

1. 嘉陵监狱早期“异托邦”空间雏形概况

嘉陵监狱早期位于所处地级市华蓥山中段西缘宝鼎山下的镇，距华蓥市南

① 《四川省华蓥监狱志》编纂委员会：《四川省华蓥监狱志》，2003 年，第 1 页。

端，距市治地 28 千米。其早期机关驻地溪口镇，位于溪口槽谷中心地段，监狱下属溪口片区的各押犯监区和工人企业大部分在溪口槽谷南端西侧。一监区位于溪口槽谷南端陇子沟西侧，在花儿岩斜坡中部；花儿岩斜坡东侧为陇子沟，蛇曲状呈 30 度延伸至二监区、汽修厂；二监区、汽车大修厂在陇子沟下段东西两侧；水泥厂位于陇子沟河西侧林家槽内；四监区、医院地处二级山侏罗系山麓，依山而建属浅丘，呈西高东低的自然地貌。矿属开采的水田坝各井田，位置在花儿岩斜坡中部，山顶高程 1 374 米，与监狱机关驻地高程 318 米相比，高差 1 056 米(见图 1)①。

图 1　嘉陵监狱早期地势平面图

2. 监管区空间的非常态化

1990 年以来，监狱先后组建了机械厂、大修厂、综合厂、水电大队、公司等单位，新辟了机械加工、铸造、蓄电池槽、汽修汽运汽配、印刷、缝纫、型煤、建筑

---

① 《四川省华蓥监狱志》编纂委员会：《四川省华蓥监狱志》，2003 年，第 26 页。

安装等生产经营项目以及劳务输出、物资供应、餐饮、娱乐等第三产业经营服务；1992 年后，整体搬迁五大队至所在地级市。监狱先后修建了一监区＋350 米井监舍区、＋500 米井监舍区，二监区、三监区、四监区等，并修建了办公大楼、幼儿园、学校、医院等。

监管区的修建代表了非常态空间的形成，以嘉陵监狱早期二监区为例（见图 2），如图 3 所示，最下方为监管区大门，民警值班室集中在监管区外围，大门

图 2　1980 年修建的二监区

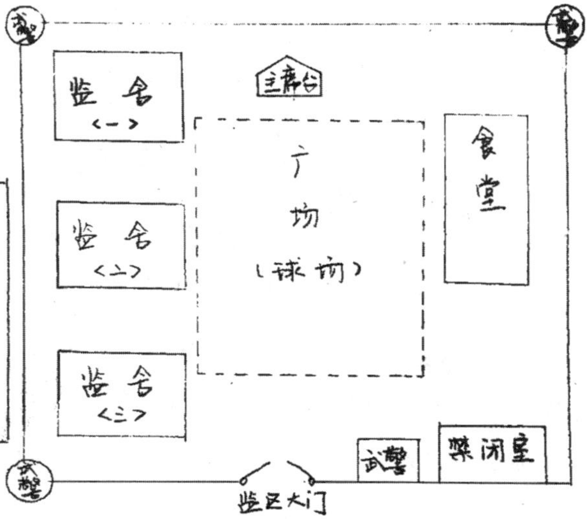

图 3　嘉陵监狱早期二监区空间示意图

入口右侧为武警营区，负责罪犯进出审核（相当于现在的 AB 门），武警营区右侧为罪犯禁闭室，用以惩戒表现恶劣的罪犯；监管区左侧为三栋监舍，监舍共为四层楼，一层为活动室，二至三层为监室，四层为教室，罪犯的生活起居均在监舍完成；监管区右侧为罪犯食堂，正中为广场（球场），用于罪犯大型活动，广场正对的为主席台，主要是用于民警训话；监管区另外三个角都设有武警瞭望台。

嘉陵监狱早期的监管区具备了所有非常态空间的特征：

（1）做出异常行为的异常个体所置于的空间：犯人为异常个体，犯人的犯罪行为为异常行为。

（2）有明确的、特定的作用：关押、改造罪犯。

（3）几个相互间不能共存的空间和场地并存：罪犯的“家”和惩罚改造空间合二为一。

（4）在空间中时间是片段式地重复：罪犯有严格遵循的时间表，民警有固定的上下班时间。

（5）有一个打开和关闭的系统：监管区 AB 门。

（6）是一个井然有序的空间：监管区内罪犯和民警走路的要求，每栋楼的功用等都划分清楚。

另外，嘉陵监狱监管区建立的特殊性：从图 1 可以看出，由于地处深山，监狱监管区之间距离较远、分布较广，有的监管区实际上涵盖了几个监区（当时称之为支队），例如一监区包含了＋350 米井监舍区（一支队）和＋500 米井监舍区（二支队），各支队空间又由监舍、广场、食堂等组成。

3. 非常态空间与常态空间交叠的过渡空间

监管区和监舍的出现使嘉陵监狱出现了一个隔离空间。与此同时，从图 1 可以看出，监狱范围内还存在许多生活区供民警生活所用，这些区域与监管区不同的是，其不受国家权力的过多干涉，处于一个较为开放的状态。早期嘉陵监狱的生活区又不同于普通住宅小区，进出较为随意，由于修建有医院、学校、食堂、幼儿园等，生活区又处于一种“类非常态空间”。特别在 2007 年国家出台“监社分离”（即监狱与其所办社会分离）政策后，嘉陵监狱进行整体搬迁，其生活区被推向社会，与周边社区接轨。因此，在整个社会整合的过程中，出现了一个处于非常态空间与常态空间之间的过渡空间。

4. 生活区的过渡空间常态化

2007 年，嘉陵监狱搬迁至南充市市级三区中，监管区也和民警的生活区彻底分开，新监管区距离生活区大约 1—2 千米，步行需 20 多分钟。由此从空间结构来看，原来的生活区中所具备的非常态空间性质已随之渐渐消失，并变成了常态空间。

可以看出，经过几十年的发展变化，嘉陵监狱从开始的非常态化空间（即异托邦）转变成常态化空间，整个空间布局进行了巨大调整，从监管区和生活区融为一体，到最终彻底分离；从非常态空间雏形到向常态空间过渡，最终生活区常态化完成。但需注意的是，由于生活区空间滞后于周边社会区域，它无法像正常小区那样，彻底、完全地融入周边空间，而是保持一个相对独立的空间存在（见图 4）。

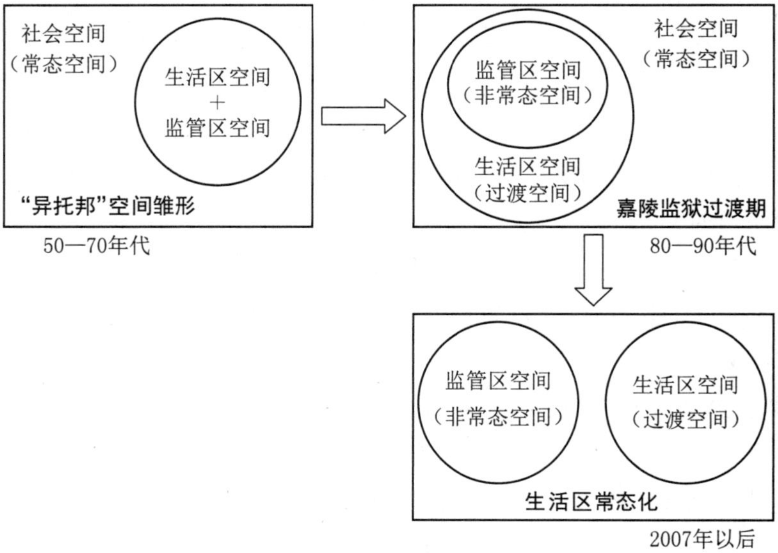

图 4　嘉陵监狱空间变化示意图

2019 年开始，监狱生活区渐渐社会化，从原先的监狱专管逐渐转变到投入社会，包括水电费、物业管理等方面的社会化，让生活区渐渐开始融入社会空间，从一个相对独立的常态空间渐渐向社会化常态空间转变。

三、监狱空间形态与监狱人民警察行为习惯的关系

（一）空间形态与监狱人民警察日常生活的关系

1. 监狱"异托邦"空间雏形——激情燃烧的岁月

嘉陵监狱在最早的煤矿厂时期，是监狱非常态空间形成的一个雏形，监狱

人民警察被称为“干部”①，作为空间的主导人，他们开启了筚路蓝缕的创业征程：

1951年6月30日成立劳改大队时，只有干部15人，直到1953年才增加到50人。他们主要来自农村和部队，单身，大多数文化水平不高，业务都比较生疏。当时嘉陵监狱处于非常态化空间，具有封闭性，加上环境恶劣，条件艰苦，没有房屋便整修了一座老庙宇，作为大队办公室和干部、犯人宿舍；找寻废弃的小煤窑开采残煤作为生产项目；因缺乏监管设施，就夜间轮流守夜；缺乏机械运输设备，就人工肩挑背扛；粮食缺乏，便自己耕种……

两年左右的峥嵘岁月，干部们艰苦创业，直到1954年，监狱才较为稳定下来。当时由于交通不便，其封闭性类似于一座孤岛的状态，闭塞的空间导致干部外出、婚姻等不便。与此同时，干部要和劳教人员共同进出煤矿、外役劳动（简称“外劳”），“外劳”期间要和劳教人员同吃同睡，“数光头、晒日头、站田头”成为当时真实的写照（见图5）。

图5 “外劳”场景

2. 监狱“异托邦”生活空间的封闭性——栉风淋雨的流年

经历了艰辛创业，监狱慢慢走上正轨，煤矿开采、水泥厂等开始启用。由于当时国家生产力水平不高，劳改系统单位大都依靠下属企业支撑经济发展。当

① 作者在嘉陵监狱的史料中发现，对监狱警察的称呼有三种不同的变化：煤矿厂时期称为“干部”；20世纪80年代称为“干警”；2006年后称为“民警”。

时嘉陵监狱经济开始走向兴盛：从50年代干部居住的平房（见图6）到80年代住上的人均22平方米的砖混结构的楼房，从“风餐街头”到有职工食堂，从没有什么休闲娱乐到能每个月看一次“坝坝电影”，干部的生活水平也直线提升。

图6　50年代修建的干部住房

在监狱的“异托邦”空间中，还出现了一些自有的“小社会”，诸如食堂、学校、医院等基本生活设施建设起来了。嘉陵监狱最具有代表性的就是医院，从普通的医务室，只有一间平房，到七八十年代组建了医院，开设了门诊，1997年，还创建为国家二级乙等医院，成为当时当地较为出名的医院。

伴随着改革开放和干部们生活条件的不断改善，甚至优于周边的社会空间，使得处于监狱“异托邦”空间中的干部完全不需要去往外界，此时的监狱“异托邦”成为一个完全不需要依赖外界的小社会。相反，外界大空间中的人，很多时候要进入这个“异托邦”空间看病、看电影，生活的优越感导致干部主观上不愿意去与外界交往，心理上和外界相隔离。这一时期的监狱“异托邦”空间，空间和心理上的隔离的最终产物就是——围墙的出现。

3. 常态空间的过渡——时移世易的变迁

80年代，国家“严打”政策下的产物——“监管区”诞生，此时“干部”变成了“干警”。由于国家权力渐渐集中在监管区中，生活区的“异托邦”色彩渐渐开始淡化，监狱空间进入一个从非常态空间向常态空间转变的过渡区。

由于国家从计划经济体系向市场经济体制转型，城镇发展迅速，在过渡空间内，原先较为鼎盛的子弟学校、职工食堂、医院等单位，和社会上的这些基础设施相比，自身竞争力缺乏，渐渐走向衰败，有些设施则依靠转变营业模式和扩大服务对象得以延续下来。因此，干警们开始走出原先的“异托邦”生活空间，渐渐与外界进行频繁接触，包括外界的优秀资源和与时俱进的生活方式，向常态化空间转变。

4. 过渡空间的常态化——日新月异的年代

2006 年，嘉陵监狱进行了布局调整；2007 年，监狱由原来的华蓥山搬迁至南充市辖三区，原本的监管区和生活区相融合的状态也进行了改变，新监管区和生活区相距 1—2 千米。至此，嘉陵监狱的生活区变成了单纯的生活空间，与平常小区相差无异，管理模式也成为社区管理模式，生活区便从过渡空间走向了常态化空间。但是，由于这一空间“与世隔绝”的时间较长，内部事务（如物管、水电等）还是由监狱负责，遇到管理上的一些问题时，仍由居住在这一空间的干警进行协调解决，直至 2019 年，监狱彻底将这一空间的维护管理交予社会。

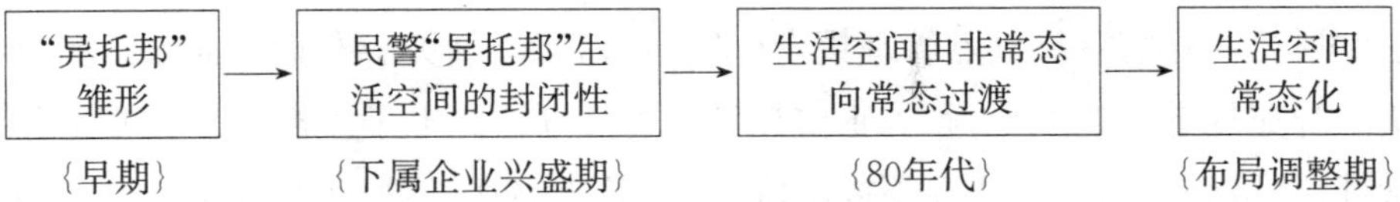

图 7　民警生活区的空间演变图

（二）空间形态与监狱人民警察工作状态的关系

与生活区中的日常生活状态不同的是，监狱民警的工作空间是始终与非常态空间重合的，通过对工作的认识、认可，民警们在工作中逐渐萌发对职业的情感；基于这一情感，民警们主动地维持监狱“异托邦”空间内的各种秩序。

1. “异托邦”雏形——工作重心为“生产”

早期，由于国家的政策及生产力相对低下，当时的嘉陵监狱工作重心放在了矿产开采和水泥生产上，“以厂养监”成为监狱生存、发展的主要模式。因此，相对于关押工作，当时干部的首要任务便是生产。

1951 年 7 月，煤矿成立之初，先是发现两个小煤窑，对其进行修复后，1952 年初开始采煤工作，因当时都是人工操作，劳动生产率极低，年产煤量不足 3 000 吨。经过两年努力，到 1954 年，煤矿的生产才基本稳定下来。1958 年，全民大炼钢铁运动展开，监狱为供应大量的原煤和焦炭的需求量，又陆续开采了两个矿井，至此，煤炭产量得到了大幅提升。

20 世纪 80 年代中期，煤矿进行产业结构调整，利用当地石灰石丰富的资源优势，确立了水泥生产项目。水泥生产从最初的立窑一条线生产，发展到拥有两条立窑生产线、一条回转窑生产线，年生产能力达到了 35 万吨。

2. “异托邦”空间的形成——工作重心的“转舵”

80 年代，在国家“严打”政策下，监狱转型为主要从事关押罪犯功能的单位，具有非常态空间形式的“监管区”形成。此时，干警们的工作重心便从生产向管教罪犯转移。

监狱建立初期，关押的罪犯大多数都是剥削阶级家庭出身的反革命犯和严重刑事犯罪分子，其反动思想根深蒂固，大多数罪犯不认罪服法，再加上当时监狱设施简陋，既无围墙也无临时屏障，给监管工作带来了极大的困难。

经过 60 年代的发展，从提出“五固定”“五报告”“十不准”的罪犯行为规范到 1994 年《监狱法》颁布实施，监狱制定了《关于执行〈监狱法〉有关狱政管理工作贯彻实施意见》《内看守工作管理制度（试行）》，修订了《严管集训工作实施办法（试行）》《外宿零星棚点管理规定（试行）》，完善了《关于严管集训工作实施办法的补充规定》《危险犯、顽固犯监控管理暂行办法》《电子监控管理》《罪犯分级管理、分级处遇实施办法》《警戒围墙、电网管理》《关于进一步加强外役劳动管理的暂行规定》等管理制度，编印了《监管执法工作基础知识》一书，并在各押犯监区试行了监管改造工作量化考核。可见，干警的工作重心已向管教方向转舵。

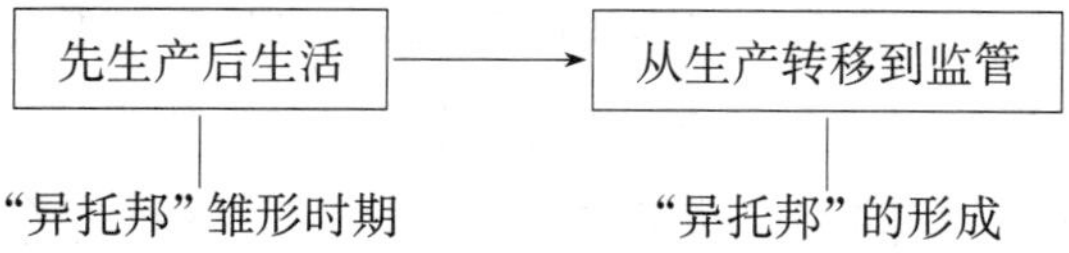

图 8　监狱民警工作状态变化图

（三）空间形态与监狱人民警察职业情结的关系

监狱民警一直以来都是一个特殊的行业，他们对职业的情感不仅对其工作状态有所影响，对空间的维系也会产生一定的作用。

1. 生产热情——空间情结的催生

如上文所述，在监狱建立早期，干部们不分昼夜地建设煤矿厂、水泥厂，在他们辛勤努力下，厂的效益越来越好，干部们的生活水平也渐渐提高。而对于参加了早期创业的第一代监狱人民警察来说，从建厂开始，所有的东西都是他们自己亲手建设起来的，对一砖一瓦都非常有感情，对监狱的感情不仅仅是“通过努力提高自己的生活水平”而已，更多地是将监狱看做自己的“子女”，通过自己的双手，让“子女”更为优秀，从而由内而外地产生了骄傲感和成就感。同时，他们对这个空间的情结也感染了多数留在这一空间内“子承父业”的其他干警们。

2. 父子相传——空间情感的联结

80 年代，在“监管区”这一典型的非常态空间形成之后，嘉陵监狱生活区开始走向常态化。同时，随着时间的推移，早期参加监狱创业的“干部们”也渐渐退居二线或离退休，紧随而上的是“老干部”的子女们。他们常说“献了青春献子孙，献了子孙献终生”，在“老干部”情感的影响下，第二代监狱人民警察对这一职业充满了责任感和骄傲感。而作为穿梭于非常态空间监管区与过渡空间生活区，同时具有子女和干警双身份的他们，身份的转换让他们可以自由出行在这两个空间，并将两个空间融合在一起。

3. 职业传承——空间状态的稳定

在监狱开始实行对外招考后，多数年轻人从外部空间进入到监狱空间，成为第三代监狱人民警察。他们对于这一职业的认识以及对于嘉陵监狱空间的情结都或多或少来自第二代干警的影响。“重走创业路”“讲述创业史”“听老前辈自己的故事”等活动，让第三代监狱警察对监狱的历史和发展有了更进一步的了解。但是，基于很多外部年轻人之前并没有接触过监狱和监狱警察这一职业，刚进入这一空间时，总是带着好奇、神秘、害怕的心理。一般来说，新入警的青年要有 1—3 年的时间才能完全进入监狱警察这个角色，而在这个过程中，需要很多老民警对新民警传递大量诸如监管安全等知识，但更多地是传递奉献、牺牲的职业精神(即“传帮带”的重要性)。

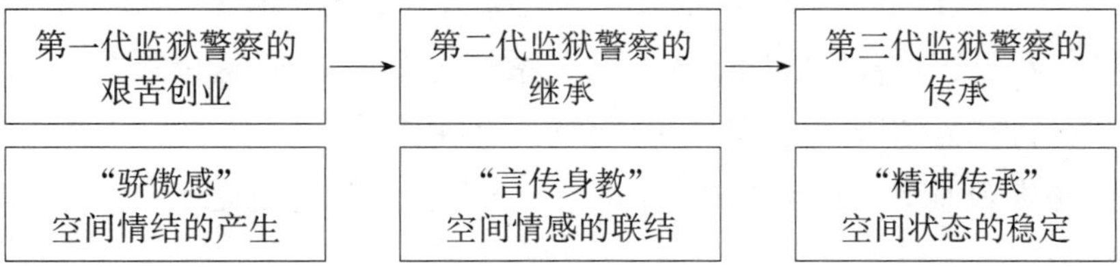

图 9　一代代监狱民警职业情结的传递图

（四）空间形态与监狱人民警察人际关系的关系

1. 与“留队就业人员”之间——维持空间秩序

刑释安置是监狱、劳改队会同社会各有关部门和组织，在犯人刑满释放后根据他们的具体情况做出妥善的安排，以解决他们的户口、就业等问题，给予他们学习、工作和生活的机会。1953 年 1 月，中央对刑释人员的安置提出了三种情况分别处理的意见：一是对那些在劳动改造中表现较好，坦白彻底，已有转变，且有家可归或有正当职业者，按期释放；二是对刑满释放后自愿留场生产者，全部收留；对那些案情较轻的流氓小偷，本可按期释放，但因释放后无家可归、无业可就，尤其是家居大城市者，则一律留场、队，或以省、区、市为单位另行组织其继续生产，也可建立新村；三是释放后有旧习复发继续危害社会之可能者，一律不予释放。[①]

根据上述规定，50—70 年代末，嘉陵监狱也有这样一批“留队就业人员”：一是服刑期间表现不好者，监狱成立了“就业中队”进行统一管理；二是服刑期间表现良好且有技术的人员，自愿选择留队；三是被错判的人员，刑释后虽恢复名誉，但回不了原单位，最后得以留队。本文主要讨论后两者与干部之间的关系。

（1）干部高于“留队就业人员”，这一关系比例占大多数。“留队就业人员”因是“戴罪之身”，对干部而言或多或少存在一些排斥心理，觉得曾管教他们，理应“高人一等”，而一部分“留队就业人员”因受歧视，故产生对干部甚至是国家政策、制度上的抵触心理。

（2）干部低于“留队就业人员”，这一关系比例占极少数。由于有些“留队就业人员”身怀“绝技”，某些技能上优于干部，在实操性强的岗位上，他们的运用率高于干部，因此有时候干部需听命于他们。例如，嘉陵监狱曾有一名医术很高的“留队就业人员”，在监狱医院发展时，他便带领了诸多干部工作。

（3）干部相当于“留队就业人员”，这一关系比例同样占少数。有少部分“留队就业人员”在曾经服刑时与干部关系较为缓和，通过这层关系，其可以和干部相处得较为和谐，有的甚至可以获得不少优待。

但是纵观监狱发展历史，两者间绝大多数的关系还是处于第一种的状态，

---

① 中国监狱工作协会编：《新中国监狱工作五十年》，法律出版社 2019 年版，第 99 页。

而这种不平等的关系导致两者间渐渐生出心理壁垒，而这种壁垒又在一定程度上维持了当时“异托邦”空间雏形。

2. 与罪犯之间——保持空间稳定

80 年代，原本的“留队就业人员”要么离开监狱，要么成为企业工人中的一员，自此这一特殊群体开始从这一空间谢幕，随之而来的是监狱真正意义上关押的罪犯。从计划经济体制转型为市场经济体制的国家大背景下，与“留队就业人员”不同的是，罪犯具备一定的危险性及较大的逃脱性，同时基于这一空间“监管区”的非常态化，干警的工作重心已经转为监管安全方面，对关押的罪犯从心理上也存在“正义对抗罪恶”的转变，这些转变导致干警甚至是之后的监狱民警与罪犯关系的不平衡。

然而正是因为与罪犯相比，干警处于一种绝对权力的地位及无法挑战的高度，从而使得两者之间保持着“天上地下”的极端不平衡的关系，也正是这一特殊关系才能让监管区这一非常态空间维持其特有的秩序，空间才能得以稳定。

3. 民警之间——凝聚空间向心力

监狱警察之间的关系可以说是十分紧密的，由于监狱这一空间的特殊性，让他们在工作和生活中都保持着几乎一致的节奏。

早期，因为通信不发达，这一空间中的干部主要通过广播站来达到行动节奏一致；因当时监狱有自己的食堂、幼儿园、医院、学校，这些设施又让干警们在自身、妻儿的生活圈与其他干警的相互融合。2007 年以后，因为搬迁，监狱的生活区空间开始常态化，但是这一空间内的秩序仍然依靠着民警维持，同时由于监狱在工作区设立了“职工之家”供民警午休和业余娱乐，更促成了民警之间关系的紧密。正是集中在一个空间里生活、工作，久而久之民警之间产生了整齐划一的行动节奏，最终导致嘉陵监狱这一空间产生一种向内的凝聚力（即空间向心力），从而维持着空间的稳定。

四、总结：“监狱人”的变与不变

嘉陵监狱作为新中国监狱发展的缩影，其历史、空间的变迁承载着一代代监狱人脑海中的回忆。监狱作为一个“异托邦”空间，其诞生及安排都是以权力的绝对化为前提的，在这个空间中，权力的绝对控制力不仅影响着罪犯，还规训着监狱民警。

表 1　空间形态与监狱人民警察行为习惯关系表

时间	人　物	工作重心	生活状态	情结	空间形态	人际关系
早期（1951 年成立）	第一代监狱人民警察（称为干部）	生产	艰苦创业	骄傲感	“异托邦”空间雏形	与“留队就业人员”之间的关系——维持着空间秩序
下属企业兴盛期	第一代监狱人民警察（称为干部）	生产	优越感强烈，拒绝与外界交流	成就感	封闭性强的“异托邦”生活空间	
80 年代	第二代监狱人民警察（称为干警）	向监管转移	优越感下降，找寻外界资源	继承父辈	监管区产生，生活区向常态空间过渡	与罪犯之间的关系——保持着空间稳定；与民警之间的关系——凝聚空间向心力
2007 年后（布局调整）	第三代监狱人民警察（称为民警）	监管安全	与社会空间相融合	传承精神	监管区成为非常态空间，生活区空间常态化	

我们一代代“监狱人”在这一空间骤变中不断成长和壮大，时代的风霜雨露见证了我们的“变”与“不变”：

变：在监狱“异托邦”不断演变的过程中，一代代“监狱人”就像漫威中穿梭于粒子时空的复仇者联盟一样，维系着这一空间。一代代先辈的汗水仿佛还未干透，又有一代代新生代迎着曙光奔驰而来：50 年代创建初期，艰苦创业打下的一片江山，成就了这一“异托邦”的初形式；80 年代日新月异，从身份到工作再到情怀的转变，又促使了监管区与生活区的逐渐分离；新时代到来，你我之间不断地传承，才得以让这一“异托邦”渐渐稳定下来。

不变：改革开放 40 年，从老一代“监狱人”的“天为被、地位席”的生活状态，到被人说成是“从山里走出来的‘土包子’”，我们经历了那一段段破碎时光的变迁；而不变的是，一代代“监狱人”即使走过沧海都依旧不忘的那一份初心，不论未来如何斗转星移，我们都将怀揣这分初心昂首迈向新时代、新征程。

图书在版编目(CIP)数据

我所知道的新中国监狱工作. 第六辑 / 中国监狱工作协会监狱史学专业委员会编 .— 上海 ：上海社会科学院出版社，2021
ISBN 978-7-5520-3475-2

Ⅰ. ①我… Ⅱ. ①中… Ⅲ. ①监狱—工作—中国—文集 Ⅳ. ①D926.7-53

中国版本图书馆 CIP 数据核字(2021)第 009269 号

我所知道的新中国监狱工作(第六辑)

编　　者：中国监狱工作协会监狱史学专业委员会
出 品 人：佘　凌
特约编辑：周　河
责任编辑：陈如江
封面设计：黄婧昉
出版发行：上海社会科学院出版社
上海顺昌路 622 号　邮编 200025
电话总机 021-63315947　销售热线 021-53063735
http://www.sassp.cn　E-mail:sassp@sassp.cn
照　　排：南京理工出版信息技术有限公司
印　　刷：上海天地海设计印刷有限公司
开　　本：787 毫米×1092 毫米　1/16
印　　张：22
插　　页：2
字　　数：360 千字
版　　次：2021 年 4 月第 1 版　2021 年 4 月第 1 次印刷

ISBN 978-7-5520-3475-2/D·610　　定价：98.00 元